高麗儒學思想史

世界思想文化史叢書

金忠烈 著

國立中央圖書館出版品預行編目資料

高麗儒學思想史／金忠烈著.--初版.
--臺北市：東大出版：三民總經銷
，民81
　　　面；　　公分.--(世界思想文
化史叢書)
參考書目：面
含索引
ISBN 957-19-0332-9 (精裝)
ISBN 957-10-0333-7 (平裝)

1.儒家-韓國-歷史　2.哲學-韓國-
歷史
132　　　　　　　　　　81001075

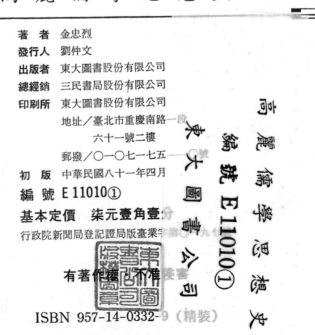

ⓒ 高 麗 儒 學 思 想 史

著　者　金忠烈
發行人　劉仲文
出版者　東大圖書股份有限公司
總經銷　三民書局股份有限公司
印刷所　東大圖書股份有限公司
　　　　地址／臺北市重慶南路一段
　　　　　　　六十一號二樓
　　　　郵撥／〇一〇七一七五──〇號
初　版　中華民國八十一年四月
編　號　E 11010①
基本定價　柒元壹角壹分
行政院新聞局登記證局版臺業字第〇九七號

ISBN 957-14-0332-9 (精裝)

高 麗 儒 學 思 想 史

東 大 圖 書 公 司

編　號　E 11010①

《世界思想文化史叢書》總序

一九八六年（民七五）七月，偉勳應邀回國參加國建會社會文化組討論期間，由於東大圖書公司董事長劉振強先生的一番好意，聯袂南下旅遊兩天，觀賞橫貫公路一帶的奇峰美景。回途中偉勳偶然提及戰後日本文化出版事業的蓬勃發展，就以各種思想史以及文化史方面的叢書來說，已有數十套之多；反觀我國的出版界，直至今日仍無一套像樣的此類叢書，從啟蒙教育的觀點去看，難免令人感慨萬千。在臺北出版商中向來以「敢於突破」享有盛名的劉先生一聽之下，立即靈機大動，敦促偉勳籌劃一套《世界思想文化史叢書》。偉勳返美之後，擬出初步計畫，同時邀請清松共同擔任主編，負責策劃、邀稿與審訂。

依照劉先生的意願，我們為本叢書擬出編輯要旨，明白指出，「其編輯之目的，旨在促進國人對世界各主要地區的思想與文化之特質及其發展之認識，明其興亡之迹，剖其強弱之理，藉以開擴國人眼界，加深國人思想，培養文化創造力，期能綜合中外優點長處，創造能予繼往開來的新時代中國思想與文化。」至於各書作者與內容一點，我們也指明，「每一地區之思想文化史由主編邀約對該地區之思想與文化發展特具研究心得之專家學者擔任撰稿，內容須包含該地區該時期之神話、社會、政治、科技、文學、藝術、哲學、宗教……等

各方面，各撰稿人須顧及各時期與地區之特色（例如以宗教爲主，以哲學爲主，或以科技爲主……），依自己的學術專長與立場進行整合，並提出特有立論，但總須陳述發展，點出特質，評價優劣，說明興衰，以供國人借鏡。」

我們的叢書雖以「思想文化史」冠名，但因各書作者的治學專長以及偏好有所不同，要能充分兼顧思想史與文化史兩面，頗不容易。部分作者的專長如在哲學，可能偏重思想史的發展；另一部分作者的專長如在文學藝術，亦可能偏重文化史的發展。一般地說，歷史學家較有辦法並重思想史與文化史的同時發展。我們衷心盼望這一套叢書能有拋磚引玉之功，且盡高度的啟蒙敎育之效。

依照我們的原定計畫，本叢書應有五十冊以上，希望儘能包括世界各大地區在思想文化方面的顯著發展。如就我國來說，至少十二冊，始於先秦，終於現代海峽兩岸各自發展的思想文化槪況。又就鄰邦日本來說，也分成五冊（古代、中世、近世、近代與現代）。其他較爲重要的地區，也分多冊，譬如近代歐洲與現代歐洲各有五冊，另加一冊總論。有時思想史與文化史可能分開，我們就多加一冊。無論如何，我們的叢書希望具有伸縮的餘地，在人力不足的有限條件下，設法隨時適予調節，不過仍要堅持讀者所期待的學術水平。

中華文化傳統以儒、釋、道三家爲主，這是中國思想與文化本有根基所在。不過，再好的傳統皆須經歷批判的繼承和創造的發展，始能提高其在世界思想文化領域中的地位。然而，進行比較與開拓視野正是繼承與發展的最佳途徑。爲此我們有必要將中國思想文化史放置在世界思想文化史的脈絡中，一方面比較其優劣長短，另一方面開拓國人的視野，藉以開闢出一條未來中國思想文化的康莊大道。我們期望，本叢書既有助於讀者在世界脈絡的比較和定位中，對中國思想與

文化進行反思，亦能進而有助於中外思想與文化的交流與全通。

　　我們認爲，雖然目前海峽兩岸的中國在政治上仍處於「一分爲二」的局面，但是兩岸的知識份子應皆懷有「文化中國」的共識，並且爲促成中國文化的再造投注心力。我們主編這套《世界思想文化史叢書》的最大願望，也就是在提供海峽兩岸的中國人更爲深遠的世界視野的同時，能爲傳統中國文化的繼往開來，承擔一份責任。

傅偉勳　沈淸松

一九八九年十月十日

序

一、在韓國方面，寫作儒學史的書不少。但他們所寫的體裁，一律排斥中國方面的背景，及其各種學說的異同。因此讀這些書的學生，多半只知韓國儒學，而不知其源流之中國儒學的一般。尤其近來受韓國民族主義影響的學者，竟有主張韓國爲儒學的宗主國。此書是爲了澄清這些荒謬。在第一章緒言，先說明「儒」的字義，「儒」的稱呼，「儒」的演變，然後考證歷史，劃定韓國輸入中國儒學的年代。在此，因爲儒教、儒家、儒學（經學）、儒道（宋明理學）等所稱各異，故隨其發生的年代各異，而不能一律劃定中國儒教在某年代傳入韓國。比如，中國儒教儒家思想之傳入韓國爲戰國末期；儒學、儒術是遲在隋唐時代，而宋明理學，是更遲在南宋及蒙元時代。如此因其稱呼之異，而按名著訂輸入年代，則較爲具體而清晰明瞭。總而言之，韓國儒學是從中原傳來，而其演變，則是隨中國儒學之演變而演變。

二、徐亮之《中韓關係史話》序云：「戰國末期的嬴秦暴政，東漢末期的黃巾擾亂，西晉末期的五胡內侵，許多中國人，都以朝鮮半島爲逋逃之藪，而一去不歸。」這是當時的韓半島文化較低，人心淳樸，生活安穩之故，更可貴的是逃來的中國人，都是愛好和平的知識分子。所以中國文化，第一次傳入韓國的，是原始儒家的實踐倫理，而在很短期間內，建立起够理想的文化領域。不過，中原由秦始皇統

一之後，燕以武力侵韓。繼之，漢置四郡，而帶入漢儒經學及法家力治主義，韓國的淳樸文化，於是被權謀術數之學所變質。韓人之所以抵抗漢侵之原因就在此。公元初期，韓國分為三韓——高句麗、百濟、新羅，而他們與中國的交流各異，隨之他們吸受的文化學術內味亦為各異。高句麗位置北部，故其所接觸的中國為北部，其所吸入的文化學術是漢學（儒學、儒術），百濟位置南部，而其所接觸的對象是中國南部，其所受入的學術文化，是南朝梁吳等地之文化。在三韓中，距中原最遠，而由高句麗、百濟所擋阻，而吸受中國文化較遲的是新羅，是吸收儒道佛互為調和的隋唐學術，而以三教調和的文化學術力量，終予統一三韓。

三、高麗初期的儒學，是沿襲新羅儒學，而新羅儒學，是直從李唐學來，而其重點則在注疏之學與國子監制度專就培養官吏人材。高麗建國之初，為了確立中央集權，而採取儒學治國，先訂科舉制度及官學系統。高麗建國，早北宋40餘年。因此，高麗儒學，在科舉制度方面，亦先於北宋。但10世紀末，高麗與契丹發生戰爭局面，因而與北宋斷絕了幾40年的文化交流。在此期間，北宋已進入性理學胎動期，而高麗尚在利祿儒之守成狀態，於是高麗儒學，竟落後北宋，而終於成為輸入性理學之文化邊方國家。

1020年，與契丹戰爭終息，重新展開與北宋的文化交流，而受北宋學風影響，高麗也重視經學與性理學，開始創辦私學。但不幸，這些學風都由官方主導，而始終不能成為學術獨立的局面。官學主導之高麗，只重尋經講學，而不重存養省察的性理學，結果，繼而轉變起來的是詞章之學，而由詞章之學薰陶出來的文人，竟自輕薄、偏傲，蔑視武人。不幸引起武人叛亂，大部分的學人，都被屠殺，歷代存藏的書籍，一歸火化。而高麗文運，一落千丈，以後的 100 年，是進入

武人統治時代，學術於是乎被陷入黑暗期。高麗儒學之所以不發達，尤其性理學不發展的原因，一則學問太官學化，二則文武相輕，武人仇視文人之故。

高麗，正式輸入性理學，是終息武人政權後的13世紀末，而其輸入源，已不是南宋，而是蒙元，蒙元之性理學，是程朱一色，因此高麗輸入的性理學，自然是程朱學。這是韓國的性理學，所以始終纏繞於程朱，而排斥陽明學之遠因。但是程朱學，在高麗末期，對政治、社會、學術、思想、風俗上面的影響是鉅大的。高麗儒學、自有研究程朱學之後，漸次裝上精神與理論方面的武備，開始攻擊佛、道的虛無寂滅。而把儒學提高到治國理念的地位。並且讀書人也從此知道德性與氣節，而開展了儒教治國的新興國家——朝鮮。

四、余雖韓國學人，韓學之研究，則非我所專。故此書僅可資供參考，並予以幫助理解韓國思想文化之常識，決不能當專門研究之書看。此書本以韓文寫，今爲附應傅偉勳、沈清松兩位《世界思想文化史叢書》主編先生之要求，特請韓國外國語大學中文系華籍教授宇仁浩先生翻成中文，並請國立臺灣大學哲學系主任張永儁教授過目。在此宣明且致謝。

　　　　　　　　　　　　　　　　金忠烈 識於中天齋
　　　　　　　　　　　　　　　　1990年 8 月15日

目　　次

第一章　緒　論

一、「儒」的字義

據《說文解字》，儒爲人與需字的結合，與柔意同❶。因此《廣雅》、《廣韻》中也將儒解釋爲柔，後世又釋意柔弱、柔緩。結果與書生之懦弱、猶豫寡斷的一面相連關，而成爲貶低儒字內含的典據。

其實，儒之柔豈能是軟弱、無力、無主見的柔？原來因柔與需同韻且同義，在解釋上，要把柔、需二字的意思連接起來❷。「需」字具有需要、等待、探索、滿足、培養以及柔的意思。至於需字之所以與人字相配合，似乎有意暗示「儒」就是爲作育良才，以所需之學德教化他人者。

因此柔不可只以需字概括儒字的一般意義，況且儒是具備人格並以人間教化爲己任的特指人稱，將柔釋意爲無力、懦弱、猶豫不決是一大錯誤。反而應視之爲高尚、優雅、和諧、成熟等完美人格的形容。《禮記・儒行》釋文曰「儒之言，優也柔也，言能安人，能服人也。」❸

---

❶　《說文解字》，「儒，柔也，術士之稱，從人需聲。」
❷　《周易・需卦》中有「需，須也」，〈疏〉中有「是需待之義」；《周易・雜卦》中有「需，不進也」，〈序卦〉中有「物稺不可不養也，故受之以需，需者，飲食之道也」。而與柔同義者《集韻》中有「柔也，與軟同」，《周禮・考工記》中有「軟，柔也。亦作需」。
❸　《禮記・儒行》釋文，「儒之言，優也柔也，言能安人，能服人也。」

既然「儒」字以人、需二字之複合已成新的造義字，則不必拘限於文字結構的形象。而且又因「儒」字是社會、文化的產物，也是隨着歷史變遷的概念名詞，所以不可只以部分的特徵掩蔽全面意義。有基於此，若使「儒」之字義更加概念化，卽可定義如下。

1.術之士稱❹

《周禮・天官・大宰》記載：「儒以道得民」，「道」卽禮儀凡節，活動的程序與形式，就意味着通曉並引導眾人，是對一種專家的指稱，比如，「禮生」卽是。

儒之所以貶為術士是因「儒以道得民」之前有「師以賢得民」❺。在周初的教育制度上，由師氏與保氏二官主管國家教育。師氏着重精神，保氏着重行動面❻。或許這裏的儒相當於保，故斷定儒的原初職責是術士❼。

西洋哲學中，philosophy 一詞首次使用於希臘。當時有技術的，實用的意念，猶如指建築家累積多年的經驗所得的技術。後來具有理論的學問和知能等的含義。尤其在柏拉圖以後，失去了技術的意思，而成為研究純粹精神的，深奧之智慧世界的特殊學問名稱。在東方，「儒」也從技術的，實用的意義開始，發展成為指教育家，學者，道德君子的詞語。

---

❹　《說文解字》中有「儒，術士之稱」，在這之前，《漢書・司馬相如傳》下集註中，也有儒、術士之稱一語。

❺　《周禮・天官・大宰》，「……一曰牧以地得民，二曰長以貴得民，三曰師以賢得民，四曰儒以道得民……。」

❻　《周禮・地官・大司徒》，三德條中云：「師氏以三德教國子，一曰至德以為道本，二曰敏德以為行本，三曰孝德以知逆惡」，六藝條云「保氏所教，一曰五禮，二曰六樂，三曰五射，四曰五馭，五曰六書，六曰九數。」

❼　《周禮・天官・大宰》，以九兩繫邦國之民條註：「……師，諸侯師，師氏有德行，以教民者。儒，諸侯保氏，有六藝，以教民者……。」

2.教育者之稱

在上述之術士之稱，若將道視爲導，可說他已有了教育職責。師氏是道德精神面的教化者，儒則是僅次於他的行爲凡節之教育者。兩者間有細節上的區分，但都是同樣的教育者。他們精通六藝，以此教化了民眾❽。

3.儒士之稱或孔子門徒之稱

先秦諸子的一派，崇尙孔子之道，並施展於世者。《莊子・田子方》說：「魯多儒士」，與儒生意同。《列子・周穆王》說：「魯有儒生，自媒能治之。」《史記・秦始皇紀》有句話說：「與魯諸生議。」❾這意味「儒」積極參與世間之事，因而其關心在於現實問題。

4.學者之稱

中國學術文化的淵源始於巫、史。至周初，因人知發達，巫在現實政治教化中衰退，而由史取而代之，領導學術。日後，這成爲諸子蠭起的開端❿。正如此地諸子原屬於儒之範疇。他們都是精通天人之際和古今之變的學者。然而，自古代六藝爲孔子門徒所專有，並由孔

---

❽　《周禮・地官・大司徒》四曰聯師儒條註云：「師儒，鄉里教以六藝者。」
❾　《莊子・田子方》，「魯多儒士」。《列子・周穆王》，「魯有儒生自媒能誘之……。」注釋中云：「儒生之功，有過史巫者，明理不冥足，則可以多方相誘……。」《史記・秦始皇紀》，「與魯諸生議。」
❿　江瑔，《讀子巵言》，卷一，頁一五，「後代學術紛歧，萬縷千條，而溯江河之發源，皆灌輸於巫與史而已……迄於後世，智識日增……史盛而巫衰……蓋古人殆以史爲百官之總稱……。」

子刪訂六經後，唯學習六藝，研究六經者，特定爲儒❶。總之，儒曾是學者的通稱，後來成爲孔門學徒之獨稱。

5. 哲學者之稱

《法言·君子》說：「通天地人曰儒。」❷ 這就是今日所謂之哲學家。天、地、人是《周易》中的「三才」，易就是闡明三才卽天道、人道、地道的書籍，也是儒家學說的根本❸。因此，儒家學問自然以宇宙論，人生觀爲主要課題，並通過學問的探究解決問題。一般而言「儒」是學者，是屬於哲學家羣的。

6. 道德君子之稱

儒者掌握天地變化和萬物情狀，精通順其自然的人生道理後，自發實踐所學。因爲以這種道德實踐爲最終目標，所以儒不可能只是一個學者、哲學家，而要陶冶性情，致力進德修業，造就偉大人格，實踐人道，創造人文世界。莊子所說「內聖外王」，就是儒所追求的理想。因此可說儒者始於士，終於聖。

7. 大丈夫之稱

儒在實踐道的歷史上，受盡了壓迫和阻礙。因此儒在得勢的時候要盡傳道的使命，在不利的年代也要負存道的責任。這時候儒要以守

---

❶ 《史記·孔子世家》中云：「孔子以詩書藝樂教弟子，蓋三千焉。身通六藝者七十有二人」，《莊子·天下》中云：「其在於詩書藝樂者，鄒魯之士，縉紳先生，多能明之，詩以道志，書以道事，禮以道行，樂以道和，易以道陰陽，春秋以道名分……」，說明六藝與六經于春秋戰國時代就已成儒家所專有的。
❷ 《法言·君子》。
❸ 《周易·繫辭》，「易之爲書也，廣大悉備，有天道焉，有人道焉，有地道焉。」
❹ 《論語·泰伯》。

道、衛道者的姿態，表現「殺身成仁」的志節。

曾子曾自勵：「任重而道遠，士不可以不弘毅。」⑭ 孟子也說：「居天下之廣居，立天下之正位。行天下之大道。得志與民由之，不得志獨行其道，富貴不能淫，貧賤不能移，威武不能屈，此之謂大丈夫。」⑮ 這些都表現出行道的毅力和守道的勇氣，可稱之為儒之大丈夫氣慨。

8. 縉紳之稱

儒教是現世主義的。現世也是以人為主實現理想的唯一場合。這是以人為主的，因此最重要的根本是人類保持天地精神，按其天性，成就一切。然而回顧人類歷史，可知理想與現實頻繁衝突，甚至也有許多理想遭遇來自現實支配力量壓迫的史例。

所謂行道就是儒者精通天地人，並以高貴的性品與智慧，實踐、施展於現世中的。不過面臨某種阻礙時，若如同道德君子之儒，只知「獨善其身」，則不能不說過於消極而無守道、衛道的使命感和勇氣。雖然要有「獨善其身」而將道保傳於後世的儒，但是也要有敢於批判匡正現實的不正、不義與非道，不如意則肯不惜犧牲一身，勇於明辨義或不義、是非善惡的「殺身成仁」之儒。這時，儒者所要具備的是學德與不屈不撓的志節。

因此儒者不但不能被現實支配者的不義所利用，而且還要擔負起不同流合污的一個「直視現世的局外者」，「淑世自任的修道者」的職責⑯。為了善盡其責，儒者要有「上不臣天子」⑰之高孤卓絕的氣

---

⑮　《孟子·滕文公下》。
⑯　《禮記·儒行》，「儒有忠信以為甲冑，禮義以為干櫓，戴仁而行，抱義而處，雖有暴政，不更其所，其自立有如此者。」
⑰　同上，「儒有上不臣天子，下不事諸侯，慎靜而尚寬，強毅以與人，博學以知服，近文章，砥厲廉隅，雖分國如錙銖，不臣不仕，其規為有如此者。」

慨，爲了保守己任應有「可殺而不可辱」❸ 恰似秋霜烈日的志節。

　　要言之，儒生要學習實踐孔子之道成爲創造人文世界的主體，並以學問智慧， 陶冶人格， 教化人心， 進而要具備經營天下的偉大經綸。但不如意時，則應自己守道以期後世。甚至連這一點也遭到威脅時， 要有固守殉道的志節。一身兼備學問、 智慧、 人格、 教化、 經綸、志節的大丈夫就是「儒生」❹。

　　上述「儒」字義的八種指稱，雖然按歷史變遷與時代情況，有強調某一層面的強弱之差。但是基於導向現世主義，以人爲本文化的儒教本質而言， 「宇宙人生的經營者」或追求那種資格的人，可稱之爲「儒」。

二、 「儒」 的沿流

1.諸子的起源和儒的地位

　　如上所述， 中國的學術源淵於巫、史，巫是祭鬼神， 史是記錄人事的。古時候人們重視祭祀， 所以巫的地位遙遙領先於史。但在人知發達， 政治擺脫宗教而獲獨立後，有了巫衰史盛的局面。巫墮落爲治病求福的迷信宗教，史成爲主管一切事物的百官之總稱。

　　後來史變成記錄保管古代歷史（政治行爲、自然現象變化等）文化的專職。那記錄文字和記錄內容成爲溫故知新的學術， 終於也發展爲學識的府庫。不過， 當時人們的人知仍未進入探究學問的階段，因此由國家機構（官）獨占了知識，而人民無法得知其內容。這就是所

---

❸　　同上， 「儒有可親而不可劫也， 可近而不可追也， 可殺而不可辱也。」
❹　　江瑔， 《讀子巵言》， 參考第四章〈論諸子淵源〉。

謂的「上古三代之世，學在官而不在民」❷。

老子成爲周代柱下史（相當於今圖書館長）後，秘藏數千年的史籍流傳民間。尤其， 周室衰微， 官失去權力之後， 由民間學者來探究、整理，並加以保傳。這就是所謂諸子百家的出現。因此， 諸子百家的學術都是以官學（史）爲起點的❷。

班固所說的諸子起源是其近因❷，要視其遠因，可以知道諸子起源於史， 史是由老子的道家開放的， 所以諸子不是從周的職官出來的，而是從道家分起的❷。但是日後周的官學教育課程六藝，由孔子來整理傳授，進而刪訂成册爲六經，世人傳言「經學始於孔子，子學始於老子」❷。從此孔子創始的儒家屹立學界。

2.儒教──周初師儒的餘緒

---

❷ 同上，第十章〈論道家爲百家所從出〉，「百家之學俱源於史……春秋戰國以前， 學在官而不在民……。上古三代之世，學在官而不在民，草野之士，莫由登大雅之堂。」

❷ 同上，「惟老子，世爲史官，得以掌數千年學庫之管鑰，而司其啟閉，故老子一出， 遂盡洩天地之秘藏， 集古今之大成， 學者宗之， 天下風靡，道家之學遂普於民間。」

❷ 班固，《漢書·藝文志》，「儒家者流，蓋出於司徒之官，助人君，順陰陽，明教化者也。遊文於六經之中，留意於仁義之際，祖述堯舜，憲章文武，宗師仲尼。……道家者流，蓋出於史官，歷記成敗，存亡，禍福，古今之道，然後知秉要執本，清虛以自守，卑弱以自持，此人君南面之術。……諸子十家，其可觀者九家而已，蓋起於王道旣微，諸侯力政時……。」

❷ 江瑔，《讀子巵言》，第三章〈論諸子百家之相通〉，「周道陵夷，官失其守，而百家之學，遂鋒起於一時，各持一說，互相辯難，集古今學術之大成，派別離異，而亦各有其淵源，班氏謂道家者流，出於史官，其實九流盡出於史官，不只道家也。」同第十章論道家爲百家所從出，「溯其初起之淵源，則實統於一，一者何? 旣道家是也。道家者，上所以接史官之傳，下所以開百家之學者也。」

❷ 方東美，《新儒家哲學十八講》，頁四七，「老子在學術上的地位，自戰國末年以來，不是屬於經學的首領，而是子學的首領……。」

　　殷周交替後，周朝成爲創造人文世界的模範❷。周室尤其爲了教
育文化運動的主體——治者，設立了成均、辟雍等學校，傳授六德、
六行、六藝。這時擔當這教育的官員就是師氏、保氏❷。《周禮‧天
官‧太宰》記載如下：

　　　師以賢得民，儒（同保）以道（技藝）得民。

　　師氏通過教育陶冶了百姓的道德人格，保氏則以藝能教育傳授了
學術知識和生活所需之技能。這是周初到春秋之前的教育制度及其內
容。這時諸子尚未紛起，各立學說。因此，儒通常是傳授六藝的學術
之士的通稱❷。春秋初，官學衰退，私學興起，並由孔子傳承六藝，成
爲孔子教的主要教課後，孔子之徒自然繼承了師氏與保氏的職務，而
專有了「儒」的通稱。就是由於這一點，孔子之教有了所謂儒教的名
稱。故世人也將周初至春秋初的時代，視爲以六藝爲主的儒教時代。

3. 儒家——春秋六家之一派

　　周朝官學沒落後，學散佈於民間，後來再度由私學所吸收，有了

㉕　同上，頁二七，「成周以來，周公制禮作樂之後，國家成爲一個心靈領
　　域（Realm of Mind），文化領域（Realm of Culture），智識領域
　　（Realm of Learning），所以孔子說，郁郁乎文哉，吾從周。」
㉖　《周禮‧冢宰治官之職》，「二曰教典，以安邦國，以教官府，以擾萬
　　民」，隨之，分設成均，辟雍，上庠，東序，瞽京等五級學校。至於其
　　教學內容，同〈司徒教官之職〉，「以鄉之物，教萬民，而賓興之，一
　　曰六德，知仁聖義忠和，二曰六行，孝友睦婣任恤，三曰六藝，禮樂射
　　御書數。」同〈天官太宰〉，「師以賢得民，儒以道得民」說明了當時
　　的教育制度、教科內容、教育者等。
㉗　江瑔，《讀子巵言》，第五章〈論九流之名稱〉，「古者通天人曰儒，
　　周官太宰，儒以道得民，與師對舉，又大司徒四曰，聯師儒，是儒爲術
　　士之稱（見《說文》）有道德有道術者之通名，不特儒家得稱爲儒，即
　　諸子百家，無一非儒也。」

新的結構與發展，即所謂春秋戰國的諸子百家，其代表性的學派有六家❷，儒家就是其中之一。

勿用贅述，儒家是孔子及其門徒所標榜追求的學問體系，它和其他諸子（百家）是不同的。然而，孔子當時的儒家並不排斥別的學派，也不是只標榜與他學派全然不同之特殊學術的一家。孔子喜愛古老的，喜歡與任何人、任何事物學習，爲人寬宏大量，兼有開放精神。因此，其學問與人格可說能够集中國文化傳統之大成❷。

孔子承受師氏的道德人格和保氏（儒）的六藝技能後，走訪當時探究學藝的在野學者，廣受其人文成就之果實，使之播種於自己的世界。正如此地，孔子的學說中有包容而無排斥。孔子致力蒐集、整理、教育中國古來傳統學術之優秀遺產，並容匯百家奠定了博大精深的中國文化學術的基礎。因此稱孔子爲中國古來文化之集大成者❸。

孔子根據這般實證的、實習的、開放的學問態度，蒐集、整理並習得了六德、六行、六藝，傳授給眾子弟。又刪訂古傳官學史料《詩》、《書》、《禮》、《樂》、繫辭《周易》，並親手撰述《春

❷　據司馬談〈論六家要旨〉，六家指陰陽家、儒家、墨家、名家、法家、道德家。
❷　《論語·述而》，「子曰我非生而知之者，好古敏以求之者，……三人行，必有我師焉，擇其善者而從之。」「子曰述而不作，信而好古，竊比於我老彭……德之不修，學之不講，聞義不能徙，不善不能改，是吾憂也」，又〈子罕〉，「子絕四，毋意，毋必，毋固，毋我。」
❸　方東美，《新儒家哲學十八講》，頁六，「孔子以其開闊之心胸，曾經適周問禮於老子……與齊太師語樂，聽到了韶樂，專心地去學它，甚至於三月不知肉味。又學琴於師襄，師事於萇弘，不僅如此，對於蘧伯玉，鄭子產也都認爲有很多值得學習的地方……。孔子在學術上面的虛心坦懷，兼容並包的宏大氣魄，可說是春秋以前一般的學術風氣。」「孔子博採眾家，不拘一說，虛心坦懷，不先有成見，他周遊列國，到處訪求賢人，搜集資料，然後能刪詩書，正禮樂，繫周易，作春秋。然而在孔子現存的言論中，沒有一句是攻擊別人的！他虛心地面對着過去優美的文化傳統，坦然地接受當時代合理的解釋與思想。」

秋》，編成所謂之「六經」。這是當時孔子教育門徒的教程。日後，成為儒家學術的所依經。

然而春秋時代的儒家，進入戰國時代後，就受到其他學派的譴責而面臨危機。這時也就失去兼容並包的宏大氣魄，展開對立和是非議論，孟子的「排斥揚墨」等衛道行為即是如此。隨之，自稱中國文化的正統在於儒家，終於找到了所謂「道統論」的線索❸。

4. 儒學、儒術──兩漢之經學

儒術和儒學乍見之下似乎沒有多大差異。但正如劉師培所說，學為經學有體的意思，術有用的意思❸。而且根據歷史的變遷，儒術首先盛行之後，儒學才得以確立。由此可知從戰國末期到西漢中期盛行儒術，到了漢唐時代，儒學則大大興起。

儒術一詞，首次出現於《墨子·非儒下》中「用儒術，令士卒」其次，《荀子·富國》中有「儒術誠行，則天下大而富。」因為這說的是「儒」在實際社會政教方面的作用，所以多有「用」的意思❸。後來儒術一詞常用於《史記》、《漢書》等❸。到後漢時代，儒學這一個新詞逐漸被人使用。

所謂儒學就是研究儒家的學術，因此通常以經學研究為主，從此

❸ 《孟子·滕文公下》，「聖王不作，諸侯放恣，處士橫議，楊墨之言盈天下……楊墨之道不息，孔子之道不著……能言距楊墨者，聖人之徒也。」《孟子·盡心下》論「堯、舜、禹、皋陶、湯、伊尹、萊朱、文王、太公望、散宜生、孔子」之授受關係，這成為日後道統論之根據。

❸ 劉師培，《國學發微》，頁六，「周末諸子之書有學有術。學也者，指事物之原理言也。術也者，指事物之作用言也。學為術之體，術為學之用。」

❸ 《墨子·非儒下》，《荀子·富國》。

❸ 《史記·禮書》，「今上郎位，招致儒術之士，令共定議。」《漢書·陳餘傳》「好儒術，遊趙苦陘。」

儒教在學問上，形成了一個體系。而且到《後漢書》、《南北五代史》等，儒學一詞常見於典籍㉟。尤其，它在學校普遍化，確立科舉制度後，又通稱儒教「教育」設施及其內容。

由此看來，儒家以六藝起家，集六經之大成，至兩漢年代特立經學，形成了中國學術的中心。換言之，兩漢儒學的特點在於經學，在學問上，出現了立場與見解相異的學派，卽所謂古文及今文學派。再者，漢代將儒學視爲「獨尊」，當做選用人材的方法後，教育日漸制度化，因此產生了官、私二學對立的現象。尤其因漢代學風重視訓詁，不容存有私見，所以自然形成了根據師法，家法之門系的學說類型，就是所謂的魯學和齊學㊱。

關於上述問題，劉師培的《國學發微》和馬宗霍的《中國經學史》第六篇中已有詳細的記載，又因篇幅所限不得已予以省略。簡而言之，兩漢儒學沉溺於章句，雖有訓詁和經傳之功，但義理上卻造成一大空白。官學成爲追求「利祿」的途徑，而培養不出眞正的大儒、通儒、醇儒，文化之創進也因而大受萎縮。到末葉，這種現象成了佛教文化闖入無人之境的重要原因。

確立道統後，儒學雖占有了獨尊的地位，但經生的素質開始逐漸地變化。那是因漢初嚴守的家法與師法被培養博士弟子員的官學壓倒所致，也是因爲官學是執政者掌握學者的利祿之路。藉儒學的名義，

<hr>

㉟　《後漢書・伏湛傳》，「累世儒學，素持名信。明經行修，通達國政。」《南史・儒林傳》，「由是顯（名越）氏多儒學焉。」《北史・沈里傳》，「里專心儒學　從師不遠千里。」《五代史・雜傳》，「五師範頗好儒學，聚書萬卷。」

㊱　馬宗霍，《中國經學史》，第六篇〈兩漢之經學〉，「自六經燔於秦，而復出於漢，以其傳之非一人，得之非一地。雖有勸學舉遺之詔，猶與書缺簡脫之嗟，旣遠離於全經，自彌滋乎異說。是故從其文字，則有古今之殊。從其地域言，則齊魯之異，從其受授言，則有師法家法之分。從其流布言，則官學私學之別。」

爭奪利祿之實的學者，只顧討好皇帝，追求榮華富貴，喪失了施展大道的主體使命。在本質上不能不說儒學是墮落的。

不過在學問態度和方法上也有值得向漢儒學習的。就是在文獻、章句和字源方面，先查出證據和本義後，力求經典之眞義和眞面目的實質性與不輕易依據主觀任意解釋的客觀性❸。這一點與宋代學術的義理學的學風，形成明顯的對比。由此可知，清代學術的考證學多根據漢學之訓詁風。因此漢學的短處，在另一方面也是一個長處。

試看唐代的儒學，當時的經學沒有超脫《五經正義》❸，或唐文宋時的「十二經」❸之範圍。在學術淵源上，反而完全混合了依據師法和家法的兩漢經學。因此致使今文、古文經學界限不明，甚至連對漢末經學大師鄭康成的境地也不甚瞭解。而且不區分王肅、杜預、王弼等漢儒和持不同見解與方法的寶貴遺產，將兩者鎔冶在一起，稱之爲「正義」，這後來按照政令成爲科舉考試的藍本。所以它並非經學，而是一個國定教材，是導向「利祿」的指標❹。總之，唐代儒學只留下一種注疏學的特徵，並未獲得任何發展。

5. 儒道——宋元性理學

---

❸ 方東美，《新儒家哲學十八講》，頁四，「漢儒也不是一個單純的學派……他們都有一個嚴正不苟的工作，就是所謂『解詁』。解詁的用意用於透過章句訓詁，而能够還原到儒家的眞面目，……且漢儒面對古代流傳下來的經典，從不敢苟順私意，亂發議論，儘可能的有一分證據說一分話，有一分師承做一分文章……。漢儒的這種精神成就我們不能否認的。」

❸ 唐太宗認爲儒學的內容章句混雜，下令國子監祭酒孔穎達編撰五經義疏，此部所謂《五經正義》。本書共一七〇卷，《易》採用王注，《書》採用孔氏傳，《左傳》採用杜解，可說是「一大雜蕩」。

❸ 今通用之「十三經」，於宋代加《孟子》而成十三經，故唐代只有十二經。

❹ 方東美，《新儒家哲學十八講》，頁二八。

　　唐代儒學只不過是承襲漢弊選拔官吏的工具——政治附庸，不過進入宋代後，擺脫了官學與注疏之學，繼承了儒教、儒家、儒學的傳統。覺悟到那是陶冶人格，淑正人世，創進實現天理人道之理想的唯一途徑，而信行「儒學」為「道」（除學之外，道德精神的昇華與實現理想的要方），並高高舉起儒道卽「道學」❹的旗幟。

　　宋代學風不像漢的家法或師法那樣受一律的限制，任何人可以自由議論經義❷。

　　宋學的特徵就是究明義理，而道學是傳授孔孟「道統」的學問。基於此一觀點，可知探求孔孟眞義的基礎是《論語》、《孟子》，尋求儒教根本義理的結果，出乎意外的發現它就是《禮記》中的《大學》與《中庸》。因此自命倡明道學的程朱以論、孟、學、庸為道統的根據，稱之為「四書」，放在唐代九經之上，並將它列為官學的基本課程。後來又規定為科舉書，亦使之成利祿之路的工具。換言之，若漢儒的特徵在五經章句，唐儒在九經注疏，宋儒在四書義理。這種宋儒學的新風氣，使得宋儒不為自身的立身治學而把它當做服務一個時代，一個政權的功名利祿之工具，正如張橫渠所說，「為天地立心，為生民立命，為往聖繼絕學，為萬世開太平」❸，以這「四為」為己任，因此他們不儘超然於現實政治，在道德行為上，也追求了超道德的宗教境地。宋儒標榜的道學中，內含生命精神，道德情操，以及天人無間的參天境地。

---

❹　馬宗霍，《中國經學史》，第十篇〈宋之經學〉，「史記特立儒林傳，……至宋而有所謂道學。撰《宋史》者，乃又於〈儒林傳〉外，立〈道學傳〉以尊之。如周敦頤、程顥、程頤、張載、邵雍、朱熹、張栻及程朱門人，皆入之〈道學傳〉。」

❷　同上，「訖乎慶曆之間，諸儒漸思立異……自是氣風一變，學者解經，互出新意。視注疏如土苴，所謂宋學者，蓋已見其端矣。」

❸　《宋元學案》，卷一七，〈橫渠學案上〉，「聖人之詣為必可至，三代之治為必可復，嘗語云：為天地立心，為生民立命，為往聖繼絕學，為萬世開太平，自任之重如此。」

宋儒道學者大部是在野和學者。然而他們是眾所共認的「道統」的主役。其學問與思想一經提倡，即時影響朝野而成為道德的威權或精神的力量，使為政者自肅，淨化墮落的社會風氣，開啟了一時代的風教。

宋代儒學之所以能夠成就上述之道學，是因為為政者立下了尊重學問與學者的良好風氣。

宋太祖趙匡胤雖是武人，但他好文，建國後，積極開拓了文運。並且為了保守學問的尊嚴，使其弟匡義（宋太宗）與其子德昭，在祖宗牌位之前宣誓絕不侮辱學者或不妄殺學者，並以此為家法，使後世帝王務必嚴守，因現實執權者本身肯定了學問與學者的尊嚴，並保證絕不施加壓力，所以宋代學者完成了富有個性的學問，具備了超脫現實利害的人格，以政治局外者的立場和天地精神的威權，批判現實，並鼓起了敢於極諫的勇氣❹。

然而道學也不是沒有弱點。因道學者所追求的目標過於形而上，並以個人為中心，所以只有少數人的精神，道德成就才有明顯的昇華，而一般都脫離了形而下的現實問題。至於日用事物或經世致用的一面也漸漸弱化。結果未能培養克服遼、金、元等外族侵犯的現實力量。這也是違背重視中庸、中和及時中，即隨時處變之儒家處世觀的。這不能不是宋明理學在無意間觸犯的一大錯誤。

以上極其概括地考查了高麗末性理學傳入之前的中國儒教淵源及其變遷的主要趨勢。而且又使用了相異名稱區分了在變遷過程中出現的特徵。這是為了使讀者在考究高麗儒學之前先掌握中國 儒 學 之 大體，以便具備廣泛的認識，再者，也是為了在議論中國儒學傳入韓國

---

❹　方東美，《新儒家哲學十八講》七，參照「宋儒立身治學的偉大風範」。這句話的典故在丁傳靖輯《宋人軼事彙編》（上），頁七、八。

的問題之前，避免易於面臨的混亂而提出的。

上述的儒字八稱及儒意六變，純屬筆者的私見，只爲一時之便利並無標新立異之意圖。然而這雖是一種假說，但無疑也是一種立論，因此附加了詳盡的注腳，以資商榷。日後必將重新整理爲單獨論文。

三、儒敎東傳年代問題的商榷

至於中國儒敎何時傳來韓國，尙無定論。據一般的見解認爲與中國建立交涉關係後，就引進了儒敎，因此也有人主張儒敎的流入在正式設立儒敎敎育機關太學的高句麗小獸林王二年 (372)，然而，明確指出韓中交涉始端才可提出確實主張。目前文獻內容也多可疑之處，所以這項問題仍然停留在一個推測的階段。現在列舉幾點議論如下：

1. 殷周之際發端說──韓國乃儒敎宗主國

張志淵在其遺著《儒敎淵源》卷首，說明了儒敎傳來的問題。

> 檀君之季，殷太師箕子避周以來，以洪範九疇之道敎化東方……洪範者，卽易象之原理而儒敎之宗祖也……。箕子旣傳於武王，又躬行於朝鮮，設八條之敎以敎化吾人，則其八條雖遺缺失傳，然孔子贊易曰：箕子之明夷者，其道明於東方也。然則朝鮮雖謂之儒敎宗祖之邦可矣。是故論語孔子「乘桴浮海」之志，有「欲居九夷」之語。蓋謂吾東是儒敎舊邦，故夫子欲如箕子之布敎行道，而有是言也。㊺

㊺　張志淵，《儒敎淵源》，卷首語。

　　他主張儒教雖在古代夏殷時興起，但是其唯一繼承者箕子來韓國親身教化，所以說韓國是儒教教化的宗主國。

　　不過張志淵又說箕子的儒教教化日後未能進一步發展，而再度引進了由中國繼承發展的孔子教。他接着又說：

> 自箕子以後，歷三韓諸國之代，文獻無徵，儒教之興衰無從考稽也。以理想推之，吾東與齊魯來往頻繁，則孔氏之徒爲傳道而來者與吾東人之學道而還者，不應不少而概無聞焉。❹

　　敍述了孔子以後集大成的儒教之傳來。

　　張志淵的這段話似乎應從兩方面來解釋，就是分爲孔子之前政教一致的儒教與孔子之後道德倫理化的儒教，前者是（箕子）東來時傳入的，後者則是孔子之後不久傳入韓國的。他又依據年代加以考查，主張 B. C. 1110 年頃，傳來孔子之前的儒教，B. C. 500 年頃，傳來孔子以後的儒教。

　　同意張氏說的柳承國教授曾主張，不可將中國儒學和韓國儒學視爲一致的。他在《韓國儒學史序說》中，敍述如下：

> 要是說儒學在中國發生而傳來韓國，就容易把韓國儒學看做中國儒學的一部分。不過，若考查中國上古時代儒學的形成與淵源，極需留意中國儒學在歷史上是以與東夷的關係爲基礎而形成的。卽使後來到了孔子時代，中國儒學傳入我國，留下深遠的影響，不過因我們是以韓國立場攝取並加以發展的，所以兩

----

❹　同上。

國儒學是不能一致的。❹

　　他爲了證實上述說法，提出考古學的史料，闡明了韓國先民（東夷）與殷族（中國上古代）之間的民族及文化的關係。

2.秦漢之際流入說

　　否定箕子東來說的史學家李丙燾教授則否認上述說法，主張儒學是在秦漢時代傳來的，他將韓國看做是早在春秋戰國時代由本地人自立自治的國家，而否定了箕子東來說。並主張「八條教」並非箕子所教，亦非中國文化影響所導致，而是古朝鮮以來固有的法禁。

　　而且由於將古朝鮮的建國時期定爲春秋戰國時代，推斷當時靠近孔孟出生地鄒、魯的北方朝鮮早已受到儒教思想及其文化的影響。但是他說只可惜沒有文獻可供考證之用。表現出實證史學者的謹愼態度。後來又根據中國正史上的記錄，推斷爲逃避秦役來到辰韓的秦人，廣泛傳播了儒教禮俗。尤其主張儒學傳入東土是在設立漢四郡之後❹。

　　據年代計算，可以知道由秦人傳來的時期是 B.C. 250 年頃，而設置漢四郡後傳播的時期則在 B.C. 110 年頃。但是若考慮衛滿朝鮮，也可以將傳來年代看做是 B.C. 200 年頃。總之，這種學說是重視文獻實證的。因而與殷周之際說形成好的對比。

3.三國時代起源說

　　《朝鮮儒學史》的作者玄相允則退後一步，將起源定爲完成五經正義的唐太宗十四年（640），但是玄相允所指的是中國儒學傳入韓

---

❹　亞細亞學術研究所刊，《韓國民族思想史大系》，①概說篇第五章，頁二〇五。

國後，實際從事學問研究的時期，並非指流入本身。這點很容易引起
讀者的誤會。其說法如下：

> 儒學或儒教思想傳入朝鮮的年代，要比其他外來思想爲早，是
> 屬實的。由於我國古代文獻無徵而無法一一詳述，不過，單看
> 王仁將《論語》和《千字文》傳給日本的事情，可知儒教傳來
> 的年代要比佛教首次傳入朝鮮（高句麗小獸林王時）的時期爲
> 先。但是這傳入爲時已久的學問與思想，未能及時盛行，到李
> 朝時代才開始正式發展。㊾

這一段話證明玄教授沒有把重點放在儒教傳來，而是關心儒教盛
行的年代。於是他接着在「朝鮮儒學的起源」一項中提到：

> 正如序論中所提到的，儒學傳入朝鮮的年代必定久遠，但因文
> 獻泯沒，至今無法稽考，唯有留學唐朝，建設國子學（儒教大
> 學）等史實可稱之爲朝鮮儒教的起源。玆將其內容記載如左，
> 新羅善德王九年（640），唐太宗爲獎勵經學，大舉增建國學，
> 並廣招學生於海內外，這時新羅，高句麗，百濟都曾派遣子弟
> 進入唐學。㊿

這分明指的是針對儒學（儒教）從事學問研究的起源。而不是論
傳來的起源。總之，這對韓國儒學史的開端，也有明確的主張，因此

㊽ 李丙燾，《韓國儒學史草稿》油印本，參照頁一～九。
㊾ 玄相允，《朝鮮儒學史》，頁一。
㊿ 同上，頁一三。

也不得不採納爲一說法。

4. 以高句麗太學設立爲起點說

李基白教授採納三國時代起源說，並將年代略微提早，主張了以高句麗時代首次設立太學的小獸林王二年 (372) 爲起點的說法。李教授的說法是考查上述三種說法後，對受容（傳來）和起源（發展）的概念下好定義，並確立自身的立說標準，而加以判斷的。下面是有關他立說的文章：

> 三國時代以前已受容了儒教，在對這件事實的肯定與否方面，都是一致的，甚至追溯到孔子以前的箕子時代。在中國儒教的形成時期，殷周以來的思想雖大有影響，但是儒教是由孔子成立的思想體系。
>
> 同樣的，基督教雖以猶太教爲基礎，而現在也尊重猶太教的經典，但是它是由耶穌成立的。因此很難說在孔子之前就已受容了儒教。何況在否認箕子東來說的今天更是如此。
>
> 若說是在孔子之後，問題也不是容易解決的。至於文化，接觸不一定表示接受，發揮一定的社會功能時，才可說是接受。比如《芝峯類說》中介紹了天主教，這也不能說是受容了天主教。日後展開的信仰運動才意味眞正的受容，這是同樣的道理。
>
> 如果有了這種標準，不就可以找到某種解決問題的線索嗎？那是因爲總是要在學校找到說明儒教之社會功能的代表性例子。
>
> 再者不一定是學校，如同花郎道的某種組織若崇高儒教的精神，當然也可列入考慮的對象。

因而韓國儒教的起源應視爲三國時代。也可以將高句麗設立太學的小獸林王二年（372）看做是重要的年度。這不是否認在那之前儒教傳來之可能性的。只是認爲儒教未能發揮本然的社會功能。因此，相信可以把高句麗太學之設立當做推測韓國儒學起源的一個標準。(51)

綜合上述四種說法，可歸納下列四點，⑴以箕子東來說和殷商東夷相關說爲背景的殷周之際，卽所謂箕子朝鮮就已傳來的說法。⑵因儒教是孔子所創的，所以不能溯及孔子之前。而且春秋戰國時代韓半島上有了當地人自立自治的國家，因他與鄒、魯相隣接，似乎從此通過交流受到影響的說法。⑶根據中國正史文徵，將衛滿的侵入，秦人的流亡，漢四郡的設置視爲接觸和受容儒教的契機的秦漢之際傳來說。⑷不重視接觸與傳來問題，而以何時在我國起了作用，卽儒教韓國化爲重點，並以三國時代，尤其是以最初建立太學的時期（372）爲起點的說法。對於這一個問題，筆者將以第三節中略述的中國儒學沿流爲優先判斷的標準，與韓國四種說法進行對比和檢討，從而表明筆者的立場。

四、韓國儒學史的起點問題

1. 要避免用詞的混亂

筆者之所以使用「起點」一詞，是因爲上述諸說所使用的傳來、

---

(51) 亞細亞學術研究所刊，《韓國民族思想史大系》，②古代篇第二章〈民族形成期的思想〉，頁一四四、一四五。

輸入、受容、接觸、起源等詞， 在掌握問題時， 具有各不相同的立場，而帶來混亂。所以爲了避免混亂並表明筆者本身的立說， 使用此一新詞。

使用接觸或傳來時， 就可以通過推測追溯到很久以前。使用輸入或受容時， 必須是我方採取主動姿態的時代，因此不能溯及三國時代以前。再者起源一詞表示一種產生的根源，這在中國是可能的， 但對處於輸入、受容地位的韓國來說， 似乎不十分妥當。當然若將韓國視爲儒教宗主國，則是未嘗不可的。筆者不說起源，而說起點的理由，就在於此。

另一項需要嚴格區分的問題是儒教與儒學的概念，正如在「儒」的沿流中所考查的， 兩者有時代的， 概念的差異。宏觀「儒教」時，可知它是有倫理道德意味的孔孟時代的儒 ， 也就是春秋戰國時代的（它日後也不斷的流傳）。所謂「儒學」， 它已是確立經學後， 卽在理論上系統化並進行學術研究的階段。再早也無法溯及漢代以前。

因此需留意「儒教」與「儒學」所指對象各不相同。傳來與受容之間也有不同的觀點。若明確區別用詞，可以使上述諸說避免相互對立與衝突，甚至誤解。

2.「待考」史學爭端

如同歸巢本能，人人都有「好古」 [52] 的傾向。更何況是研究古代問題的學者。 這怎能說是孔子獨特的態度。 然而正如他說 「敏以求之」 [53] 孔子的「好古」是求實證， 建立學問系統的。 雖然如此， 在

---

[52] 《論語・述而》，「子曰: 述不而作，信而好古。」

[53] 同上，「子曰: 我非生而知之者，好古敏以求之者也。」集註中云「若夫禮樂名物，古今事變，亦必待學，而後驗其實也」，正如此地孔子藉學問滿足了好古之意欲。

「文獻不足徵」(54)時，決不述作。

箕子東來說很久以前就已成爲史學家爭論的焦點。如今仍持續不斷，爭論不休。有關於此，韓國乃儒教宗主國之說法，仍然缺乏說服力。誰不願意主張自國民族的優秀性和民族淵源的古遠性，不過，我們越是這樣，就越要節制自我，以免據事先意圖，牽強附會。

但是對於古代史的問題，不能因現今之「文獻不足徵」而無條件地斷定是虛僞揑造的。因爲常有推測獲得證實，傳說化爲史實的例子，所以要有「可議論而不可定論」的「待考」的忍耐。基於此一立場，筆者決不想批判箕子東來說和儒教宗主國說，只想以「待考」的態度面對問題，而不想提及核心。

3.「儒教」爲孔子所創

筆者要明確強調的一點是儒教爲孔子所創，因此認爲不能同殷周之際未分狀態的中國古代文化思想混而爲一而溯及箕子時代。如同在儒的六義中所表明的，周初的「儒」與保氏相同，是收藏或掌管諸子百家分化之前的文化思想或教育制度的官學，所以不能把它看做是儒教。

雖可議論中國古代思想，即殷周思想與韓國古朝鮮的交流關係，但是用儒教一詞概括當時的古代思想而主張儒教在那時就已傳入韓國的說法是需要再三考慮的。

我們所要探討的儒教，分明是孔子集中國古來文化思想而大成的。但因它是定立爲諸子百家之一流派後的儒家之教，所以在研究儒教東來問題時，應追溯到春秋戰國時代。

---

(54) 同上，〈八佾〉，「子曰：夏禮吾能言之，杞不足徵也，殷禮吾能言之，宋不足徵也，文獻不足故也。足則吾能徵之矣。」

4.「儒學」始於漢代

所謂「儒學」，是隨着漢武帝 (B. C. 140~88) 時的「獨尊儒學」(55) 政策而形成的。此後，「儒學」一詞支配了近兩千年的中國學壇。據馮友蘭之學說:

> 於是中國大部分之思想統一於儒，而儒家之學，又確定爲經學。自此以後，自董仲舒至康有爲，大多數著書立說之人，其學說無論如何新奇，皆須於經學中求有根據，方可爲一般人所信受。經學雖常隨時代而變，而各時代精神，大部分必於經學中表現之。故就歷史上中國學術思想變遷之大概而言之，自孔子至淮南王爲子學時代，自董仲舒至康有爲則經學時代也。(56)

而且這「儒學」時代的展開，在文獻上也證實了與韓國的關係。固然在這之前與燕之接觸也有文徵可據，但是那時是西漢初期，以黃老思想爲首的諸子學，卽九流思想混淆不淸，不能說是儒學的出現。因此還未進入以明顯的形態東傳的階段。

儒學對別國之影響要等到漢武帝的卽位，就是 B. C. 140 年以後。這時漢朝已經有五經博士，並建立了國家正式教育機關太學(57)。而且設置漢四郡後與韓國展開了有組織的、大規模的接觸。這一點在任何一個角度來看，不能不說是儒學東傳的開端。因此我們議論「儒

---

(55) 漢武帝據董仲舒「諸不在六藝之科，孔子之術者，皆絕其道，勿使並進」之獻策而採取之措施。《前漢書》，卷五六，〈董仲舒列傳語〉。

(56) 馮友蘭，《中國哲學史》，頁四八五，第十六章〈儒家之六藝論及儒家之獨尊〉。

(57) 陳東原，《中國教育史》，參考第一章〈漢初之教育〉。

學」東傳時，要以漢四郡的設立（B.C. 110 年頃）爲起點。

5. 來源在戰國，起點在三韓

現在要爲本章下個結論。首先筆者試着將「儒敎」和「儒學」等兩項問題按時間的先後排列起來。本人認爲儒敎傳來期之後有儒學受容期，若是，儒敎的傳來至少可追溯到西元前 4 世紀左右，儒學的受容則在漢四郡時代，卽 B.C. 100 年左右。

另外一個問題就是受容儒敎的一方何時形成了本身的主體性。在周室沒落，諸侯各自稱王的戰國時代，韓半島北方也可能出現了主張自我的國家。雖然也有稱它爲古朝鮮的史學家[58]，勿論如何，必定產生了與中國相對立的彼此意識，這是可想而知的。而且相信該國尤其與燕進行了頻繁的接觸，因爲當時燕也有儒敎的文化與思想[59]，所以要把那時期看做是中國儒敎東傳的開端。

基於上述內容，將中國儒敎之傳來時期，換言之，儒敎普及韓半島的源淵視爲西元前 4 世紀頃，而儒學的受容則以三韓時代爲起點。這也在進入三國時代後才得以明顯的展開，所以本書想以三國時代之前的一段時間和三國時代爲起點，進行探討。

---

[58]　李基白，《韓國史新論》，參考第二章〈部族聯盟時代〉，第一節古朝鮮。

[59]　燕爲周朝國姓，由召公奠定了國基，是周的支派中最後滅亡的國家。召公爲人賢良，與齊國親近，文物隨之興盛。參考《史記》，卷三四，〈燕召公世家〉。

第二章　三國時代的儒教和儒學

一、三國時代以前的儒教思想

「三國時代」就是三國（新羅、高句麗、百濟）樹立王權的西元前一世紀末葉到新羅統一三國的西元後七世紀中葉的七百餘年時間。所謂「以前」指的是與中國北方的接觸漸趨頻繁的戰國時代，卽西元前四世紀中葉●。

當時韓半島的勢力版圖如何？戰國時代（B.C. 500～250）各邊方部族朝向中原（中國）擴展勢力，後來由秦朝統一六國，修築長城，有意區別異族，形成漢族大統一國家，並向外擴張勢力之後，邊方民族不得不背向中原進行退卻。衛滿朝鮮的形成就是因大勢逼迫而造成的韓民族最初的萎縮，這也是擺脫過去不甚分明的部族間異質感和領域區分，而產生較爲明確的韓民族意識的契機。這種韓族的對立意識是從西元前二世紀末起漢四郡被佔四百餘年，韓半島的北部受到漢族統治後，更趨明顯。雖然韓族未能建立統一政權，而分爲三國，進行了對內的爭執，但是對於漢族，則始終以韓族的統一意識，表現出比

● 本論考旨在研究儒教思想，因而首先考慮與儒教的發祥地中國的關係，定了上述年代。據歷史記錄或地下史料，自燕朝時代，韓國與中國的接觸漸趨明確，其上限爲中國的春秋戰國時代，原始儒教思想在學術上的形成也在這時，所以將西元前三百五十年到五十年的三百年期間，劃爲三國時代以前。

任何時代更爲強烈的抵抗精神❷。

常言道「多難興邦」，一個民族的自我意識在和異族針鋒相對的時候，表現得更強烈。中國中原出現大統一國家並向外擴展，此一事實足以使韓民族產生自我意識，也成了韓族創造自己歷史的契機。因此我們寫一般歷史的時候，要掌握我他區別意識的出現即自我民族觀的形成，這樣才能提示民族史的始端。尤其寫一個民族的哲學史時，若不先爲民族的自我下好定義，就難以有信心地議論該民族的思想或精神等。

若將韓族意識的形成視爲韓民族哲學思想自我發展的分水嶺，似乎首先要把三國以前的思想期分爲古朝鮮時期、衛滿朝鮮時期以及漢四郡時期。韓國民族與漢族的接觸爲時已久。有人說要追溯到殷周時代，其實進入春秋戰國時代後，由於中國的騷擾與動蕩，才和韓民族進行了較深且頻繁的接觸。在戰國時代，中國也未形成明顯的民族國家的概念，所以異視韓國的意識也不十分強烈，可能在文化方面稍有「華夷之別」。當時中國民族在學術上雖說是百家爭鳴的時代，但由於人性大爲墮落，或許，沒有捲入那場戰國風潮的韓國是更安定的，更淳樸的。所以中國的知識分子不斷來韓國避難。這種中國知識分子的流入，在秦朝的暴政下，更加盛行❸。

戰國時代的接觸，並非集團或小規模政治組織單位進行的侵略性

---

❷ 西元前四百年頃，周朝喪失了天子國的威權，諸侯爲掌握霸權，紛紛進軍中原。與我國鄰接的燕，到文公時代 (B. C. 362)，強大而成七雄之一後，也進入中原。但在五十年後 (B. C. 314)不幸遭齊國的攻擊而滅亡。此後雖一度再起，不久因秦強勢所逼，退到邊方。這退卻就變爲對我國民族的壓力，從此我國與漢族處於對立的關係。

❸ 漢族避難，多移居韓半島，其中，也有不少知識分子。
《三國志・魏書東夷傳》辰韓條，「辰韓在馬韓之東，其 者 老傳世自

接觸，而是零散的知識分子避身與求安。因此沒有毀壞韓國的安寧與淳樸，反而在淳樸的基礎上，通過來自中國的知識分子提高了倫理生活規範與學問的思惟能力，可說一時居身東方君子之國，成爲中原所羨慕的對象。韓國民族與漢族最初接觸時，沒有表露出彼此的對立意識，維持了和平的狀態。尤其，受容知識分子後，韓國文化有了快速的發展。也就是說，在這寧靜的國家孕育了以人爲主的較爲理想的文化。而中國原始儒家的仁義忠信也在這鄰近的東方國度，散發了一時的光輝。

然而，秦統一中原後，那美好的安定與淳樸也遭到破壞。因爲燕國朝向中原的發展受到秦的阻止而受挫，所以燕的勢力又轉向韓國伸展。一個國家規模的勢力的大步遷移不再是戰國時代零散的知識分子之和平移動，而是集團的、軍事性的。因此韓、漢兩族的接觸引起了嚴重的對立和異質感，沒有融會只在互相排擠，結果韓族遭到在韓半島南下的不幸。這就是漢族侵入韓半島的開始，也成爲韓族在朝向中原的進程中不得已萎縮的分水嶺。這時，退向韓國的國家就是衛滿朝

（續）言，古之亡人，避秦役來適韓國……。」
徐亮之，《中韓關係史話》自序，「戰國末期的嬴秦暴政，東漢末期的黃巾擾亂，西晉末期的五胡內侵，許多中國人，都以朝鮮半島爲逋逃藪，而一去不歸。」
同書，頁一一，「（漢）獻帝劉協初平元年(190)，野心家公孫度爲遼東太守，親見那時黃巾亂後接着董卓專政，中國內地前往遼東避難的人日多，若干名流學者也復欣然相就（如管寧等），很想以遼東樂浪做基礎有所有爲，爲了安插難民，曾把樂浪郡南七縣的荒地設立帶方郡（樂浪郡依《續漢書·郡國志》，在東漢順帝永和五年，卽公孫度守遼東時之前五十年，中國籍居民已達二十餘萬）。」
同書，頁二〇，「其他的自動遷徙或因罪流放（如曹魏時司馬氏鬪爭夏侯玄、李豐、張緝、蘇鑠、樂敦、劉賢等勝利，其家屬均被流放樂浪）尚不在內。這種民族的移植，又不但成爲文化交流的媒介，而且造成血統相混的結果呢。」指出漢族大量的流入。

鮮。由於韓族過去與燕有密切的交流關係，並沒有排斥衛滿朝鮮，只把它看做是韓族政權的重建。然而當時蔓延中原的權力萬能思想首先打垮了由知識分子實現理想發展的韓族政權，而在此地施展了注重強權的統治術。換句話說，也就是中國戰國時代後期的法家思想傳入我國，又因法家的末流力治思想被採用爲統治術而帶來了思想的急劇變化❹。

隨着衛滿朝鮮的形成失去安定和淳樸的韓半島北部，又遭遇漢族的侵略，使得持續近百年的衛滿朝鮮滅亡，新設立了漢四郡。雖然只是局部的，韓半島首次受到將近四百年的異族統治。固然漢四郡的設立在文明史上給韓族帶來了迅速的發展，不過韓族所標榜的人本主義文化面臨了比衛滿朝鮮時的沖擊還要嚴重的破壞。如果說衛滿朝鮮的形成是由華人政權帶動的較爲單純的，而漢四郡的設立則是由詭計多端的官吏和商賈所設計的。他們不但傷風害俗，而且使人心墮落，帶來了很大的影響❺。

爲了讀者便於理解，值得一提的是中國的儒教隨着歷史變遷曾有

❹ 戰國時代的支配思想是連橫與富國強兵策。與韓民族相鄰的燕國，也並不例外。《戰國策》，卷二九，燕一中記載，「以忠信得罪於君」「臣以爲廉不與身俱達，義不與生俱立，仁義者自完之道也，非進取之術也。」這證實爲政者追求目的是忽視了原始儒家的根本仁義忠信，只以富國強兵爲最上的術策。《後漢書・東夷傳》，「論曰，昔箕子違衰殷之運，避地朝鮮，始其國俗未有開也，及施八條之約，使人知禁，遂乃邑無淫盜，門不夜局，回頑薄之俗，就寬略之法，行數百千年。故東夷通以柔謹爲風，異乎三方（三方似指南蠻北狄西戎）者也，苟政之所暢則道義存焉。仲尼懷愼，以爲九夷可居，或疑其陋，子曰，君子風之，何陋之有，亦徒有以焉。其後遂通接商賈，漸交上國，而燕人衛滿，擾雜其風，於是從而異焉。」只依上述之內容可推斷，戰國時代以來的與中交涉反而給我國帶來不良的文化污染。
❺ 李丙燾，《韓國儒學史》初稿（油印本），頁七，「（樂浪）郡初，民間猶有淳樸之風，及其漢商人來者，見樂浪無門戶之閉，夜則爲盜，樂浪民亦漸染於此，風俗益薄」，「郡初取吏於遼東，吏見民無閉藏。及賈人往者，夜則爲盜，俗稍益薄。」（《漢書・地理志》第八下）

過多次內容上的變化，而且因韓國也收容了不斷變化的內容，所以韓國儒教按時代情況有若干出入。中國儒教大體上也分為四個階段。第一階段是先秦儒，以六藝（六經）為主，教育了孝悌忠信等實際倫理問題。　第二階段是漢唐儒，　這時被利用為扶護權力秩序的手段，　使原來橫向的倫理（以義務為本的倫理）即五倫思想墮落為縱向的倫理（根據上下關係的服從倫理），　阻礙創進精神，　陷於守成性，　只起了典章制度典據的作用。第三階段就是經過魏晉南北朝進入隋唐時代後，流入訓詁學和詞章學，成為思想道德實踐的形式主義，並以富貴為能事。取代墮落的儒教之地位的就是佛教和道教。漢末以後的千年之間，儒教遭受排擠失去了中國歷史文化的領導地位。後來使儒教重生，克服佛、道二教，重歸中國思想主流的便是宋明儒的性理學。但是性理學也因過於追求理論的、觀念的領域，而傾向於空疏空論。為了克服這點出現了清代實學。因儒教本身經歷了許多波折與浮沉，所以我們首先要區別掌握中國儒教的內容，再者要考查它什麼時候怎樣傳入韓國，並有了如何的發展。

　　要在這種認識的基礎上，考查三國時代以前的儒教思想（其實多根據推測），西元前三世紀中葉以前的韓民族與中國北方的燕以及其他漢族進行了頻繁的交流。當然與燕也曾有交戰的歷史，但在交涉上並沒有任何對抗與異質感。在漢族的戰國時代風暴中，得以置身於外的韓族境域，成了中國知識分子的避風港，也成為實現原始儒家思想的唯一理想國。然而，這種原始儒家的道德精神和倫理規範，後來由戰國末期標榜法家思想的燕之衛滿徒作祟而變質。從西元前三世紀中葉到二世紀末，即衛滿朝鮮時代，原始儒家思想雖然沒有被完全根除，但是添加了法家的法術，在人們的日常生活倫理中，出現了法治或力治現象，或許也因此形成了明確的國家規模和政治功能。後來衛

滿朝鮮滅亡，設立漢四郡後，引進了典章制度的典據，並深受陰陽五行思想之影響的所謂漢唐儒前期思想，實行了透過漢文的經典理解與政治行政，這算是在我國實行儒教治理現實的外表卽典章制度的開始，又透過文字廣泛灌輸了中國的學術思想❻。

　　先秦儒的倫理規範和漢儒的典章制度成爲我們日常生活和政治、教育及行政的工具，形成了與韓國民族密不可分的文化基礎。正如此地儒教落實發展成爲政治、社會、學問、生活的內容本身後，儒教就超越了外來思想或固有思想的區別，奠定了韓國歷史文化的基礎。因此在佛教和道教傳入以前，沒有將儒教當作有別於他者的對象概念。在佛教或道教傳入後，儒教也未曾和他們引起對立糾葛，反而起了普遍作用，使佛教和道教不得不以儒教爲基礎。從此韓國儒教（中國也並非例外）在高麗末的性理學之前，成爲佛教和道教的基礎，甚至於也擔當了有助於其表現功能的角色。要言之，三國時代以前的儒教兼有原始儒家的倫理的層面和漢儒的典章制度的層面，而成爲韓國倫理規範和政治行政的內容本身。以後到了三國時代，也只有深化發展，並未帶來巨大的變化。時至統一新羅傳入崇尚文章詞藻的漢唐儒的後期思想，在政治、倫理等理念的地位上，稍有墮落迹象，但是由於麗末性理學的引進，克制了道、佛，再度扮演了政治理念上的主要角色，並且有了排外性，這與以普遍作用包容道、佛的三國時代儒教大不相同。

---

❻　一九二四、二五，在平壤樂浪郡舊址古墓內出土的竹胎漆奩上，發現了孝子故事繪圖，據說它與後漢武梁祠石刻相同。雖說這種古墳是漢四郡時代移居朝鮮的中國邊方官吏及其家屬之墓，但勿論其來歷及緣分如何，儒家孝思想傳來，並視之爲做人的道理是屬實的。

二、三國時代的儒教思想

三國的建國年代都不同，新羅最早（B. C. 57），其次是高句麗（B. C. 37），最晚的就是百濟（B. C. 18），但是在地理位置上，高句麗處於韓半島的北部，經常與中國北方直接交通，在引進中國文化方面，也比其他二國較快，所以文化早已發達。再者，雖然以黃海相隔，但是與中國南部頻繁交通的百濟也具備了相當水平的文化。不過新羅距離中國最遠，只有經過高句麗和百濟才能和中國交通。在地理上處於劣勢的新羅，其文化自然也免不了後進。可是初期新羅的上述弱點（不能直接引進中國文化）反而使它在漢族的武力和文化的侵入中，保住了韓族固有的特性。尤其不斷容納從中國流亡而來的知識分子，從而也有了發展他們所形成之原始儒學孝悌忠信思想的有利條件。因此通過第三國家間接引進中國文化的新羅，以自己固有文化爲基礎，吸取了已被弱化的中國文化。雖然在文化上較爲後起，但是在建築調和創新的文化方面，要比高句麗或百濟成功❼。

考慮三國上述特性，並按照引進中國儒教的先後次序，首先考慮高句麗的儒教思想，接着考查百濟的儒教思想，最後再考查新羅的儒教思想。

1.高句麗的儒教思想

---

❼　《中韓關係史話》的作者徐亮之在該書第十三頁中比較了韓國的民族性和三國的性格，茲介紹如下：「朝鮮的民族性，好像從古以來就是北強南弱，北野南文似的，把朝鮮的三國比做中國漢末的三國，則高句麗的慓悍像魏，百濟的穩練像蜀，新羅的活潑像吳。」

　　三國初期韓半島的一部分仍舊處於漢族的支配下，其中與漢族持續最尖銳的敵對關係的國家就是高句麗，這事實也反證他們受到中國文物的嚴重影響。佛教首次傳入是在 372 年，道教是在 624 年，由此看來高句麗初期是儒教單獨發展的時期。換言之，高句麗的上半期大約三百年的時間是與漢四郡對峙並崇尚儒教文化的時代。

　　漢四郡時代的儒教思想擺脫了原始儒家，形成了所謂的漢學，因此高句麗的儒教自然是漢學化的儒教，主要學習五經（《詩經》、《書經》、《周易》、《春秋》、《禮記》），三史（《史記》、《漢書》、《後漢書》）以及《字林》、《字通》、《文選》等書籍。也就是說高句麗的學問已經具備了經學、史學、文學等三方面。通過漢四郡，似乎深受漢族文的影響，尤其高麗人喜愛書籍，即使寒村僻地，也設立書堂，努力從事教育子弟的工作❽。令人懷疑的一點是在文獻資料上記載 372 年才設立了太學，這大約是高句麗建國四百年後的事情。尤其熱衷於漢學，到處設有私學機關的高句麗為何遲遲未設人才教育的中心太學，這是難以置信的❾。

　　總之，高句麗上半期的儒教已經不是原始儒教，而是以五經為中心的漢儒，它直接受容了中國的漢學。此外，律曆學、醫學、藝術也

---

❽　《北史》，卷九四，高句麗條，「書有五經之史，《三國志》，《晉陽秋》」，《舊唐書‧東夷傳》高麗條，「俗愛書籍，至於衡門廝養之家，各於街衢造大屋，謂之扃堂，子弟未婚之前，晝夜於此讀書習射，其書有五經及《史記》、《漢書》、范曄《後漢書》、《三國志》、孫盛晉《春秋》、《玉篇》、《字統》、《字林》，又有《文選》，尤愛重之。」《唐書‧東夷傳》高麗條，「人喜學，至窮里廝家，亦相衿勉，衢側悉構嚴屋，號扃堂，子弟未婚者，曾處誦經習射。」使人們得知當時高句麗學術的一般狀況。

❾　《三國史記‧高句麗本紀》小獸林王條，「二年夏六月……立太學教育子弟」，以此為高句麗建立正式國立大學的年代，這比中國在西元前135年（漢武帝建元六年）設立的太學晚五百年左右。而且有關高句麗太學的制度無史料記載，但想必與中國學制沒有多大差異。中國漢代的太學設五經博士，以傳授五經（《易》、《詩》、《書》、《禮》、《春秋》）為主。這與上註的書籍內容相符合。

已發展，所以高句麗不但在武力上與中國對等，而且在文化上也具有不落後於漢族的優秀性。因此在高句麗下半期三百多年間，得以引進並吸取具有深奧理論的大乘佛教（其中之三論宗），在受容道教時，也可講論老子《道德經》，其學術和藝術也已宣揚海外。換言之，高句麗在引進佛教和道教時，毫無學術上的困難，反而可能吸受昇華。這是因為在上半期三百多年期間，就已在倫理上或政治上使儒教土著化，進而學成漢學的緣故。

正如此崇尚漢學和儒教而培養的文化力量，使人們對該文化的來源——漢族，抱有優越感，所以他們堅持抵抗驅逐了漢四郡，那種精神力量（來自文化素養），也使處於劣勢的高句麗的國力強盛起來了。雖然說高句麗的民族天性是雄渾強靭的，但是能在那種氣質上，配合智謀，阻擋當時文明最發達、文化水平極高的隋唐的侵入，是因為在培養力量的同時研究學問提高了精神文化❿。

只可惜以儒教文化為基礎強盛的高句麗在受容佛、道後，因佛、道反目對立，國運日漸衰退，終於招來因宗教之不調和國命斷絕的不

---

❿　通常評論高句麗時，容易把他的特點看做是尚武的、慓悍的。但是除尚武之外，也好文好禮。《周書・異域傳》高麗條記載「婚娶之禮，略無財幣，若受財者謂之賣婢，俗甚恥之，父母及夫喪，其服制同於華夏。」《隋書・高麗傳》及《北史・高句麗傳》記載「有婚嫁取，男女相悅郎為之，男家送猪酒而已，無財聘之禮，或有受財者，人共恥之，以為賣婢，死者殯在屋內，經三年，擇吉日而喪，居父母夫之喪，服皆三年，兄弟三月，初終哭泣，葬則鼓舞作樂以送之。」由此看來，三國中高句麗最先吸收中國的禮法，經營了文明生活，王家尤其嚴守禮法。據《朝鮮史略》，「王薨，后秘不發喪、夜往王弟發歧第曰，『王無後，子宜嗣之』發歧不從，責曰，『婦女夜行禮乎？』，后慚，又往延優第，延優迎之，飲之，遂執延優手入宮，翌日矯命立之。」曾如此斥責了婦人的夜行。雖不知居間情況如何，但指王后微行請新王之事為非禮，而予以拒絕，可知高句麗王室多麼重禮。而且從高句麗面對隋軍的三次戰役的戰略故事中，可知高句麗兼備的氣質與智謀，這分明是文化發展的結果。

幸❶。高句麗之強盛應歸功於儒教與漢學。至於高句麗的滅亡應歸咎於佛、道之反目對立。要言之，高句麗的儒教思想在原始儒教的孝悌忠信的基礎上，配合發展典章制度的有效率的漢儒（經學）後，大幅發揮了一個國家的機能。

2. 百濟的儒教思想

百濟是北方的扶餘族一派南下，合併漢江流域各族而成立的國家。具有部族的複合性，而且其政治中心曾多次南遷呈現極其流動的特性，但是佔有韓半島西南部的百濟，因遼闊的平原和溫和氣候，是三國中最富天惠之國。不盡如此，雖然和北方那好戰強大的漢四郡、高句麗相對峙，而遭受困難，但是在國都南遷之後，通過海路與中國南方交換了文物，也同仍處於未開化狀態的日本接觸，因而成爲當時國際交易的中心。

這種部族的複合性和國都的流動性以及交易的國際性使百濟文化有了開放與多樣化的特性。因而百濟的儒教思想除形成如同原始儒家的孝悌忠信等的倫理層面和漢儒典章制度、五經等以漢學爲主的儒教文化之外，吸受並發展了以道教、佛教爲首的天文、地理、醫術、書畫、工藝等廣泛的學術。至於百濟的學術之所以能夠多樣化，並可以

---

❶　《三國史記》，卷二一，〈高句麗本記〉第九，「三教（儒、佛、道）譬如鼎足，闕一不可，儒釋並興，而道教未盛，非所謂備天下之道術者也，伏請遣使於唐，求道教以訓國人」，據以上內容，初期似乎利用道教維持平衡，後來「王喜，以佛寺爲道館，尊道士，坐儒士之上」（《三國遺事》，卷三），特待道教而故意輕視其他二教，其實維持平衡只不過是引進道教的理由，分明是基於政治目的引進並培養了道教。對此佛教不會坐視不理。《三國遺事》，卷三，寶藏奉老條記載「麗季武德貞觀間，國人爭奉五斗米教……時普德和尚，住盤龍寺，左首匹正，國祚危矣，屢諫不聽，……未幾國滅。」在學術文化上，高句麗的削弱原因在於宗教的不和，即佛教與道教的對立、糾葛。

順利地會通一切是因爲百濟本身有複合性，除此之外更重要的是因爲當時文化學術的來源卽中國南方的學術性格是多樣化的，綜合性的。

有一點是我們應該瞭解的，在中國漢代學術和以後的魏晉南北朝學術是大不相同的。漢武帝以後，爲了將儒敎做爲強化中央集權體制的手段，罷黜了諸子學，使儒敎登上了獨尊的地位，因此雖有陰陽家學說的作用，但總難免學術思想的單調，而且那單調的儒敎本身也着重於五經爲主的訓詁學，結果成了學術錮閉，思想僵化的時代。相反的進入魏晉後，首先有自然主義的擡頭，使老莊、周易思想成了研究的中心課題，也興起山水文學等浪漫的文風，建立了所謂「清談」的學問特性。隨之，儒家獨尊的單純性被瓦解，所有的學術思想開始並立。從此佛敎盛行，開拓藝術領域，再次實現了百家爭鳴的時代。但不幸的是，使中國民族文弱而遭受所謂「五胡亂華」的異族侵略。此後中國的文化中心逐漸向南遷移，形成了南北六朝文化。

若說漢代文化（可稱之爲漢學）是中國北方文化，魏晉南北六朝文化（可稱之爲玄學或清談文學）則可說是中國南方文化。這時百濟的外部環境使它吸收了兩種層面。初期經由漢四郡吸收了中國北方文化，到了中期就移向與中國南方文化的接觸，也可以說有了從單純朝向多樣化發展的歷史[12]。

考慮這種外部環境時，百濟的學術思想（當然也以儒敎思想爲中心）似乎應分爲前後二期。這時要把建國後（B.C. 18）到南遷公州

[12] 東晉安帝司馬德宗義熙十三年（417），百濟開始和中國南方政權締結了外交關係，比高句麗早四年。而且在五十五年後才和中國北方政權展開交涉，這反而比高句麗晚三十六年。這時百濟與中國北方政權，尤其和北魏結交的原因是想藉北魏的勢力箝制高句麗。與中國北方締結外交關係的同時，也和北齊、北周建立了邦交。然而百濟的北方外交在任何一面都不如高句麗的外交成果，所以又將外交重點放在南方。三國之中，與中國南朝（宋、齊、梁、陳）關係最密切的國家是百濟。尤其與梁的關係較爲特殊。

之前的（475）約五百年期間看做是前期，再把南遷都邑後到被羅唐聯合軍滅亡時（660）的約185年看做是後期。試看百濟的前期儒教思想如何，後期的學術思想又如何。

前期的儒教思想主要是通過漢四郡吸取的，因此與高句麗的儒教思想沒有什麼不同。只是因高句麗受容漢文化的主體較爲穩定，所以在初期就很健全，可是百濟初期是以漢江流域的土著民爲主體的，其學術文化本身也是由來自北方的部族帶進來的，因此我們首先要規定它不是土著化的成長而是客形的。後來以扶餘族爲中心形成了百濟的國家規模後，運用了許多儒教的典章制度。在現實政治方面採用儒教是因爲在受到強大而好戰的高句麗與漢四郡的巨大壓力之情勢下，急需統合尚未整頓的各部族，也必須通過鞏固的國家體制儲備力量。換言之，百濟初期，只按情況之需要，運用了儒教的典章制度，並沒有充分的餘力使之達成學術的發展。由此看來，「百濟開國已來，未有以文字記事，至是得博士高興始有《書記》」（375），這段話或許可說坦率指出了百濟初期的學術空白。而且從得博士高興一事，足可斷定他並非自國培養的人物，而是外來的知識分子⑬。要言之，百濟初期的儒教只在思想和制度方面有過某種程度的發展，其學術性的研究也就是進入後半期（350～450）之後的事情。

因此王仁將《論語》十卷和《千字文》一卷傳給日本的年代可能是四世紀末到五世紀初的事情⑭。百濟渡過建國的初期階段到四、五

⑬ 《三國史記》，卷二四，〈百濟本紀〉第二，近肖古王三十年條曰：「古記云，百濟開國以來，未有以文字記事，至是得博士高興始有書記，然高興未嘗顯與他書，不知其何許人也。」據上述內容高興的出現是突如其來的，或許是歸化的中國學者。若是本國人當用起用一詞。「得」字的意義，使我們更加相信他是歸化者。

⑭ 筆者推測王仁也是歸化的中國學者（有中國文獻的記錄，崔鐘甲表明），他帶去的《論語》和《千字文》二書或許也是從中國帶來的。筆者如此推斷的原因有二，其一，比起阿直歧等名字，姓氏與名字較爲明顯，其二，年代爲380年頃，百濟本身可能還沒有通達諸經的學者。當然這只不過是一種推測。

世紀時，正値中國的魏晉玄學盛興的時代⑮。遷都熊津（公州）（475）的五世紀末以後，中國就進入所謂六朝文化時代。這時百濟與梁進行了密切的交流，這恰巧也是百濟較爲安定的時代，遷都泗沘（扶餘）之前(475～538)，也就是梁(502～557)建在的時期⑯。而且這時也和新羅締結聯盟。除了與北方的敵對關係之外，在其交流範圍內維持了和平穩定的狀態。隨之，百濟善盡了將來源於中國的六朝文化傳給新羅和日本的居間角色。

現在暫且不提佛敎、道敎、天文、地理、醫學、書畫、工藝等的學術文化，只考查儒敎文化。因這時仍然存有五經博士制度，所以五經研究似乎就是儒學的重點所在。尤其據梁方記錄，百濟曾要求梁方派遣可講論五經的學者，由此可知當時百濟的儒學着重於經傳的講論。這或許也包含着向未開國日本傳授儒學的目的。再者據當時中國的爲學次序，規定初學者必從《孝經》、《論語》讀起。

這種爲學次序與方法直接傳到百濟，後來也依樣地傳入日本。王仁把《論語》和《孝經》傳給菟道稚郎子的事實，足以證明當時的儒學以重視道德修養和倫理秩序爲起點，進一步研究了五經等高度的學術理論。而且這種儒學的學習成爲理解漢字與培養寫作能力的課程，也曾是引進並普及道、佛的先決條件。總之，若說百濟承擔了把中

---

⑮　魏晉時代較爲盛行的《論語》和《千字文》是何晏的《論語集解》和鍾繇的《千字文》。王仁帶去的《論語》和《千字文》，也許是上記的版本。

⑯　正如⑫中所提及的，百濟和梁的關係，已超過外交的目的，在文化上結有甚深的情分。當時的梁是由武帝蕭衍統治。如眾所周知，梁武帝是惑信佛敎的君主，對儒學也很有造詣，尤其愛好藝術（他是文雅的君主），因此梁的文化不斷發展，成爲六朝文化的中心。當時百濟在最短期間吸收了最盛的文化。從西元五百三十年到五百四十年的十年期間是百濟吸收梁文化的最盛期。這時主要吸收佛經（涅槃經義）、儒經（曾要求派遣毛詩博士）。也吸收了技能工人，書畫家等學術資料、學者、文藝工作人員。
《舊唐書‧東夷傳》百濟條記載「其書籍有五經子史，又表疏，並依中華之法」。這似乎說明與梁朝的文化交流。

國文物傳給新羅和日本的媒介角色，也可以說他們完全了解了中國文物。毫無懷疑的，百濟儒學的水準可稱據當時最高地位。

3. 統一之前的新羅儒學

雖說在三國中新羅建國最早，但是由於他的地理位置離當時文化中心中國最遠，再者也由於高句麗和百濟的壁壘所阻礙，其文化發展落後於其他國家⑰。然而，如同上述，新羅的這種地理環境上的不利反而成為使他充實自己文化，然後再吸收外來文化的有利因素。新羅又使儒、佛、道三教和諧，終於成為三國中最富有智慧的國家，寫下了三國統一的光榮歷史。因此，新羅的文化政策，對引進西歐文明的我們來說是一大教訓。

首先看新羅的初期情況，雖然還是一個淳樸的原始國家，也沒有高度的學術文化，但是起初就由六村（部族）和諧達成了協議政治體制。因此共同意識很早就已發達。這種共同意議和協議體制有較大的包容性，所以毫無衝突地接受了來自高句麗和百濟等他部族的流亡者。這當然也可說是因為新羅之初期處於緩和北方壓力的位置，而較少對立與爭執。無論如何，由於他的環境與本身的發展是和諧的，所以成了中國流亡知識分子最終歸宿之地，這也成為新羅土著幸免外患的原因。反而由知識分子保護了土著政體，帶來了傳授優良文化教養的結果⑱。總之，新羅的形成過程是最順利的，而新羅文化的遲進

---

⑰ 新羅於北齊世祖河清三年，晉文帝天嘉五年（564）才和中國北方政權締結了正式的外交關係。這比高句麗晚128年，比百濟晚92年。

⑱ 《後漢書・東夷傳》辰韓條，「辰韓耆老自言，秦之亡人，避苦役適韓國，馬韓割其東界地與之，其名國為邦，弓為弧，賊為寇，行酒為觴，相呼為徒，有似秦語……嫁娶以禮，行者讓路。」根據上述記載，中國戰國末期，秦朝實行殘酷政治時，許多知識分子，逃到韓半島的北部，後來又因燕侵入韓半島北部，隨之南下，辰韓在衞滿的追尋下占據了馬韓時，不斷為逃脫武力侵奪，進入了辰韓國境。所以在秦朝滅亡，漢朝興起之後，仍使用流亡當時的秦語。

性，也帶來了使他趨向健全的好結果。

再看統一新羅以前（B. C. 57～A. D. 668）的儒教思想。建國初期的百年間（奉瓠公爲大輔的58年），未能擺脫百濟的束縛，在學術上也沒有值得一提的成果。另一方面，固然受到高句麗和百濟的影響，吸收了漢學，不過主要還是通過流亡的知識分子，引進原始儒學思想，並形成孝悌忠信的道德精神和倫理秩序。在過去的和伯制度之上，運用漢儒的典章制度，逐漸完善了國家體制，至六世紀初才制定國號爲新羅，設立兵部後，開始向外伸張勢力⑲。與北方的高句麗對抗的同時，又與西南的百濟締結同盟。自此大幅吸收了中國南方的學術文物。但是與百濟的和平關係也在六世紀中葉後，漸漸瓦解，接着新羅掌握了漢江流域（555）。此後三國的勢力平衡也有了變化。因爲新興的新羅堅強地同西、北兩方的高句麗和百濟相抗衡，並與中國進行了直接交流。

新羅直接與中國接觸後，帶來學術思想的巨大發展。新羅初期（B. C. 57～A. D. 58）只保守了固有文化，此後在固有文化的基礎上，通過流亡知識分子建立了原始儒家的道德倫理秩序，而且於普及漢字的同時，又吸收了漢學，完成相當水平（至少可以和高句麗、百濟相比的）的學術文化。尤其，經由百濟接受中國六朝文化後，也具備了藝術的素質，但總脫不了百濟之亞流。（值得注意的是新羅藝術文化

---

⑲　李丙燾，《韓國儒學史》草稿，頁三一，「新羅（初期）小國，偏在孤立於半島東南隅，由是其攝取大陸文化，較高句麗、百濟二國未免後進，而漢學儒術之傳來，應自奈勿王卽前，山於他二國矣。然其採用漢式的名號與制度，則始自智證、法興兩王時，卽智證王時，始稱漢式的王號及諡號。改定國號爲新羅，又定喪服之制，又禁殉葬之風，次王法興王時，頒示律令，始制百官。」六世紀初以前，新羅似乎以先秦學術或固有文化爲基礎，後來禁止殉葬風俗，制定律令與官制，由此看來，漢代文化應是六世紀初以後傳進來的。可以說在建國後長達五百年期間，與中國文化的變遷隔絕，而未有連繫。

的實際工作者部分是百濟的技工）

　　新羅的文化形成過程實在是理想的 。 建國初期由於處於寒村僻地，局勢較穩，收集了韓民族的固有文化，在那種自我確立之上，又形成人間生活的根本即道德情操和倫理秩序，使文化基層更加健全，開拓了新的藝術領域❷。正如此充實自我的新羅再度與中國直接交流時，中國本身也形成了新的學術文化。因此新羅建立了領先高句麗和百濟的學術文化。也就是說，新羅掌握漢江流域的六世紀中葉，中國是梁之陳興的時期，到六世紀末葉，有隋朝出現，而且到七世紀初葉建立了具有高度文化的唐朝，這是隨同改朝換代大乘佛教文化達到鼎盛的時候。新羅就在中國文化鼎盛時代，與中國進行了交流。結果後起之秀所以能够統一三國，當然是因爲新羅得力於內部的平穩，建立了健全的文化，但也不可忘記他得力於外部的繁榮局面，在中國最強盛的時代進行了交流，尤其和當時天下文明的中心，國勢強大的唐朝建立了外交關係。

　　這時中國方面的學術特點是大乘佛教中的天台宗和華嚴宗相繼擡頭,大和諧精神影響了所有的領域,連學術界和宗教界也有了會同的迹象。在這種情況之下，佛教主動展開了使儒、佛、道三教擺脫對立之糾葛，會通調和，建立博大精神之文化體系的運動。這時，新羅的高僧圓光留學中國，研究了三教會通的理論與方法。原來新羅本身的調和精神，有莫大的信心和勇氣❷。換言之，通過圓光，使中國的三教會通思想和新羅的調和思想融會貫通，創造了新羅的新學術文化。其

---

❷　《通典・邊防門》東夷新羅條，「其人雜有華夏、高麗、百濟之屬。」韓半島的土著爲避中國的侵犯來到離中國較遠的僻地新羅地區，韓民族的固有性就隨着難民聚集在中國文化的無風地帶新羅。

❷　《海東高僧傳》釋圓光條，「年三十落髮爲僧，……校涉茲儒，愛染篇章。」圓光本身以出家之前，已對儒學與道家學說有極深的造詣，按當時新羅之教會通的學風，即使出家僧，必先研究儒家經典。換言之,儒家不必精通道佛，但道佛兩家一定要學習儒家學說，這是新羅的一般學風。

實中國方面的三教會通運動，沒有獲得成功，但是新羅的調和精神，圓滿發展至自國，進而在會通之國上，取得了巨大的成功。這就是新羅文化的偉大的一面㉒。

　　大體上是因爲儒教具有普遍性，新羅文化才得以實現大和諧與大會通。雖說調和三教的基礎是韓民族固有文化卽風流道（玄妙道），但他指的是三教共存的基礎。完成可使三教會通的橫向吸引力之主體就是原始儒教思想。試舉其原因如下，第一，儒教的吸收必通過漢字文章，因此首先理解儒教思想，才可以吸取道、佛。第二，那種儒教思想主要說明人類的現實和日常生活的方法，因此在追求佛、道的領域上，毫無引起任何糾葛的餘地。第三，原始儒家思想以道德實踐爲主，並且是未來導向的，所以肯定現實的同時，追求理想未來的儒教可補逃避現實性的道、佛之不足。同時他對道、佛無須施加任何無理的排擠。換言之，儒教的肯定現實與追求未來，使人們可以在現實國家中期待佛教的佛國和道教的仙境。總之新羅佛教致力於國家至上，佛國淨土的顯現，道教思想則追求自然主義的，風流的智慧。但他們都歸結於儒教所要求的治國平天下的軌道之上。基於上述觀點，佛教和道教的努力可說爲達成儒教的最終目標盡了一臂之力。這時，新羅的儒教思想將可說是包容的、實利的。

　　三國統一的主力，卽所謂花郎五戒也是三教會通思想的時代性創造，其一貫精神應視爲以儒教爲中心的佛、道思想之儒教性表現。在此應評論花郎道，爲新羅儒教思想作一總結，但因篇幅有限，而且筆者已在高大《亞細亞研究》通卷，第四十四〈花郎五戒之思想背景考〉中，做了較爲詳盡的論述，恕不贅言。

㉒　另一項值得注意的是中國謀求三教會通的歷史比我國早，但是未能實現理想，只有在新羅成功地會通了三教。

三、三國時代的儒教思想統論

一、韓民族的自我意識，在秦統一中原後，更趨明顯。自西元前三世紀頃，出現了韓族意識，這意識中包括古朝鮮、衛滿朝鮮，以及三國（高句麗、百濟、新羅）等。而且漢族的大統一終於表現出向外擴展的雄心，韓半島的北方也在中國北方部族的壓迫下，向後退卻。尤其因漢四郡的設立，部分韓半島北部地區受到漢族的統治。因此韓族的自我意識化爲強烈的敵對感，與漢族進行了不斷的鬥爭。

二、在與漢族的敵對情況下，三國分立，容許漢四郡的設立，歷時近四百年之久。這時三國雖處於互相爭執的關係，但是卻奠定了韓民族的共同意識，日後對漢四郡共同展開了攻勢。

三、隨着上述韓族關係的變遷，中國文化，尤其儒教思想的引進和受容有了多重層次。卽設立漢四郡之前，我國民族接受先秦時代的原始儒教思想，建立了道德實踐的倫理秩序，並建設了一個以人本主義爲基礎的文化國。然而，在中國北方民族的衝擊下瓦解的古朝鮮，爲了配合阻止漢族南下的環境需求，追求了富國強兵之道，在國家體制上也取用漢朝的典章制度。從此三國的儒教思想標榜以經學爲中心的漢代儒教，也深受漢四郡文物的影響。

四、位於韓半島北部的高句麗，受到漢族的最大壓力，成了最強靭的國家。他們爲了克服漢族的侵入，必須加緊吸收對方的文化，又要向外擴張勢力。在這必然的趨勢中，自然需要如同漢朝中央集權體制的國家組織，所以他們的儒教思想在原始儒家之道德實踐與倫理秩序等普遍性之上，吸收了漢儒功能化的儒教文化，並設立「太學」，

培養了國家所需之人材。也就是說，採取了通過五經和三史、《文選》等經、史、子，培育知識分子，再將他們充當於國家機能的政策。從此高句麗的儒教就成了以漢儒之典章制度爲重點的。

　　五、其次，初期百濟儒教思想也和高句麗的大致相同。但南遷國都後，與中國南方文化接觸時，重新吸收了六朝的多種學術文化。它再度傳播到新羅或日本，於隱然間成了國際文化交易中心。這時中國由於儒學獨尊被打破，不斷開發學問，文學藝術大爲盛興，百濟文化也自然趨向一致，擺脫如同高句麗和百濟初期的單調的文化，發展了開放的、多樣的文化。儒教思想也自典章制度的功能論轉向純粹學術的研究，當然原始儒家的倫理道德之普遍性及典章制度的功能性並未消失，卻進一步增添了學術性，這可說是百濟儒教思想的特徵。

　　六、三國之中，在國家和文化方面最後起的新羅，位於漢族的衝擊較少的韓半島東南部，因而保住了韓民族的固有文化。通過高句麗和百濟間接吸收中國文化之後，減輕了文化衝擊，又向流亡的知識分子學習了原始儒家的道德精神，具備了文化的普遍性和調和性。在這種儒教的基礎上，引進了佛教和道教，所以沒有引起三教之間的糾葛。尤其，儒教的普遍性和現實性使佛教和道教歸結於國家至上的目的，塑造了「花郎道」。以日用事物之道爲基本的儒教的現實性和功利主義融會貫通出世間的、抽象的佛教後，使之化爲建設韓民族統一國家的原動力。這就是統一新羅之前儒教思想的特點。

四、統一新羅之後的儒教思想

通常將儒、佛、道三教視爲對等的。但是在韓國新羅統一之前的

儒教由於它所具有的倫理規範、文章工具或政治制度以及行政律令之文字記錄等普遍性，未能在與佛、道相對立的地位上發展。換言之，統一新羅之前的儒教實際上難以找到在學術上有價值的東西。

因此在韓國儒學史上，統一新羅之前也有值得介紹的學術制度內容，但在統一新羅之後才有專業的、成功的儒學者。高句麗初期，從宋朝引進〈文廟圖記〉和〈七十二賢贊記〉，並興建文廟配享韓國儒賢時，先提崔致遠（1020）、薛聰（1022）等統一新羅之後的學者，這意味着那以前沒有著名的儒賢㉓。

要言之，在韓國儒學史上，統一新羅以後才有值得議論的學者個人的學說與思想。據《三國史記》列傳六，代表性的學者有強首、薛聰、崔致遠等㉔。本稿中首先介紹三儒，接着再概述羅末之儒學。

1.強首(？～692)

強首初名中頭，強首爲太宗王所取之名。他自幼致力讀書，通達文理。有一天父親問他想學佛教還是儒教，他回答說「聽說，佛教是出世間的宗教，怎能學習那種異端呢？我願學習儒教。」自此他隨從恩師學習《孝經》、《曲禮》、《爾雅》、《文選》等，道義、禮法

㉓ 《三國史記》，卷四六，〈列傳〉第六中是以強首、崔致遠、薛聰（他們是新羅代表性的儒學者）的次序排列的。其中強首未得文廟配享，而後生崔致遠也比薛聰要早。依文廟配享的前後來看，我國的儒教始祖就是崔致遠。對此，常有後儒的爭論。有人說最先配享崔氏的原因是崔氏在新羅滅亡時，給王建的書信中寫了一句，「鷄林黃葉，鵠嶺靑松」，隱然爲高麗的創業獻出心力的緣故。李珥等人又批評配享於文廟的人物當中，薛聰、崔致遠、安裕等並不是道學者。這當然起因於漢唐儒和宋元儒的差異，不過他們的確是儒者。無論如何，自統一新羅之後，才可明顯指出儒學者。筆者認爲現在也該把強首看做是韓國儒學的始祖，配享於文廟。

㉔ 只談強首、薛聰、崔致遠（統一新羅以後的儒家者）等三人的史書有玄相允的《朝鮮思想史》和李丙燾的《韓國儒學史》草稿。筆者首先根據前者立論。

以及文字學、文章學而成爲當代大學者。

他以學行步入仕途後，又以文章立下奇功。他解讀來自唐朝的外交文書之外，也製造送往唐、麗、濟的國書，當時圍繞唐朝展開的三國之外交戰所稱存亡的關鍵，其主要活動是通過國書交換的，因此強首所扮演的角色是無比重要的。統一三國之後，文武王說因強首的美文才得以携手唐兵單征麗濟，其功實不亞於武功，應給予高度評價。

此外，少年時代他曾與鐵匠的女兒相愛。二十歲那一年，父母想使他與名門閨秀成親，他就引用古語「糟糠之妻不下堂，貧賤之交不可忘」來懇求，終於和卑賤的鐵匠女兒成婚了。他十分重視道德義理，說貧賤不可恥，學然後不實踐道理者才是值得羞愧的。

《新羅古記》中也記載「文章則強首」。強首的文章是首屈一指的，由此可知他不但是漢唐風文章之學的大家，也是力行踐履功夫的義理之學人格者。強首無疑是兼備原始儒之道義和漢唐儒之文章的新羅統一初期的大儒[25]。

2.薛聰(約 655～740)

薛聰是海東佛教的靈魂，新羅十聖之一元曉與瑤石公主之子。早期入沙門攻讀佛書，返家之後，自號小性居士，致力儒學。其人自幼聰明，通達道理，富有創意，吏讀九經，立功於儒學大眾化[26]。

---

[25]　這一段是根據《三國史記》，卷六，〈列傳〉第六強首條而寫的。李丙燾在《韓國儒學史》草稿，第三十一頁中記載「強首、薛聰，皆新羅統一初之巨儒。恰如當時佛教界之有元曉、義湘二人，如謂元曉、義湘爲代表當時海東佛教界之最高峰，強首、薛聰亦可謂當時儒教文學界之最高峰也。」將強首比做元曉，筆者也認爲要把強首視爲海東儒學的第一流（歷史上的始端）。尤其強首是我國儒學史上首次異視佛教，使儒教特殊化的人物，因此，更可以推崇爲海東儒教的始祖。

[26]　一般認爲吏讀爲薛聰所創，其實，在薛氏以前，眞平王（579～631）時代的薯童謠和善德女王（632～647）時代的風謠已是吏讀，所以不應該把薛聰看做是吏讀的創制者。史記列傳也記載「以方言讀九經，訓導後生」，似乎要把他看做是首次利用吏讀經書懸吐的人。

據史記記載，他善於文章而有本身所寫的碑銘，如今不得而知，只留下寫給神文王的《花王戒》，可發現他的文章實力和高潔的人品❷。原來《花王戒》是以高明的方法，警戒君王非行與昏佞，使之反省的文章，那種文章是取漢賦、六朝駢文、莊列寓言等方法而寫成的富有格調的文章。後來他指出孟軻與馮唐❷之所以未能施展抱負而獨善其身是因為帝王遠君子而親小人。由此可知，他是一個重視儒家德治的學者，也是一個政治家。

強首和薛聰都是文章家，同時也是崇尚義理，追求德治的政治家。儒學者參與現實政治而標榜德治是統一新羅初期興起的儒教新風。此後在韓國政治史上，無論其國是與理念以佛教為主或以道教為主，實在內容和理想都依歸於儒教思想。因此真興王 (540～575) 時代，雖在花郎中選拔人材，但在神文王二年 (682) 建立國學後，就在入唐留學生或文籍出身中，採用官吏❷。

3. 崔致遠 (857～?)

崔致遠字孤雲 (或云海雲) 是入唐留學生中文名最高的學者，他年僅十二時，隨船夫走上留學途中，其父嚴加叮囑說十年之內不及第，就不認他為兒子。孤雲將父親的話牢記在心，毫無懈怠地求學於

---

❷ 花王戒本文在《三國史記》卷四六，〈列傳〉第六薛聰條中。字數約三百，故在此不介紹原文。

❷ 馮唐是漢文帝時的學者，官吏。曾主張改革漢制「賞輕罰重」的一面。

❷ 唐太宗貞觀五年 (631)，設一千二百間的學府，招聘了麗、濟、羅三國之留學生。在五十一年後，新羅設立了國立大學。這比高句麗晚三百十年，比百濟晚二百九十八年。但是成績卻領先麗、濟，高居首位。景德王時 (747) 聘博士助教，國王親臨國學聽講，鼓勵學者。元聖王四年 (788) 設立了讀書出身科，以《孝經》、《禮記》、《左傳》、《文選》為考試課目，若有精通五經、三史、諸子百家者，即選用為官。後來政治機構上自中央，下至地方，漸漸由儒學者充當。

禮部侍郎裴瓚。唐僖宗乾符元年（874），孤雲十八歲時，首次及第。在經歷許多官職後，成爲諸道行營兵馬都統高駢之從事官，製述了檄文等許多書狀。從此其文名廣爲流傳於全中國[30]。

　　赴中僅八年就已及第登官，仕官十年後二十八歲時，回國奉侍讀兼翰林學士、守兵部侍郎、瑞書監等職。但是他那遠大的理想沒有被當時新羅末葉的政治狀況所採納，而與文籍出身引起糾葛，因此被貶爲地方官。日後曾多次歷任唐使。總之，他的學識與抱負未能如意施展，而使他非常苦惱[31]。晚年他辭掉官職，巡遊智異、伽倻等名山大刹，隱居踈放，是爲了撫慰在現世政界中的失意，絕不是因他惑溺於道、佛[32]。也就是說，孤雲在學問上早已成名，但在儒家理論實踐的最終領域卽實際政治上，卻遭遇失敗。所以孤雲將新羅的滅亡看做是必然的，對王建的創業似乎抱着很大的期待。可能就是因爲如此，高麗建國後，其多數門人奉獻新朝，步入仕途[33]。

[30] 善德女王九年（640）五月，新羅開始派留學生到唐朝去。大致留學期間爲十年，年限一到就由新生交替。留學費用分公私兩種。唐朝設立賓貢科吸收了優秀的外國留學生。新羅學生應舉合格者多達五十八人。其中，有名而記載於《唐史》者得十餘人，金雲卿、金可紀、崔致遠等最出衆。但二金氏歸化中國。據記載在文聖王二年留學生人數達 105 人。可說人數不少。若人材同時回歸，想必難以謀求適當的收容方案。因而，這個問題也成爲與國內學生文籍出身者引起糾紛的原因。

[31] 國內大學培養出來的文籍出身比入唐留學生較熟悉國內的情況，也較早步入仕途，掌握了政治界，這是可想而知的。入唐留學生較少的初期，他們受到熱烈的歡迎，而走進要路，但數字大爲增加後，就業本身就成了問題。崔孤雲的失意就是代表性的例子，此後留唐學生不願回國而招來了人材的損失。這就是羅末的實況，學術文化雖大爲發展，但對救國卻無能爲力，其原因在此。

[32] 人們不把崔孤雲看做儒學者，認爲他是喜歡道家、神仙術的人物。尤其李滉等人評他爲「全身是侫佛之人」。這種評價似乎須重新考慮。因爲崔孤雲本身也說「今某儒門末學」，總以儒門徒自居而製述了時務策十餘條，有基於此，要承認他是積極入世間的人物。況且漢唐儒和宋明儒在時代和性格上大不相同，不是性理學者就不是儒者的論調似乎欠妥。

[33] 《三國史記》，卷四六，〈列傳〉第六崔致遠條末尾，「太祖（王建）作興，致遠知非常人必受命開國，因致書問有雞林黃葉，鵠嶺靑松之句，其門人等至國初（高麗初）來朝，仕至達官者非一。」

孤雲或許是韓國儒學史上遺著最豐富的學者。然而多流傳於中國，國內只見〈鸞郎碑序〉等金石文，如今其史傳泯滅，連他的世系也無法詳考。

留唐時，曾與江東詩人羅隱及同年人顧雲親密交往。顧雲在臨別時所寫的詩文是當今可知其大略的唯一文獻，茲介紹如下：

> 我聞海上三金鼇，金鼇頭戴山高高，山之上兮，珠宮貝闕黃金殿。山之下兮，千里萬里之洪濤，傍邊一點鷄林碧，鼇孕秀生奇特。十二乘船渡海來，文章感動中華國。十八橫行戰詞苑，一箭射破金門策。

上述的「十二乘船」或「十八橫行」年代表示是瞭解孤雲生平的重要資料。《新唐書·藝文志》中記載崔致遠有其文集四六集一卷和《桂苑筆耕》十二卷，注中又說明崔致遠係高麗人，及第賓貢科，歷任高駢之從使官，其文名廣為流傳於中國。這些資料文獻也是了解孤雲行狀的基礎。

4. 新羅末期的學制與教課內容

新羅在神文王二年（682）設立了國學（國立大學）。這是入唐留學生首次出國的西元 640 年之後四十年頃的事情。這時入唐留學生的第四代已回國，想必他們十分了解唐的學制和學課，在設立國學從事教育上，應是十足的。而且國學的運營自然會仿照唐制。

當時新羅國學的運營，屬於禮部，由卿級官吏主管。聖德王十六年（717）王子宋忠自唐歸國時，帶來孔子等十哲與七十二弟子的畫像，送給國學。景德王時國學改稱太學。聘用了諸經博士與助教若干

名。但是從這時候起（景德王，742），新羅進入混亂期，出現末期現象。實際上，制度化的人材教育未獲實效，不如自律的民間運動卽花郎道。

其科程也以經書和文選爲主，並以算學、三史、諸子百家書爲副。它又分爲三科，指向各有不同。

（甲）	《禮記》、《周易》、	《論語》、《孝經》
（乙）	《左傳》、《毛詩》、	《論語》、《孝經》
（丙）	《尚書》、《文選》、	《論語》、《孝經》

共同課目

在三記三科中，《論語》，《孝經》是共同科目，似乎（甲）科以理、行爲重點，（乙）科以文、事爲重點，（丙）科則以事、文爲重點。唐制與此稍有出入，卽分爲大經、中經、小經。

（大經）《禮記》、《春秋左氏傳》

（中經）《詩經》、《周易》、《儀禮》

（小經）《周易》、《尚書》、《春秋公羊傳》、《春秋穀梁傳》

元聖王四年（788）設立讀書三品科，在選拔學生時，有所區別。其分別如下：

上品科：讀《春秋左氏傳》，精通《禮記》、《文選》，並通達《論語》與《孝經》者。

中品科：通達《曲禮》、《論語》、《孝經》者。

下品科：精通《曲禮》與《孝經》者。

此外通達五經、三史、諸子百家書等全般者，在選拔時，不受三

品科的限制㉞。

　　要言之，統一新羅以後的儒學教育首先將原始儒家之根本仁義孝悌忠信視爲基本科目，又把漢代以來的五經講讀看做是主修科目，而文章學的代表性書籍《文選》和有助於了解史實和事理的史子書，都認做是教養課程。根據這種教育制度或內容，可說羅末的儒學已有了空前的規模和發展，但似乎多流於形式，尤其傳來唐的浮華、奢侈等文弱的風氣，使知識分子大爲缺乏道義實踐的一面。

　　因此，一度在學問上盛行一時的儒教，就逐漸衰退，而又被佛教與道教制服，進入只以文章學維持其命脈的不遇之期。

㉞　這一段參考李丙燾，《韓國儒學史》草稿，頁五四～五六。

第三章　花郎五戒的思想背景考

一、花郎道

1.淵源

　　原始人還沒有以理性掌握自然的變化現象時，爲了消除他們所強烈感受到的驚愕、緊張、恐怖等心理上的壓力，本能地創造出具有人類文化端初型態的原始宗教。此一史實，對任何民族，都是共同的現象。

　　雖然這種原始宗教是幼稚而愚昧的，但是對原始人來說，從此在生活上有了重要的發展。那就是羣眾集會及參與儀式。換言之，以此爲契機，形成了集團，同時產生了共同意識和參與精神。

　　以這種共同意識和參與精神爲基礎，進行了原始人之間的溝通和情誼交驩。雖是單純的，這也成爲表現容儀、睿智、技力、藝能等才質的競賽或互相學習、自我修鍊的場合。

　　因此可說，原始人的宗教儀式是議決共同問題的政治場合，也是比較個人技能與才藝，並兼有飲酒歌舞活動的廣義之祭政一致。

　　想到原始人的生活形態，我們略可了解將花郎道的淵源放在「蘇塗祭壇之武士」❶或韓國固有之「光明世界」信仰❷的說法。當然這

---

❶　申采浩，《朝鮮史上一千年來一大事件》，李瑄根，《花郎道研究》附
　　錄，頁二一〇～二一二。
❷　崔南善，《朝鮮常識問答》，頁一〇一～一〇五。

只限於試着將其淵源溯及原始形態的時候。

但是，那種淵源只不過是將花郎道抽象化而附會於原始形態的。其實，從花郎道此一特殊史實所具有的形態和內容來看，與其從具有原始共同性的宗教儀式尋求來源，不如視爲特殊的風俗。這較爲親密而明顯，進而，也可說是「我們的」。

花郎道起初由少女浪漫的審美活動漸漸轉變爲靑少年的自由奔放的人格陶冶之「道」。若根據這項史實，首先假設古代「男女羣聚，相就歌戲」❸的風俗爲其來源，反而更明顯。如此還可以吟味古代韓國民族浪漫的情調。

「男女羣聚，相就歌戲」，這自然而又單純的風俗，在後起新羅

---

❸　1.「男女羣聚，相就歌戲」見《三國志・東夷傳》高句麗條中，中國正史中也多記載同樣的內容。
　　2.大略如下：
　　「其俗淫，好歌舞，夜則男女羣聚而戲，無貴賤之節，然潔淨自喜。」（《魏書・高句麗傳》）
　　「其民喜歌舞，國中邑落，暮夜男女羣聚，相就歌戲。」
　　「其俗喜歌舞，國中邑落，男女每夜羣聚歌戲，其人潔自喜。」（《北史・高句麗傳》）
　　3.其中的問題是上述之「男女羣聚，相就歌戲」的風俗，並非指新羅，而是指高句麗的習俗，若說新羅花郎道淵源於高句麗的風俗，是太過於牽強附會的，實令人懷疑。
　　不過，若考慮新羅是中國人、高句麗人、百濟人、或土著人等許多地區人民混合而成的部族國家，就不能斷言高句麗的風俗沒有流入新羅。新羅與馬韓（百濟），起初維持著主從關係。
　　「辰韓王，常用馬韓人作之，世相係，辰韓不得自立爲王，明其流移之人故也，恆爲馬韓所制。」（《梁書・諸夷傳》東夷新羅）至於與高句麗的關係，成爲高句麗難民之避居之地。
　　「魏將毋丘儉，討高麗破之，奔沃沮，其後復歸故國，留者遂爲新羅焉，故其人雜，有華夏、高麗、百濟之屬」，「其先附庸於百濟，後因百濟征高麗，（高麗人）不堪戎役相率歸之，遂致強盛。」（《隋書・東夷傳》新羅）
　　據上述資料，說花郎道淵源於高句麗風俗，反而可保障我國民族的固有性。

「男女有別」❹的規範或分工的環境之下，道義的、藝能的內容配合重男輕女的階級化、組織化的形式後，塑造出可謂新羅精神的表徵，新羅人型像的典型——花郎道。

若肯定花郎道是屬於韓國的特殊史實，那麼，筆者認爲與其把它看做是來自原始宗教的，不如在相異於其他民族的風俗之一端，追尋起源。

2.形成

新羅花郎道原稱「風月道」或「風流道」❺。這是爲了達成「欲興邦國」之國家目的，培養所需人材的教育方法。

至於「風流道」改稱花郎道一事，可考查其居間之史實。簡言之，風流道是基於概念的命名，而花郎道是基於形式的稱謂。

如果查明風月道改稱花郎道的史實演變，卽可了解花郎道的形成過程。同時也可以掌握使形式的花郎轉化爲本質性花郎的根本所在。

風流道是教育人材的方法，因此需要生徒。爲了選拔生徒，就要召集國中子弟，觀查其行動舉止，甄別良才。

所謂「聚徒選士」❻卽是如此，選士是目的而聚徒是方法。似乎爲了使聚徒更自然，自由而無任何壓力，並賦予多種意義，舉辦了競美大會，卽審美活動。

《三國史記》卷四，〈新羅本記〉，眞興王三十七年條中記載：

---

❹　《梁書・諸夷傳》，東夷新羅。

❺　崔致遠，《鸞郎碑序》中云「國有玄妙之道，曰風流」，一然《三國遺事》卷三彌勒仙花條亦云「欲興邦國，須先風月道」。由此可知，在稱花郎道之前，有過「風月道」或「風流道」等全國性的運動。

❻　《三國遺事》，卷三，彌勒仙花條。

> 春，始奉源花，初君臣病無以知人，欲使類聚羣遊，以觀其行
> 義，然後舉而用之。

正說明審美之目的在於選士。

同條又記載「遂簡美女二人，一曰南毛，一曰俊貞，聚徒三百
餘人」。選拔美女二人的目的可能是爲了使羣聚的少女們，分成兩
「派」，展開集體競演。

這似乎是女性的聚會，不過她們的活動也是聚集國中子弟的手
段。因此，可招引多數觀眾是不問可知的。從這點還可發現新羅的藝
術，浪漫以及實利的公明性。

「源花」選拔之審美活動及娛樂競演大會等，不久就宣布罷散。
《三國遺事》卷三，彌勒仙花條中有如下的說明：

> 俊貞(俊貞)者嫉妬毛娘(南毛)多置酒(俊貞引南毛於私第，強
> 勸酒)飲毛娘，至醉潛舁去北川中，舉石埋殺之，其徒罔知去
> 處，悲泣而散，有人知其謀者，作歌誘謠街巷小童於街，其徒
> 聞之，尋得其屍於北川中，乃殺俊貞，於是大王下令廢源花。

正如此地，因少女的嫉妬行爲引起了一件不祥之事。

然而，在國家的層次上，審美活動是求得人才的主要方法，所以
不得長久廢止。後來就以美男代替美女，重開審美活動。這選出美男
的方法比以往的美女選拔，規定更加嚴格。參與者必定是德行高尙的
良家子弟❼。這表示除了外形美，也將門第或品德等內在美列入選拔
標準。選出的美男則替代源花成爲審美的主角。因此，不但要具備外

---

❼　同上，「更下令，選良家男子有德行者，改爲花娘(郎)。」

形美，同時其衣着裝飾也與眾不同，故稱之爲「花郎」❸。

「花郎」的原始意義是形式上的。不過，因爲它本身就是「選士」，即國家所聘之人材，所以就由「風月道」之徒來充任形式的存在。從此「花郎」就有了國家所賦予的職任與稱謂——「國仙」。

由「花郎」替代「源花」，重開審美活動後，首次被選爲花郎的人就是薛原郎，他也是首次被封爲國仙的人。據傳溟州地方建有其紀念碑❾。

基於上述史實，可推斷「花郎道」是在眞興王三十七年 (B. C. 576) 正式❿形成的。日後，花郎道在其組織和內容方面，有了快速的發展。

根據上述的淵源溯及和形成過程，可知花郎道始於男女情懷之浪漫的風俗，後來擺脫隱密而遊戲的本質，逐漸表面化，並發展爲類似選出源花的審美和比藝的活動。又隨着運用爲拔擢人材的場合後，其本然之純粹性被破壞而產生了南毛與俊貞之間不幸的事情等反效果。這原本是由男女羣眾交驅情懷、享受浪漫的活動。當它成爲吸引觀眾的遊戲而存有其他目的時，必隨着來自外界的關注，產生彼此之間的競爭意識。其純眞的娛樂性和審美性，也將因意外的對立和勝癖，而

---

❸ 《三國史記》，卷四，眞興王三十七年條，「更取美貌男子，粧飾之名，花郎以奉之。」

❾ 《三國遺事》，卷三，彌勒仙花條，「始奉薛原郎爲國仙，此花郎國仙之始，故豎碑於溟州。」

❿ 由於推斷以前也有花郎道之形態流行民間，故使用正式一詞。實際上《三國史記》，卷四四，斯多含傳中說「本高門華冑風標淸秀，志氣方正，時人請奉爲花郎，不得已爲之，其徒無慮一千人……異斯夫襲加羅國，時斯多含，年十五請從軍。」還有不知其來源者，《東京雜記》卷一，〈巳風俗〉（風月王），（花郎）條中記載「法興王，元年，選童男容儀端正者，號風月主，求善士爲徒眾，以勵孝悌忠信。」前者是 B. C. 562 年之事，後者爲 B. C. 514 年之事，都在薛原郎成花郎國仙的 B. C. 576 年之前。

遭破壞。

　　總之，由於源花的不祥代替出現了所謂花郎的男性美，這成為男性團體扮演社會活動之主要角色的契機。它也因符合國家目標，發展為修鍊風流道的國家運動。這不能不說是轉禍為福。花郎道是具有審美性的道義體，也就是實現國家至高理念的生力軍。

　　風流道之所以改稱為花郎道，因為花郎就是風流道的修鍊徒，同時也是達成國家目的的主人翁。由此可知，那是規範花郎的存在意義和價值的一詞。從此，新羅之花郎成為左右國家未來成敗的一個眾所矚目的對象。

3. 功能

　　雖然花郎道本身就是國家運動的主體，但是國家並沒有直接統轄掌握或加以限制，始終以自律的方式運營，這可說是一大特點。

　　在某些方面，如同個體組織，無任何橫向或縱向的聯繫。然而，他們所追求的知能或才藝相同，所崇尚的道義和氣概一致，反映在他們的生活或精神上。隱然之間，從中刻畫出國家理念、社會風氣等大綱。隨之，又具有人生觀、生死觀等的哲學信條，而完成培養花郎的高層次教理。

　　原來新羅的民族和文化是多樣性的組合體，國家本身是一種權力結構，也是一個調和的場合。一切實際問題經由部族或家族提出，再通過各部族之間的對話，予以處理。因此，雖然花郎道的運營也採取個別執行的方式，但是隨時都可以集中全力於國家運動。在選拔花郎，推戴國仙之初期，國家設有世稱風月主或花主的統轄體制，但是花郎道步入正軌成為國家運動體制後，國家再將此置於各部族和門派之下，任其自律運營。因此，「有花郎門戶，成一花郎一門戶，並有郎徒（門

徒）跟隨。」⑪ 當然，花郎是上流貴族子弟中，容貌與品德英俊依然
的人，也是可代表各門戶的人材。不過，難以斷定隨從他的門徒也是
貴族子弟。而且也不能說花郎就是郎徒的師傅。花郎和郎徒似乎沒有
組織的連繫。因爲，新羅三代的花郎就有二百餘人⑫，各花郎的郎徒
則多達千餘人，由此看來，可說郎徒不都是貴族，大多數郎徒必定是
眾庶子弟⑬。而且，通常十五歲左右就被推戴爲花郎，這年幼的花郎
不可能成爲眾多郎徒的師傅。若考慮花郎本身爲一修鍊之學徒，花郎
不過是一個門戶象徵性的存在，佔有領導眾庶人地位的中心人物。

　　目前不把花郎和郎徒的行動看做是有組織的。這是因爲花郎的修
鍊不在某一特定的場所，而多半是在遊歷名山大川中進行的。由此可
知，他們不能帶領多達千百的郎徒。巡禮名山大川時，各門花郎聯袂
同伴是一常例⑭。至於花郎的遠遊，只在國家安寧無事時，才獲得允
許，處於緊急情況或需要防備時，國家禁止出外⑮。總之，花郎是左
右國家興亡，寄托未來的眾所矚望的對象。

二、花郎五戒的淵源及其作用

1.淵源

　　正如眾所周知，首次認定花郎五戒的人物是高僧圓光。所謂圓光

---

⑪　高大民族文化研究所編，《韓國文化史大系》，IV，頁七七六。
⑫　《三國史記》，卷四七，〈列傳〉第七，金歆運條，「三代花郎，無慮
　　二百餘人。」
⑬　同上，金歆運爲新羅貴骨，少遊花郎文努之門，故亦有貴族郎徒。
⑭　《三國遺事》，卷五，〈融天師〉慧星歌條，「第五居烈郎、第六實處
　　郎、第七寶同郎等三花之徒，欲遊楓岳。」
⑮　同上，「有慧星犯心大星，郎徒疑之，欲罷其行，時天師作歌歌之，星
　　怪卽滅，日本兵還國，反成福慶，大王歡喜，遣郎遊岳焉。」

之世俗五戒，不是起初就獲得國家正式承認而成爲花郎五戒的，而是私下答覆貴山、箒項等人的請益時，所提示的教訓，廣爲流傳之後，自然被公認爲花郎五戒，日後又發展爲花郎之中心思想，而帶來了莫大的影響。

試考查其緣由如下。圓光自隋返回，居身清道加悉寺時，沙梁部的貴山與箒項求見圓光並請示可做爲平生戒銘的教訓。這時，圓光因對方不是出家僧侶，提出了適合於塵俗的所謂世俗五戒。

《海東高僧傳》圓光條中記有五戒的內容。

　　事君以忠〔忠〕

　　事親以孝〔孝〕

　　交友以信〔信〕

　　臨戰不退〔勇〕

　　殺生有擇〔仁〕

這與《三國史記・列傳》貴山條相比，在文字上稍有出入。即奉親以孝的「奉」字爲「事」字，臨戰不退的「不」字爲「無」字。在此，何者爲圓光之原本，不得而知，但是有關「奉」字和「事」字的運用，在語氣或典故上，《三國史記》的「事」字要比《三國遺事》的「奉」字較雅（使用奉字，當然不錯）。至於「不」字與「無」字，在其內容或制止語的性質上，《三國史記》的「無」字也比「不」字較好。然而，這些文字上的出入，並非重大的問題。

當時貴山等人接受圓光的世俗五戒後，未能確切領悟真意的一點是「殺生有擇」。因此，他們針對這一項德目反問圓光，圓光做了如下的回答「六齋日，春夏月不殺，是擇時也。不殺使畜謂馬牛鷄犬，

不殺微物謂肉不足一臠，是擇物也。如此唯其所用不求多殺」，正如此地區分擇時、擇物、擇量，而加以說明。

　　貴山等人之所以反問殺生有擇戒是由於圓光身爲僧侶而不嚴禁殺生，只告戒取捨之道。這對以儒教士君子自居的人來說，是出乎意料之外的。

　　然而，圓光的世俗五戒也因貴山的宣揚流傳世間，並使之普遍化。其中，臨戰無退戒在當時三國頻繁交戰的情況下，起了最明顯的作用，甚至被公認爲孝悌忠信之道。根據多方記錄顯示，新羅軍隊的戰術絕不優於百濟或高句麗。新羅軍在所有的戰爭中能夠獲得勝利的原因就在於臨戰無退的精神。正如「處死地而後生」的兵家之談，置生死於度外的戰意和必勝的信心就是新羅軍的戰訓，進而，也是新羅全體國民的生死觀。

2.作用

　　花郎五戒，尤其，臨戰無退戒成爲新羅的戰爭哲學。考查其前後的戰史，呈極爲明顯的對照。

◇臨戰無退戒作用以前

　　　助賁尼師今十六年冬十月，高句麗侵北邊于老將兵出擊之，不克，退保馬頭柵，其夜苦寒，于老勞士卒，躬燒柴煖之，羣心感激。（《三國史記・新羅本紀》卷二，頁六）

　　　祇摩尼師今四年春二月，加耶寇南邊，秋七月親征。加耶帥步騎度黃山河，加耶人伏兵林薄以待之。王不覺直前，伏兵發圍數重，王揮軍奮擊，決圍而退。（《三國史記・新羅本記》卷一，頁一〇）

訥祇麻立干二十八年夏四月，倭兵圍金城十日，糧盡乃歸，王
欲出兵追之，左右曰兵家之說曰，窮寇勿追，王其舍之不聽，
率數千餘騎，追及於獨山之東，合戰爲敵所敗，將士死者過
半，王蒼黃棄馬上山，賊圍之數重，忽昏霧不辨咫尺，賊謂有
陰助，收兵退師。（《三國史記・新羅本紀》卷二，頁五）

阿達尼師今十二年冬十月，阿湌吉宣謀叛發覺，懼誅亡入百
濟，王移書求之，百濟不許，王怒出師伐之，百濟嬰城守不
出，我軍糧盡乃歸。（《三國史記・新羅本紀》卷二，頁二）

◇臨戰無退戒作用以後

真平王福建十九年壬戌秋八月，百濟兵來圍阿莫城……貴山帚
項竝以小監赴焉……貴山大言曰：吾嘗聞之，師曰士當無退，
豈敢奔北乎，擊殺賊數十人。（《三國史記》卷四九，〈列
傳〉第五，貴山）

真平王二十八年辛未冬十月，百濟大發兵來攻椵岑城……王命
將以上州下州新州之兵救之，遂往與百濟人戰，不克引還，讚
德憤恨之，謂士卒曰，三州軍帥，見敵強不進，城危不救，是
無義也，與其無義而生，不若有義而死，乃激昂奮勵，且戰且
守，以至糧盡水竭而猶食屍飲尿，力戰不息，至春正月，人旣
疲城將破，勢不可復完，乃仰天大呼曰：吾王委戰以一城，而
不能全，爲敵所敗，願死爲大厲喫盡百濟人，以復此城，遂懷
臂瞋目走觸槐樹而死。於是城陷……奚論與師襲椵岑城取之，
百濟聞之舉兵來……奚論謂諸將曰，昔吾父殞身於此，我今亦
與百濟人戰於此，是戰死日也，遂以短兵赴敵殺數人而死。

（《三國史記》卷四七，〈列傳〉第七，奚論）

素那奮力，向敵大呼曰，爾等知新羅有沈那之子素那乎，固不畏以圖生，欲鬭者曷不來耶，遂憤怒突賊，賊不敢迫但向射之，素那亦射，飛矢如蜂，自辰至酉，素那身矢如猬，遂倒而死……郡人弔之，其妻哭而對曰：吾夫常曰丈夫固當兵，死豈可臥床席，死家人之手乎。（《三國史記》卷四七，〈列傳〉第七，素那）

訥催以三城固守，及聞五軍不救而還，慷慨流涕，謂士卒曰……孤城無援，日益阽危，此誠志士義夫盡節揚名之秋，汝等將若之何，士卒揮淚曰，不敢惜死，唯命是從……皆殊死戰，無苟免之心。（《三國史記》卷四七，〈列傳〉第七，訥催）

相欽春……眞平王時爲花郎……文武大王陟爲冢宰，事上以忠，臨民以恕，太宗大王七年，秋七月至黃山之原，值百濟將軍階伯戰不利，欽春召子盤屈曰：爲臣莫若忠，爲子莫若孝，見危致命，忠孝兩全，盤屈曰唯，乃入賊陣力戰死，令胤（盤屈之子）生長世家，以名節自許……將行謂人曰，吾此行也，世不使宗族朋友聞其惡聲……臨陣無勇，禮經之所識有進無退，士卒之當分也，丈夫臨事自決，何必從衆，遂赴敵陣格鬭而死。（《三國史記》卷四七，〈列傳〉第七，金令胤）

官昌新羅將軍品日之子，儀表都雅，少而爲花郎……太宗大王至唐顯慶五年庚申，王出師……侵百濟，官昌爲副將，至黃山之野，兩兵相對，父品日謂曰，爾雖幼年有志氣，今日是立功名取當貴之時，其可無勇乎，官昌曰唯，卽上馬橫槍，直擣敵陣，馳殺數人而……爲敵所虜，生致百濟元帥階伯前，階伯俾脫冑愛其少且勇，不忍加害，乃歎曰，新羅多奇士，少年尚如

此，況壯士乎，乃許生還，官昌曰，向吾入賊中不能斬將搴旗
深所恨也，再入必能成功，以手掬井水，飲訖再突賊陣疾鬪，
階伯擒斬首繫馬鞍送之，品曰執其首，袖拭血曰，吾子面目如
生，能死於王事，無所悔矣，三軍見之慷慨有立志，鼓噪進
擊，百濟大敗。（《三國史記》卷四七，〈列傳〉第七，官
昌）

　　上述內容不過是史錄之一部分，但是仍可從中發現花郎五戒作用
前後之懸殊差異。一言以蔽之，臨戰無退成為戰爭哲學後，新羅已沒
有臨戰後退的史實。這看起來似乎過於愚蠢，固執而無彈性，過分貪
慕榮譽。

　　基於上述花郎臨戰無退、以死督戰的事實，可知新羅之戰術並非
卓越。他們只是以大無畏的精神面對戰爭，戰勢不利時，則以死督
戰。結果花郎扮演了敢死隊的角色。但是有時也好像是一種盲目的行
為。對於使年幼的花郎成為戰場的代罪羔羊或利用為督戰及昂揚士氣
之工具的事實，不能只讚揚他的偉大。

　　總之，臨戰無退戒幾乎是信仰，使人狂奔的因素。因它與忠、
孝、信以及名譽，有直接的關係，這分明不是因嚴格軍令之壓抑所導
致的結果。換言之，大無畏精神是根據花郎的自我意識和死生義理之
價值觀，自發採取的行動，而且也是由於他們堅信自己的犧牲必大有
助於種族與國家的興盛。也就是說，因為新羅舉國上下，為了實現理
想國家，都願將一身奉獻於國家，朝野呈現相互信賴的風氣，而且也
是因為期待充滿希望的未來。

三、風流道的德教內容

1.從不文律到成文律

花郎道是在眞興王三十七年（576）正式成爲國家運動，而花郎道的中心思想卽圓光的「世俗五戒」是在眞平王二十二、三年頃聞世，基於這一點，可以想到花郎五戒成立之前，花郎接受的教育內容如何及如何修鍊的問題。

對於這一點，首先可以從兩方面假設，並加以求證。第一個假設是花郎五戒之前的花郎道內容與五戒之內容可能不同。第二個假設是五戒產生之後的花郎道內容就和五戒內容相同。所謂花郎五戒只是將過去花郎教育與修鍊內容予以體系化，並使思想或理論合理化的。

根據先後關係，綜合上述之假設，認爲花郎道本身是自然發生的或者是當代新羅人的生活方式、道義精神以及國家理念等的總和，而成爲花郎所依據的教訓和時代要求。將它分爲五項德教或戒律並簡潔化爲箴銘者卽是花郎五戒。設立五戒之後，花郎可能根據五戒時而反省自我，起了奮發振作的作用。

因此，可使人想到從不文律到成文律的先後發展過程。成文律是一更明顯的德目，規範花郎的實際行動，而成爲價值判斷的標準。

花郎五戒聞世之前，眞興王製定了推戴花郎的「聚徒選士」的宗旨與教育內容，這一點可說是上述內容之根據。「聚徒選士教之以孝悌忠信」，「自此使人悛惡更善，上敬天順，五常六藝，三師六正廣行於代」或「徒眾雲集或相磨以道義，或相悅以歌樂，遊娛山水無遠不至」。綜上所述，儒、佛、道三教似乎都曾被利用於花郎的教育修

鍊。

再者，推進這項運動的中心人物卽眞興王的爲人，體得三教，並在崇尙與普及上具有通人的人格。這一點在說明花郎道決非任何一教獨行的產物。

尤其明顯的根據是崔致遠〈鸞郎碑序〉中的記載，「國有玄妙之道，曰風流，設教之源，備詳神史。實乃包含三教，接化羣生。且如入則孝於家，出則忠於國，魯司寇之旨也。處無爲之事，行不言之教，周柱史之宗也。諸惡莫作，諸善奉行，竺乾太子之化也。」雖然將花郎道的設教根源放在新羅固有的神史上，但是對其發展內容的說明是附會於三教的。在此，尙不知神史之內容如何，但是據「實乃包含三教」一句推斷，不能不說他渾淪着包容三教的較高層次之未鑿的神明或較廣領域的藝術素質，或較深領域的道義稟性。就是說要承認新羅人的主體性和主動的姿態。

新羅固有原始形態的文化，在吸收當時已有高度成就的三教時，沒有被埋沒，反而包容攝取了三者之精華。這表示新羅的地理環境和引進的三教內容，比高句麗和百濟處於有利的條件。

2. 三教調和的條件

新羅是三國中最後起的國家，所謂這後起使得新羅在多方面保存了獨有的體質，而且成爲吸收外來文化的基礎和促進消化的良藥。新羅可以以高句麗或百濟等鄰國吸收中國文化時所得到的經驗爲借鑒。而中國文化本身也在經由別國傳入第三國時，因銳勢受挫，喪失主動性，產生被動的作用和影響。因此，新羅固有文化未被外來文化所埋沒，反而滋潤了本身的文化。

新羅所處的位置和後起之事實正是能夠創造新羅文化的有利條

件。尤其，更重要的一點是新羅引進中國文化時，中國文化本身的優越性超出任何時期。

當時，新羅吸取的中國儒教是先秦時代重視實踐道義的原始儒家思想。而道教也非宗教的，是結合自然主義的老子和智慧主義的莊子的精神自由之道家思想。再者，佛教也正是中國化的天台、華嚴與純粹宗教性的涅槃、淨土、彌勒思想盛興的時候。因此，上述之三教是在現實的基礎上建設理想國家時，適於擔當重要角色的因素。儒教的道義規範使人自覺人生的意義和價值所在。道教的精神自由擴大了生活的浪漫與智慧，佛教的佛國淨土則予以實現並具體化。

正如此地，三教無絲毫衝突或排擠，互相調合，使之現實化者，實屬新羅所獨有的特殊情況。在理論方面，中國的陳、隋、唐，對於三教調和有着豐碩的成果，然而，那只限於幾個學者的學說和主張，而未能進一步帶動國家層次的實踐運動。因此可以說新羅的另一個好運就是「時期」的適當配合。

要言之，可從新羅位於離中國最遠的僻地，建國規模較爲後起，引進中國三教的時期和內容適合實情等三點，發現新羅文化的多樣性與調合以及創造力的時空條件。

四、花郎五戒的思想背景

1.花郎五戒與世俗五戒

花郎五戒的戒目組合是獨特的，並非直接引用佛家的戒目。圓光雖自稱世俗五戒，但與佛爲在家弟子所制定的「不殺生、不偷盜、不邪淫、不妄語、不飲酒」之五戒相比，只有「不殺生」戒與「殺生有

擇」相似，其他幾乎不相同。故只能說新羅花郎五戒的原本卽圓光之世俗五戒爲圓光所創。

除佛家之外，儒家和道家也使用「五戒」一詞。道家的五戒與佛家相同，但儒家不同。儒家則以誓、誥、禁、糾、憲爲五戒❻。對修行的人來說，「戒」是心身行動的標準，也是明辨善惡，避惡行善的一種制裁德目，對這一點各家的看法完全相同。

佛教之「戒」源在於「諸惡莫作，眾善奉行，自淨其意，是諸佛教」。這被視爲佛法的生命，六波羅蜜之一，並在三藏中佔有一席之地，領域十分廣泛。若把儒家的「戒」源放在《論語》的「孔子曰君子有三戒，少之時血氣未定，戒之在色，及其壯也血氣方剛，戒之在鬪，及其老也，血氣旣衰，戒之在得。」（〈季氏〉）就比佛家散漫，因此儒家勢必從五常、五倫、五教中尋找相等於佛教「戒」源的德目。

其實，圓光的世俗五戒從其條目本身來看，與佛家的戒目稍有出入，反而接近儒家五倫，不過值得注意的是，不可將忠、孝、信的德目看做是儒家所特有的，同時亦不可將殺生有擇戒視爲佛教獨有的。因此，至於圓光的世俗戒，不能因圓光是僧侶，而在佛教尋其思想背景。當然也不能只在儒教中追尋。圓光成爲佛門弟子之前也對儒學和道教有極深的造詣。在他留學陳、隋的當時三教調和思想已在理論上，尤其靠着佛僧的主動的努力，逐漸成熟。在佛教本身也主張三階佛教，把佛教當做是適於救濟第三階凡夫的，並發表了計畫，實行的方案。在入世中心的中國佛教界是引人注目的時期。

---

❻　《周禮‧秋官‧士師》，「以五戒先後刑罰，毋使罪麗於民。」

2.圓光的世俗五戒

尤其，圓光的世俗五戒中的臨戰無退戒，在當時新羅的處境和不可避免的戰爭狀況下，或許是最重要的戒目。這不是儒佛兩家既有德目而是圓光針對國家所處之命運制定的戒目。這可從圓光親自撰寫乞師表一事，明確知道。圓光是會通教理的學問僧，也是重視現實，國家觀十分透徹的思想僧。以圓光的人格爲媒介，在新羅的國家現實情況下，藉花郎的活動實現了中國也未曾實踐的三教融會思想。可說三教精神、國家觀念、花郎人格結合成三位一體，使三位成一體的橋樑人物就是圓光。因此，不可將新羅統一三國之功，只歸於賢佐名將，也應歸功於當時精神的歸依，思想的溫床卽佛教的大德。圓光末年，王與王后「衣服藥石，竝是王手自營」，於將終之際「王親執慰」，又於入寂時「舉國悲慶，葬具羽儀，同於王禮」，這大概不只是因爲佛僧的高德。

五、花郎五戒與儒、佛的關係

現在要折衷以往對花郎五戒的性格，來源以及解釋，眾說紛紜的見解，並爲了查明稱它爲新羅的調和思想的緣由，分項考查儒佛兩家之有關經文或學說。

1.事君以忠

(1)儒說　儒教德目的實踐過程，以自己爲起點，進而逐漸擴大。自己就是一切的中心，也是遠心的。由於自己是一切的開端，所有的

德目不能脫離自己而獨具意義。

有基於此，忠就以中心（本立）爲起點直到擴充（道生）爲止。「盡己之謂忠」或「盡心曰忠」就是以一個過程本身的始末說明忠。正如上述，因爲儒家一切德目的根本與己相聯，所以盡己與盡心的忠是正德，也是令德。而擴充後的忠是完全的奉公。因之，對他人是「恕」，對國家社會是獻身。一國之君主是一切小我的統攝擴大，也是象徵國家的，因此對於他是眞實的事君。說「忠社稷之固也」，直接與國家存在相聯繫，又說「忠民之望也」，古代國家的君王或現代國家的萬民，都視忠爲最偉大的功名。

從這一方面來看，忠本來是自我的完成，後來發展成爲對國家的獻身服務。對爲政者來說是對臣下的要求，對臣來說是道義上不得不遵奉的至上的義務。

花郎五戒中，以事君以忠爲第一戒目。這是因爲忠有國家層次上的意義。這一點與佛教的國家觀相符合。

(2)佛說　在此要以圓光當時的中國爲重點，簡略說明佛教的國家意識。前者即儒教的忠加重君臣之間在下者的義務，而佛教則在宗教上，規定統治者（君王）的責任。並且將君王視爲上求菩提，下化眾生的菩薩。陳武帝說「皇帝某諱菩薩……發弘大誓荷負眾生」❼，陳文帝說「菩薩戒弟子皇帝……常以萬邦有罪責自一人，四生未安理爲重任」❽，這就是代表性的例子。

正如上述，中國佛教將帝王規定爲佛國建設的代辦人，因而佛教富有護國信仰的色彩。新羅也有君王依歸佛門的事情，亦多舉行仁王大齋或仁王經講座。然而，新羅與中國不同的一點就是陳隋間佛教居

---

❼　《廣弘明集》，卷二八，〈羣臣請陳武帝懺文〉。
❽　同上，〈大通方廣懺文〉。

帝王或國家之上，任其左右國家興廢，但新羅則國家至上，佛教只爲實現佛國化教化了君臣上下萬民。因如此標揚國家至上主義，而產生了中國佛教所未提及的事君以忠之戒。所謂君並非身爲菩薩弟子的帝王，而是佛國或即將轉化爲佛國的未來像即理想國的現存體。

2. 事親以孝

(1)儒說　孝是從一身之完整即「身體髮膚」的保全開始到立大功於國家社會，藉一身之榮達顯揚父母爲止的。換句話說，具備健全的身體，磨鍊的才能以及完滿的人格，就是孝的基本條件，並將它奉獻於國家社會，立身揚名的同時，實現國家的安逸和社會福利後，讓世人稱頌其父母。這才是入世的、獻身的、義務的。《禮記・祭儀》云：「身者也，父母之遺體也，行父母之遺體，敢不敬乎，居處不壯非孝也，事君不忠非孝也，涖官不敬非孝也，朋友不信非孝也，戰陣不勇非孝也，五者不遂，裁及於親，敢不敬乎？」，將孝看做德目之精神（純粹情操）歸依。又云：「夫孝，德之本也，教之所由生」（《孝經》），最重要的意義是不違背儒家宇宙精神（天地之心的本源）「生生之德」。就是說男女婚姻，生育子女，奉養父母，傳宗接代就是孝的生活。「不孝有三，無後爲大」（《孟子・離婁上》），「父母生之續莫大焉」（《孝經》）即是如此。

乍看之下，儒教的孝是與佛教的僧侶生活背道而馳的，這成爲引起爭論的重要問題。

(2)佛說　圓光留學陳、隋時期的高僧天台宗第三祖智顗（通稱智者大師[19]，或許圓光受其影響）的《法華玄義》卷十中記載「五戒天

---

[19]　開皇十三年(593)，於荆州玉泉寺說法華玄義，十四年(594)，說法《摩訶止觀》，十七年十一月入寂。

地之根……泥洹之本」，《摩訶止觀》中將儒家的五常與佛家的五戒視爲相同的。

> 深知五常五行義，亦似五戒，仁慈務養，不害於他，卽不殺戒，義讓推廉，抽己惠彼，是不盜戒……殺乖仁，盜乖義，濫乖體，酒乖智，妄乖信，憫傷不殺曰仁，清潔不盜曰義，妨害不濫曰禮，持心禁酒曰智，非法不言曰信。 [20]

當然，上述之五常與五戒的附會中，不無牽強之處。不過，這是僧侶自願接近儒家倫理的嘗試，且考慮智者大師在中國佛教界的地位，不得不予以重視。

正如契嵩所說，孝是一切宗教所共同尊重的。尤其，佛教更是如此。但是，那種倫理不甚著明於天下[21]。據孫綽的〈喻道論〉，佛有十二部經，其四部專以勸孝爲事，懇懇之旨，可謂至矣。而俗人不詳其源流，未涉其場肆。便瞽言妄說，輒生攻難。以螢燭之見，疑三光之盛。芒隙之滴，怪淵海之量[22]。

正如上述，佛教也以孝爲至大的德目。如同儒家的《孝經》，有《孝子報恩經》或《孝子晱經》等，記述孝子故事的書籍。而且有關於孝的僞經（如《父母恩重經》），此一事實在視孝的倫理爲人間根本的中國，應看做是廣泛宣揚佛教重孝思想的努力。

---

[20] 《摩訶止觀》，卷六，「顏之推，內典初設五種之禁，與外書仁義五常符同，仁者不殺之禁，義者不盜之禁，禮者不邪之禁，智者不酒之禁，信者不妄之禁。」

[21] 原文：《鐔津文集》，卷三，輔教編下，孝論鈔，「夫孝，諸教皆尊之，而佛教殊尊也，雖然，其說不甚著明於天下，蓋亦吾徒，不能張之，而吾黨慨然甚愧。」

[22] 《弘明集》，卷三。

據經典記錄，《觀無量壽經》中說明了極樂往生之福田即三福，其一為「孝養父母」。宗密的《于蘭盆經疏》中云「戒雖萬行，以孝為宗」。佛教也（《佛般泥洹經》）在「孝於父母，遜悌師長」的道德中說明太平天下的景象。佛教的孝不只限於父母。《梵網經》中云「一切男子，是我父。一切女人，是我母。」❷③「佛觀一切男女，即作父母之想。」❷④上述內容，正如墨子的兼愛思想，是報恩慈愛思想的極致。由此可知，不是佛家沒有孝，比儒教的孝意義廣泛。在孝中亦顯示出佛教是宗教性的。

新羅僧人元曉也在他的〈梵網經菩薩戒本私記〉中說：「孝順者，……以律儀戒為孝，以攝正法戒及攝眾生戒為順，二者以受體為孝，以隨行為順……」，他將孝視為律儀、正法、眾生等戒之體，並以順為用。「故經曰使我疾成於無上正真之道者由孝德也」❷⑤，契嵩的這句話不能只看做為討儒家的好感而說的話。

由此看來，孝不只是儒教的「萬德之本，百教之由」，也是佛家的「萬戒之宗，百法之至」。

3. 殺生有擇

(1)儒說　禁止殺生是宗教具體表現慈愛的最具代表性的行為。儒家將道義的來源看做是「天地生物之心」（道之大原出於天）。雖然它不是宗教，但是尤以「好生之德」❷⑥為根源。因此，比任何宗教更重視「生」或「生生」，這是理所當然的。至於「不殺戒」，通常容

---

❷③　《折疑論》，卷二。

❷④　師子比丘述注。

❷⑤　《鐔津文集》，卷三，輔教編下，明孝章第一，孝本第二，大戒曰孝順父母師，「僧，孝順至道之法。」

❷⑥　《尚書‧大禹謨》，「好生之德，洽於民心。」

易誤認它不是儒教的而是佛教的。但是佛教並非一邊倒向「不殺」，
如同儒教有「殺生有擇」之教戒。基於上述內容，具有彈性的花郎道
之「殺生有擇」，其理論在教理上和道養上都不違背儒佛精神的任何
一面。

儒家的殺生有擇是以「好生惡死」為其根本精神的。人類生活在
有差別的世界上，所以不能毫無殺生。人類也是攝取動物，為肉體的
保存也不得不依靠動植物。尤其，在敬老奉養上，不能完全避免肉
食。因此，首先誅戮害賊時，要有不忍人之心的慈悲，再者，對動植
物的「殺生」，要考慮實用與情相。

聖人孔子任魯國宰相時，曾處決大夫少正卯。然而，孔子始終以
「不殺」為根本。其弟子季康子問殺無道以就有道如何時，孔子則主
張德治，並說為何採取殺民方法❷。人間社會要治療病廢時，經常需
要誅戮。但是也需要慎重的揀擇。那就是明確區別善惡，並徹底區分
犯罪與無辜。若不分明或無法查明時，不得誅戮。《尚書‧大禹謨》
云「與其殺不辜寧失不經」，「好生之德洽於民心」。《左傳》昭公十
四年條亦云「殺人不忌為賊」。由此看來，不能不說殺人是使人心疚
的。因此，誅戮之「擇」要以「不忍人之心」，即「仁」為體，並以
「行事得宜」之「義」為用。且要基於萬民之利害關係予以擇取。誤
擇不如「不殺」，放任之「不殺」必招來更多的「殺」。

其次，對動植物的擇殺，主要在實用的層面，予以考慮。孟子說
「數罟不入洿池，魚鼈不可勝食也，斧斤以時入山林，材木不可勝用
也。」這是儒家有關殺生有擇之典型例句。

---

❷　《論語‧顏淵》，「季康子問政於孔子曰：如殺無道以就有道何如？孔
子對曰：子為政，焉用殺，子欲善而民善矣，君子之德風，小人之德
草，草上之風，必偃。」

古者網罟必用四寸之目，魚不滿尺，市不得鬻，草木零落，然後斧斤方許入山。❷⑧

而且春、夏禁止畋獵是爲了等待繁殖與生長，以便取得更多的獵物。這是儒家實用主義之擇生。

(2)佛說　圓光的殺生有擇戒內容兼備佛教的宗教禁忌和儒家的實用的擇時。貴山聽五戒之教時，唯獨不解殺生有擇戒而反問，圓光回答：「六齋日，春夏月不殺，是擇時也。不殺使畜，謂馬牛雞犬，不殺細物，謂肉不足一臠，是擇物也。如此唯其所用，不求多殺，此可謂世俗之善戒也。」❷⑨

然而，圓光的回答並未一語道破佛家殺生有擇之要義。在積極的層面，佛教對於守護正法，有益眾生的事，不得已須殺生時，也允許殺生，並予以正當化。《瑜伽師地論》中云：「菩薩戒中，若見利益亦許殺生。」③⓪《婆婆論》中亦云：「虎豹豺狼蛇等，傷害加人，殺之無罪。」《梵網經古迹記》云：「若欲放火，害命損物，別得殺盜。」這些與現代的正當防衛或多數利益的原則並無不同之處。將此一根本精神擴大到人間行爲中招來最大破壞與殺傷的戰爭，也是同樣的道理。「兵者刑也，發於仁而主於義也。發於仁，以仁而憫亂也。主於義，以義而止暴也。以義而止暴，故相正而不相亂。以仁而憫亂，故圖生而不圖殺。」③①這句話與現代人說的戰爭目的是「和平」有同樣的意義。結果殺生其目的不在於殺生，而在於圖生。因此殺生有擇之擇的標準應是殺生是否可帶來更多的圖生。

---

❷⑧　《折疑論》，卷二，〈論孝〉第七。
❷⑨　《三國史記》，卷四五，〈列傳〉第五，貴山條。
③⓪　《瑜伽師地論》，卷四一。
③①　《鐔津文集》，卷六，〈論原問兵〉。

佛家允許殺生的重要目的是衛護正法。基於當時的護國佛教, 未來佛教, 淨土佛教的思想, 可說新羅是一個具體、現實地建設佛法的佛國。 因此, 對於阻礙建設的任何存在, 應以衛護正法的菩薩之義務, 加以排除。這在宗教的立場不能不說是當為之事。

真慈在興輪寺發願說: 「每就堂主, 彌勒像前, 發願誓言, 願我大聖化作花郎, 出現於世。」❸❷ 驟徒說: 「吾聞為僧者, 上則精術業以復性, 次則起道用益他。我形似桑門而已無一善可取, 不如從軍殺身以報國。」❸❸ 對他們來說, 新羅是未來佛降生之國, 也是涅槃淨土的佛國。而且為此大行佛法之事, 也是因為未來佛國的所願。

對於忠、孝、擇殺, 已簡要敍述了儒佛的主張。在此可下如此的結論, 花郎五戒本身並非佛家世俗五戒之改制, 而是新羅所處特殊時代的產物。因此, 與其稱世俗五戒(如果稱世俗五戒, 必註明是圓光的世俗五戒), 不如叫做花郎五戒。也不必明白區分其思想淵源, 而說他是佛教的或是儒教的。因為花郎五戒就是新羅的花郎以其固有思想為基礎, 調和儒佛之五常與五戒等思想, 並加以體質化, 理念化的。因此, 由接收一方來看, 那已不是純佛教或純儒教的, 而是另一種創造。

由此看來, 崔致遠在〈鸞郎碑序〉說的「國有玄妙之道, 曰風流。設教之源, 備詳仙史。實乃包含三教, 接化羣生」是一教訓。讓我們知道這是包含三教的韓國人獨特之創造。

另一項須留意的是, 近來提及花郎道, 就將它看做我國的武士道, 而且在用法上也是如此。這是一大錯誤。花郎道本身不分文武, 是培育新羅青少年, 造就有為人格的國家運動, 也是個人的修養。成

---

❸❷ 《三國遺事》, 卷三, 真慈師條。
❸❸ 《三國史記》, 卷四七, 〈列傳〉第七, 驟徒條。

長後，爲國服務時，能文者可成賢佐忠臣，能武則爲良將勇卒。而且文武也不像李朝時代或今日做嚴格的區別。可由文轉爲武，也可由武轉爲文。據金大問之《花郎世紀》中的話「賢佐忠臣從此而秀，良將勇卒由是而生」，卽可得知，不可片面地將花郎視爲武士道。

六、結　論

將上述之內容，按各問題項目，摘要如下：

一、有將「蘇塗祭壇的武士」或「光明世界」信仰集團看做花郎五戒淵源的說法。筆者認爲花郎道是韓國人之特殊事實。基於此一觀點，試圖從相異於他民族的風俗中探索其淵源。

因此，本文主張花郎道的緣由在於「男女羣聚，相就歌戲」的古代風俗。

二、花郎道和風月道（或風流道）是相同的。對於此一定論，沒有異議。但是，名稱的互換，必根據其指稱對象的本質，屬性以及用途等的變化，並與情況之需要有關。筆者認爲那不是無憑無據的使用。目前可以斷定風流道是概念的命名，花郎道是形式的指稱。花郎道與「欲興邦國」「聚徒選士」之實際內容相結合，而產生了今天我們所瞭解的人材培養之道，卽花郎道的概念。

三、花郎道是國家的運動，也是私下的個體組織。它沒有縱向或橫向的聯繫，而以自律的方式運營。花郎道通常以部族或門派的榮譽的基礎，但爲了國家的利益，避免互相排斥和衝突，致力共勉。這就是花郎道，卽國家運動成功的原因所在。

花郎徒不一定是由貴族子弟組成的，而且也無法斷定花郎就是郎

徒的師傅。不過，花郎是一門戶的象徵，是眾庶人的中心。身負國家職務時，據領導地位，並扮演了儀表與以身作則的角色。我們由此可知，新羅爲了發掘人材，開放階級與門戶，採取以人物爲主的方式。

四、圓光訓戒貴山時，提出圓光世俗五戒（因與佛教世俗五戒不同，故稱爲圓光世俗五戒），後來改稱爲花郎五戒。以圓光世俗五戒爲平生指南的貴山壯烈戰死後，廣爲流傳世間而成爲花郎奉行的戒律。隱然中它被稱爲花郎五戒。其中，「臨戰無退」戒對當時進入戰時狀況的新羅來說，是最重要的戒律，也成爲新羅軍的戰爭哲學乃至新羅人的死生觀。

考查「臨戰無退」戒成爲戰訓以前的新羅戰史，可以知道在與高句麗或百濟的戰爭中，多半戰敗，有卑屈的後退甚至逃亡，但是以臨戰無退戒爲戰訓後，新羅不知後退，只有決戰。正如「處死地而後生」，以死督戰的新羅軍只有戰勝，終於在三國統一之大業上，起了決定性的作用。

五、一言以蔽之，圓光的世俗五戒是在三教調和思想的基礎上，配合時代要求卽戰訓的。圓光留學中國當時的中國學術界主要動向是探索三教調和的。尤其是由佛僧領導這項活動。圓光很敏感地吸收這新學術思想的傾向，歸國後，在實踐的過程中，扮演了橋樑的角色。在中國，三教調和思想只停留在學術理論的階段，在行爲世界中，未能現實化。只有新羅，通過圓光引進三教調和思想後，再通過國家運動付諸實行，這點足以證明新羅的偉大。

六、對於花郎五戒的內容，有人將忠、孝戒視爲儒教所獨有的，並將擇殺戒視爲佛教的，又因圓光是僧侶，有將花郎五戒視爲佛教思想的學說。這些似乎誤解了花郎五戒。

花郎五戒中的任何一戒都不能明顯區別說這是佛教思想，那是儒

教思想。當時，新羅文化或思想，如同高麗時代，在社會上或制度上沒有明顯的區分，一個人極可能同時吸受三教思想。尤其，新羅就是那種類型的調和文化。若通過當時，掌握當代的實況，就可解除片面的固執。尤其，制定花郎五戒的當事人圓光就是廣泛而深入地研究三教的人。有鑑於此，我們不可能劃清界限地，以機械的分解組織方式探討五戒。

　　七、本文主張花郎五戒的思想背景是三教調和。三教調和思想在創造花郎五戒的過程中，還是以我國固有思想為主體。筆者想藉此使崔致遠的〈鸞郎碑序〉之內容合理化。所謂「國有玄妙之道曰風流」的玄妙之道是體，卽消化器官，三教是食物。飲食攝取的養分化為血和肉時，那已經是我自己而不是他。因此，所吸取的三教思想，雖然來自中國，但畢竟是「韓國的」思想。

第四章　宋元性理學傳韓
以前的高麗儒學

一、緒　論

　　一般認爲高麗朝就是崇尚佛教，流行風水圖讖說的時代。據推測韓國性理學尤其是朱子學傳來以前的儒學，在政治、社會上別無作用，卽使有作用，漢唐風之典章制度或詞章之學也必定是當時學術文化的亞流。

　　這種觀念似乎是因虛而不實的道統論❶，只將性理學信奉爲儒學的片面立場或受到唐末宋初「文以載道」論❷之影響而輕視文藝的思想以及徐兢對高麗儒學所作的輕薄的評論❸等所導致的誤謬。

❶　方東美（1898～1978），《宋明清哲學》，參考第一、二、三、四講。《哲學與文化》月刊，期七、八、九、一○。方教授指出道統論的排外性、閉鎖性、獨斷性。排斥道統觀念爲絕無歷史明證的武斷性信仰，提議以「學統」代替「道統」一詞。

❷　唐末韓愈（768～823）指道、文的關係說，學習時要「因文見道」，創作時要「文以載道」。北宋的周敦頤說：「文辭是藝，道德是實」，又將形而上的用語道器之關係，援用於道、文之關係說「文不載道，虛車。」此後，李漢說「文者貫道之器也」，朱熹則持反意說「文皆是從道流出，豈有文反能之理？」建立了所謂「文從道流」說。參考羅根澤，《中國文學批評史》，頁四八八、四八九、六九三。

❸　徐兢，《高麗圖經》，卷四○，儒學條末尾：「大抵聲律爲尙，而於經學未甚工，視其文章〈觺唐之餘弊云〉。」這並非眞確的評語。因爲《高麗圖經》之撰述年代爲高麗仁宗二年（1124），這時是高麗着重官學、尊經、講經的風氣極盛的時候，而且正如徐兢在其序中所說，時間與環境都不允許詳細考查高麗實情。他說「（臣）征高麗及其餘，授而之後，則守以兵衞，凡出館不過五，六……。」高麗在迎接宋使時，刻意指派能詩善文的文士。徐兢所見到的是能文之士，因看破他們對經學的造詣不很深，而以此推斷高麗儒學。

儒教原有「孔門四科」，將其內容分爲德行、言語、政事、文學。孔子本身也主張「文質彬彬」，又說「言之無文，行而不遠」，對語文的效果，給予高度評價❹。因此，在高麗朝末期以前，雖可說是還沒有具備新儒學因素的儒學，不過也不能把高麗儒學看做是不屑一顧的。

若考慮以孔門四科爲首的原始儒家之孝悌忠信倫理道德與易姓革命乃至王道主義，以及漢儒的經學、典章、儀禮，唐儒的詞章、風化等儒教一般，高麗儒學比起單調狹隘的朝鮮儒學，雖無深度，但它是概括的、實踐的。尤其立足於國家社會的現實和人民的實際生活，在批判佛、道之浪費與虛誕以及百姓的迷信意識，並使之覺悟的方面，大有貢獻。我們必須承認他合理的一面。

基于此一觀點，筆者在此要概觀性理學傳來之前的高麗儒教，並闡明它在高麗的歷史文化的發展過程中，所擔任的角色，而減少過去性理學者們的偏見。

首先爲了使高麗朝儒教之變遷過程更加簡明，試分爲四階段。

一、羅末麗初的過渡期儒學。實際上這是從新羅開始動搖的 910 年起，到成宗卽位的 980 年的大約 70 年時間，又將第一階段細分爲三，(1)初期的易姓革命與王道政治，(2)太祖的訓要和儒治傾向，(3)光宗的集權運動與興學取才。

二、高麗儒學的形成期。自成宗至崔冲晚年卽文宗年間 (980～1070)。這時根據漢儒的經學和典章制度，確立了國家秩序，重新調整了儒教的教育機構及制度。尤其因私學盛行，儒教教育漸趨普遍。這個階段也可三分。(1)成宗崇儒和崔承老的獻策，(2)儒教主義和傳統

---

❹ 《論語・先進》，「德行：顏淵，閔子騫，冉伯牛，仲弓。言語：宰我，子貢。政事：冉有，季路。文學：子游，子夏」，《春秋左傳》襄公二十五年條，「仲尼曰，志有之，言以足志，文以足言，不言誰知其志，言之無文，行而不遠。」

思想之間的糾葛，(3)崔冲與私學十二徒。

三、高麗儒學的興盛期。自1070年崔冲死後至1170年鄭仲夫之亂起時，約百年期間。這時注重官學而十分尊重經學，致力藏書並盛行刊行與講經。不僅如此，這時也受到宋朝的歷史文獻整理的影響，與唐宋文學接觸，大大振作編史與文風。第三階段也可細分爲三，(1)睿宗時的官學與經學思想，(2)仁宗時的文運及唐宋風，(3)金富軾的《三國史記》和歷史意識。

四、高麗儒學的衰退期，自鄭仲夫之武人叛亂以後到崔忠獻的武人執權沒落的元宗年間（1270），先後約百年。這時武人跋扈極甚，蒙古又頻繁入侵，因此學術文化無法正常發展，且無值得重視的。不過，仍然保存著以儒學選拔人材的制度。文士中分有參與現實派和拒絕現實派，類似中國魏晉時代之竹林七賢的清談派與曾在崔忠獻手下任平章事的李奎報，在崔瑀手下歷任文翰的崔滋等現實參與派，各自備有相當發達的文學理論，撰述隨筆，歷史故事小說、詩評以及文體論，打開了我國漢文學的黃金時代。

但是他們已不是醇儒，而在雜駁的學問中構成了浪漫的文風，所以似乎難以列入儒學史中。在此一階段，簡單介紹中國性理學的形成過程與朱子學傳入我國之前在中國的地位與角色，必有助于了解性理學的輸入期。

二、羅末麗初的原始儒學

1. 儒教與王建的創業

新羅末期的儒學以原始儒學之根本仁、義、孝、悌、忠、信爲基

本。首先致力於儒者的人格陶冶，其次以漢代以來的五經（《易》、《書》、《詩》、《禮》、《春秋》）講讀爲主修課程，又以文章學代表書籍文選與說明歷史與事理的史子書爲教養課程。當時儒學者被認做是具備道德、文章、事理、法度等基本修養的人材❺。

於是實際主管國政的人不是佛僧、道士，而是儒者。他們置身於亂世，投筆從戎，擔任指揮軍政的參謀角色後，在建立國家時，就成爲組織國家系統，實施政治行政的執行者。

正如高麗太祖王建（877〜943）在其訓要中所闡明，自身的創業得力于三韓山川的陰德，而國家大業也必蒙受諸佛之衞護，持續長久❻。不過，那只是個人或民眾的信仰，是命運觀，並非創業與傳國本身的根據❼。

相反的，王建的爲人與自身所積的功德，使百姓歸依於他，並受到將卒之誠心推戴❽。王建不但是富有智謀與勇氣的將帥，而且天性仁愛，具有儒家所謂「與民同樂」的君王材質，他雖出身武人，也並非無知，實可稱之爲文武雙全的人物❾。

他那人品與君王的材質，使周圍的儒者協助創業，甚至連新羅的

❺　《增補文獻備考》，卷一八四，科制一，「新羅元聖王四年，始定讀書出身科，讀春秋左氏傳，若禮記大選，而能通其義，兼用論語孝經者爲上，讀曲禮論語孝經者爲中，讀曲禮孝經者爲下。讀若博通五經三史諸子百家書者，超擢用之。」

❻　《高麗史・世家》第二，太祖二，參考十訓要。

❼　爲了安定新王權與王朝，以當時普遍化的佛教或風水讖說爲傳統的文化基盤，但爲集權國家所要求的王權的絕對化，反而需要政治理念體系，社會倫理秩序的依據倫教。

❽　《高麗史・太祖世家》一，據甲戌年條，崔凝在弓裔追究王建的謀反時，假裝擲筆暗示免於困難的方策。據同〈太祖世家〉——貞明四年三月條，宋舍弘、白卓、許原等，故意誤解王昌瑾的鏡文。

❾　同上，「李齊賢贊曰，忠宣嘗言我太祖規模德量，生於中國當不減宋祖，……其好生惡殺而信賞必罰，推誠功臣而不假以權創業……。」

儒者⑩ 和甄萱手下的儒者⑪ 也都追隨他。由此看來，王建的高麗建國實際上是靠儒教的天命思想、易姓革命思想以及王道主義完成的。王建本身也希望以那種儒教精神治理國家，並付諸實踐⑫。

　　高麗創業期，王建身邊的儒者有率先推戴王建的洪儒 （?～936）和崔凝 (898～932)⑬（他們原是弓裔的手下），留唐歸國後曾任瑞書院學士，並可稱新羅儒學精髓的崔彥撝(868～944)，以及十二歲時，在王建面前背誦《論語》而成爲元鳳省學士的崔承老 (927～989)。他們就是代表性的人物。

　　由此可分兩大派系，一是高麗前身泰封國出身的王建的親信卽高麗建國系，一是繼承新羅學術文化，將它傳播于新興的高麗國，實際上，將三國以來的歷史文化，尤其使儒教根植於高麗的慶州系。高麗建國系的洪儒與崔凝以行動實踐了原始天命思想，易姓革命思想，以及仁義孝悌忠信。慶州系的崔彥撝與崔承老則因精通漢唐儒學的經學理論與典章制度，鞏固並發展了高麗的政治結構與集權秩序以及學制編定與人材教育，使高麗儒學落實生根。

　　現概述兩派的儒教思想和儒教政治如下。

2. 創業派的儒教思想──易姓革命與孝悌忠信

　　實際上，王建的創業是臣下驅逐君主，登上王位的。但是舉出原

---

⑩　崔彥撝和崔承老是新羅系儒者。
⑪　崔知夢（907～987）是甄萱系儒者，南海靈光人，明經史，通天文、卜筮。
⑫　參閱十訓要。
⑬　關於洪儒、崔凝，據《高麗史・列傳》，卷五，洪儒是推戴王建的代表性人物，在他的推戴辭中、援用原始儒家的天命思想，易姓革命思想，崔凝則是弓裔追究王建謀叛時，故意擲筆暗示避災之策的人物，該人尤其強調實踐禮讓與忠孝。

始儒家的天命思想和易姓革命的史例，美化那種叛逆行爲並使之正當
化，而且善導人們實踐王道。

洪儒同裴玄慶、申崇謙、卜智謙等人推戴王建爲新王時，曾說：

> 弓裔縱虐大甚，淫刑以逞。殺妻、戮子、誅夷臣。僚民塗炭，
> 疾之如讎。桀紂之惡，無以加也。廢昏立明，天下之大義，靖
> 公行殷周之事。（指效法殷湯王與周武王）⑭

這分明是原始儒家的天命思想和易姓革命思想。

可是王建則基于臣道拒絕說：

> 吾以忠義自許，王雖暴亂，安敢有二心，以臣伐君，斯謂革
> 命。予不德，敢效湯武之事乎？恐後世以爲口實。⑮

這是忠義謙讓之德。由此看來，太祖王建重視儒教倫理之大本，
即君臣之義與志節。

據崔滋所寫的《補閑集》，太祖在建國之後，沉醉於陰陽浮屠，
其參謀崔凝諫曰：

> 當亂修文以得人心，王者雖當軍旅之時，必修文德，未聞依浮
> 屠陰陽以得天下者。⑯

太祖回答如下：

---

⑭ 同上，洪儒條。
⑮ 同上。
⑯ 崔滋撰，《補閑集》卷上。

曰斯言朕豈不知之，然我國山水靈奇介在荒僻土性好佛神欲資
福利方今兵革未息安危未決旦夕悑惶不知所措誰思佛神陰助山
水靈應儻有效於姑息耳豈以此爲理國得民之大經也待定亂居安
正可以移風俗美教化也。**⑰**

　　在此我們可以知道太祖之好佛信讖是爲了安撫建國前後不安之民
心，使之信靠自己的姑息之計，他堅信治國大本在於通過儒教的移風
易俗和教學化民。換言之，太祖身爲領導實際政治社會的君王，總是
立足於儒教與儒學。

　　這種太祖的崇儒興學政策，可從他十三年(930)赴西京（平壤），
下令興辦學校的事實就可以知道。這是太祖獎勵儒學的開端**⑱**。通常
只根據太祖的十訓要，認爲太祖的建國治國的精神，思想以及理念多
偏重於陰陽浮屠。但實際上，很意外地太祖所提示的方向是儒教的治
國理民，接著要列舉評價其十訓要。

3. 太祖十訓要與儒治的關鍵

　　太祖於二十六年 (943) 四月（在死前一個月）把大匡朴述希(?～
945)請到內殿，以遺言的口氣轉達了有關國體、國是、大經、大法等
十項，並使後代君王遵行之。他首先將自身的創業比喻爲堯舜的禪讓
與漢高祖的平民興業。又下定論說自己不是靠革命而是因推戴登上王
位的，回想其間不分寒暑，只爲國爲民勞心焦思的日子，闡明了後代
君王爲避免安逸與情慾，嚴守綱紀，早晚必須思想十訓要，並引以爲
鑑的旨意**⑲**。

---

⑰　同上。
⑱　《高麗史・世家》，卷一，太祖一末尾，「幸西京創置學校」。
⑲　同上，參考卷二，太祖二，以下爲原文。

A、十訓要

㈠我國家大業，必資諸佛護衞之力。故創禪教寺院，差遣住持
焚修，使各治其業，後世姦臣執政，徇僧請謁，各業寺社爭相
換奪，切宜禁之。

㈡諸寺院皆道詵，推占山水順逆，而開創道詵云：吾所占定
外，妄加創造，則損薄地德，祚業不永。朕念後世國王公侯后
妃朝臣，各稱願堂，或增創造，則大可憂也。新羅之末，競造
浮屠，衰損地德以底於己，可不戒哉。

㈢傳國以嫡，雖曰常禮，然丹朱不肖，堯禪於舜實爲公心，若元
子不肖，與其次子又不肖，與其兄弟之衆所推戴者，俾承大統。

㈣惟我東方，舊慕唐風。文物禮樂，悉遵其制。殊方異土，人
性各異，不必苟同。契丹是禽獸之國，風俗不同，言語亦異，
衣冠制度，愼勿效焉。

㈤朕賴三韓山小陰佑，以成大業。西京水德調順，爲我國地脈
之根本，大業萬代之地。宜當四仲巡駐留過百日，以致安寧。

㈥朕所至願，在於燃燈、八關。燃燈所以事佛，八關所以事天
靈及五嶽名山大川龍神也。後世姦臣建白加減者，切宜禁止。
吾亦當初誓心會日不犯國忌，君臣同樂宜當敬依行之。

㈦人君得臣民之心爲甚難。欲得其心，要在從諫遠讒而已。從
諫則聖，讒言如蜜，不信則讒自止。又使民以時，輕徭薄賦，
知稼穡之艱難，則自得民心，國富民安。古人云：芳餌之下必
有懸魚；重賞之下必有良將；張弓之外必有避鳥；垂仁之下必
有良民。賞罰中則陰陽順矣。

㈧車峴以南，公州江外，山形地勢，並趨背逆，人心亦然。彼

下州郡人，參與朝廷，與王侯國戚婚姻，得秉國政，則或變亂國家，或啣統合之怨，犯蹕生亂。且其會屬官寺奴婢津驛雜尺，或投勢移免，或附王侯宮院，姦巧言語，弄權亂政，以致災變者必有之矣。雖其良民，不宜使在位用事。

㈨百辟羣僚之祿，視國大小以爲是制，不可增減。且古典云：以庸制祿官，不以私。若以無功人，及親戚私昵，虛受天下祿，則不止下民怨謗，其人亦不得長享福祿，切宜戒之。又以強惡之國爲隣，安不可忘危，兵卒宜加護恤，量除徭役，每年秋閱勇銳出眾者，隨宜加授。

㈩有國有家，儆戒無虞。博觀經史，鑑古戒今。周公大聖無逸一篇，進戒成王，宜當圖揭，出入觀省。

B、十訓要的儒教因素

上述十項中，㈠、㈡、㈤、㈥等四項訓要是有關陰陽浮屠的，可說以傳統的信仰爲國基、國教。但須注意的是反而將重點放在事先警戒，可能因此而招來的反效果。太祖曾接受崔凝的勸告，並表白了他的崇佛尙道是初期的姑息之策。由此看來，這十訓要的重點是爲建國後之君主的，因此這當可視爲有關治國要道的，實際上，十訓要的內容也正是如此。

這可從㈢、㈣、㈦、㈨、㈩等五訓要與儒教有關的事實得知，在此很少使用禁止語，而多用積極勸獎乃至命令語氣，具有進取性。唯有第八條較特殊地在選用人材方面考慮出身地區。看來似乎有缺乏包容的片面性，但是對敵視弓裔的新羅慶州地區或人物，卻有好感。不知可否以此爲論據，總之，太祖王建似乎將國家之正統放在高句麗，而學術文化的傳統則使之與新羅連繫起來。

　　對天命思想，禪讓制度，兼善天下等原始儒教思想與漢唐文物的崇慕(四條)，折衷禪讓與世襲制的王權傳授(三條)，從諫遠讒，使民以時，輕徭薄斂，信賞必罰等有關治國要道的教示(七條)以及俸祿制的確立(九條)，尤其，末了要求博覽經史，鑑古戒今，觀省《書經・無逸》的訓戒。讓我們知道太祖的建國理念實際上在於儒教治國。

　　日後在高麗政治上大有影響的訓要是五條的西京水德調順說與十條的博覽經史，鑑古戒今以及《書經・無逸》的觀省。西京水德調順說帶來定宗年間因遷都準備浪費大量物力與人力而引起百姓的怨恨和君主夭折的不幸，這也成爲「妙淸之亂」的原因。儒教王道政治之訓要則由于在戒肅君王方面大有作用而持續甚久。這些都是使高麗歷數延續五百年的精神活力。尤其，〈無逸〉是儒教政治的樞要，記有規勸君王的古事，使君王了解農耕的艱辛和百姓的困苦生活，致力勤勉，以免怠慢，實施信賞必罰。

　　只看十訓要的條目數，可知有關儒教的要比道佛的多，按其比重來說，實際上爲王道的也只有儒教的。尤其第十條訓要似乎是比以上九條之總合更具份量的歸納之總結。太祖具有儒治理念，是不容置疑的。

4. 慶州系儒者的活動與光宗的興學

A、崔彥撝播種儒教

　　太祖的儒教治國意志是通過興學育才的實際制度得以實現的。這主要靠慶州系儒者推行，尤其至光宗年間(950～975)，步入了正軌。可稱新羅儒學傳播者的崔彥撝，在新羅滅亡後，歸依王建，任職文翰，成了太子的師傅。這對儒學的播種育苗是良好的機會與地位。

　　他已是留學唐朝時，及第文科的重鎮學者，也是博通經史，在學制或育英方面，富有經驗與能力者。其官職達學界之頂峰元鳳省大學

士翰林院令章事，宮殿的額號也全由他所取。若說高麗學術文化的基礎是由他奠定的，亦非言過其實。他是將新羅儒學傳給高麗，在展開高麗文治方面，起有關鍵性作用的人物⑳。

不過，初期的儒學振興也不是容易的。那是因爲傳統的陰陽浮屠信仰極盛，再者太祖以後惠宗(944～945)、定宗(946～949)在位時，不遺餘力的爭奪王權，而惠宗的轍文及定宗的惑佛，在確立儒家政治體制上，也構成了巨大的障礙因素㉑。所幸，因這時代只維持了短短的七年。自950年代，新興的光宗（950～975）再度整頓了儒教治國後，高麗儒學的幼苗得以助長。

B、光宗的興學與科舉制

光宗年間，國家逐漸進入了安定期，人們開始尊重儒家合理的實在的思惟，而唾棄了祈福禳災之迷信。光宗元年正月，發生了風起拔木的奇異變故。王問禳災之術於司天官，奏曰「莫如修德」㉒，光宗接納，從此常閱讀《貞觀政要》。祈福禳災時，不依靠陰陽浮屠，而遵行儒教之修德，實可謂劃時期性的思想轉變。

九年(959)五月，首先實行科舉選拔了人材，考試課目當然是儒教經典。這在儒教振興方面也有劃時代性的意義。因爲這就是儒教治國，所以選拔儒學者來治國。

最初，由後周的雙冀來設計，實行科舉制度，所以必定是直接仿

---

⑳　關於崔彥撝，參閱《高麗史·列傳》，卷五。

㉑　《高麗史·世家》，卷二，惠宗條，「氣度恢弘，智勇絕倫。自王規謀逆之後，多所疑忌，常以甲上自衞，喜怒無常」，定宗條：「王性好佛多畏，初以圖讖決議，移都西京，徵發丁夫，……勞役不息。又抽關京民，戶以實之，羣情不服，怨讟胥臨。及薨，役夫聞而喜躍。」由此看來分明是昏君。

㉒　同上，光宗條，「元年春正月，大風拔木，王問禳災之術，司天奏曰『莫如修德』，自是常讀《貞觀政要》。」《貞觀政要》爲吳兢所著唐太宗實錄，書中附有君臣問答。貞觀是唐太宗之年號，因這時的政治相當理想，所以廣泛流傳爲一種政治模範書。

照中國的制度。光宗奉雙冀為翰林學士，並使之擔負貢舉之職務。這時科舉項目，除製述、明經二科之外，有醫卜、地理、律書數、三禮、三傳、論語等雜科，因人而授其官職。進士科以詩、賦、策為試題。明經科則口述《易》、《書》、《詩》、《春秋》❷❸。

在高麗建國以來首次的科舉中，及第甲科的人物是崔暹，這光榮聳動一時，使愚夫愚婦，皆歆科舉之為美❷❹，大大興起了以此為學問目標的文風。隨之，國家可以廣招有能的人材，並有效地使學風普及全國。科舉制的實行可說是起了振興高麗儒學的決定性媒介作用。

然而光宗的興學取士，因過于重視現實政治，卽集權化，結果引起不少的反效用❷❺，尤其中歲以後，信讒好殺，酷信佛教，奢侈無節，因之遲而未進❷❻，後來到成宗時(982～979)，才告完成。

三、高麗儒學的形成期

成宗如同朝鮮朝的聖王世宗，安定了高麗的國基，提高了學術文物的水平，並使風俗與思想開明的賢君。他在位期間高麗建國已有六

---

❷❸ 《高麗史·志》，卷二七，選舉一，科目一與《文獻備考》，卷一八四，選舉考一。

❷❹ 同上，《文獻備考》，「雙氏王氏（王融）誘掖後生亦至矣，所以榮華夸耀、聳動一時，使愚夫愚婦，皆歆科舉之為美，而勉其子弟以必得之。」李齊賢贊曰：「光宗之用雙冀，可謂立賢無方乎，冀果賢也……其設科取士有以見。光宗之雅，有用文化俗之意。而冀亦將順以成其美。」

❷❺ 《高麗史·世家》，卷二，光宗條，「王卽位，之初。禮待臣下，明於聽斷，恤貧弱，重儒雅，夙夜孜孜，庶幾治平，中歲以後，信讒好殺，酷信佛法。奢侈無節。」光宗自中歲後，重歸佛、道，成了混淆思考的昏君。

❷❻ 《高麗史節要》，卷二，成宗元年六月條，崔承老之上書中云：「惠宗，光三王相繼之初，百事未寧之際，兩京文武牛已殺傷。況屬光宗末年，世亂讒興，凡繫刑章，多是非辜，歷世勳臣宿將皆未免誅鋤……。」這證實對文治的障礙。

十年左右，生于高麗建國以前，並經營高麗的人士，幾乎死掉，而生于高麗創業以後，在高麗的治理與敎化中成長的人士，逐漸鞏固了政治地位。因此是眞正展開了名符其實的高麗時代的時期，也是高麗儒學逐漸形成的進取的時代㉗。

這時，在形成高麗儒學的過程中，擔任中心角色的首要人物是成宗本身，其次是慶州系儒者的最後一人崔承老，再其次是崔冲。現在要以這三人爲中心，考查高麗儒學的形成過程與特徵。

1.崔承老的時務二十八條和意識革命

成宗卽位初，崔承老應君王之求言詔，製述時務策，後由成宗接納實行，爲一重要的儒治業績。因此首先詳細考查崔承老的時務二十八條：

A、有關麗初五朝㉘的政治評論

正如上述，崔承老是慶州系儒臣，雖未參與高麗創業，但十二歲時就以博得太祖寵愛，奉職文翰，是一個通曉國情的人物。

而且崔承老因奉職於麗初六朝，親身體會其間之治亂得失，可稱當代世存證人。成宗卽位初，他已是年近六十的老人，因此他的評論和時務策是有勇氣的，客觀實在且有分量的㉙。

尤其他對麗初五朝的政治評論，是韓國政治史上首屈一指的名評論，所以筆者認爲其評論並不亞於時務二十八條。

㉗　《高麗史節要》，卷二，成宗六月條，崔承老製述時務二十八條時，在前面說「殿下以上之德，遇中興之期」。實際上，成宗年間是高麗中興時期。

㉘　崔承老在時務二十八條序中說「聖上又能取捨四朝之近事……」，看來似乎評論四朝的政治得失，但看其內幕也包含太祖，因此稱五朝。

㉙　尹南漢氏在《韓國民族思想史大系》中批判崔承老的禮敎的儒治主義，比起新進官僚金審言，有慶州系儒臣的界限。

(1)太祖的以德創業和崇儒政治　勿論家庭和國家，創業人是偉大的。他立身於逆境中，所以十分了解民生的困苦與世間的微妙，在成功之後，也不傲慢或奢侈，經營勤儉的生活。而且區別君子與小人，政治着重實利，公平賞罰。崔承老對太祖的政評，在五朝中是最理想的，因之，標榜爲高麗歷代君王的模範。

他說：

> 自成一統以來，勤政八年，事大以禮，交鄰以道，居安無逸，接下思恭。貴道德，崇節儉，卑宮室，而期於粗庇風雨，惡衣服而取其但禦寒暑。好賢樂善，捨己從人，恭儉禮讓之心，發於天性。況生長民間，備嘗艱險，眾人情偽，無不具知。萬事安危，亦能先見，所以賞罰不失其時，邪正不同其路。知其勸懲之道，得帝王之體者，又如此也。❸⓪

而且他善解人心，重用人材而絕不懷疑。以信奉釋、道，重視儒術爲君王之令德。遺憾的一點是因創業初期宗廟社稷尚未鞏固，禮樂文物或百官職制也未齊備。這對具有有限生命的人類來說，是不得已的界限，豈能因此而低估太祖的偉業？

(2)惠宗的夭折與失德　惠宗長久居身東宮，鑽研學問,陶冶人格，尊重師傅，恭敬賓僚，是一德高望重的人物。即位初聽取告變，知定宗兄弟心懷二意，但也不爲之所動，反而表現出友愛的寬宏大量。

但是在王規之謀叛之後，過於顧惜身命，不修德政，開始失去了君王之體統，進而賞罰有失公平，並以護衛垂下人幕，甚至連朝臣也難以靠近。再者因疾病身亡，在位僅兩年，無所謂功績者❸①。

---

❸⓪　《高麗史‧列傳》，卷六，崔承老條與《高麗節要》，卷二，成宗條。
❸①　同上。

（3）定宗的信讖與遷都的失敗　定宗爲惠宗之弟 。 平定王規之逆亂，保守社稷，實屬定宗之功。定宗繼承王位之初，勤政勵治，間或廢寢引見朝士，間或忘食而聽斷國家大事，深受百姓之感賀。

然而誤信圖讖之說而惑於佛，決定遷都西京。因其人天性剛毅，固執不移，從不改變決定事項。結果遷都準備，致使喪命，並引起百姓的不滿，留下了失德君主之污名❸❷ 。

（4）光宗的惑佛與浪費，科舉取材和崇文重士　光宗的政治業績可謂毀譽參半。他的崇文重士，卽崇儒政治成了開展高麗一朝文治的基礎， 久爲後世所稱頌， 但他的惑佛浪費了國庫， 引發信讒好殺的暴政，致使前功盡棄，觸犯了阻礙文治的誤謬。

卽位後八年期間，政教清平，賞罰不濫，並通過歸化學者雙冀，設計實施科舉制，表現出英明的君主姿態。然而對文士過分禮遇，而怠慢於實政，破壞了人事秩序，出現了「後生事進，舊德漸衰」的現象。 又因南北庸人之依投、引起糾葛， 發生了「新舊交替， 南北作黨」的急劇變化，使政局大爲動搖。而且，雖說仿效中國文物制度，但不依據經典。雖說禮遇中國賢士，而非眞正的中國賢士。他的猜忌日漸加深，眾大臣也不敢奏達時政的得失。

再加上，因惑信佛法，求福禳災，耗盡了財物，奢侈達到極點。他又以技巧爲能事，在農忙期興建土木工程，天天享樂於酒席之間。他每年的花費，相當於太祖時十年歲費。其奢侈無節是可想而知的。

光宗後期之十六年間，姦兒競進，讒毀大興， 君子失意而小人得逞， 終於到了上下離心，君臣解體的地步。舊臣宿將一一被害，骨肉親戚也都殘遭宰割。

---

❸❷　同上。

嗟乎！何其善於前而早得全名，不善於後乃至斯乎！深可痛也。㉝

　　光宗在位共二十六年，前八年曾實施善政，但是以後的政治是失敗的。一個國家爲鞏固安定局面，似乎要經歷一段痛苦的歷史。這是可與朝鮮朝在王子之亂後，時至太宗年間，才進入安定期的歷史作對比的。筆者認爲高麗光宗是可以和朝鮮太宗相比的君王。雖然其治績前後相反……

　　(5)景宗的無能與耽樂　景宗是在宮中出生，由婦女撫育成人，自幼不曾見過宮外之事情。但是因天資聰明，未曾犯過悔尤的事。他卽位後，焚燒累積多年的讒毀文件，放免無辜的罪犯，洗除怨恨和憤怒。受到朝野的稱頌。

　　然而他不知政權的屬性，將大權交予權勢家手中，因而其害波及宗親。事後雖覺悟自身的錯誤，但卻無處歸咎。從此不分正邪，賞罰不一，國家不得善治且又厭倦於政務，終於沉溺於女色與娛樂，其左右惟有宮女與宦官。

　　於是君子之言無法上達，只聽隨小人之讒言。雖然他早期享有美譽，但遲遲沒有令德。「凡事有始而難求有終」，正是如此㉞。

　　以上是崔承老評價麗初五朝政治得失的梗概。這就是太祖在訓要中所說的「鑑古戒令」之法，首先說明高麗建國以來列朝之得失後，使新王明查政體與事理以及時務的。

　　B、時務二十八條之概要

㉝　同上。《高麗史‧世家》，卷二，光宗二十六年條，「王卽位初，禮待臣下，明于聽斷，恤貧弱重儒雅，夙夜孜孜，庶幾治平，中歲以後，信讒好殺，惑信佛法，奢侈無節。」李齊賢贊：「惟其倡以浮華之文後世不勝其弊。」將高麗中期以後的文弱與奢華之開端視爲光宗。

㉞　《高麗史節要》，卷二，成宗元年六月條。

崔承老知道成宗抱有至治的心願與實踐能力，因而製述時務二十八條。日後因庚戌兵亂失傳六條，唯二十二條流傳至令。茲逐條摘要其大略如下：

(1)我國家統三以來四十七年，士卒未得安枕，糧餉未免糜費者，以西北鄰於戎狄，而防戍之所多也。願聖上以此爲念，以馬歇灘爲界太祖之志也。鴨綠江邊石城爲界中國之所定也。乞擇要害以定疆域，選土人能射御者，充其防戍，又選其中二三偏將，以統領之，則京軍免更戍之勞，芻粟省飛輓之費。

(2)竊聞聖上爲設功德齋，或親碾茶或親磨麥。臣愚深惜聖體之勤勞也。此弊始於光宗，崇信讒邪，多殺無辜。惑於浮屠果報之說，欲除罪業，浚民膏血，多作佛寺。或設毗盧遮那懺悔法。或齋僧於毬庭，或設無遮水陸會於歸法寺，每值佛齋日，必供乞食僧，或以內道場餅果出施丐者，或以新池穴口與摩利山等處，魚梁爲放生所。一歲四遣，使就其界，寺院開演，佛經又禁殺生，御厨肉膳，不使宰夫屠殺，市買以獻。至令大小臣民，悉皆懺悔，擔負米豆柴炭馬料，施與中外道路者，不可勝紀。然以旣信讒愬，視人如草莽，誅殺者堆積如山，常竭百姓膏血，以供齋設，佛如有靈，豈有應供。當是時，子背父母，奴婢背主。諸犯罪者，變形爲僧，及遊行丐乞之徒，來與諸僧，相雜赴齋者亦多，有何利益。又使僧善會主其施與，其僧以餅米妄費於他緣，此不得壽終，曝尸道旁，時議譏之。願聖上正君王之體，不爲無益之事。

(3)我朝侍衞軍卒，在太祖時，但充宿衞宮城，其數不多。及光宗信讒，誅責將相，自生疑惑，簡選州郡，有風彩者入侍，時

議以爲繁而無益。至景宗朝，雖稍減削，於今時其數尚多。伏望遵太祖之法，但留驍勇者，餘悉罷遣，則人無嗟怨，國有儲積。

(4)聖上以漿酒鼓糞，施與行路。臣竊聖上，欲效光宗，消除罪業，普施結緣之意。此所謂「小惠未遍」㉟也。若明其賞罰，懲惡勸善，足以致福，如此碎事，面人君爲政之體，乞罷之。

(5)我太祖情專事大，然猶數年一遣，行李以修聘禮而已。今非但聘使，且因貿易，使價煩夥，恐爲中國之所賤，且因往來，敗船殞命者多矣。請自今因其聘使，兼行貿易，其餘非時買賣，一皆禁斷。

(6)佛寶錢穀，諸寺僧人，各於州郡，差人勾當，逐年長利，勞擾百姓，請皆禁之。以其錢穀，移置寺院田莊；若其主典有田丁者，並取之以屬於寺院莊所，則民弊稍減矣。

(7)王者之理民，非家至而日見之。故分遣守令，往察百姓利害，我聖祖統合之後，欲置外官。蓋因初創，事煩未遑。今竊見鄉豪，每假公務，侵暴百姓，民不堪命。請置外官，雖不得一時盡遣，先於十數州縣，並置一官，官各設兩三員，以委撫字。

(8)伏見聖上，遣使迎屈山僧，如哲入內。臣愚以爲，哲果能福人者，其所居水土，亦是聖上之有，朝夕飲食，亦是聖上之賜，必有圖報之心。每以祝釐爲事，何煩迎致，然後致施福耶？曩者有善會者，規避徭役，出家居山。光宗致敬盡禮，卒之善會暴死道旁，曝露其尸，如彼凡僧，身且取禍，何暇福

㉟　《左傳‧莊公》，十年條的典故。

人。請放哲還山。免致善會之譏。

⑼新羅之時，公卿百僚庶人，衣服鞋韤，各有品色。公卿百僚，朝會則着公襴具穿執，退朝則逐便服之，庶人百姓，不得服文彩，所以別貴賤辨尊卑也。由是公襴，雖非土產，百僚自足用之。我朝自太祖以來，勿論貴賤，任意服着，官雖高而家貧則不能備公襴，雖無職而家富則用綾羅錦繡。我國土宜，好物少而麤物多，文彩之物，皆非土產，而人人得服，則恐於他國使臣迎接之時，百官禮服，不得如法，以取恥焉。乞令百僚朝會，一依中國及新羅之制，具公襴穿執，奏事之時，着韤靴絲鞋革屨，庶人不得着不彩紗縠，但用紬絹。

⑽臣聞，僧人往來郡縣，止宿官驛，鞭韃吏民，責其迎候供應之緩。吏民疑其御命，畏不敢言，弊莫大焉。自今禁僧徒止宿館驛，以除其弊。

⑾華夏之制，不可不遵，然四方俗習，各隨土性，似難盡變。其禮樂詩書之教，君臣父子之道，宜法中華，以革卑陋。其餘車馬衣服制度，可因土風，使奢儉得中，不必苟同。

⑿諸島居民，以其先世之罪，生長海中，活計甚難。又光祿寺徵求無時，日至窮困。請從州郡之例，平其貢役。

⒀我國春設燃燈，冬開八關，廣徵人眾，勞役甚煩。願加減省，以紓民力。又造種種偶人，工費甚多。一進之後，可加毀破，亦甚無謂也。且偶人非凶禮不用，西朝使臣，嘗來見之，以為不祥。掩面而過。願自今，勿許用之。

⒁易曰：聖人感人心，而天下和平❸⁶。語曰：無為而治者，其

---

❸⁶ 《周易·咸卦》，「聖人感人心，而天下平。」

舜也，夫何爲哉？恭己正南面而已❸❼。聖人所以感動天人者，
以其有純一之德，無私之心也。若聖上執心撝謙，常存敬畏，
禮遇臣下，則孰不罄竭心力，進告謨猷，退思匡贊乎，此所謂
「君使臣以禮，臣事君以忠」者也❸❽。願聖上日愼一日，不自
驕滿，接下思恭，儻或有罪者，輕重並論如法，則太平之業，
可立待也。

⒂太祖，除內屬奴婢，在宮供役，出居外郊，耕田納稅。廄馬
當御者外，分遣外廄，喂養以節國用。至光宗，多作佛事，役
使日繁，乃徵在外奴婢，以充役使，內宮之分，不足支給，並
費倉米。今內廄養馬數多，糜費甚廣，民受其害。如有邊患，
糧餉不周。願聖上一依太祖之制，酌定宮中奴婢廄馬之數，餘
悉分遣於外。

⒃世俗以種善爲名，各隨所願，營造佛宇，其數甚多。又有中
外僧徒，競行營造，普勸州郡長吏，徵民役使，急於公役，民
甚苦之。願嚴加禁斷，以除勞役。

⒄禮云：「天子堂九尺，諸侯堂七尺」❸❾自有定制。近來人無
尊卑，苟有財力，則皆以營室爲先，由是諸州郡縣，及亭驛津
渡，豪右競構大屋，踰越制度，非但盡一家之力，實勞百姓，
其弊甚多。伏望命禮官，酌定尊卑，家舍制度。令中外遵守，
其已營造踰制者，亦令毀撤，以戒後來。

⒅寫經塑像，只要傳久，何用珍寶爲飾，以啟盜賊之心。古

---

❸❼　《論語・衛靈公》，「無爲而治者，其舜也與！夫何爲哉？恭己正南面
而已矣。」

❸❽　《論語・八佾》，「君使臣以禮，臣事君以忠。」

❸❾　《禮記・禮器》，「天子之堂九尺，諸侯七尺，大夫五尺，士三尺。天
子諸侯臺門，此以高爲貴也。」

者，經皆黃紙，且以旃檀木爲軸，其肖像不用金銀銅鐵，但用石土木，故無竊毀者。新羅之季，經像皆用金銀，奢侈過度，終底滅亡，使商賈竊毀佛像，轉相賣買，以營生產，近代餘風未殄。願嚴加禁斷，以革其弊。

⑲我三韓功臣子孫，每蒙宥旨，必云褒錄，而未有受爵，混於皂隸，新進之輩，多肆陵侮，怨咨以興。且光宗末年，誅黜廷臣世家子孫，未得承家。諸從累次恩宥，隨其功臣等第，錄其子孫。又庚子年田科，及三韓後入仕者，亦量授階職，則寃屈得伸，而災害不生矣。

⑳崇信佛法，雖非不善。然帝王士庶之爲功德事實不同，若庶民所勞者，自身之力；所費者，自己之財，害不及他，猶之可也。帝王則勞民之力，費民之財。昔梁武帝，以天子之尊，修匹夫之善，人以爲非者以此。是以帝王深慮其然，事皆酌中，弊不及於臣民。臣聞；人心之禍福貴賤，皆稟於有生之初，當順受之，況崇佛教者，只種來生因果，善有益於見報，理國之要，恐不在此。且三教各有所業，而行之者，不可混而一之也。行釋教者，修身之本；行儒教者，理國之源。修身是來生之資；理國乃今日之務。今日至近，來生至遠，舍近求遠，不亦謬乎？人君惟當一心無私，普濟萬物，何用役不願之人，費倉庫之儲，以求必無之利乎？昔德宗妃父王景先、駙馬高恬，爲聖壽延長，鑄金銅佛像獻之。德宗曰：朕以有爲功德，謂無功德，還其佛像於二人。是其情雖不實，然欲令臣民，不得作無利事者如此。我朝冬夏講會，及先王先後忌齋，其來已久，不可取舍，其他可減者，請減之。

⑵語曰:「非其鬼而祭之,諂也」❹。傳曰:「鬼神非其族類不享」❹。所謂「淫祀無福」❹。我朝宗廟社稷之祀尚多,未如法者,其山嶽之祭,星宿之醮,煩黷過度。所謂祭不欲數,數則煩,煩則不敬。雖聖上齋心致敬,固無所怠,然其享官視為尋常事,厭倦而不致敬,則神其肯享之乎? 昔漢文帝,凡祭祀使有司敬而不祈,其見超然,可謂盛德也。如使神明無知則安能降福,若其有知,私己求媚,君子尚難悦之,況神明乎? 祭祀之費,皆出於民之膏血與其力役。臣愚以為若息民力而得歡心,則其福必過於所祈之福。願聖上除別例祈祭,常存恭己責躬之心,以格上天,則災害自去,福祿自來。

⑵本朝良賤之法,其來尚矣。我聖祖創業之初,其羣臣除本有奴婢者外,其他本無者,或從軍得俘,或貨買奴之。聖祖嘗欲放俘為良,而慮動功臣之意,許從便宜,至於六十餘年,無有控訴者,逮至光宗,始令按檢奴婢,辨其是非,於是功臣等,莫不嗟怨,而無諫者,大穆王后切諫不聽,賤隷得志,陵轢尊貴,競搆虛偽,謀陷本主者,不可勝紀。光宗自作禍胎,不克遏絶,至於末年,枉殺甚多,失德大矣。昔侯景圍,梁臺城,近臣朱异,家奴踰城投景,景授儀同,其奴乘馬披錦袍,臨城號曰: 朱异仕官五十年, 方得中領軍, 我始仕侯王, 已為儀同, 於是城中僮奴, 競出投景,臺城遂陷。願聖上深鑑前事,勿使以賤陵貴,於主奴之分, 執中處之。大抵官高者識理,鮮有非法; 官卑者, 苟非智足以飾非, 安能以良作賤乎? 惟宮

---

❹ 《論語·為政》,「非其鬼而祭之, 諂也;見義不為, 無勇也。」
❹ 《禮記·曲禮》:「非其所祭而祭之名曰淫祀。淫祀無福。」
❹ 《禮記·曲禮下》中的典故。

院及公卿，雖或有以威勢作非者，而今政鏡無私，安能肆乎？幽屬失道，不掩宣平之德；呂后不德，不累文景之賢。唯當今判決，務要詳明，俾無後悔。前代所決，不須追究，以啟紛紜[43]。

C、時務二十二條的辟佛崇儒因素

綜合上述二十二條之內容，猶如麗末鄭道傳之闢佛，對佛教的弊害，嚴加批判，並以糾正錯誤爲時務的主要課題。高麗建國六十年以來所累積的弊害，多起因於佛事的繁多，寺利的增築，佛僧的專橫，以及因君王惑信佛法而導致的政務荒怠等。看破實情的崔承老堅信唯崇尙儒教始可糾正，並使國人安享太平盛世。

二十二條中，八條是指責佛弊的，並以太祖的勤儉和儒教之修身明德爲解決方案。由此可知，崔承老之論策根據是太祖十訓要，並以五朝治績得失爲借鑑，將儒教合理的倫理和體制，實用的政治行政以及君主的修德等儒治，做爲行動綱領。

這在高麗思想史上，具有劃時代性的意義，因爲這成了通過合理實用的儒教思想和較開明的中國文物制度；打破時人的傳統，土俗的思考方式，即利用陰陽浮屠祈福禳災的行爲和盲目迷信的運命觀，實現新的生活風俗和政治理念的轉折點。

第二十條中所謂的「三教各有所業，而行之者不可混而一之也，行釋教者，修身之本，行儒教者，理國之源」，就是首先區分了佛教和儒教的功能，打破凡事依靠佛教的佛教獨尊的傳統，大膽提出在現

---

[43]　有關以上的時務二十八條與四朝的政治得失的評論詳細記載于《高麗史節要》，卷二，成宗元年六月條與《高麗史‧列傳》，卷六，崔承老條。二十八條中的六項在庚戌兵難中已失傳。

實政治方面引進儒教的問題的。至少在政治與儒教的分離方面是一大發展，而且「修身是來生之資，理國乃今日之務。今日至近，來生至遠，舍近求遠，不亦謬乎」之一句，表現出欲使當代百姓擺脫宗教的迷信，步入道德自覺境界的心願。其實踐方案顯示凡事必從君王的修德開始，再通過實際政治行政和教育，使之漸漸移風易俗❹。

要言之，這是大力提倡首先將處於佛教支配下的儒教之存在功能，提升到對等的位置，進而在現實政治社會方面，驅逐佛教之作用後，再漸漸根除深植於一般生活風俗中的迷信因素。這在韓國民族史上，是意識改革的一大盛舉。

高麗建國初期，曾有過多次交替轉換的變化，首先在政治方面，有過新老勢力的交替，在思想方面，有過土俗信仰和外來（中國）文物之間的糾葛❺，尤其，現實世界中的一切。通過儒教思想，進行了逐步的改造。敢於實踐一大轉變的人物就是高麗成宗，其具體藍本就是上述的崔承老之時務二十八條。

2. 成宗的儒治與中興

崔承老將時務二十八條獻給成宗時說「中興之期」來到了。這句話並非悅耳的觀念之常套語，而是正確掌握當時國內外政情和潮流而說的。那時高麗本身已進入政治安定期，也經歷多次錯誤的嘗試，所以有消化、對應以及構想的自我調節能力，尤其，中國方面也由於佛、道盛行的唐朝衰落而崇儒的宋朝興起（960 年北宋建國），是文運大為振作的時期。因此高麗在實現儒教治國的意志上，可說遇到良

---

❹　《高麗史節要》，卷二，成宗九年條，「理國之本，莫過於孝」。強調孝道，又為普及儒教的教化，表彰了孝順節義，其他德行者。

❺　《高麗史節要》，卷二，成宗十二年，「時王樂慕華風國民不喜」。

好的機緣。

隨之，成宗的崇儒政策以崔承老時務二十八條爲基礎，並爲引進北宋儒學，積極展開了對宋文化外交活動。景宗時 (976)，金行成進入宋朝國子監，翌年 (977) 登科。成宗二年 (983)，博士壬老成又從宋朝帶來了〈太廟堂圖記〉，〈社稷壇圖記〉，尤其〈文宣王廟圖〉和〈祭器圖〉，以及〈七十二賢贊記〉。成宗爲了積極學習宋的學制，同五年 (986) 派遣崔罕、王琳赴宋進入國子監，於六年後 (992)，終於在高麗建國後，首次創立了國子監❹ 。

成宗不斷引進宋的新學問與文物，振興儒學的同時，對內則採取了一連串的政治性措施，實踐了崔承老的獻策內容。

A、行政組織與重農政策

成宗組織了建國以來尙未完備的地方官署，二年 (983) 又設立十二州，使之掌管各地方的行政、兵務，並負責實施子弟教育，以期振興儒教。翌年 (984)，在十二州立了經學博士❹ 。

而且，成宗積極採用儒教之根本民本思想和重農政策，展開了名符其實的儒治，換句話說，成宗以儒教的王道政治作爲自己的政治哲學。從此，高麗的國教不是佛教而是儒教，正如此地儒教的影響是巨大的。

儒教思想是農耕社會的產物。成宗也基於此一觀點，致力於農

---

❹　《高麗史節要》，卷二，成宗十一年條末尾：「十二月大廟成，令在朝儒臣等，議定昭穆位次，祔給儀禮以聞。下教立國子監，給田莊，親祫于大廟。」

❹　《高麗史・世家》，卷三，成宗二年條，「博士任老成至，自宋獻大廟堂圖一舖並記一卷，社稷堂圖一舖並記一卷，文宣王廟圖一舖，祭器圖一卷，〈七十二賢贊記〉一卷。」同六年條：「今選通經閱籍之儒，溫古知新之輩於十二牧，各差經學博士一員⋯⋯。」起初似乎利用地方官廳組織，展開了儒學教育。

耕。太祖十訓要中提及的 《書經‧無逸》 首, 使人們了解農耕的艱辛。 重農正如同興學, 是儒教治國的兩大根幹之一。 因此成宗二年 (983), 王祈穀於圓丘, 配以太祖, 躬耕籍田, 祀神農配以后稷。這種由君王親自祈穀籍田, 讓百姓瞭解稼穡之辛勞與重要的活動, 是從這時候開始的[48]。此一勸農活動, 使百姓拋棄虛妄, 崇尚實在, 起了間接的教化作用。

成宗於五年 (986) 五月, 下了如此的教書。

> 國以民爲本民以食爲天若欲懷萬姓之心惟不奪之農務咨爾十二牧諸州鎮使自今至秋並宜停罷雜務等事勸農予將遣使檢驗以田野之荒闢牧守之勤怠爲之褒貶焉。[49]

在同年七月, 又下了如下的教書。

> 余聞德惟善政政在養民……我太祖愛置黑倉賑貸窮民着爲常式今生齒漸繁而所儲未廣其益以米一萬碩仍改名義倉又欲於諸州府各置義倉攸司檢點州府人戶多少倉穀數目以聞。[50]

上述教書中, 所提及的「民爲邦本」, 「民以食爲天」, 「使民以食」, 「政在養民」等是實現原始儒教之王道政治的根本理念或措施。從此高麗擺脫了長久以來依靠戰爭體制, 山川護佑及佛功陰德, 祈求安定的依賴性, 而通過政治制度的整備, 君主的德政及百姓的勤

---

[48] 同上, 二年條。
[49] 《高麗史節要》, 卷二, 成宗五年條。
[50] 同上。

勉農耕，進入了自力安定，致力提高生活水平的農耕社會之官僚體制。這不能不說是完全得力於儒教思想的。

B、興學取才與官僚體制

國末國初的混亂時期，容易以武功，形成政治勢力，這自然發展成地方土豪的勢力。所以建立新的國家後，爲了吸收而形成一勢力圈，須不擇手段地整理既有勢力。

成宗的興學取才和官僚體制的確立，爲組織中央集權是必需的。也就是以學校培養出來的知識官僚取代土豪之地位。成宗的崇儒興學是構築中央集權官僚體制的最好方法。而且擴展教育，使之大眾化、普遍化，就是移風易俗的捷徑。因此可獲得政治教化之最大效果❺ㄧ。若如此能提高民知，百姓自然也能擺脫土俗的迷信或虛妄的命運論以及圖讖說的迷惑。可得到安定民心，鞏固國基的雙重效果。

由此看來，成宗的興學取才，官僚制確立不得不說是使高麗成爲具有正常系統與政權，以及有權威的王權體制與高水準的文化國家之一大發展。而且，在某一方面看來，韓國歷史上眞正實現儒教統治的時期，可說是朝鮮朝以前的高麗成宗時代，卽十世紀末葉。接着考查成宗爲成就興學取才和移風易俗，所採取的一連串的施政。

C、有關崇儒興學的五大教書

(1)成宗六年(987)，國王向鄭又玄等及第學人，下了如下的教書。

自昔結繩旣往畫卦以來，化民御極之君，南面經邦之主，莫不習五常而設教，資六籍以取規。故乃有虞開上下之庠，夏后置東西之序，殷修兩學，周立二膠，擇先生而討論，命國子以隸

---

❺ㄧ　《高麗史節要》，卷二，成宗五年條，「寡人素慙薄德。尙切崇儒，欲興周孔之風，庠序以養之……。」

智。君臣父子咸知愛敬之風，禮樂詩書足創經綸之業。所以人倫規範王道紀綱，灼爾可觀，煥然斯在。寡人道慚握鏡，德之垂衣，纂承累聖之鴻基，奄有三韓之王業，心存慄慄，念切孜孜，欲使俗變澆醨，人知禮讓，杏壇槐市，增多皷篋[52]之徒；米廩稷山，蔚有橫經之子。況復保生之理，療病為先，故乃神農御宇之年，備嘗藥草；秦帝焚書之日，不滅醫經。將除百姓之艱危，要廣十全之方術。近者廣募諸州郡縣子弟，詣京習業，果以乘風而至，應召而來，講肆之中，學徒頗眾，蓋以辭家路遠，為客日多，且志惰於為山，卻情深於懷土，憫其離索，曉降諭言，願留者任住京華，求退者許還桑梓。各有分賜，以遂去留。恐有性聰明，無師敎授，未學一經之旨趣，虛過數紀之光陰。雖有前程，空為棄物，得人無計，求士何因。今選通經閱籍之儒，溫故知新之輩。於十二牧，各差遣經學博士一員、醫學博士一員，勤行善誘，好敎諸生，則必審量功績之淺深，超擢官榮而獎勵，應其諸州郡縣長吏百姓有兒可敎學者，合可訓戒，勉篤師資。儻其父母，未識國風，為營家產，只見有朝之利，不思他日之榮，謂學習何為，讀書勿益。卻妨編柳，唯要負薪。其子則沒齒無聞，其親則榮身莫得，彼寗越之拋耕，取貴匡衡之鑿壁，成功或朱翁子衣錦以還鄉，馬長卿乘軺而返蜀，皆勤志業以立榮名，言念伊人寔多嘉獎，於戲懷材抱器，事君王則忠之始也，立身揚名顯父母則孝之終也。忠孝可稱，寵榮何怯。自後若有螢窗勵志，鱣肆明經，孝悌有聞，醫方足用，可其牧宰，知州縣官具錄薦貢京師」。[53]

---

[52] 《禮記‧學記》中的典故。「入學皷篋，孫其業也」，皷為敲皷召儒，篋是發篋陳書。

[53] 《高麗史‧世家》，卷三，成宗六年條。

(2)這種措施實行兩年之後，成宗評估了實施結果，又下了督學教書。

> 予方崇學校，欲理邦家，廓開函丈之筵，廣慕摳衣之子，給田莊而肄業，差文學以爲師。年年縣甲乙之科，徵諸俊乂，日日訪丘園之士，待彼英髦，務得博識之儒，使助眇冲之政，縣旌勿怠，側席忘疲。然牛毛之學者雖多，麟角之成人甚少。空係名於國學，罕較藝於春場。宵旰疑懷，寢興軫慮，近覽者有司。所進舉人名數，唯大學助教宋承演、羅州牧，經學博士金輔仁，誘以能諄，合宣父博文之意，誨而不倦，副寡人勸學之心，宜加獎擢之思，用示殊尤之寵。⑭

而且爲了明查教學成廢責任之所在，規定如下：

> 自今凡文官有弟子十人以下者有司，於政滿遷轉之時，具錄奏聞，以爲襃貶。其十二牧經學博士無一個門生赴試者，雖在考滿復令留任，責其成效，量授官陛以爲常式。⑮

我們可從中得知成宗興學取才的熱忱與意志是何等的強烈。

(3)在興學授教上，收藏大量經籍，並廣泛普及，是尤其重要的事情，於是九年(991)十二月的教書中，對藏書方面也表示了關切。

> 秦皇御宇焚三代之詩書，漢帝應期闡五常之載籍。國家草創之始，羅代喪亡之餘，鳥跡玄文爐乎原燎，龍圖瑞牒委於泥途，

---

⑭　同上，八年條。
⑮　《高麗史節要》，成宗八年四月條。

累朝以來續寫亡篇連書闕典寡人自從嗣位益以崇儒踵修曩日之
所修繼補當年之所補沈隱士二萬餘卷寫在麟臺張司空三十車書
藏虎觀欲收四部之典籍以畜兩京之府藏青衿無闉市之勞絳帳有
執經之講使秦漢之舊俗知鄒魯之遺風識父慈子孝之常習兄友弟
恭之懿宜令所司於西京開置修書院令諸生抄書史籍而藏之。㊶

　　這促使高麗印刷術發達，並使之藏書更豐富，成爲向中國反出口
的原因㊷。

　　(4)上述一連串的崇儒興學措施，有效地使高麗發展成爲儒治的朝
廷、倫常的社會和文明的民族。成宗十一年 (992) 的教書，載有成宗
對自身的業績自我安慰的內容。

王者化成天下學校爲先祖述堯舜之風聿修周孔之道設邦國憲章
之制辨君臣上下之儀非任賢儒豈成朝範撼天拓地保大定功固將
崇獎而行不可斯須而廢國期創業已久守文以興寡人謬以眇躬忝
居大宅思闡九流之說廣開「四術之門」㊸發彼童蒙置諸學校黌
中稷下橫經之士成羣夏序虞庠鼓篋之徒爲市啟綺圍而較藝闢會
府以掄材就省試者猶多占仙科者尚少斯則學無塾黨才未精研其
令有司相得勝地廣營學舍量給田莊使之金鍊爲眞玉磨成器。㊹

　　這顯示出成宗不滿足於自己的成就，而更加鞭策的勤勉性。

㊶　同上，九年十二月條與《高麗史‧世家》成宗九年條。
㊷　蔣復璁著《中韓書緣》詳載從高麗求得中國業已逸秩之稀貴書的內容。
㊸　四術是詩、書、禮、樂。《禮記‧王制》，「崇四術，立四教 (文行忠
　　信)，順先王詩書禮樂以造上。」
㊹　《高麗史‧世家》，卷三，世宗十一年條。

　　(5)通過興學授教培養的人材，再以科舉加以拔擢，並擔任計劃執行國事的職務。然而，官員一經選用，就怠慢於學業，是人之常情。成宗爲了防止這種現象，不斷督促致力學問。在位第十四年（995,在死前二年）所下的教書如下：

　　　　觀乎天文以查時變觀乎人文化成天下文之時義大矣哉予恐業文之士才得科名各牽公務以廢素業其年五十以下未經知制誥者翰林院出題令每月進詩三篇賦一篇在外文官自爲詩三十篇賦一篇歲杪附計吏以進翰林院品題以聞。**⑩**

此一特別措施，似乎是成宗勤勞、好文的好例證。

D、對成宗的評價

　　如上所述，高麗成宗的文治業績，有如朝鮮朝世宗的治績，是偉大的。可謂高麗中興之主的明君，對這位英明的君主，李齊賢做了如下的評論：

　　　　成宗立宗廟定社稷瞻學以養士覆試以求賢勵守令恤其民賚孝節美其俗每下手扎詞旨懇惻而以移風易俗爲務……觀崔承老之書悅而繹之去浮誇務篤實以好古之心求新民之理行之無倦而戒其欲速躬行心得而推己及人齊變至魯魯變至道可冀也。**⑪**

在高麗王朝史上，除了太祖王建之外，絕無值得如此稱頌的明君。高麗的儒學與儒風，得力於成宗在位十六年間的積極施策，而大

---

⑩　同上，十四年條。
⑪　同上，末尾之李齊賢贊。

爲振作。

四、崔冲私學十二徒

成宗之所以能夠振作文風，大體上是因爲成宗年間極少外患，內政得以整頓之故。自成宗後期（993）至穆宗時代，北方騷亂，時至顯宗（1010～31）後期，則處於與契丹對抗的狀態。隨成宗年代的文風，尤其慕華崇儒運動，不得已受阻而無法持續[62]，每逢亂世，武人強盛，其間被疏離的傳統信仰與習俗又重新擡頭，因此華風與儒教所面臨的反駁，也漸趨激烈。

但是顯宗十年與契丹交換使臣，又於顯宗十一年（1020）締結和約之後，重開了和平的局面，文風再度振作起來。追贈新羅執事省侍郎崔致遠以內史令，同時在韓國學者中，首次從祀於先聖（孔子）廟庭，於十四年二月追封爲文昌侯。兩年後（1022）又奉新羅翰林薛聰爲弘儒侯，並使後人從祀於先聖廟[63]。二十二年（1031）首次設立國子監試，以詩賦爲考試科目[64]。

如此命脈相繫之文風，到文宗（1047～82）時代，盛行經書與史籍的蒐集與版刻，又重新步入成宗時的軌道，終於出現了韓國教育史上劃時代性的私學，以崔冲爲首的私學十二徒卽是如此。

---

[62] 《高麗史・列傳》，卷七，徐熙條，「……先王燃燈八關仙郎等事，不爲他方異法以保國家，至太平乎。若以爲然，則當先告神明，然爲戰之與和，惟上裁之，成宗然之。時成宗樂慕華風，國人不喜。」《高麗史・世家》，卷四，顯宗元年春月條有復活燃燈會的記錄。據事實推測「崇儒慕華」運動分明受到傳統思想的反駁。

[63] 同上，顯宗十一年，參考十三年條。

[64] 《文獻備考》，卷二〇二，學校考一，「顯宗二十二年閏十月，始設國子監試，試以詩賦，監詩之法始此。」

1.崔冲一門的儒風

　　九齋學堂是崔冲所設立的私立大學。按各年級，將教室與科目分爲九種，故稱九齋。那是否就是學堂之固有名稱，如今不得而知。

　　正如上述，崔冲是繼爲高麗儒學之落實，奠定根基的崔承老與成宗之後，修鍊學問和教育的人物。與崔承老約有五十年歲之差，似乎也無直接關連，但在振興儒學的脈絡上，是前後相映的，實可稱之爲高麗儒學的兩大支柱。故二者有密不可分的依託。

　　若說崔承老在政教方面確立了高麗儒學，崔冲則是教學方面的集大成者。正如崔承老事奉累朝（太祖至成宗），崔冲也事奉於穆、顯、德、靖、文宗等五朝。其不同之處就是崔承老屬慶州系儒者，而崔冲是開京系（海州，大寧人）儒者，也是按照高麗學制，在正式科舉中選出❺的所謂正規官僚學者。

　　因此，慶州系儒者所奠定的高麗儒學的基礎和架構，可說是由高麗國的發祥地開京之儒者，充實了內面世界。如果說崔承老是高麗儒學的周公，崔冲則是高麗儒學的孔子。實際上，崔冲也享有海東孔子之美譽。

　　崔冲之所以能夠建立韓國第一所私學，造就無數人材，形成一學派或學統，其原因有三，一、因他是卓越超羣的人物，二、因他是左右國家大事的元老，三、因其一門，長於文翰，倍受世人羨望之故。

　　首先考查爲人與功績，崔冲字浩然，海州大寧郡人，風貌健壯，性操堅貞。自幼好學能文，穆宗八年（1005）及第甲科狀元。顯宗時曾任翰林學士禮部侍郎。德宗時任同知中樞院事效法成宗年間於內外

❺　穆宗八年（1005）由知貢舉崔沆登甲科狀元。崔沆是慶州系儒臣崔彥撝的孫子。成宗十年，及第明經科（甲科）。惑信浮奢爲其缺點。

諸司廳堂壁上張貼《說苑》「六正六邪」❻之文句與漢刺史六條之典章之事，再次張貼，並奏請在位者省查並自我鞭策。靖宗時曾兼職內史侍郎平章事和守司徒（文敎負責人）修國史等。文宗時其官位達門下侍中，推尊爲太保太傅，獲推忠贊道功臣之號。

崔冲不流於文弱，致力兼備文武，因經綸絕頂，朝廷之諸軍國大事都任其處理。文宗七年（1053），年七十致仕，文宗特下敎書曰：

> 侍中崔冲累代儒宗三韓耆德今雖請老未忍允從宜令攸司稽古典賜几杖視事復加推忠贊道協謀同德致理功臣。❼

甚至派遣重臣前往崔家說「儒宮圭臬」。

崔冲退隱家中，仍接受軍國大事的諮詢。高麗朝創建以來，獲最大的重望與禮遇，文宗又賜弘文、懿儒、保定、康濟等功臣號，而一身擁有九個功臣號，這似乎是空前絕後的。這九個功臣號象徵着崔冲的功績，表示他曾擔任振興文敎、鞏固國防、安定社稷的主要角色。他享有「累代儒宗，三韓耆德」之美譽是理所當然的。

不但崔冲本身卓越而獲得至上的榮譽，而且其子孫也榮達，使一門成爲當代的模範。崔冲敢於建立史無前例的私學，使眾多儒生隨之而來，也是因其門第足稱萬人之模範。

據《補閑集》

> 崔文憲公冲有二子常戒之曰士以勢力進鮮克有終以文行達乃爾

❻ 《說苑》爲漢劉向所作，共二十篇，六正六邪是卷二〈臣術〉篇首之文章。《漢魏叢書》（臺北新興書店本）。
❼ 《高麗史‧列傳》，卷八，崔冲條。

有慶吾幸以文行顯誓以諸慎世終于乃作訓子孫文傳之中葉不謹
失其本有二詩其中曰家世無長物唯傳至寶藏文章爲錦繡德行是
珪璋今日相分付他年莫散忘好支廊廟用世世益興昌。⑱

　　崔冲的兩個兒子名叫惟善、惟吉。惟善於顯宗 22 年 (1031)，及
第乙科狀元，官階達中書令（諡號文和），惟吉則歷任守司空攝尙書
令。崔冲之子孫中，及第文科，官至宰輔者多達幾十人。其門人於文
翰何等卓越，又何等榮耀是可想而知的。

　　文宗二十一年 (1067)，國王曾設宴款待崔冲，這時崔冲由其子
惟善、惟吉攙扶入席，滿堂人士羨慕而以此爲一大盛事。翰林學士金
行瓊也曾賦詩慶賀：

　　　紫綾金章子孫，共陪鳩杖醉皇恩。尙書令侍中書令，乙狀元扶
　　　甲狀元。 曠代唯聞四人列， 一門今有兩公存。 家傳冢宰猶爲
　　　罕，世襲魁科最可尊。幾日搢紳相籍籍，今朝街路更喧喧。聯
　　　翩功業流青史，雖禿千毫不足言。⑲

　　這豈止崔冲一門之光榮與盛事。這是高麗儒風成熟之結晶。實屬
高麗建國一百五十年以來初有的事，崔冲一門之文華就象徵着所有高
麗文化、學術以及政教之高水準。

2.九齋學堂的敎科內容

　　至於九齋學堂的設立年代，無確實文獻可據，大約是崔冲致仕退

---

⑱　崔滋撰《補閑集》，卷上，頁一○七。
⑲　同上，本詩在《高麗史・列傳》，卷八，崔冲條中。但不完全。

隱家中任國政顧問的文宗九年（1055）的事情，也就是崔冲死前十三
年的事情。他算是在九齋學堂裏從事了十多年的教育工作。

據《禮記·學記》：

> 古之敎者……比年入學中年考校一年視離經辨志三年視敬業樂
> 羣五年視博習親師七年視論學取友謂之小成九年知類通達強立
> 而不反謂之大成夫然後足以化民易俗。**⑦**

崔冲是否依照此一學制，雖不得而知，但九齋和學記的九年，似
乎是有關連的。按字面解釋九齋就是九個齋室。至於將它分爲九間，
或許是爲了區別學生的受業年限與進修課程。

齋名爲樂聖、大中、誠明、敬業、造道、率性、進德、大和、待
聘等**⑦**。這雖和學記篇的課程不盡相同，但都意味着一個進修課程，
這一點是很相似的。只是撰寫《禮記》的漢代學風和崔冲時代卽北宋
儒學的形成時期，在教學內容上，必大有變化，因此齋名除意味課程
之外，可能還意味着教課內容。若是卽可推斷除了五經之外，崔冲已
將《禮記》中的〈大學〉與〈中庸〉，當做教科中心。

取《禮記》中的〈大學〉與〈中庸〉，同《論語》、《孟子》定
爲新儒學入門籍的人是程顥（1033～1107）兄弟，後來由朱熹(1130～
1200) 定爲四書。因此，崔冲在教科中重視《大學》、《中庸》是在
列入四書之前**⑦**。中國持論《中庸》是從梁沈約、唐末李翺以及北宋

---

⑦ 《禮記·學記》，「古之敎者……比年入學，中年考校，一年視離經辨
志……」。

⑦ 《高麗史·列傳》，卷八，崔冲條與《文獻備考》卷二〇二，學校考
一，文宗十七年條。

⑦ 《耳溪集》，卷一五，文憲書院九齋記，「先生先於濂洛諸賢之世，而
獨倡聖學。東方之人，始知儒道之重，其功大矣。」

范仲淹（989～1052）開始的。崔冲是比范仲淹稍早時期的人物，故是否受其影響，則屬疑問。

《高麗史・列傳》崔冲條中說：

> 顯宗以后，干戈纔息，未遑文教。冲收召後進，教誨不倦。學
> 徒坌集，填溢街巷。……擇徒中及第學優未官者爲教導，授以
> 九經三史。[73]

這時的九經是《易》、《書》、《詩》、《春秋左氏傳》、《春秋公羊傳》、《春秋穀梁傳》、《禮記》、《周禮》、《孝經》等，而三史可能就是《史記》、《漢書》、《後漢書》。由此看來，崔冲九齋的教科內容，與過去相比別無他處，只是確定了進修課程。從教育內容方面來看，似乎擺脫了兩漢的訓詁學，轉關心有哲學性的《易》、《中庸》、《大學》。不過正式的尊經和講論風，則始於睿宗（1106～22）年間官學盛興的時期，九齋學堂的教科內容也正是打開那種學風的線索。

當時的學風不只限於在齋堂中攻讀經典史冊，一到夏天就借用山寺僧房，歌吟山水，逍遙自在地陶冶性情。有時還有前輩來訪，「刻燭賦詩」[74]，按其次第，邀之飲酒，正如同模擬科舉考試。當時學徒之共同目標就是應考科舉，狀元及第。所以說崔文憲之門人，多有登科者。

九齋學堂的教科內容，以科舉科目爲主，以詩文爲次，是較爲逍遙自在的。過去的國學或鄉學也是如此[75]，除科舉目的之外，在課詩

---

[73]　《高麗史・列傳》，崔冲條。
[74]　同上，《高麗史節要》，卷五，文宗二十二年九月條。
[75]　《韓國文化史大系》四，〈高麗時代的文教風俗〉中，引用《東文選》，卷七〇，李穀的〈金海府鄉校水軒記〉，有官學夏得的風俗。

賦、陶冶性情方面，表現出另一種志趣。因爲，

> 他們邀遊於山寺僧房、山間川邊。時到傍晚，老少守序成列和
> 韻詠詩而歸，村人看此情景，無不羨慕嘉歎。

這一段描寫，在當時是一種新的風景。認爲私學自由奔放的特徵也就在此。

《論語・先進》中，孔子問其弟子志願與趣向如何，曾點回答說：

> 暮春者，春服既成，冠者五六人，童子六七人，浴乎沂，風乎
> 舞雩，詠而歸。

孔子聽了十分歎服，就說具有同感。

崔冲與其弟子實現了孔子和曾晳所嚮往的事情。有人說這是古時花郎修行的遺風[76]。然而這畢竟是擺脫周代官學，興辦私學，標榜有教無類而因材施教的孔子之學風。因此，稱頌崔冲爲海東孔子，並非只因爲他如同孔子興辦私學，而是因他在建立私學之自由奔放的學風方面，有類似的一點。

記得筆者幼年求學於私塾時，春夏兩季攻讀唐詩與唐宋八大家文章，賦詩及作文，到了秋多則讀經典類，換言之，春、夏出外行走，讀些較符合情緒生活的軟性抒情文學類，時至秋、多則留在家中，讀發人深思的硬性思辨的經書類。不知這是否就是高麗以來的學風。（《禮記・王制》曰：「春秋教以禮樂，多夏教以詩書」，是值得參考的。）

---

[76] 參閱《韓國史》，卷六，頁一九八，申采浩著《朝鮮史研究草》，「崔公徒，盧公徒等是模倣花郎之原郎徒的，學校的青衿錄是模倣花郎的風流黃卷。」

3.私學十二徒與學閥

　　以崔冲的九齋學堂爲始，當時學德高尙之儒臣，紛紛設立學堂，招集學徒，致力於教學。其著名者有十二徒。卽以中書令崔冲所設立的文憲公徒爲首，有侍中鄭倍傑的弘文公徒（亦稱熊川徒），參政盧旦的匡憲公徒，祭酒金尙賓的南山徒，僕射金無滯的西園徒，侍郎殷鼎的文忠公徒，平章金義珍的良愼公徒（或曰郎中朴明保所設），平章黃瑩的貞敬公徒，柳監的忠平公徒，侍中文正的貞憲公徒，侍郎徐碩的徐侍郎徒，以及設立人不詳的龜山徒等[77]。

　　上述私學十二徒的設立年代大約爲 1050 年至 1100 年之五十年期間。除金義珍爲慶州人，鄭倍傑爲草溪人之外，其他大都是以開京爲中心的中畿人。

　　這意味着開京成爲名符其實的高麗首都及學術文化的中心，而相反的，以新羅千年之文萃爲榮的慶州，逐漸沒落。而且是在繼崔承老之後的崔冲時代發生的事情，所以這十二徒可廣義地說是以崔冲爲頂峰而相連的山脈，（參閱圖表）。

　　各徒是否皆以崔冲九齋學堂的學制，學科及學風爲標準，雖不得而知，但是以科舉爲最大目標是相同的，故可說大致相似。值得注意的一點是十二徒未再增設，只有旣成門徒維持了縱向的延續。這大概是國家的管制與睿、仁宗時代官學的牽制所導致的結果[78]。

　　仁宗時代有如下的規定：

　　　　各徒儒生背曾受業師移屬他徒者東堂監試判毋得許赴。[79]

---

[77]　同上，參閱《文獻備考》。
[78]　《高麗史・志》，卷二七，選舉條，「……其學校，有國子，大學，四門又有九齋學堂……。」起初私學被公認爲國家的正式學校而受到支援，到了後期，因財政困難，似乎未盡本身的功能。
[79]　《文獻備考》，卷二〇二，學校考一，仁宗十一年條補。

私學十二徒表

番號	名稱	別稱（所在）	設　立　者	官·諡	同任官賜諡期	出身地	登科時知貢舉	所歷知貢舉	設立時期	備　考
1	文憲公徒	崔侍中徒（海州·松京）	崔冲　生成宗8年(984)　卒文宗22年(1068)	侍中　文憲		海州人	穆宗8年　崔沆	顯宗17年　崔元顗 4人　靖宗元年　金無滯等8人	文宗9人（×）致仕年	崔融1　崔惟善1　崔思諏1　崔忠嗣1　崔思諒2　崔約詞2　崔惟誠2　崔允儀2　子孫以文行登宰輔者數十人 〔考〕崔惟善2　崔顗2　崔諰2　崔忠2　崔允儀2　32年登科者1(蕭九)
2	弘文公徒	熊川徒（松京南門外）	鄭倍傑　文宗16年(1061)	侍中	文宗34年後	草溪人	顯宗8年　郭元	文宗元年　金顯匡11人	其子 文宗 前 知貢舉	
3	匡憲公徒		盧旦　卒宣宗8年(1091)	參政	宣宗3年4日	谷山人		文宗34年　金尚賓7人　宣宗2年　金陵10人		
4	南山徒	（松京南山下）	金尚賓	祭酒				文宗3年　國子監試官 韓復等39人		
5	西園徒	（松京西園）	金無滯	僕射			靖宗乙亥　崔沆			
6	文忠公徒		殷鼎	侍郎	文宗25年秘書 少監右副承宣					
7	良愼公徒		金義珍　卒文宗25年(1071)	平章事	文宗22年	慶州人		文宗19年 罷科		一云 郎中 朴明保
8	貞敬公徒		黃瑩	平章事	肅宗4年			文宗2年林元通等15人		淡朴似乎十二徒中的後輩
9	忠平公徒		柳監	監						
10	貞憲公徒（封長淵伯）		文正　卒宣宗10年(1093)	侍中	宣宗10年	長淵人	文宗初	文宗32年禹 元齡等8人		
11	徐侍郎徒		徐碩	侍郎		利川人				
12	龜山徒		朴明保	郎中						設立者不詳

而恭愍王元年（1352）李穡之疏請中有如下的記載：

> 在於京外鄉校及京內學堂之諸生，經過考試之後，給予進學十
> 二徒，又總括十二徒來賦予考試之後，及格者准許進學成均
> 館。然後課給禮部之科舉，而非國學生不得參加考試。⑩

按原來十二徒在學制上的地位，可以直接應考科舉，但到了麗末
其品格貶低而進入成均館（國子監）之後，才可應考。若比較今日
的學制，外鄉校和內學堂可說是初級學校課程，唯成均館才是大學課
程。

總之，自睿宗朝，因官學的興盛與經濟上的困難，私學十二徒的
一時之盛也逐漸衰微，恭讓王三年，終於被革罷⑪。

4. 崔冲私學失敗的教訓

(1)唯學者、教育家享有生活意義　今年是文獻公崔冲誕生一千週
年一年，他首次興辦韓國私學並享有「海東孔子」之美譽。在千年後
的今天還能够流傳芳名，這決不是因他的官位高達人臣之極之門下侍
中（如領議政），有十一個功臣號的高麗社稷之臣的緣故。而是因為
他重厚，經綸遠大，學問精深，是一個興學教育的大學者。

在過去無數的「現在」之短幕中，得勢者的威權遠振四方，草木
皆知其名。但在時過境遷之後，猶如飛向虛空的火光之一閃消失在永
久的寂寞中。反而，在現實中不見明日的學者、教育家、志士、革命
家，在新的歷史意義中，流傳到永恆的未來，因而榮華富貴或權力威

---

⑩　同上，恭愍王元年四月條。
⑪　同上，恭讓王元年條補。

勢等無法列入三不朽中。

崔冲是一位具有「三不朽」的偉人。其中德、言，如同老年的回光返照，使他享有人生最大的意義。孟子說「君子三樂」。除了父母俱存的天倫之樂，他享有俯仰無愧的大丈夫之樂和教育英才的師道之樂。此三樂是不能以帝王的尊嚴和黃金的魔力換取的，唯有兼備學德的教育家才能享有，所以孟子輕視「王天下」之樂，認爲那不足以與三樂相比。

人生是短暫的，若充實「現在」，使之與過去和未來相連，就可創造持續不斷的未來，永存於世。所以不認爲在來世的天堂或地獄得到人死後的報應，而是在現世人們的意識中存留着的歷史中受審。我們通過崔冲之典型可覺悟眞正有意義、有價值的生活是什麼。

(2)政治不能制禦學問敎育　然而崔冲的興學敎育和純粹學問的理想沒有獲得成功的實現，原來北宋的建國比高句麗早四十年，在科擧制度、興學運動和學術研究方面本是領先於北宋的，但進入中期後，受到以佛道爲後盾的土俗信仰的排斥，自身墮落爲官僚敎育機關或利祿的工具。尤其在武臣的亂中許多學者被殺、書籍也被焚燒，從此陷入近百年的空白狀態。因此高麗儒學反而引進北宋的學術性理學，成爲學術後進國。

高麗政治社會對儒敎的不當干涉和利用，使崔冲私學無法按原來的理想朝道德人格的陶冶和純粹學術的方面發展，而墮落爲培養官吏的官學，隨之而起的詞章之風，具有漢唐儒學的性格，忽視了性理學的窮理盡性功夫。不但如此，崔冲文集被鄭仲夫焚蕩無遺，連學說也不能流傳於後世，實在很遺憾。

高麗的環境輕視學問，仇視學者，但相反的宋朝以私學的成就爲基礎建立了官學，尊重有學德志節的學者，使他們自由研究學術，並

提出富有個性與創意的學說，造成了一個培育一時代偉大學術文化的有利環境。尤其因宋太祖的遺訓，與高麗文武相輕，武夫屠殺文人的行爲形成了明顯的對照。

宋太祖尊重學者的態度和重視學問的思想成爲一個王家家法，垂範於後世，因此宋的歷代君王未敢斥責學者的批判。尤其無法採取高壓的姿態。宋神宗時，性理學者程明道來到神宗面抗議道「陛下爲何薄待天下學者？」神宗以恭敬的態度說「朕怎敢那樣？」。程明道之弟程伊川也在某日側侍哲宗時，見哲宗折柳枝而責備說「現正是春天，爲何折毀向榮的柳枝？」哲宗正如聽恩師的責備，馬上悔過。

如此敬仰學者的學德，在良心和眞理之前不容納任何權威的學者之修道態度，宋幾乎在遼、金、元不斷侵犯而無寧日的情況下，使得中國儒學史上最成熟的性理學開花結果。宋朝國命雖短，但當時產生的文運是永遠的。

高麗太祖王建和宋太祖趙匡胤是身爲武人創建了新國，而且他們都崇文尙學。但是王建和趙匡胤在深思遠慮方面就不同，王建沒有遠見。

王建在他給子孫的十訓要中，雖多強調崇尙的一面，但對後世容易發生的「輕文仇儒」的可能性，武人壓迫文人，對極言之士的壓力等。沒有嚴加措施。這就是使高麗儒學未能大爲創造的憾事。

宋太祖則不同，他臨終時，將其弟匡義和兒德昭叫到面前，在羣臣之環視下，讓他們在祖宗神位前宣誓，「不侮士人，不殺學者」，並留下遺命將它守爲家法。隨之，宋朝歷代君主優待學者，引起了「士尊官卑」的世風，將學問神聖視之，標榜「道主政從」。後來宋雖殺過武臣，但未殺過文臣或在野學者。政治權力如何對待學問與學者，將帶來很大的差異。這實在是須深思的歷史教訓。

(3)學術文化命依私學　在學術史上，官學多利用爲滿足一時需求的工具。配合預定的規格和目的的官學容易變爲被動而又惰性的，所以難以期待持續有個性的創造。私學就具備可補官學之短的相對的功能。

私學以個性、開放、自律以及創造爲基礎追求更高的境地，更廣泛的領域和永恆的未來，所以有時要拒絕現實的要求與目的，甚至要打破規格，批判溶解「現在」已固定的「現實」。

以永遠和理想的眼光來看，私學在一個國家民族歷史文化的創進上，扮演更重要的角色。

在中國學術史上可以尋見這種例子，周王官學衰微時，收拾殘局，並加以創進的是以孔子爲首的諸子百家。這也正是私學爲延續中國學術文化命脈之主流的良好證據。相反的，官學使人性墮落，將文物規格化，只偏重於守成及利用，而發生隨朝廷興亡，浮沈不定的結果。

若這時沒有私學，有誰能够擔當永恆持續與繼往開來的媒介功能呢？當然要肯定有官學後才可支撐現實。但是官學要坦率承認本身的短暫性，具有以私學補己之短的謙虛。「求學在野」，如同這一句話，眞正的文化傳統，純粹的學術思想，反而要依托私學。

中國具有以孔子以來的私學傳統克服官學帶來的學術文化危機（如漢代官學的墮落）的勢力。雖是同一個儒教文化圈，但與韓國不同，不同的是能够常創發新的學術思想。

韓國又如何？官學恰似領導歷史文化的唯一寄託，只培養官學，使官學制御一切，並使私學無法正常發展，卽使有私學，也不斷施加不得不官學化的政治性、制度性的壓抑。

崔冲私學在高麗時代官學化後，成爲科舉準備教育機關。進入朝

鮮時代後，官員們以貶抑私學，埋沒學德與教育家之偉業爲能事，這似乎是沒殺私學運動的一環。

　　因此從高麗，朝鮮到今天，韓國人常模仿別人的，未能建設一個持續學術文化的自己軌道，若沒有學問的自由，教育的獨立，怎能期待本身的文化創造。

　　在崔沖誕生一千年之際，要省思高麗儒學爲何未能創發，崔沖私學爲何未能成功，製造一個擺脫不幸傳統的契機。

第五章　崔冲私學和高麗儒學

一、崔冲與高麗儒學

1. 再生

創建新國家，制定新制度,實行新時代的政治時,不能期待一時有新人物的出現。至少需要六十年到九十年的時間, 卽經過第二、三代後，才可由名符其實的新時代人物，經營新的政治制度和歷史文物。

高麗創建初期亦並非例外。在一段時間內，由前朝人物奠定了創業期的基礎，將近一世紀後，才有了出生於高麗期，成長在新朝代政治、文化環境中的人物。也就是說，從此，由高麗培養的人材，支撐了高麗之國運。在這眞正展開高麗時代的時候，出現的關鍵性人物是崔冲。

918 年，高麗建國後，國體（歷史傳統）和國用（學術文化的淵源或歸依）分爲二元。其國體的命脈淵源於高句麗❶，以現實政治爲首的學術文化則因襲新羅❷，因此，高麗創建初期的國家規模及措施

---

❶　李丙燾，《韓國史》，參考〈中世篇〉總說，「高麗的領導人，正如國號所表示的，自稱祖述高句麗的後繼者，換言之，以高句麗的復興者自居。」

❷　同上，頁一一三，「高麗的官僚制度……主要承襲新羅泰封之制，另一方面，有參考唐制的傾向……」

多繼承新羅的。尤其在學術文化方面，慶州系儒者成爲活動的中心❸。

　　幫助太祖王建建國的儒者，可分爲建國以前就已輔佐的開京系儒者和建國後創立新生高麗的政制、文化以及教化的慶州系儒者。其代表性人物，開京系有洪儒和崔凝，慶州系有崔彥撝和崔承老。

　　建國初期，太祖的親信洪儒和崔凝，在學術思想方面，造成了儒學的氣運，但是他們都很短命。因此，太祖期待由較爲新進的士類，卽按正軌，研究儒學，其淵源與追從分明的慶州系儒者崔彥撝和崔承老達成國家文運的昌明❹。所以高麗初期的學術文化，自然而然因襲新羅的。

　　高麗的文運，正如中國各朝代，是由前朝遺臣一脈相傳的。在高麗的立場，是由過路之旅客散播了學問的種子。然而，基於儒學本身的淵源，因崔彥撝是留唐的學人，所以可說與中國本色的儒學思想脈絡相連。高麗儒學的發軔可謂直傳。

　　高麗儒學的播種者崔彥撝是慶州人。人品寬厚，自幼好文。新羅末葉，年僅十八，留學唐朝，於禮部侍郎薛廷珪之手下及第。那時渤海宰相烏炤度的兒子光贊也在同年及第。炤度爲朝貢赴唐，見光贊在彥撝之下，就上奏要求改正說「過去，臣入朝及第時，名列李同之上，因此光贊也應優先於彥撝」。但是唐朝因彥撝才學優贍，不予允許。其年四十二時，才返回祖國（因他留學二十四年，無異於中國儒學者）新羅奉執事省侍郎瑞書院學士之職。太祖開國後，移居開京，

---

❸　《三國史記》，卷四六，〈列傳〉六，崔致遠條末尾記載「太祖作興，致遠知非常人必受命開國因致書問有，鷄林黃葉，鵠嶺靑松之句，其門人等至國初作朝仕至達官者非一。」被認做是高麗儒學播種者的崔彥撝分明是崔致遠系人。

❹　洪儒原是武人，故不是醇儒，崔凝雖精通王經，擅長文章，於弓裔麾下，任翰林郎知制誥，但在新羅學術水平上看來，其淵源與追從，似乎不足爲展開一國文運的鴻儒。

奉命任職太子師傅，又任文翰，宮院額號全由他所取。一時之名士都拜他爲師，其官銜已達大相元鳳大學士，翰林院令平章師。卒於惠宗元年，享年七十二❺。

繼崔彦撝之後，成爲高麗初期代表性的儒臣，並自命政治改革與辟佛崇儒的人物是慶州系儒者崔承老(927～989)。崔承老是慶州人，其父曾是任新羅官職的殷含。承老性品聰敏，好學能文，十二歲時，奉太祖之命背誦《論語》，深受寵愛，而成元鳳省學生❻。

他與崔彦撝有近六十年的年齡差。但是因崔承老早達，年僅十二已成元鳳省學生，所以受到元鳳大學士崔彦撝的教導，先後爲期五年。若稱崔彦撝是高麗儒學的播種者，崔承老則是確保高麗儒學正當權益，奠定儒治基礎的，即爲高麗儒學鋪路的人物。

崔承老出生於太祖十年。他生在高麗時代，在新生國高麗創建初期的環境中成長，所以可說是純眞的高麗人。然而其人脈分明是新羅慶州系，而學脈也承襲了慶州系崔彦撝。因此，到崔冲 (984～1068) 時，才出現名符其實的純粹高麗人物（儒學）。

改朝換代時，總免不了因襲、創造等學術文化上的變革。若說慶州系儒者崔彦撝和崔承老一代是高麗因襲新羅學術文化的階段，日後則以崔冲爲另一起點，而開始進行高麗儒學的獨自的創造。在高麗儒學史上，崔冲是以新羅學術文化的因襲爲基礎，展開高麗儒學之創新，繼往開來的關鍵性人物。而且他是從傳統高麗人脈中培育出來經營高麗文運的第一號人物。

2. 崔冲在高麗政治、學問、教育上的地位

---

❺　《高麗史・列傳》，卷五，頁九，崔彦撝條。
❻　同上，參考卷六，頁二。

崔冲在人緣或地緣上與慶州崔氏無關❼，反而靠近崔凝一方❽。崔冲字浩然，號惺齋（一號月圃），海州大寧郡人。其父溫，經歷數代，文翰不斷，致力理財殖產，成一鄉之豪族。可說崔冲是在富裕、文雅的家門中生長，具有自我成就之良好基礎的幸運兒。

崔冲風姿瑰偉，性操堅貞，自幼好學善文。穆宗八年（1006），卽二十三歲時，登文科狀元。於顯宗朝任翰林學士，禮部侍郎。於德宗朝任散騎常侍，同知中樞院事。於成宗朝任刑部尚書，於靖宗朝則任尚書左僕射參知政事，判西北路兵馬事等職，致力邊塞之防備。於內職經歷內史侍郎平章事、守司徒、修國史、門下侍郎平章事等文武、內外職。兼備了文翰、文衡以及兵馬備邊等文武。

文宗朝代，推崇爲國家元老，任侍中兼都兵馬使之職，統管軍國大事、安定國家。年至七十，要求辭職，君王下制說：

> 累代儒宗，三韓耆德。今雖老未忍允從，宜令攸司稽古典，賜
> 几杖視事，復加推忠贊道協謀同德致理功臣……。

並賜推忠、贊道、協謀、同德、致理的功臣號。

但他一再推辭，君王致賀說：

> 卿儒宮圭臬，神化丹青，事累聖以濡毫，文章華國，位三階而
> 調鼎，功績紀常，雖在退閒，未忘舊德，更進黃扉之秩，旣榮

---

❼ 《海州崔氏文獻集》，〈其上篇〉表明海州崔氏與慶州崔氏淵源不同。《文獻集》之所以在篇首表明這一點，是因許多人誤解海州崔氏的淵源同慶州系之故。參考對於李澤堂獻給崔有淵的詩之小註。

❽ 筆者認爲慶州系崔氏的名字幾乎都是兩個字的，而開京系崔氏都是一個字，所以不難區分。〈列傳〉記載崔凝是黃州人，可能與海州崔氏有人緣。

綠野之堂。今授卿內史令，致仕告身一道並賜衣帶銀器綵段布
貨鞍馬等物……。

並使之退隱私邸。然而，仍間軍國大事於他。又加賜弘文，懿儒，保
定, 康濟的功臣號❾。據此足以推斷崔冲何等賢能，又如何盡力為國。

崔冲不只一身賢能，其子孫都很英明顯達，崔氏一門可稱「累代
儒宗，三韓耆德」，為高麗第一華門望族。但是，崔冲一門的偉大不
只限於此。尤其人們稱崔冲為海東孔子，那是因為他在韓國歷史上首
次建立有規模的私學，培養了許多人材。

所謂「興學育才」，並非官職高，政治能力卓越，即可辦到的。
雖然官威與權勢有助於政治活動，但是在提高學術文化水準，施展教
化上，反而可成為反效果。因此，《禮記・學記》首中說「發慮憲，求
善良，足以謏聞，不足以動眾，就賢體遠，足以動眾，未足以化民。
君子如欲化民成俗，其必由學乎。」❿ 將興學育才，即教育的層次放
在政治、行政、法憲、軍事的功能之上。

崔冲之所以能夠在晚年施行興學育才，即人類事業中最高貴的功
德，決不是因為其官職達人臣之極或為國家元老，也不是因其影響力
遠至軍國大事或居身官爵權威之頂峰，而是在他卓越的個人學德與成
就的基礎上，配合時運和龐大的財力，才得以實現的。

若將興學育才的條件細分為(1)學德, (2)時運, (3)財力進一步探
討，就可得到以下的認識。

(1)學德　《高麗史・列傳》崔冲條中，評崔冲的風貌與稟性說
「風姿瑰偉，性操堅貞」，通常重視內在的心性而忽略外在的體貌。

---

❾　《高麗史・列傳》，卷八，頁一～八。
❿　《禮記・學記》。

其實，表現於外的體貌和外樣十分重要。觀察人時，以風貌為優先是一常例。而且內在心性之存養充實則必形於外。因此，以言行舉止可忖度一個人的內面世界，故曰「富潤屋，德潤身」❶。

首先崔冲之風貌有大人君子之像。因其性品、志操堅貞、為人及待人處事，不失剛健中正。他兼全文武，通達內外職任而無任何缺失，公明正大地步入人臣之極。這足以證明上述事實。

通常多才多能易於輕薄伐功而受人之誣陷與忌妒或自以為是而難以大成。崔冲之所以能多才多能而大成是因為具有堅貞的性操。這重厚、剛毅的品性與氣質以及公明正大的處事態度，可能是政治世界的模範。因此，王所賜之「儒宮圭臬，三韓耆德」的頌辭，決不是迎阿之辭。

人的爵位職權愈高，人們愈威服於位權。他人對崔冲的態度也不無如此的一面。但是正如君王所說，因崔冲的學德比政治位權要高，所以人們沒有把他看做位權的上司，卻視為人間師表而心服或追從。這可以以君王沒有把崔冲當做臣下而視他為國家元老、禎祥的事實，加以推斷。

古時候，年齡與人緣關係是絕對的因素❷。無論崔冲學德何等高明，位權何等強大，若過世太早，就無法發揮教育事業等的道德光芒。令人驚奇的是崔冲享年八十四。壯年和中年，在形而下的行動世界中發揮了知與能，後於晚年，以成熟的人格從事於人間教育。換言之，正如回光返照，展開了較高貴的人間事業，享盡天壽，這實在是

---

❶ 《大學》，「誠於中，形於外」，「富潤屋、德潤身，心廣體胖，故君子心誠其意。」

❷ 《禮記‧祭義》，「七十杖於朝，君問則席，八十不俟朝，君問則就，……天子巡狩，諸侯待於境，天子先見百年者，八十九十者東行，西行者弗敢過……七十者不有大故不入朝，若有大故而入，君必與之揖讓……」，這都說明對於耆老的特別優待。

難得的條件。

崔冲之所以能够興辦私學，教育人才是因爲具備了以學問與進德爲根本的基本人格。這點爲國家重用，而對文武內外全盤國事，大有貢獻，並在國家社會上佔有了崇高地位。而且那種學德與功勳成爲其晚年（致仕後十五年間）興學的基石。晚年更加成熟的完人境地，直接昇華爲人類模範，即萬人之師表。由此可知，爲人師表比步入仕途艱難，其人間成熟的層次亦有所不同。

(2)時運 平常我們可以深切體會到事情愈重大就愈與時運的作用有關。崔冲成爲成功的教育家固然關係他那偉大的人格，除此之外，也有時運等外在條件的作用。

高麗光宗年代（950～975），獎勵儒學，實行了科舉制（959）。從此，中央以及各州郡都設有學校，這也就是官學。其教育目的是培養官吏，確立中央集權制。日後，文風稍有衰微跡象。到成宗(982～997)年間，大爲興盛。然而，這只不過是曇花一現，時至穆宗(998～1009)，顯宗（1010～1031）年代，北方受外力之騷擾，與契丹交戰後，文風再度衰微。

這種不幸在顯宗十一年（1020），與契丹締結和約，並和當時學術文化之中心中國重開交流後，得以消除，文風也繼成宗時代再度盛興。這時朝廷封崔致遠爲文昌侯，從祀孔廟。接着又奉薛聰爲弘儒侯，也從祀孔廟。藉此國家調整了教育機關的體制。實行國子監試（1031）也可說是儒學振興之一劃時期的事情。

如此調整儒學振興的設施和制度後，到文宗（1047～82）朝，爲充實儒學的內面，蒐集經史典籍，盛興版刻，奠定高麗儒學自立創進的基礎工作告一段落。崔冲在另一方面也有了復興儒學的使命意識，響應國家的儒學振興運動，展開了積極的活動。

居身於政治中樞的崔冲爲何不獻身於官學, 而私下興辦學校, 從事教育? 這是因爲崔冲看破並痛感學問、教育之本然, 卽學問的自律和人材教育的開放之重要性。 崔冲雖是官場立身的典型人物, 但是高邁的學德使他有了在較高的層次發現國家民族存在本質和價值的眼光。這也是因他知道用現實的並以朝廷利害爲主的官學無法達成儒教本然之人文世界。

崔冲趁舉國一般的儒學振興之時代氣勢, 並以他獨特高超之慧眼, 擺脫了政治的、規格的官學, 善盡彰顯本義儒教的神聖使命, 而成爲振興私學的先鋒。

(3)財政 大凡人間事只靠精神或意慾是難以成就的, 總是需要物質的支援。國家振興儒學時也因財政問題引起了爭論[13]。何況個人要興學, 在財政上, 談何容易? 然而教育也不能只依靠國家的財政, 爲了由社會或個人分擔國家之教育事業, 同時因官學難以隨心所欲, 所以必需遵照個人趨向的辦學理想。這點似乎是使崔冲興辦私學的原因。

在此値得注意的一點是, 崔冲除了有個人的學德, 國家的位權以及時運的作用之外, 還有財政上的富裕。崔冲所繼承的家產很多[14]。而且因自身爲國家元勳而得到的俸祿也不少, 所以建立了相當規模的

---

[13] 具代表性的例子就是宰相邵臺輔藉財政問題之口實上奏廢國學的事件。由於邵臺輔是國粹派, 堅持固有傳統的人物, 所以不喜歡仿照中國的學術文化或風俗制度。據《高麗史節要》卷六, 肅宗七年條的記載, 他上奏說國學培養儒生需要龐大的財政支出, 因而會造成民弊。況且中國制度不宜實行於我國, 請予以廢止。國學的財政問題總是成爲爭論的焦點。

[14] 《海州崔氏文獻集》上, 〈始祖〉溫條, 「家傳曰, 公累世敦尚文行, 殖財甚饒, 豪於鄉井」, 同書, 崔冲條, 頁八, 「世德錄曰; ……文憲公伯無後, 有一女嫁於中國宰相家, 崔氏田庄甚饒, 而盡歸於其女。文憲公以爲, 吳家田庄, 不宜爲中國人所占, 入朝於中國, 仍與之訟, 獲理成出決給文書而歸, 其文卷尙存」。有人曾指上述內容爲謬妄之談, 而否認。總之, 崔冲擁有莫大的祖傳家業是無可否認的, 推測一定利用於興辦私學。

學校。也籌足了所謂的瞻學錢。

崔冲振興私學不但有首創者的劃時代性，而且在規模和內容方面，反而比官學宏博完備，足以成爲一個模範是不容置疑的。

由此看來，崔冲是具備所謂三不朽⑮卽德、功、言之稀世大成者。世人將他與東方之大聖，人間師表孔子相比，而稱之爲「海東孔子」，這大概是因爲在他偉大的學德與功德之上，有興辦私學，敎化人類的聖德。在韓國歷史上，要舉出最成功的人物，恐怕沒有優於崔冲者。

3. 學術文化的盛衰與私學興廢的關係

人類的文化遺產是靠文學來記錄保傳，並通過敎育傳習於下一代，再由學術研究得以發展。有效執行上述之一連串活動者可稱「興學育才」。

在中國，口傳先民之文化遺產後，到 B. C. 15 世紀頃，始見文字記錄。起初由特定官廳保傳記錄，傳習的對象也是特定的王公貴族的子孫。所以古時候只由國家機構掌管學術文化。不過，一國一朝乃有限的存在，因此，一朝代的滅亡使他們無法支撐所保傳、傳習、研學的內容。西周末學術散布民間，正是最好的說明⑯。

周室權威崩潰時，失散的學術文化，進入春秋時代後，由民間學者蒐集，整理並加以研究，可說通過敎育得以發展保傳。換言之，由私學取代了傳統的官學。其代表性人物就是孔子，孔子不儘集古來學術文化之大成，而且也使敎育對象擴大，使之不再侷限於王公貴族的

---

⑮　《左傳》襄公二十四年條，「古人有言曰：死而不朽何謂也？……穆叔曰：以豹所聞，此之謂世祿，非不朽也。……太上有立德，其次立功，其次有立言，雖久不廢，此之謂不朽。」這是三不朽的典故。

⑯　江瑔，《讀子巵言》第十章，「百家之學俱源於史……春秋戰國以前，學在官而不在民……上古三代之世，學在官而不在民。草野之士，莫由登大雅之堂。」

子孫，實行了「有敎無類」**⑰** 的敎育。

稱孔子爲人類之師表，那是因爲他克服了由官方保傳 學 術 文 化時， 易於同一國之終末被斷絕的危險。 正如莊子所謂 「藏天下於天下」**⑱**，使用這永久保傳的方法，使學術流傳於民間，並擴大了傳授的範圍， 使它不依靠少數特定人而克服易於斷滅的弱點。尤其，他使人人接受敎育，成就個人志向，並享有高貴之人生。

在此值得注意的是，若學術文化被官方所獨佔或只傳授於貴族，將發生歷史延續上的問題。因此學術文化不可只依靠官，反而要開於民間。 私學的出現是歷史必然的產物， 成爲永保人類文化遺產 之 所以。在全人類的立場來看，人類學術文化的遺產其實是人類全體的，決不是起滅不定的有限存在卽一國一朝之獨占物。因此， 由較爲開放的私學擔任主人角色是理所當然的。

實際上， 比較中國歷史上私學與官學對學術文化的功過，可知官學始終執着時代的現實，只爲了政權的利益，表現極爲偏向、一律。久而久之， 其本身僵化且失去生氣。漢代確立中央執權制後， 再度調整的官學（儒學） 沈溺於經傳、 章句、 訓詁。 使學者成爲利祿的奴隸，造成學術思想史上的一大空白， 卽是一例**⑲**。

---

⑰ 《論語・衞靈公》語。
⑱ 《莊子・大宗師》語。 勿論藏法如何， 總會顯露或遭竊盜， 因此最好的方法就是公布開放於天下， 這是其中的敎訓。黃梨洲將這句話引用於《明夷待訪錄・原法篇》中， 批判了政權的私有化。這批判豈只限於政權的私有化？ 在學術文化上的官學與私有化， 也不能維持長久。永傳的方法就是公開爲人類所共有。 使人類共同保守。
⑲ 方東美， 《哲學三慧》， 「中國古代爲貴族封建社會，民族智慧寄託於六藝。然六藝皆帝王經世之道， 其要用只在出治佐治， 獨爲士大夫階級所有， 庶民不得與焉。生是之故， 學術寄於官府， 文化託於少數……」。
「漢承秦火之餘，典籍散失， 士大夫承學， 皆遵口說。於是世守門戶，破碎釋經， 滅大慧以小義， 隱至理於古籍， 只知守成， 莫敢創造……」
「漢以後因襲博士官學制度， 以利祿薰人心……。 總之， 中國學術失墮之原因， 乃在歷代均以政治統御文化， 箝制思想自由……。」以上指出了對於官學與學術思想， 施加政治干涉而造成的弊害。

官學壟斷一切的橫暴，持續了近千年。其間儒教也由於佛、道之壓抑，未能起中國歷史文化之主體的作用。其原因也在於儒教的官學化。未開放的學問，即官學所帶來的反效果是何等嚴重，實令人禁不住驚訝。

中國儒學經過漫長的千年黑暗期，進入宋明時代才恢復了創進的活力，獲得劃時期性的發展，出現了中國儒學史上最精深博大的哲學體系即所謂宋明性理學。這是因爲唐末宋初興起的私學，就是通過書院的建立，由草野之學者傳授了純粹的學問[20]。

在此我們可得到一個歷史教訓，眞正的學術文化永遠是由開放的民間學者和私學加以創進保傳。一時的或服務於某一政權或朝代的官學，必定功少於過。其例不勝枚舉。因此不能不說私學的興廢正與民族或與全人類學術文化的盛衰成正比。

韓國學術不爲官學所獨占，擔當政令補助角色，而由民間私學來追求時，人類的成就更爲顯著，同時對國家民族的貢獻也非常大。而且古代我國私學的創辦早於官學。後至高麗先興官學而後立私學，結果使私學無法盡本然之責任而成準官學。

高句麗於 372 年建立太學之前，其人民愛好書籍，即使寒村僻地也設有局堂（書堂），教育子弟[21]。這說明私學早已發達，高句麗重用私學培養的人材。他們不但氣質強靭而且具備優秀的智謀，在抵抗隋唐入侵時，大有貢獻[22]。

---

[20]　宋代先創有私學書院，在有了相當的發展後，被官學所吸收。參考石介的《泰山書院記》，全祖望的《城南書院記》。

[21]　《舊唐書・東夷傳》，高麗條記載「俗愛書籍，至衡門廝養之家，各於街衢造大屋，謂之局堂。子弟未婚之前，晝夜於此讀書習射」，這分明是私學。

[22]　金忠烈，參考本書第二章，頁三三。

在新羅也可說是私學的興起早於官學。雖說花郎道是國家運動，但是以家門爲中心而自由奔放的。因此也具有私學的性質㉓。

花郎道不只是儒教的修鍊組織，以區分官學與私學的觀點來看，在佛教意味着在家居士，這一點與私學相同。他們無論如何標榜國家至上，他們的修行不是按照國家指示或規定，探取被動姿態的。而是國民在自由奔放中，覺悟修道人的使命，主動爲國獻身的。私學並非個人的或私制的，而是在較普遍妥當的立場發揮純粹道義精神的。這使我們明白對國家民族而言，私學的主動性比起官學的被動性是何等有價值的。

眾所周知，新羅的光榮卽三國統一是由具私學性質的花郎道達成的。但是統一新羅後，花郎道衰退。神文王二年（682）設立太學，元聖王四年（788）又設讀書出身科，在文籍出身中，選用官吏。如此在官學的和利祿的層面上實行教育的結果，缺乏花郎的奔放之豪氣和進取的個性。其學術思想終於陷入姑息的、守成的局面，招來了末運㉔。

省察歷史，可知官學或許可爲一時彌縫之策，並非長久之計。因此接受不接受私學的補救，想必難以期待正面效果。當然有官學才可發展主管現實的國家機構，取得名分和實利。然而官學過於短視近利。因此爲了克服這種限制，必需具備可引爲他山之石的私學。

崔冲在高麗儒學史上首次興辦私學的更深遠的意義在於他最先而且迫切地感受到一邊倒向官學的當代儒學並不能爲國家民族一般的學術文化帶來理想的發展和預期的利益。有鑑於此，可說崔冲立私學後，儒學才步入了正軌。

㉓　金忠烈，參考《東洋思想散稿》一四，〈花郎五戒的思想背景考〉，頁二七六、二七七。

㉔　金忠烈，參考本書，頁四七，㉛。

二、崔冲私學的規模與內容

1. 崔冲私學開創之遠近背景

　　高麗的建國比北宋早四十年左右，然而在政治制度或學術文化方面，反倒學習後起的北宋。在奠定新生國家之各種基礎上，進行相當緩慢，建國近一世紀後，才具備了高麗本身的面貌。

　　雖然自建國初期致力於政治、學術、教育面的儒教化，但是其成果只有政治制度上的中央集權化和官僚制度化以及培養並拔擢官吏的必修課程，即儒學教育和科舉制的實施。只在這些方面有了長足的發展而已。仍未着手進行儒教本然之研究與教育及其風俗化。

　　換言之，高麗初期儒學只追求政治層面的，而沒有深入地探討對學術、文化、教育、倫理及風俗的關心與必要性。其代表性的證據是崔承老上奏成宗的時務二十八條中第二十條所提及的內容，「三教之作用各不相同，不可偏重於任何一面，信奉佛教是修身之根本，遵奉儒教則是理國之根本。」值得注意的是「修身」雖是儒教的核心問題，但卻把它看做是佛教固有的功能，而自發讓與（說拋棄也非言過其實）佛教。並劃定界限稱儒教本來的功能為理國。

　　當然成宗時代漸漸關心儒教倫理的層面，即「孝順」問題，但也沒有標榜為「為人的根本」，反而提示為「政治的根本」。這算是直接承襲了漢代加強中央執權制後變形的孝思想（服從倫理的起點）。因此這也未擺脫儒教政治工具化的範疇。

　　如上所述，儒教的政治性利用是由於高麗初的一切制度直接仿照北宋初的制度而造成的。試談陳東原著《中國教育史》第十六章〈宋

初的科舉和教育〉，即可明瞭詳情：

> 宋初諸帝，雖重科舉，其於學校，則並未推進。此八十三年間
> 之學校狀況，直無異於唐末五代官學仍只一國子監。……當時
> 國子監之主要作用，惟在取解充貢。此原係舊制。……然則所
> 謂國學，不過是科舉之附庸。

　　宋初的官學一邊倒之趨勢，到慶曆年間（1041～48）才有了科舉
制度改革，私學興起等文運之轉變期，當時的中心人物就是范仲淹
（989～1052）。向朝廷推薦在教學方面打開宋代性理學序幕的胡瑗，又
勸張橫渠攻讀《中庸》，使之追求道學眞義的人，就是范仲淹。范氏
雖立身仕途，但極關心文運，是引入成功之途的先正。

　　范仲淹之所以主張改革科舉制度，興辦學校是因爲當時的學政有
很大的矛盾。當時朝廷設各科目，選拔人材時，毫無考慮考試科目的
教育層面。無教育之先施只求人材，正如不知耕耘而求收穫，是一件
操之過急而又盲目的行動，實不可爲長久之計。

　　不先施學校教育，而通過科舉選拔的人材並不是研究儒學，修養
德性的人物，而只是善於文章詞藻，處理行政業務，製造辭令紀文的
文章技術者。因他們不是行道於天下的儒者，才可能如此。

　　儒家政治的本務是以儒道教化百姓，其目的在於研究學術，陶冶
德性以及「移風易俗」。選拔只動用文筆的官僚性人物是與儒治背道
而馳的。

　　因此，范仲淹說：

> 爲學者不根乎經籍，從政者罕議乎敎化。故文章柔靡，風俗巧

僞，選用之際，常患才難……國家勸學育材，必求爲我器用，輔我風敎。設使皆明經籍之旨，並練王霸之術。問十得十，亦朝廷敎育之本意也。……命試之際，先以六經，次之以正史。該之以方略，濟之以時務。使天下賢俊，翕然修經之業，以敎化爲心。

　　范仲淹的旨意是不再只以過去的詩賦頌爲科目，而要以內含儒敎道學精神的經書，拔擢知性的敎化者，才可眞正有益於國家百姓。他說明了六經在培養治者時所必需的功能。他說：

夫善國者，莫先於育材。育材之方莫先勸學，勸學之要莫尚宗經。宗經則道大，道大則才大，才大則功大。蓋聖人法度之言存乎《書》；安危之幾存乎《易》；得失之鑒存乎《詩》；是非之辯存乎《春秋》；天下之制存乎《禮》；萬物之情存乎《樂》。故俊哲之人，入乎六經則能服法度之言，察安危之幾，陳得失之鑒，析是非之辯，明天下之制，盡萬物之情。使斯人之徒輔成王道，復何求哉。

　　基於上述之見解，范氏科制改革的內容如下：「先以策論觀查爲人之大要，再以詩賦考核全才。後以大要決定當落，並以全才區分等級。」而且在考試的次序上，第一場考策，第二場考論，第三場考詩賦。這在肅宗十七年，由禮貢院奏請而得以施行。由此可知，高麗也很關心北宋之科制改革。總之，因科制改革是追求儒敎之本然的，所以儒敎敎育也開始步入正軌。

　　北宋儒學敎育的轉變，對崔冲興辦私學，實行敎育必成爲重要的推動和參考因素。

2. 爲學次序與敎科內容問題

有關崔冲私學的文獻資料，過於貧乏。只有下列之幾件片斷材料可供參考。在探知其規模和內容上，自然無法證實，而只能依靠推測。

《高麗史‧列傳》崔冲條云:

> 顯宗以後，干戈纔息，未遑文敎，冲收召後進，敎誨不倦，學徒全集，塡溢街巷，遂分九齋曰: 樂聖、大中、誠明、敬業、造道、率性、進德、大和、待聘，謂之侍中。崔公徒凡應擧子弟，必先隸徒中學焉，每歲暑月借歸法寺僧房爲夏課，擇徒中及第學優未官者爲敎導，授以九經三史，間或先進來過，刻燭賦詩，牓其次第，唱名以入，設小酌，童冠列左右，奉樽俎，進退有儀，長幼有序，相與酬唱，及日暮皆作洛生詠以罷，觀者莫不嘉歎。㉕

而且類似當時崔冲所設之私學多達十一所，

> 侍中鄭倍傑設弘文公徒(亦稱熊川徒)，參政盧旦設匡憲公徒，祭酒金尙賓設南山徒，僕射金無滯設西園徒，侍郎殷鼎設文忠公徒，平章事金義珍設良愼徒 (一云郞中朴明保)，平章事黃瑩設貞敬公徒，柳監設忠平公徒，侍中文正設貞憲公徒，侍郎徐碩設徐侍郎徒，設立者不詳之龜山徒。㉖

卽是如此。

根據這簡單的資料，可掌握的一點是在學校設施方面，分九個齋堂，敎學課目爲九經三史。夏季則遊歷名山大刹，創作詩賦，學習鄕

㉕　《高麗史‧列傳》八，崔冲條。
㉖　同上，以上兩項記錄，同樣記載於《高麗史‧志》二八，選擧二。

飯酒禮等儀禮。在此最引人注目的是九齋的命名意義及其次序。那是否與學徒的進學昇級有關。若是，是否如同記錄從樂聖到待聘是正確的次序。否則，次序是否有所顛倒？而且齋名所暗示的是否和齋堂中所學的教科內容有關。不然是否只是爲全體的教育環境而提出的進德修業之標語，實令人無法揣測。

　　爲了解除疑問，試舉出有助於理解的參考史料如下。

　　《高麗史・志》，選舉學校條中云:「睿宗，四年（1109）七月，國學置七齋；《周易》曰麗擇（澤），《尙書》曰待聘，《毛詩》曰經（進?）德，《周禮》曰求仁，《戴禮》曰服膺，《春秋》曰養正，武學曰講藝……」㉗這是在崔冲九齋之後四十餘年頃，官學所設置命名的。因此似乎受到崔冲九齋的影響，但是只有待聘相似。據說那是學習《尙書》的齋名，然而在崔冲九齋中，待聘是否也和《尙書》有關，這是難以斷定的。

　　七齋中，除講藝齋之外，六齋都以經書爲教學內容。因這與崔冲九齋之教科九經相同，九齋學堂的九經，是將《春秋》分爲《公羊傳》、《左氏傳》、《穀梁傳》，再加上《孝經》而成九經。九齋則可能除六經外，加三史（《史記》、《漢書》、《後漢書》）而成的。若是齋名可能不都是只標榜經書研究的。總之，這只不過是舉出高麗史中之旁通材料而任意推測的，仍然無法得知詳情。

　　接著要考查中國方面的文獻，欲藉此獲得某種暗示。《禮記・學記》云:「古之教者……比年入學，中年考校，一年視離經辨志，三年視敬業樂羣，五年視傳習親師，七年視論學取友，謂之小成，九年知類通達，強立而不反，謂之大成。」㉘這是概括說明教學年限，教

㉗　同上，「睿宗方響文學，遂中此制，士類莫不欣然，大臣無一人奉承，時議惜之，四年七月，國學置七齋；《周易》曰麗擇（澤），《尙書》曰待聘，《毛詩》曰經（進?）德，《周禮》曰求仁，《戴禮》曰服膺，《春秋》曰養正，武學曰講藝……。」
㉘　《禮記・學記》。

學階段以及修業內容的資料。

上述的九年和崔冲的九齋是否有關。齋堂是現今的教室。分九個教室進行講學極可能是爲了分別受容各年級學生。就是各齋受容程度相異之學徒，講授不同內容。據唐制九經之授業年限爲九年左右❷。因此是相當可靠的見解。但仍然有所不解，卽三史的課表問題。根據較爲明確的看法，九齋是九個不同班級攻讀相異科目的教室。

不過，難以斷言九齋之名稱就表示齋中教學之內容。同時也無法肯定九齋的列記次序就是教學進行過程。齋名似乎只是一般具有美意的字句。大體上，暗示著九齋學堂追求學問的性格與傾向。想必那列記次序也不一定與教學之進行相一致。

雖比崔冲九齋學堂較晚，但南宋太學所使用的齋名有服膺、習是、存心、養正、率履、褆身、守約、允蹈、持志、誠意、節性、經德等❸。高麗睿宗時，國學七齋中也有其中經德、服膺及養正等三齋名。以前的記錄中有麗澤齋、待聘齋，這在高麗國學七齋中也有同名。只有七齋中之求仁，宋代名爲存心。雖然名稱相異但其含義相同，因此高麗國學七齋名幾乎全和宋代國學齋名一致。

而崔冲私學的九齋名多與宋不同者。除待聘、敬業二名，名稱獨特，來自《周易》、《中庸》，主要標榜存養內在心性，實踐儒家道德。在此可知，崔冲之教學宗旨與日後北宋性理學者所創新儒學的眞髓相同。因此，推崇崔冲爲性理學先驅。

---

❷ 《古今圖書集成・選舉典》，卷一〇，學校部彙考四，唐條，「凡治《孝經》、《論語》共限一歲，《尙書》、《公羊傳》、《穀梁傳》各一歲半，《易》、《詩》、《周禮》、《儀禮》各二歲，《禮記》、《左氏傳》各三歲……。」要學完全課程需時十九年半。《尙書》、《公羊傳》、《穀梁傳》之中擇一爲小經，《周易》、《毛詩》、《周禮》、《儀禮》之中擇一爲中經爲，《禮記》、《左傳》中擇一爲大經。因此選課時，包括春秋需時約九年。

❸ 陳東原，《中國敎育史》，參考頁二六八之圖表。

另外一個問題就是九齋的記錄次序是否與授業進展過程有關。據中國資料，《荀子》記載：「始乎誦經，終乎讀禮」❸，《元史》記載：「凡讀書必先《孝經》、《小學》、《論語》、《孟子》、《大學》、《中庸》，次及《詩》、《書》、《禮記》、《周禮》、《春秋》、《易傳》……」❸。這雖然是《大學》與《中庸》已從《禮記》中分離之後的事，但是讀書次序大體上是基本的。然而，因上述的讀書次序與九齋的記名次序內容有所不同，所以九齋記次只得看做是與年級或教學過程無關的。

3. 性理學開創層面的理解

只以九齋名和教育九經三史的極其片斷的資料，難以獲取崔冲私學的教學課程或受業年限等教育史方面的資料。因此，筆者想從另一方面進行考查。就是不再以漢唐以來官學中心，經傳章句中心的教學形式爲依據而考查崔冲私學的內容，反而要脫離那種傳統，從道德的、哲學的新世界之開拓一面，瞭解儒學。

基於此一觀點，崔冲的確如同北宋初性理學的開創者，在高麗儒學史上，身爲高麗儒學者，爲了使儒學朝向性理學方向轉變，進行了劃時期性的努力。所以對崔冲之評價要以〈海東野乘〉及〈中京誌〉中的「實我東方理學之祖」、「先生首倡性理之說」爲依據❸

---

❸　《荀子・勸學》，「學惡乎始，惡乎終？曰其數則，始乎誦經，終乎讀禮……。」

❸　《古今圖書集成・選舉典》，學校部彙考八，元條，按《元史・選舉志》，「凡讀書必先《孝經》、《小學》、《論語》、《孟子》、《大學》、《中庸》，次及《詩》、《書》、《禮記》、《周禮》、《春秋》、《易傳》……。」這是訂四書後的爲學次序，只供讀者參考。

❸　《海州崔氏文獻集》上，頁二七，〈海東野乘〉曰：「……當羅麗未能變夏之際，生先濂洛，獨闡理性之學，設齋學，實我東方理學之祖」，又〈中京誌〉曰：「逮于麗代，異教熾而吾道微，時則文憲崔先生，首倡性理之說。」根據此類文獻，洪良浩也在紫霞洞九齋遺墟碑銘中，強調先生爲性理學之首倡者。

先輩學者中也有人通過九齋名探索教學宗旨和次序，結果卻到達「今不可考」❸之令人失望的結論。後來又從性理學的義理面，研究九齋。某人曾撰寫題爲齋衍義的論說，這也不無牽強附會的一面，然而他暗示崔冲私學並非背誦章句，以科舉準備爲能事之「爲人之學」，而是以「尊德性，道問學」爲宗旨的「爲己之學」，這倒可說是一個正確的推測❸。

可是因他全無學問上的實際提示，仍然是一種推測而已。這再度使人感到鄭仲夫喪失理性的文人屠殺及毀滅文獻之行爲所帶來的學問或精神上的損失何等嚴重❸。在此須切記，高麗儒學者崔冲雖然在北宋之前或相同的時期主體的提倡了儒學的新境界——性理學，但是未能有所成就。後來就從南宋或元，如同面對新學問，驚嘆不已地引進了中國的性理學，這倒底是歷史戲劇性的發展。

我國歷史上雖有崔冲等偉大的學問先覺者，教育之先驅，但是未能承前啟後，仍然處於中國學術文化的邊陲，實令人遺憾，因此筆者想查明崔冲私學失敗的原因和歷史狀況，並提示出一個重要的教訓。

三、崔冲私學的成敗及其歷史教訓

1.學者、教育家崔冲，享有「海東孔子」之美譽

---

❸ 同上，頁四九，〈九齋衍義並大小序〉記載「……蓋當時，必有本旨及序次之義，而今不可考。故人只知先生之齋之有九，而九齋爲先生立言也。」甚至懷疑九齋之命名本身是否爲崔冲之獨創。
❸ 同上，頁四九～五七，較井然有序的發表了九齋衍義。但這也是配合齋名的文義而寫的，無證據可憑。
❸ 麗宋學者金子粹與元天錫指明鄭仲夫是毀滅崔冲文獻及高麗儒者資料的元凶。《海州崔氏文獻集》上，「遺傳有天道、地道、人道、物道四編，入鄭賊之焚禍無傳，爲斯文之窮通，噫！天之生李斯鄭仲夫，天道窮否極塞時也。……崔子弘猷，不以非廣，而抵鄭仲夫，積怒文人，坑，硎花，爐飛籍灰矣！」

　　1984年是在韓國首次創辦較有規模內容充實的私學，而獲「海東孔子」❸❼之美譽的文憲公崔冲誕生千年的一年。於千年之後，崔冲仍流傳芳名於世，其偉業亦爲後所讚揚。這不是因爲他的官銜高達門下侍中，並有十一個功臣號的高麗社稷之臣，而是因爲他爲人重厚，經綸遠大，並以精深的學問，創辦私學，探求儒學眞髓，培養出許多人材。

　　在過去長久的歲月裏，有無數「現在」之短幕，其中許多得勢者揚威天下成「鳥獸草木皆知其名」之勢。然而隨着時代潮流之轉變，正如飛騰虛空的火花，在瞬息的閃亮之後，卽陷入永遠的寂寞。反而在現實中，處身於陰暗的學者、教育家、志士、藝術家，被賦予眞正的歷史意義，在後世的心目中，傳到永恆的「未來」。因此榮華富貴或權力勢道無法挿足於所謂「人生三不朽」❸❽。

　　崔冲是具備「三不朽」的偉大人物。尤其他的學德和教育使他在晚年恰似回光返照獻身於對人類的服務乃至人類教化。他是以此享有人生最大意義的完人。孟子所謂「君子三樂」❸❾中，卽使以子孫福祿之樂抵消父母俱存之天倫之樂，他也享有了俯仰無愧的大丈夫之樂和教育英才的師道之樂。此三樂是無法以號令天下的帝王之尊嚴或黃金使鬼的魔力換取的。因這只有兼備學德的教育家才可享有，所以孟子將「王天下（號令天下）之樂」視爲不能與三樂相提並論而低一等的。甚至沒有把它看做是眞正的人生之樂。

　　人生雖是短暫的，但若能充實「現在」，使之與「過去」及「未

---

❸❼　高麗忠節元天錫先生首次稱崔冲爲海東孔子。《海州崔氏文獻集》上，頁四九，元天錫條，原州人，號耘谷，高麗進士，入九齋籍，麗亡隱雉岳山，常慕先生曰：「稱爲海東孔子，蓋於先生，不是妄稱，與范伏匡世東，撰《東方淵源錄》。」

❸❽　參考❶❺。

❸❾　《孟子‧盡心》上，「君子有三樂，而王天下不與存焉。父母俱存，兄弟無故，一樂也；仰不愧於天，俯不怍於人，二樂也；得天下之英才而教育之，三樂也。」

來」相繫，將可創造持續不斷的未來，卽成爲「有生命力的過去」，永存於人間。 因此， 以教育爲根本的儒教， 不認爲有來世天堂或地獄，只依據潛伏在現世人間意識中的歷史審判。現在我們可以透過偉大教育家崔冲的遺業，覺悟眞正有意義，有價值的人生是什麼?

2. 政治制御學問，教育則必難免失敗

不過崔冲創辦的私學教育和所指向的統粹學問的理想，未獲得實現，換言之，遭遇不幸失敗。原來高麗之建國比北宋早四十年左右，因此在科舉制度，興學運動及學術研究方面，領先於北宋❹，至中期遭受以佛、道爲背景的土俗信仰的排斥，而落於政治制度或時人之風尙之後，終於墮落爲官僚教育機關或利祿的工具。尤其武臣之亂時，許多學者慘遭殺戮，焚毀了書籍文集，進入近百年的黑暗期。故領先於北宋的高麗儒學反而片面引進了宋的學術──性理學，成了要從基礎着手的學術後進國。

由於這種高麗政治社會對學問和教育的干涉及利用，再加上武人對學者的仇視和對學問的憎惡，崔冲私學和教育理念未能朝向原來的目標──陶冶性情，天理窮究──發展，淪落爲培養滿足現實、寄生政權之官吏的官學❹，後又濡染詞章之風，性理學的窮策盡性工夫反

---

❹ 《高麗史・志》， 卷二八，選舉二，學校條，「太祖十三年，幸西京創置學校，命秀才廷鶚爲書學博士，別創學院，聚六部生徒，教授。」太祖十三年是西元九三〇年，比北宋的建國早三十年左右。同選舉一篇首又記載：「三國以前未有科舉之法，高麗太祖，興建學校而科舉取士未遑焉。 光宗用雙冀言， 以科舉選士， 自此文風始興， 大抵其法頗用唐制。」這是南宋建國前一年的事情。

❹ 《高麗史》選舉二，學校條，「凡赴舉者亦肄名九齋……」結果成爲使準備科舉的利祿之士湧進私學的措施， 後於仁宗十一年採取 「 各徒儒生，背曾受業之師，移屬他徒者，東堂監試，毋得許赴」之措施，束縛了生徒之學籍。

被世人所忽視。而且連崔冲文集也被鄭仲夫焚蕩❷，使其學說或業績不得流傳於後世。實際上，崔冲的學問與教育命脈因此化爲歷史的陳跡，完全被斷絕，實令人遺憾。

高麗有輕視學問、仇視學者的風氣。相反的宋則以私學的成就爲基礎，建立了官學❸，獎勵有學德志節的學者從事自由的研究活動，並提出富有創意性的學說，爲孕育偉大的學術文化，造成了有利的環境。尤其，建立宋朝的武人趙匡胤爲了事先防止武人政權容易觸犯之「輕文蔑儒」，留下「不侮辱儒生，不妄殺學者」的遺言，警戒後人。這和高麗文武相輕，武人焚書坑儒的政治風氣完全相反，形成明顯的對照。

宋太祖尊重學者的態度和重視學問的思想成爲經營國家的王家之傳家法訓。日後亦垂範於歷代帝王，世代相傳。因而出乎意料之外地在一個由武人建立，並由武人執權的國度，創造出偉大的學術。後來文人對政治也提出許多建設性批判。同時他們率先教化百姓，在克服國難時，成爲精神的支柱。

宋神宗時，性理學者程明道抗議說：「殿下爲何薄待天下士？」神宗恭敬且懊悔地回答說：「朕豈敢不從祖宗之遺訓而輕天下士。」❹程明道之弟程伊川也成爲宋哲宗的說書，一度側侍哲宗。一天看見哲宗無故折取柳枝，就說「方春萬物生榮，不可無故摧折。」哲宗聽了

❷　《海州崔氏文獻集》上，頁二八，「元耘谷曰：睿宗庚寅，武凶鄭仲夫之亂，仲夫等蓄怒文臣，由於先生，窮搜先生文集，投爐無遺。先生之文，必精微詳妙，而天何罷其師，還塞其道傳耶？晦軒，易東不諼齋，無不景慕悵嘆曰：焚詩書之禍，豈意又東海。又曰：天之生李斯鄭仲夫，天道窮否極塞時也。」

❸　金忠烈，參考本書第四章、第一節。

❹　中國二十五史《宋史・列傳》，第一六八，道學一程顥條，「……神宗素知其名，數召見，每退必曰：頻來，欲常常見卿，一日從容容訪……前移進說甚多，大要以正心窒慾，求賢育材爲言，務以誠意感悟主上，嘗勸帝防未萌之欲，及勿輕天下士。帝俯躬曰：當爲卿戒之。」

就十分羞愧地放下柳枝❹。

正如此地因爲有景仰學者人格與學問的崇文風氣和基於良知與眞理不爲威權所屈服的儒者之修道精神，使宋也能够在遭受遼、金、元等北方民族不斷侵犯而無寧日的情況之下，建立起中國學術史上最豐碩、最成熟、最崇高的「性理學」，使之開花結果。雖然宋未能長久延續國命，但是當時的學術、文化、精神的光芒，則比任何時代更燦爛，可說是獨步的，永垂不朽的。

高麗太祖王建和宋太祖趙匡胤有許多共同點。身爲武人由部下推戴而登上帝位，建設了新國家。雖是武人，但尊崇文風，極關心儒教治國和儒教教育，而標榜了文治等。不過，王建在深思遠慮方面就不如趙匡胤，這是難以否認的。王建在勸戒子孫的十訓要中，強調了崇儒的一面，但未曾想到武人易觸犯之「輕文仇儒」的可能性，卽武人以暴力壓抑無力的文人或執權者失去理性時，對極諫的儒士輕易施加壓抑和殺戮的危險性，所以沒有嚴格警戒或再三的囑咐。結果未能使高麗儒學大爲創進，這實在是令人遺憾的一面。

宋太祖就不同。在臨終時，召回其弟匡義（宋太宗）與其子德昭，使之在眾大臣面前宣誓「不侮辱儒生，不妄殺學者」❹。日後遂

---

❹ 丁傳靖輯，《宋人軼事彙編》上（源流出版社本），頁四五二，「劉元城每言，哲宗皇帝嘗因春筵講罷，移坐小軒賜茶，自起折一柳枝。程頤爲說書，遽起諫曰：方春萬物生榮，不可無故摧折。哲宗色不平，因擲棄之⋯⋯。」

❹ 同上，頁七、八，「藝祖受命三年，密鐫一碑，立太廟寢殿之夾室，謂之誓碑，用銷金黃幔蔽之，門鑰封閉甚嚴。因勅有司，自後享及新天子卽位，謁廟禮畢，奏請恭讀誓詞。獨一小黃門不識字者從，餘皆遠立。上至碑前，再拜跪瞻默誦訖，復再拜出。羣臣近侍，皆不知所誓何事。自後列聖相承，皆踵故事。靖康之變，門皆洞開，人得縱觀。碑高七八尺，闊四尺餘，誓詞三行，一云：柴氏子孫，有罪不得加刑，縱犯謀逆，止於獄內賜盡，不得市曹刑戮，亦不連坐支屬。一云：不得殺士大夫及上書言事人。一云：子孫有渝此誓者，天必殛之。」

成家法，新王卽位時，要在祖宗神位之前宣誓。隨之，歷代宋王優待學者，建立了「士尊官卑」的吏道，將學問視爲神聖的，表揚了「道主政從」的世風。因而宋有處決武臣之事，而無殺戮文臣、儒生之事。現實政治權力對學問與教育的看法如何？可從宋與高麗的歷史所證實的，詳見其差異。尤其，這是爲政者所需深切思量的歷史教訓。

3. 學術文化之命脈寄託於私學

在學術史上，官學多利用爲滿足政權一時之需的工具。配合預定的目的和規格，以被動的矯正爲能事，終於喪失主動的創造性，易陷於惰性而變質。因此官學難以具有開放的普遍性和創新的持續性。換句話說，它隨着一個朝代和政權不斷浮沈，是不能獨立存在的。私學則具有補官學之不足的相對的功能。其實，私學不是具有私下宗旨的學問集團或機關，而是相對於官的民（人）之學，民就是天下永恆的主體，因此，私學才是以天下大公爲基礎的天下共有、共創、共享之公學。

這種公學性的私學是有個性的，開放的，也是由一切相異的個性和不同功能融匯貫通的。因此以不拘限於任何格式的自律，開放以及創造爲基礎追求更廣泛的領域、更高的境地、更深的世界和永恆未來的理想。它有時拒絕現實要求卽預定的目標，甚至打破旣定的規律，批判執迷「現在」的「現實」，將機械性的架構拋入生命的鎔爐中，使之融解。基於永恆和理想，普遍妥當的原則，可說官學（諸如現今的訓練機關）不如私學，它反而在創進一國、一民族的學術文化上，扮演更重要的角色。

我們可以在中國學術史上看到更爲明顯的實例。周室滅亡，官學

瓦解時，以孔子爲首的諸子百家收拾殘局，使之重新創進。這表示私學是延續中國學術文化命脈的主流，任何人都不能否認這一點。相反的，到了漢代，新興的官學成爲使人生順應一切政治制度，改造人類的工具。這不但使人性墮落，而且也使所有文物受到一定格式的約束，製造了無生命力的、機械性的組織世界。它終於同朝廷與政權面臨了共同的噩運。

這時，若私學沒有在陰暗處保存一線生機，誰能讓歷史的過去，現在和未來無間斷地持續下去呢？當然因有官學的存在而得以有效支撐現實。在此並不否認它的功效。不過，現實總是短暫的，而未來是永恆的。因此，不能將短暫的現實視爲絕對的，而對過去的意義妄下論斷，並先將未來引入現在。要避免這種現在病。

總之，官學要承認自己的界限（短暫的效果），虛坦地取人之長補己之短。正如「求學在野」這句話，真正的文化傳統，純粹的學術思想絕不容由一朝代或一政權加以壟斷。反而要開放於天下，使私學自由繼承、啟發。這時官學也將匯合於巨流之中，而其本身的貢獻也可永遠獲得認同。

中國一直維持孔子以來的私學傳統，牽制了官學之橫暴與壟斷所帶來的學術文化的危機，也保存了天下人類的共同智慧和精神的產物。雖然都是屬於儒教文化圈的國家，但是異乎韓國創新了學術思想。

可是韓國的情況又如何？先人曾視官學爲引導歷史文化的唯一寄託，只片面保護官學，在這種保護下成長的官學制御一切，使得私學無法施展本身的功能。雖有名義上的私學，但卻由於政治、制度上的逼迫，使它不得不走上官學化的道路。崔冲的私學也未能正常發展，墮落爲準備科舉的官員訓練機構。進入朝鮮朝後，不但不推仰他，反而貶低了他的價值。這點不得不說是朱子學一色和官學的壟斷所導致

的結果，也是爲固守李朝儒學的閉鎖性而採取的措施❹。

經過高麗、朝鮮到今天，韓國人只在仿照或追隨別人的，而且也因過於固執、保守的閉鎖性，落後於別國，並急促促受容新的文物。換言之，韓國人未能建設學術文化的基礎及持續的連繫性，卽獨自的軌道。沒有學問的自由和教育的獨立，怎能期待創造獨特而優秀的學術文化呢？

值此崔冲誕生千年之際，我們要省思高麗儒學爲何學習後起之北宋，旣然有崔冲等偉大的性理學先倡者，又爲何不得繼承發展而成爲性理學之輸入國？希望藉此機會謀求擺脫不幸傳統之道。

四、高麗儒學的興盛期

正如孟子將歷史的演變視爲「一治一亂」的交替連續❹，高麗的盛衰也不例外。通常在位年數較長的君王，以善治享有盛運，而在位年數較短的君王，則由於政權無力而遭逆亂，致使運衰。其形象猶如不斷起伏的波浪，因此更使人有眞實的感覺。

高麗朝第一波峰是太祖，他在位二十六年，當時正是創建初期，因而未能散發燦爛的光輝，但必定掀起了一股巨大的波浪。然而波浪在憲宗（在位二年）與定宗（在位四年）二代之後，急劇下降，呈波塹勢。到光宗（在位二十六年）年間，再次急劇上升，其潮流幾乎近

❹　《海州崔氏文獻集》上，頁一四、一五，「宣祖十一年丁丑，栗谷先生退居海州，敎誨諸生於文憲書院。欲以孔子爲正位於文憲堂，而別立祠於其傍，奉文憲公，自爲山長之計。」這種計策被崔冲先生十七世孫月潭崔滉所制止。對於月潭的責問，栗谷回答說：「第以士論，皆以爲文憲之敎誨，只是科業，而製佛寺碑文，只讚功德，無少議貶，故多懷未滿之意……。」這可說是只以朝鮮朝的程朱學爲儒學的小人儒徒然訛謗之一端。

❹　《孟子·滕文公》，「天下之生久矣，一治一亂。」

似狂瀾（表示政治變動十分激烈）。

到了景宗（在位六年）時期，漸漸低落，後來成宗（在位十六年）打開文治時代時，又掀起了另一波。成宗之波峰連續至穆宗（在位十二年），顯宗（在位二十二年），德宗（在位三年），靖宗（在位十二年）等朝代，形成一波未平，一波又起之形勢。然後在文宗時代（在位三十七年）掀起巨大的波峰。這是高麗儒學的興盛期，也是文運大開的時代。

順宗時代（在位一年），那文彩華麗的波峰，稍有退色。而又在宣宗（在位十一年）時期，回復原狀，接着經過獻宗（在位一年），肅宗（在位十年），至睿宗（在位十七年），仁宗（在位二十四年），毅宗（在位二十四年）等朝代掀起了新的波峰，然而其色彩有了變化。因爲這時與文宗時代的私學發達不同，這時以官學爲主，學風也盛興以經書爲主的講經風。

但在睿宗、仁宗之儒學興盛期之後，毅宗的絢爛文彩和沈溺歡樂，產生了衰世的跡象。這一點就引發了武人鄭仲夫之亂，而高麗王朝五百年之中間，二百五十年來的文運盛衰之波浪，進入沈潛期。因此，在這節中要談討的時代劃分爲宣宗初（1084）到毅宗末（1170）的八十餘年。將它再分爲三個段落，第一，官學振興與科制整頓。第二，主尊經典與講學辨義。第三，歷史意識與詞章之發達。大體上看來，肅宗、睿宗時代整頓了官學與科舉制度，而且建立了重視經典的學風。後來進入仁宗、毅宗朝代，就由尊經風轉化爲講論風，再由講論風轉變爲著述與賦詩等的歷史意識與詞章風，至毅宗末年，因君主的耽樂與無節制的奢華生活❹以及文臣之文弱與無責任感的放縱，招

---

❹　《高麗史節要》，卷一一，毅宗二十一條，「史臣曰爲國之要，在於節用而愛民，毅宗多作池臺，傷財勞民，常與嬖倖，耽樂是從，不恤國政，宰相臺諫，無一人言者，終致百濟之遜矣。」

來武人之亂，使高麗儒學逐漸衰退。這是第三節中所要談論的內容。

1.官學振興與科制整頓

A、官學振興與國子監的完備

高麗建國十三年後，卽930年太祖赴西京時，首次創辦了學校，並立博士官，使之掌管校務。當時奉秀才廷鶚爲書學博士，另創學院，招集六部生徒。又賜繪帛及倉穀百石，以資鼓勵⑩。

成宗二年(983)，使選自各州、郡、縣之生徒，入京學習。三年後，生徒歸鄉時，還賞賜米布等物。這時歸鄉生徒多達二百零七人⑪，可知並非少數。這輩生徒分布各地，似乎成爲運營該地學校的骨幹。

九年於西京設立修書院，抄書並備藏經、史、子、集四部書。十一年 (992) 首次創立了國子監⑫。太祖首次設立學校於西京，並成宗也將修書院設於西京，由此可知，他已有遷都西京的打算，而且在開京設立國子監較遲的原因，似乎也在於此。

穆宗六年(1003)，下令三京十道，獎勵博士師長教學的同時，使之上報勤效生徒。這證明當時三京 (中京: 開城，西京: 平壤，東京: 慶州) 已設有京學，各州也設有鄉校⑬。顯宗十一年(1020)，將太祖的潛邸定爲先聖廟，以配享崔致遠，以此推斷當時國子監與先聖廟不在一處。

宣宗六年(1089)，補修國學，文宣王像移安順天館之後，又於蕭

⑩　《文獻備考》，卷二○二，學校考一，《高麗史節要》，卷一，太祖十三年條。

⑪　同上，成宗五年條，《高麗史節要》，卷二，成宗五年條。

⑫　同上，九年，十一年條，《高麗史節要》，卷二，成宗九年條，十一年條。

⑬　同上，穆宗六年條。鄉學的設立年代則根據《高麗史·志》，卷二八，學校條，視爲仁宗五年（一一二七）。

宗六年 (1101)，在國子監境內新建了文宣王殿和書籍舖❺❹。韓國文廟
首次具備了相當的規模。正如此地國家致力於儒學，並使孔子廟提升
爲文廟後，不得已產生了前所未有的支出，因財政問題而發生了歧見。

最初提出問題的人是宰相邵臺輔，於肅宗七年，上奏說，

> 國學養士糜費不貲，實爲民弊，且中朝之法難以行於我國，請
> 罷之。❺❺

邵臺輔似是國粹派，堅持傳統的人物。但其奏請未被採納❺❻。因
國家財政曾發生多次對國學的爭論。仁宗八年 (1130) 七月條如下：

> 國學諸生詣闕上書曰：臣等竊聞御史臺奏國學養士太多，供給
> 甚費，請簡留行修業成者若干人，餘悉出之，臣等上爲國家惜
> 之。夫崇學育才，乃立國大本，自三代而下，先王之政，必以
> 是爲先務焉，蓋知所本也。昔我孔子雖不得位，周流四方，猶
> 養三千之徒，唐韓文公謫守潮州，潮下州也，猶曰州學廢久，
> 不聞業成，責於王庭，亦郡之恥也。乃命趙德秀才掌州學以聚
> 生徒，出己俸以給厨饌，況我國家奄有三韓，旣富而庶，興學
> 校、育人材，風俗文物一變而至道。今國家生徒，其數不過二
> 百人，有司以爲費財而欲削之，豈吾君尊道崇儒之意歟，且佛
> 氏寺觀周遍中外，齊民逃役，飽食逸君者，不知其幾千萬焉，
> 有司曾不是思，而反欲詘補世之道，非公言至論也，願陛下卻
> 而不用，從之。❺❼

---

❺❹　同上，宣宗六年八月條及肅宗六年條。
❺❺　《高麗史節要》，卷六，肅宗七年條。
❺❻　同上，參閱史臣評。
❺❼　同上，卷九，仁宗八年秋夕七月條，史臣對此上疏，舉出唐憲宗時反對
　　　近佛骨的韓愈故事，說明了合理性。

君王採納而未裁減國學名額。

睿宗四年，國學中設七齋，意卽七個學堂，第一是學習《周易》的麗澤齋，第二是學習《尙書》的待聘齋，第三是學習《毛詩》的經德齋，第四是學習《周禮》的求仁齋，第五是學習《戴禮》的服膺齋，第六是學習《春秋》的養正齋，第七是學習武學的講藝齋。上記七齋與私學九齋學堂相比，較注重經書的學習，附加一武學課目則是其特徵⑱。換言之，六齋敎文，一齋是習武講堂。選拔崔敏庸等七十人，部屬於大學，又另選韓子純等八人，部屬於武學⑲。

九年（1114）君王親臨國學，獻酌於先聖廟，下令翰林學士朴昇中講說《書經》說命，並使百官及諸生各自歌誦。據說這時出席人員達七百多人，這大槪是創立國學以來首次的盛事⑳。而君王在國學主持講經亦屬初有之事。

十一年（1117）君王擬設立文武兩學時，週圍議論紛紛，但他再次督促加緊實行。君王有心於武學是值得記取的事。不過，他只實行了文武兼備的敎育，而未允許旨在尙武的敎育㉑。

於十四年，國學設立養賢庫，錄取儒學徒六十人與武學徒十七人㉒。從此官學具備了相當的規模，振興了文風。至仁宗年間，完備

---

⑱ 睿宗當時，由於不斷來自女眞的侵犯，頗需武人。按當時情況，武學予以分離。

⑲ 同上，卷七，參閱睿宗四年條。

⑳ 同上，九年條。

㉑ 《文獻備考》，卷二○二，學校考一，睿宗十一年條，「文武兩學，國家敎化之根源，早降指揮，欲令主其兩學，養育諸生，以備將來，將相之舉，而有司各執異議，未有定議，宜速施行。」《高麗史節要》，卷八，睿宗十一年條，「文武之道，不可偏廢，近來蕃賊漸熾，謀臣武將，皆以繕修甲兵，訓練軍士爲急務，然不可專用武事。」由此看來，施行文武兼全的敎育而未允許只崇武的敎育。

㉒ 同上，十四年條。

京師六學與鄉學後，官學有了制度性的成立[63]。

仁宗七年(1129)，國王親臨國學，奉祀先聖廟後，命儒臣召集諸生講論經學[64]。又於十一年，作罷實施十六年之久的武學齋[65]，自此國學只留下六齋，成了只崇尙文的名符其實的大學即國子監。這時的國學規模維持到高麗末期，並與朝鮮朝相連繫。

B、國學內容與科制整頓

正如上述七齋之考查，國學的教科內容中，沒有以往私學所教授之三史，只講授經典，這是官學的特徵。官學又另設武學講藝。

學　齋	儒　　　　學　　　　齋				武學齋
修　學 經　書	論孝 語經	尙公穀 羊梁 書傳傳	周毛周儀 易詩禮禮	禮左 記傳	
經　書 區　分	小　經 擇一	中　經 擇一	大　經 擇一		
修學年限	1年　2.5年	2年	3年　計8.5年		
七齋名	待聘　麗澤　經德　求仁　服膺　養正(春秋)				講　藝
兼修科目	時務策　書　國語　說文　字林　三倉　爾雅				

這時經學科目有《周易》、《尙書》、《周禮》、《禮記》、《毛

---

[63]　《高麗史·志》卷二八，學校條。

[64]　《高麗史節要》，卷九，仁宗七年條。

[65]　《文獻備考》，卷二〇二，學校考一，仁宗十一年條。據《高麗史·志》，卷二八，學校條，由於武學及第者的水準較低，又與文士不和罷除武學齋。

詩》、《春秋左氏傳》、《春秋公羊傳》、《春秋穀梁傳》、《孝經》、《論語》等。至於學限年限，《孝經》、《論語》爲一年，《尚書》、《公羊傳》、《穀梁傳》各兩年半，《周易》、《毛詩》、《周禮》、《儀禮》各兩年，《禮記》、《左傳》各三年。若要學完上述諸經，足足需時二十二年。其讀經順序，先由《孝經》、《論語》開始，再讀諸經，並學習算術，時務策。閒暇時間則每日習字（書法）一張，讀《國語》、《說文解字》、《字林》、《三倉》、《爾雅》等工具書（參照圖表）⑥⑥。

仁宗又命式目都監，詳定學式。其入學資格與階梯同下頁表之規定（參照圖表）。

第一，國子學生爲文武官三品以上的子孫及勳官二品帶縣公以上和京官四品帶三品以上勳封者的子弟。

第二，大學生爲文武官五品以上的子孫，或正從三品之曾孫及勳官三品以上有封者的子弟。

第三，四門學生爲勳官三品以上無封者，四品有封者及文武官七品以上的子弟⑥⑦。

科制和科目曾多次改變。光宗九年首次設科時，以詩、賦、頌及時務策，錄取進士與明經。時至光宗十一年以除時務策之外的詩、賦、頌爲科目，十五年再度列時務策爲考試科目。成宗二年，以詩、賦考覆試，六年取消頌，顯宗一年時採納國子司業孫夢周之奏請，只考詩賦而取消了時務。

十年按照翰林學士郭元的奏請，取消對策，取而代之的是論述禮記中的題目。十五年製述試考五言六韻一首、明經試考五經各一機。

---

⑥⑥　同上，「仁宗時，命式目都監，詳定學式。」
⑥⑦　同上。

京師 六學斗 鄉學表

區分	主務官監	種類	入學資格	教授	定員	修業年限及科目
中央	國子監	國子學	文武官三品以上子孫官二品以上帶縣公以上及勳官三品以上帶四品以上勳封者之子孫	博士2名 助教不明	合300名	○共通科目 孝經、論語 共一年 ○選擇科目 尚書、公羊、穀梁 各一年半、毛詩、周禮、儀禮 各一年、周易、左傳 各二年、禮記 各三年 ○隨意科目 時務策、算術、說文、字、國語、字林等
		大學	文武官五品以上子孫及正從三品之曾孫勳官三品以上有封者之子弟	博士2名 助教不明		
		四門學	勳官三品以上無封者,四品有封者及文武官七品以上之子	博士2名 助教不明		
		律學	文武官八品以上之子文武官七品以上之子庶人	博士1名 助教5名		律令
		書學	〃	博士2名 助教不明		八書
		算學	〃	博士2名 助教1名		算術
	大醫監	醫學	〃	博士2名 助教不明		
	司天臺	天文・地理・陰陽	〃	博士2名 助教不明		
地方	州府縣	鄉學 州學 府學 縣學	八品以上之子七品以上之子及庶人自願者或庶人	助教		

再者，靖宗二年規定生徒入學未滿三年者，不得應考監詩，文宗十六年因國學諸生之署科甚濫，而採取封彌法，此卽「貢闈封彌法」❻❽之開端。

宣宗卽位（1084）後，重視經書的破文通義，肅宗七年式目都監奏曰：

> 三禮三傳業出身者，宜授官勸後從之。

而特待明經，但是仁宗五年，又開始以詩賦論取才，仁宗十七年禮部貢院奏曰：

> 范仲淹曰：「選士諸科，請罷糊名法，參考履行無闕者以名聞。進士先策論後詩賦，諸科取兼通經義者。賜策以上，皆取詔裁，餘優等免選，注官次第，人守本科。」「先策論以觀其大要，次詩賦以觀其全才。以大要定其去留，以全才升其等級，有講貫別加考試。」我朝製述科，在第三決場，只試策論，漸衰詩賦學。年後，初場試經義，二場試策論。三場試詩賦，並以此爲永式。

可是到毅宗八年再度改變，初場考論策，中場考經義，終場考詩賦❻❾。從此詩賦再度盛行，經義衰微，帶來了輕視經學而崇高詞章學

---

❻❽　封彌試卷姓名。《宋史・選舉志》，「試卷內臣收之，付編排官，去其卷首鄉貫狀別以字號第之，付封彌官，繕寫校勘，用御書院印，付考官定等畢，復封彌送覆考官，再定等。」高麗處理科舉試卷的方法與程序似仿照宋制。

❻❾　以上參考《高麗史・志》，卷二七，選舉一。

的結果。科目內容之變更左右了那個時代的學問傾向。

2 經典中心的講學風

A、君王主宰的講學記錄

進入睿、仁宗朝代，高麗儒學的學風發展爲尊經的傾向，隨之，以君王爲首， 講論辨義之學風盛行一時， 這種講學的開端， 正如上述， 在於睿宗九年(1114)，君王親臨國學，獻酌於先聖廟，並下令翰林學士朴昇中講學的事情。

然而， 由於這時仍盛行詞章之風，爲興起尊經之風，盡了不少的努力。 比方說， 睿宗十一年夏， 君王赴西京時， 曾去大同江飲酒遊樂， 並與侍臣詩唱，這時隨行的知制誥崔瀹上書說：

> 昔唐文宗欲置詩學士，宰相奏曰：詩人多輕薄，若承顧問，恐撓聖聰。文宗乃止，帝王當好經術，日與儒雅討論經史，咨諏政理，化民成俗，王無暇安有事童子之雕蟲數與輕薄詞臣吟風嘯月以喪天衷之淳正耶[70]。

君王欣然採納。

崔瀹的忠諫， 使睿宗展開尊經講學之風， 後來在睿宗十一 年 八月，於禁中修築清讌閣，按排學士、直學士、直閣等各一人，朝夕講論經籍。同年十一月，因清讌閣位於禁中，學士值班不方便，就修理紅樓之下的南廊， 當作學士之會講之堂，取「精義」爲堂號，其左右爲休息所堂號改稱宣文閣，使清讌閣學士遷來使用[71]。

以下列舉君王主持的講學紀錄，並分類說講之內容，以便考查主

---

[70] 《高麗史節要》， 卷八，睿宗十一年條。
[71] 同上，十一年十一月條。

要講論經典。

①睿宗元年十二月，於文德殿，平章事可瓘講《書經·無逸》，知
　樞密院事吳延寵講《禮記》。

②睿宗十一年十一月，於清讌閣，翰林學士朴景仁講《書經》之
　〈堯典〉與〈舜典〉。

③同年十二月，宣文閣校勘高光柔講《書經》之〈大禹謨〉、〈皋
　陶謨〉，以及〈益稷〉。

④同年，內侍良醞令池昌洽講《禮記》、《中庸·投壺》。

⑤十二年正月，使韓皦如講《易·乾卦》，並使朴昇中，金富佾問
　難，首次兼備講論與質詢。

⑥同年十一月，於清讌閣，翰林學士朴昇中講《詩經》之〈關雎〉。

⑦同年，門下侍郎金緣講《禮記》，起居郎胡宗旦講《書經》之
　〈無逸〉。

⑧同年十二月，金緣講《書經》之〈洪範〉。

⑨十三年一月，於清讌閣，學士洪灌講《書經》之〈舜典〉。

⑩同年二月，待制金富佾講《詩經》的〈魯頌〉。

⑪同年，韓安仁講《周易·泰卦》。

⑫同年六月，於清讌閣，宣文閣學士李永講《書經》的〈說命〉。

⑬同年閏月，在清讌閣，韓安仁，講《老子》。

⑭同年十一月，在清讌閣，韓安仁講《周易·復卦》。

⑮十四年八月，在清讌閣，朴昇中講《書經》的〈洪範〉。

⑯同年十一月，朴昇中講《中庸》。

⑰十五年六月，朴昇中講〈洪範〉。

⑱同年，國子祭酒鄭克永講《禮記·月令》。

⑲同年，金緣講《書經》的〈太河〉。

⑳同年十一月，金富佾講《詩經‧泮水》。

㉑十六年三月，朴昇中講《禮記‧月令》，起居注金富軾講《書經》的〈說命〉。

㉒同年五月，朴昇中講〈洪範〉，起居舍人林存講《詩‧雲漢》。

㉓同年六月，朴昇中講《禮記‧月令》。

㉔十七年一月，金富軾講《易‧乾卦》。

㉕仁宗五年三月，政堂文學金富佾講《書經‧洪範》，承宣鄭沆講〈說命〉與〈周官〉。

㉖同年，於西京，鄭知常講〈無逸〉。並使隨行臣下與西京儒臣二十五人賦詩。

㉗七年三月，於國學敦化堂，大司成金富轍講〈無逸〉，並使起居郎尹彥頤及諸生講問。

㉘十年三月，於麒麟閣，國子司業尹彥頤講《易‧乾卦》，鄭沆講《中庸》，並使太學博士郭東珣等十八人作詩賦。

㉙同年四月，鄭沆，尹彥頤，鄭知常等出席經筵講經，這時似有過經筵，可是不知所講內容。

㉚十一年五月，於崇文殿，平章事金富軾講《易》與《尙書》。翰林學士金富儀（轍），知奏事洪彝敍，承宣鄭沆，起居注鄭知常，司業尹彥頤等問難。

㉛同年，金富儀講〈洪範〉，尹彥頤講〈中庸〉。

㉜同年七月，於壽樂堂，金富軾講《易‧乾卦》與〈泰卦〉。

㉝十二年六月，於大明宮壽樂堂，講金富儀《禮記‧月令》。

㉞同年，鄭沆講《詩‧七月》。

㉟同年七月，宣文閣直學士尹彥頤講〈月令〉。

㊱同年八月，於明仁殿，金富儀講〈說命〉。

㊲十三年八月，在天成殿，鄭沆講《唐鑑》。

㊳十六年十一月，於集賢殿，金富軾講《易》〈大畜〉、〈復〉二卦，並使諸士同難。

㊴二十四年十二月，禮部侍郎鄭襲明講〈大禹謨〉。

㊵毅宗一年七月，翰林學士崔惟淸講〈說命〉。

㊶十六年二月，在經筵，講論經義。

　　以上是以《高麗史節要》睿、仁、毅宗年間史錄爲中心，所考查之講經記錄。接着試將資料分爲若干項而加以分析。

　　B、講學內容與講風

　　講經次數四十一回中，睿宗時有二十四次，仁宗時有十五次，毅宗時有二次。這與時局安寧與否有直接的關係。睿宗年間雖北方女眞頻繁交戰，但舉國上下齊心協力，並有尹瓘等名將，守護國土，對內則維持了相當安定的局面。

　　勿庸贅言，國家太平，文風始可振作。正如上述，每逢亂世，陰陽圖讖，浮屠迷信等傳統思想與習俗，逐漸擡頭，而非文士派系亦率先批判儒敎。因此儒敎的振興與國家安定有着密不可分的關係。

　　另一方面，卽使是太平盛世，若左右天下大事的君主耽樂奢侈，必招來文風浮華的結果，因此在主權時代，君主的嗜好幾乎是左右時代風尙的根本因素。

　　據史臣對睿宗的評價，睿宗天資明哲，勵精求治，開設學校，培育儒生，建淸讌、宣文二文閣，與文臣講論六經，實現了禮樂風俗[72]。正因睿宗爲人及其政治理念是如此的，才振興了官學，引起尊經講學之風，開展了興盛高麗儒學的偉大時代。

　　仁宗也是好文的君王，但卽位初，就遭遇李資謙之亂，中年又遇

――――――――――――――――――――

[72]　《高麗史節要》，卷八，睿宗十七年條。

妙清之亂，國事極少寧日。因此他的講經次數少於睿宗。然而仁宗之講學風與睿宗時代稍有不同。如同記載，講學時，兼顧時賦。也就是說，睿宗的尊經風到了仁宗時代漸漸傾向於詞章風。

這種詞章風到毅宗時代，過分流於文弱，隨之變爲輕視武臣的亡國風。終於在高麗後期陷入武臣之跋扈。孔門四科中，雖有文章言語，人們之所以警惕是因爲不以道德仁義爲基礎時，易於流入亡國之風的緣故。所謂「文以載道」⑦⑧一詞的出現，也就是爲警惕末藝之害。

以下是當時講經的學者。講士近二十人。朴景仁，高光柔，池昌洽，朴昇中，金緣（仁存），胡宗旦，洪灌，金富佾，金富軾，金富轍三兄弟，韓安仁，李永，鄭克永，林存，鄭沆，鄭知常，尹彦頤，鄭襲明，韓皦如等，其中講經次數較多者有金富軾（五次），金富轍（五次），金富佾（四次），朴昇中（四次），鄭沆（六次），尹彦頤（六次），金緣（三次），韓安仁（三次）等，這足以證明他們是當代學界的重鎮。

這一羣又可大分爲以金富軾（1075～1151）爲中心的開京派與以鄭知常（?～1135）爲中心的西京派。金富軾派系有其兄弟與鄭襲明，鄭知常派系有尹彦頤。這兩派在政治上是針鋒相對的，甚至圍繞遷都西京問題發生妙清之亂時，鄭知常被金富軾所殺害。他們在學問上也表現出敏感的對立，講經時的問難多起於這兩派之間。

根據記錄，講經時的問難主要爭端是《周易》。而問難一方是西京派，被問一方則是開京派。 就問難之立場而言， 兩學派呈伯仲之

---

⑦⑧ 唐末韓愈、柳宗元等反對六朝風之唯美文學，展開了以文貫徹道的實用散文運動。王通著《中說・王道》，「言文而不言理，是天下無文也，王道從何而興乎。」《陳書・文學傳論》，「夫文學者，蓋人倫之所基歟！ 是以君子異乎衆庶。昔仲尼論四科，始乎德行，終乎文學。斯則聖人之所貴也。」周敦頤（1017～73），《周濂溪集》， 卷六，「文所以載道……不知務道德而第以文辭爲能者，藝焉而已。」

勢，但其主動權似乎操之於開京派。

仁宗十年，金富佾死後，史官之評價如下：

> 太尉判秘書省事金富佾卒，其先新羅公族也，少力學擢第。睿
> 宗置寶文閣，日與儒臣講論經史，富佾雄辯折衷，人莫之敵，
> 名重當世，文章華瞻，凡國家詞命必命潤色。❼❹

由此可知當時問難何等激烈。

仁宗十一年五月，在崇文殿的講論上，針對金富軾的《周易》講義，西京派鄭知常，尹彥頤，鄭沆，洪彝敍等人進行問難，其中，尤其尹彥頤的問難使金富軾陷入困境❼❺。

據《高麗史‧列傳》，尹彥頤條：

> 一日王幸國子監，命富軾講《易》，令彥頤問難，彥頤頗精於
> 《易》，辯問縱橫，富軾難於應答，汗流被面。❼❻

據金守雌的〈幸學記〉：

> 大司成金富轍就前席講〈無逸篇〉，主上執經垂聽，勅兩府百

---

❼❹　《高麗史‧列傳》，卷一，金富佾條及《高麗史節要》，卷一，仁宗十年條。

❼❺　同上，卷九，尹彥頤條，金富軾曾改撰尹彥頤奉王命所寫之大覺國師之碑文。因此兩人感情不好。

❼❻　同上，卷九，尹彥頤條，在記錄中把尹氏描寫成比金富軾高超的學者。但不能以此斷言彥頤之學問比富軾高深。因爲問難之一方總比答辯的一方有利。據列傳末尾之評，尹彥頤的文章十分好，早日已撰述《易解》聞名。他晚年酷好佛法。結尾之一評說道「身爲宰輔，不顧國家風教，竟敢以詭異之行動，迷惑愚蠢的俗人，爲世人所不齒。」尹彥頤並非一純儒。

官諸生聽講，穆穆天光，不違顏咫尺，命起居郎尹彥頤問義，
更教諸生前進而聽之，又命待聘齋生李聖予鄭子野、求仁齋生
河永深互相詰之，司成應聲而答，若決江河。⓻

　　綜上所述，可知當時的質詢與問答是何等的認眞。當時學者爲學
之態度何等精深是可想而知的。那種講經風與問難之態度，在朝鮮朝
也是罕見的。這直接說明了高麗中期儒學，尤其經學之最盛期。豈可
低估高麗儒學？

　　至於講經內容，主要講論《易》、《書》、《詩》、《禮》，其
中講論次數最多的是《書經》（22次），其次是《禮記》（11次），
還有《周易》（9次）和《詩》（5次）等。值得注意的是《老子》
講義和《唐鑑》⓻ 講義各有一次。

　　《書經》是太祖十訓要中所特記的主要經典。在儒教該書可稱政
事之法典，多有可取之教訓。再予以細分，可知〈洪範〉講義有六次，
〈說命〉講義有六次，〈無逸〉講義有四次，〈舜典〉與〈大禹謨〉
有兩次，〈堯典〉、〈皋陶謨〉、〈益稷〉、〈太甲〉等各有一次。

　　《禮記》中，〈中庸〉講義有四次，〈月令〉講義有五次，其他有
三次。〈月令〉是有關農耕與風俗的內容，〈中庸〉則深入探討心性
與誠，是體得儒學道義的根本書籍。因此引進性理學之前，《中庸》
在四書當中，尤爲人們所關切，是值得注意的事情。當時的尊經風已
開始將儒學視爲哲學的，引起問難的可能性也可說是源於那種學風。

　　對於《周易》的研究，似乎也相當活潑。其重點不在〈文言〉，
〈繫辭〉，而在于本經之卦辭。由此看來，對義理易似乎尚未發達，

⓻　《東文選》，卷六四。
⓻　宋范祖禹撰，《唐史‧別記》，論贊等多數，多值得戒鑑者。

而〈乾卦〉、〈泰卦〉、〈復卦〉、〈大畜卦〉等爲主要論題。因此好像儒家的立場和道家的見解混而爲一⑦。

對《詩》的講義，由朴昇中、金富佾、林存、鄭沆等人進行，其中金富佾曾多次專講，因而可說是文章家的獨有物，而且《詩》的講義是從仁宗以後開始的，這意味着一個學風的轉變。

睿宗十三年到仁宗九年，進行了《老子》講論，這是值得記取的事。不過進行十三年後被禁止，可能是因爲不符合當時儒教之理念。不過據「禁諸生治老莊之學」⑧一語推斷，既成學者的研究仍不斷地進行着。

經過睿、仁、毅宗三代之四十年間，盛行一時的尊經講學之風，提高了當時的學問水準，深化內涵，並使學者加緊著述活動，因此，儒教（學）傳入韓國之後，終於具備了可形成發展韓國儒學的學術能力。由韓國學者撰寫著作，證明韓國的儒學水準，形成了獨自的領域，這是有重大意義的。當代的著作以金富軾的《三國史記》爲首，有尹彥頤之《易解》、崔允儀之《古今詳定體》、金仁存的《論語新義》等⑧。其中，除《三國史記》之外，皆已失傳，而無法得知其內容。但按當時儒風推斷，必是相當高的水平。

3. 出版著述與歷史意識

高麗出版事業的早期發達與刊行事業推行，是舉世聞名的。板刻與印刷雖以佛經刊行爲主，但它是先刊行儒經後，再轉爲佛經刊行的，那是因爲高麗的圖書出版先由儒經（經史子集）的抄寫開始而發

---

⑦　《文獻備考》，卷二四二，藝文考一，宣宗八年條。戶部尙書李資義自宋返國時所帶書目中有荀爽《周易》十卷，京房《易》十卷，鄭康成《易》九卷，陸續注《周易》十四卷，虞翻注《周易》九卷。他們都是漢代易，是象數學系統的《周易》。高麗似乎多崇尙漢代易。

⑧　《高麗史節要》，卷九，仁宗九年條。

⑧　金庠基，《高麗時代史》，參照頁八六五～八八一。

展爲刊行的。

高麗成宗九年 (990)，在西京設修書院，曾使諸生抄寫書史，而加以備藏。靖宗八年 (1042) 才由東京留守崔顥等人刊進《兩漢書》《唐書》等。同年十一月 (1045) 又由秘書省刊進 《禮記正義》 與《毛詩正義》等書。而且在九年後，文宗十年(1056)接納西京留守之奏請，印行了收藏於秘閣之九經、漢晉唐書、《論語》、《孝經》、子、史、諸家文集、醫卜、地理、律算諸書，並將各一部贈予各京學。這是由於抄寫本身誤字太多，而且其需求量與日俱增，而進行的大規模刊行事業⑧。

實現儒家經籍的刊行後，宣宗三年 (1086) 於興王寺設立教藏都監，從宋、遼、日本等地購入佛經，發刊了四千卷⑧。當然在這之前不是沒有單本刊行，但比儒書之刊行較遲。

高麗的書籍刊行是從前朝之文化中心慶州開始的。其佛經刊行是由國家中央舉國進行的，而相反的，儒書刊行則大致由地方刊進，因而似乎有輕重之別。因此筆者對蔣復璁先生所說「韓國儒書的刊刻或許要比高麗藏之雕造較遲」⑧ 抱有異見。

以上是對於高麗儒學形成期的儒書刊刻之大略。當時大體上摹寫刊行來自中國的文籍。然而，這在進入高麗儒學興盛期之後，發展爲刊行校讎、注解、新著等高麗學者學問業績的事業。高麗從此具備了學問的主體性，創造性，從依靠輸入一邊倒轉向創作與輸出。達成了所謂文化獨立和學問的自立。

這種文化獨立和學問自立，使當時的學者抱有意欲及勇氣。得力

---

⑧　《文獻備考・藝文考》。
⑧　《高麗史節要》，卷六，宣宗三年五月條，「……又於興王寺，奏置教藏都鑑，購書於遼宋日本，多至四千卷，悉皆刊行。」
⑧　蔣復璁，《中韓書錄》，頁一三。

於此，經常受標榜傳統意識的階層與信奉迷信陰陽圖讖之保守派的挑
戰的儒學者（或許可稱之爲中國文化信奉者），佔了決定性的優勢。這
種局面是因以金富軾爲中心的開京派（慶州系儒者）戰勝以鄭知常、
妙清爲首的西京派而獲得實現的。這也就是合理的儒教文化落實紮根
的線索，也是儒教歷史意識擡頭的分水嶺。

由此看來，促進學問發展的原動力在於印刷刊行術的發達與受
容，創造儒學之力量。儒學很可能破壞了韓國古來之風俗與意識，總
之在合理的思惟與倫理的秩序之上，奠定了文化民族的基礎。這一點
是不容置疑的。

接着要考查高麗儒學興盛期的出版著述與歷史意識。

A、出版與著述

高麗肅宗（1096～1105）是廣泛攝取五經子史的博學之王。他十
分關心書籍，卽位當年，到文德殿閱覽歷代秘藏之文書，又恐怕萬一
受損，下令將完秩分藏於文徵殿、長齡殿、御書房及秘書閣。四年，
到延英殿檢閱御藏文書。六年，將九經子史各一部，分別受藏於臺省
與樞密院，至甚留意書籍的保存。他又看見秘書省的文籍板本，不得
活用，於國子監設立書籍鋪，使之移藏並廣泛摹印❽。

以這種藏書的保傳與板刻之利用爲基礎，到睿宗年間，完成了一
大整理與新刊工作。卽位初，下令儒臣金緣、崔璿、李載、李德羽、
朴昇中等十人，與太史官聚集長寧殿，使之蒐集地理諸家書，校勘各
種異本，刪定繁亂章節而編纂一冊《海東秘錄》。

同年八月，金緣、朴昇中等人，撰進《時政策要》五卷，金仁存
的《論語新義》也是當時撰述成册的。十一年，君王閱覽《編年通
載》，並命寶文閣學士洪灌，修集三韓以來的事實，編著續編。又要

_____

❽　以上是參考《高麗史節要》，卷六，肅宗條。

金緣、朴景仁注解《貞觀政要》⑧，睿宗漸漸發現了歷史記錄的重要性。承襲此一歷史意識，在睿宗死後不久 (1122)，制定實錄編修官制，使之編修睿宗實錄。這時的編史體制是仿照宋朝的，由朴昇中、鄭克永、金富軾等人擔任編修官。金富軾的《三國史記》，可說就是從此訓練而成就的⑧。

仁宗七年，將邵臺輔之私居定為書籍所，供儒臣專用。十二年 (1134) 大量刊行《孝經》與《論語》，分給閭巷兒童。二十三年 (1145) 撰進了金富軾的《三國史記》⑧。在政治與學問上，與金富軾相對立的尹彥頤所撰之《易解》，也可能是同一年代聞世的。

儒經的普及或注解著述的出現，雖可說是儒教一般風俗化與提高學問研究水平的尺度，但《三國史記》的出現，實際上，確立了儒教政治的理念化及其目標，而具有超脫倫理教化之意義。自此，儒教超越了倫理教化的層次，成為合理的、史實的、義理的歷史觀與歷史意識深植於韓國的契機。金富軾的《三國史記》之撰述可說進一步提高了高麗儒學之功效。

B、儒教史觀與中國史法的落實，

金富軾的《三國史記》是以當時的國際性眼光，即吸取儒教史觀和中國正史的修史方法，果敢取捨韓國民族傳統的神話傳說性古事記或古史資料，編修成冊的韓國最早的正史。然而，其國際性眼光易於被誤解為事大。又因現世、合理、教訓的儒教史觀無法容納虛誕、迷信的古記，而遭後世湮滅資料的譴責。

原來高麗儒教（學）被韓國傳統的民俗信仰，生活習俗以及陰陽圖讖，甚至被佛教視為外來思想，尤其儒教本身是非宗教的，不能與

---

⑧　同上，卷七，參閱睿宗條。
⑧　《高麗史節要》，卷八，參閱睿宗十七年條。
⑧　同上，卷一，參閱仁宗條。

迷信妥協的倫理性、學術性的。因此爲了克服其壓力及糾葛，花費了很長的時間。

　　基於上述觀點，暫且不提《三國史記》的功過是非，在韓國儒學史上，要說它是使儒教土著化的最後的工作，也是進入朝鮮朝後，使儒教提升爲國家理念的基礎。因爲所謂歷史觀和歷史意識是直接關係民族和國家生存之指標的。

　　所以我們在評論金富軾的《三國史記》之前，要大略認淸中國的儒教史觀如何，其修史之法又如何。

　　中國儒教從其民族思想或意識的變遷過程上來看，是擺脫原始迷信宗教或氏族神中心的祭政一致的一種意識革命和政治革命，進而也是爲了建設以人爲中心的人文世界而謀求的現世間之倫理規範。它不承認來世或他界，徹底標榜現世間的現實主義，由此可知儒教決非宗教。只是將現世間的人類秩序放在道德倫理的層次，也或許比宗教更致力於勸善懲惡，因而在功能上，有如同宗教的一面。這是不可否認的。

　　然而儒教在實行勸善懲惡的方法上，與其他宗教大異其趣。比方說，某些宗教假設來世與他界，說明其中的善惡審判之果報，而期待善導人類行爲的效果，相反地儒教則徹底通過教育善導人類。因此將政治視爲教化。首先將爲政者的牽制寄托於道德的自覺，然後再依靠所謂歷史的審判。

　　換言之，不是來世的某種審判世間的善惡，而是根據人類所謀求的道義規範，歷史審判人類的善惡是非。因此認爲歷史常成爲未來人類之借鑑與教訓，擔任勸善懲惡的功能㊾。

　　㊾　孟子如下說明孔子著《春秋》的動機和目的，「世衰道微，邪說暴行有作，臣弒其君者有之，子弒其父者有之，孔子懼，作《春秋》……孔子成《春秋》而亂臣賊子懼。」（〈滕文公〉下）《春秋》的寫作動機在於「假史事以寓王法」，其功效在於「一字之褒，寵踰華袞之贈，一言之貶，辱過市朝之撻。」（范寧，《春秋·穀梁傳》序）

　　據儒教的歷史觀，歷史是事實的記錄，同時也是分辨是非、善惡、功過的審判。如此可使人懼怕歷史，並自我反省，求得所謂鑑古戒今的效果。若某些歷史只停留在記錄史實的階段，那不過是無生命力的歷史記錄，無教訓功能的故事。

　　而且，儒教的歷史觀立足於現世間，排斥一切怪力亂神等迷信，只求對事實的道義性審判，所以其首要事項是根據事實的記錄❾⓪。這點，儒教史觀和實證史觀相同。不過，由於歷史批判，儒教史觀也不能徹底的客觀。因為歷史是人所寫的，個人既是個人，也是屬於某一社會階層的存在，難免偏向與主觀，所以歷史評價自然不能一勞永逸，而是需要長期的推敲與永遠的開放❾①。

　　所謂開放不只意味歷史評價的自由開放，也包含資料的開放。開放資料時，也要開放基於相異的立場與觀點重寫歷史的門戶。儒家史觀的重點就是首先以史實為「事」，以評價為「理」，記述歷史。如

---

❾⓪　孔子寫《春秋》時所取的選擇史料的標準是「春秋詳內略外，詳尊略卑，詳重略輕，詳近略遠，詳大略小，詳變略常，詳正略否」（莊存與語，見《清儒學案》，卷七三），其修史方法則「約其辭文，去其煩重」、「筆則筆、削則削」，尤其《論語》所說「夏禮吾能言之，杞不足徵也，殷禮吾能言之，宋不足徵也，文獻不足故也，足則吾能徵之矣。」（〈八佾〉）孔子如此重視史實與文獻的徵據。說「良史以實錄直書為貴，史學以不虛為美，以不隱惡為良。」司馬遷在《史記》自序中說，「孔子知言之不用，道之不行也，是非二百四十二年之中，以為天下儀表，貶天子，退諸侯，討大夫，以達王事而已。」「春秋別嫌疑，明是非，定猶豫，美善惡惡，賢賢賤不肖，存亡國，繼絕世，補敝起廢，王道之大者也。」《史記・太史公自序》）孔子就是通過歷史事實的褒貶，教誡世人，也就是為固守王道。

❾①　「疑以傳疑，信以傳信，春秋法也」，為排除個人之主觀，章實齋說「史之義出於天」（《文史通義》）。董仲舒則說「人受命於天，有善善惡惡之性。」（《春秋繁露・玉懷》）視歷史評估的標準在於人本性之固有。若要守人本性之中道，歷史撰述者須超越一切。然而超越一詞，對於對自己寬容的人類來說，易於自認，所以任何歷史的敍述與評價要永遠開放，尋其普遍之值。

此撰寫的歷史具有以「理」制「事」的功能㊳。撰寫歷史的方法是「事主論從」的，其目的在於以此爲敎訓，以「理」制御下代之歷史創造行爲。換言之，撰寫歷史時，史實雖是重要的，但對重視事實而寫的歷史的評價，應以人類行爲的最大規範 —— 儒家義理爲絕對的標準。這時，論其事實並非容易，而且也難以嚴守義理之標準。那是因爲中國歷史的所有領域，免不了帝王的力之干涉，而且連事實與義理也易於受帝王之力的影響而加以歪曲或顚倒。因此，爲防止這種錯誤，對史官賦予了機械性的照實記載事實的職務（甚至連君王的干涉筆記也一一記載），使那些記錄到了該王之力所不及的下下一代，編纂爲正史，並加以評價。

儒家最初撰寫歷史的意圖，似乎不是爲大衆而是爲牽制統治階層而寫的。若說經典之敎化是爲一般人的倫理秩序，史書則是爲擴大統治者的經論，防止權力惡化的。或許也由於這一點，《左傳》與《通鑑》等書被視爲一種政治敎科書。

引進並落實儒敎史觀與中國史法，不僅是學術上劃時代的發展，也是形成韓國政治史上一理念與法則以及義理標準的契機。帶來了政治意識的開明。儒敎是現世主義的，使現世昇華爲道德境界，就是儒敎的理想。並相信這種理想，通過政治才能實現㊴。對儒敎來說，政治是實現理想的方法。高麗儒敎先由敎育開始，發展爲學問，然後再與政治措施相連繫。結果落實了反省政治行爲的史觀和歷史記錄法。高麗儒敎推行兩百多年的儒敎導入和土著化運動，由金富軾完成《三

㊳　孫泰山說：「文王作《易》於殷世之末，夫子作《春秋》於周德之衰。有其理則有其事，體用一也。有其事則有其理，顯微無間也。」（《宋元學案》，卷二，〈泰山學案〉）刁包說：「《易》不明，不可以治《春秋》，《春秋》不明，不可見《易》，兩經者同條共貫者也。」（《淸儒學案》，卷一五，〈用六學案〉）以事之書與理之易並重。

㊴　方東美，《中國人生哲學》，參閱頁二三七、二三八。

國史記》後，告一段落了。

C、金富軾的《三國史記》

建國家，實行政治之後，自然要撰述歷史，而且人們十分重視。
韓國三國時代已是具備國家的形態，政治組織與行政的時代，所以不
會沒有歷史記錄。除了金富軾(1075~1151)在寫《三國史記》時所根
據的《海東古記》、《三韓古記》、《新羅古記》、《新羅古事》之
外，正史形式的史書有新羅眞興王六年金居柒夫撰之《國史》，高句
麗有《留記》百卷及嬰陽王三十一年李文眞修撰之《新集》五卷，百
濟有近肖古王二十九年高興撰之《書記》，這些雖在金富軾的《三國
史記》中，沒有言及，但是是足可信賴的❾❹。

李奎報 (1168~1241) 文集〈東明王〉序說：

　　得見舊三國史記，其中有東明王本紀。❾❺

由此可知，金富軾的三國史記閫世之前，已完成了《三國史記》。
韓國對歷史的關心，對歷史的修撰工作，勿論及水平如何，傳來已
久。而且這種遺緒進入高麗後，也持續發展，在國初就設立史館，從
事修史❾❻。由於契丹的侵略，秘書省書庫被焚燒後，顯宗四年 (1013)
九月，命崔沆、金審言等重新編修國史。到了淸宗九年(1049)，崔冲
奉爲修國史，繼續撰述。到文宗之年 (1049) 黃周亮時才告完成❾❼。

---

❾❹　金富軾，《三國史記》朝鮮光文會刊，序文。
❾❺　同上。
❾❻　《高麗史・志》，卷三〇，百官一，「春秋館掌記時政，國初稱史館，
　　監修國史，侍中兼之……。」武人亂後，由武人取代，忽略史官之職
　　務。恭讓王元年，史官崔等上書「史官之任，君上之言行，政事百官之
　　是非得失，皆得直書以示後世，而垂勸戒，故自古有國家者，莫不以史
　　職爲重」，陳述了職能回復的問題。
❾❼　《高麗史節要》，卷三，顯宗四年條，「以吏部尙書參知政事崔沆，監
　　修國史。禮部尙書金審言，修國史……崔冲並爲修撰官。」同上，靖宗
　　九年條「崔冲，守司徒，修國史。」

在睿宗朝代，撰進了洪灌的編年通載續編⑱。後來，仁宗四年(1126)李資謙之亂時，金守雌埋藏國史，使免於灰燼⑲。基於上述事實，可知同儒教的振興歷史意識與史法也不斷發展。

凡事無突如其來的。金富軾《三國史記》之聞，也是進行修史工作的結果。《三國史記》的出現，不表示埋沒以往的修史業績。但是《三國史記》之前的修史是國家的事業，尚未達到學問一般的階段。由於《三國史記》的聞世，歷史公開於史館之外，尤其提高了學者對自國史的認識。

金富軾的〈進三國史記表〉說：

> 今之學士大夫，其於五經諸子之書，秦漢歷代之史或有淹通而詳說之者，至於吾邦之事卻茫然不知其始末，甚可歎也。⑩

由此看來，《三國史記》以前的修史，仍在秘藏階段，而學界一般對於自國史的認識也不足夠。

又嘆息說：

> 漢書宋祁唐書若有列傳，而詳內略外，不以具載，又其古記文字蕪拙，事迹闕亡。⑪

---

⑱　《文獻備考》，卷二四四，藝文考三，「編年通載續編（卷秩末考）睿宗命洪灌等修集三韓以來事實爲此編。」

⑲　《高麗史節要》，卷九，仁宗四年條，「……資謙又與俊京議亂作日直宿者無貴賤皆殺之，……百官狼狽奔散。直史館金守雌，獨負國史至山呼亭北，掘地以藏之，賴免焚滅之。」

⑩　金富軾，《三國史記・進三國史記》表。

⑪　同上。

這說明高麗的修史，只著重於高麗歷代的實錄，有關前代史料有系統的整理尚未完成。

而且更爲重要的是：

> 因此，君王之善惡，臣下之忠邪；國家之安危，人民之治亂。
> 使後人煥然得見，而垂勸善戒惡之敎訓。

可說金富軾的歷史意識或歷史觀是道地的儒敎性的⑩。

據進表，金富軾撰寫《三國史記》的意圖就是想以此做爲「鑑古戒今」的典據。爲了這點要根據史實以合理的方式整理古時候的記事和記錄。認爲不得不引進當時國際學問水準極高的中國的修史方法。

要寫出別國學者也可毫無懷疑的接受的歷史，這是金富軾的主要工作態度。因此他透露苦衷說雖不否認韓國歷史記源於三國之前，但是要寫爲信史實「文不足徵」，尤其因古記中的史料缺乏合理性和史實性，不得從三韓開始撰寫。

《三國史記》年表上序說：

> 海東有國家久矣，自箕子受封於周室，衛滿僭號於漢初，年代綿邈，文字疎略，固莫得而詳焉。至於三國鼎峙，則傳世尤多，新羅五十六王，九百九十二年，高句麗二十八王，七百五年，百濟三十一王，六百七十八年，其始終可得而考焉，作三國年表。⑩

---

⑩ 孔子所寫春秋筆法，即正名實，辨是非，寓褒貶之方法，繼續流傳，成爲中國史法的主要功能——鑑戒主義。這是儒家史觀的主流。金富軾崇尚的歐陽修之《春秋論》，司馬光的《資治通鑑》都繼承孔子的春秋筆法，以儒家的正統史法撰述的。

⑩ 《三國史記》（新文版），卷二〇，參閱年表上前文。

撰寫時保留無法證實的，就是儒家的修史之法。所以金富軾的《三國史記》雖從三國開始，但並不表示否認以前的歷史。他明確表明了只寫可靠事實的立場。他認定如今議論紛紛的箕子朝鮮，而未提及檀君朝鮮，這似乎不但是因為「文不足徵」，也可能是因為「言不足信」而予以否認。

他不但不信檀君神話，連三國的建國神話也不予信賴。他認為信那些和民眾的巫信是可恥的。《三國史記·百濟本紀》第六論說：

> 新羅朴氏、昔氏皆自卵生，金氏從天入金櫃而降，或云乘金車此尤詭怪不可信。[104]

〈新羅本紀〉也有同樣的的記載：

> 我朝遣尚書李資諒入宋，期貢臣，富軾以文翰之任輔行，詣佑神館，見一堂，設女仙像，館伴學士正奭此貴國之神，公等知之乎。[105]

但是古時候那種說法世俗相後，而信以為真，他暗中嘆息。

對古記的懷疑，尤其在不信建國神話中怪異情節的立場，自然不會將那種記錄編入《史記》，卽使是從別處得手的資料也會輕視而不加保留，是可想而知的。結果在《三國史記》聞世後，古記、古事等自然消失了。勿論事實與否，全遭受湮滅的譴責[106]。

---

[104] 《三國史記·本紀》第一二，末尾：「新羅朴氏、昔氏，皆自卵生，金氏從天入金櫃而降，或云乘金車。此尤詭怪不可信。」〈百濟本紀〉第六末尾論中，亦有同樣論述。

[105] 同上，〈新羅本紀〉，第一二，參閱末尾論曰。

[106] 但是據安鼎福評《三國遺史》所寫之文章中內容，將史資料湮滅的責任只歸於金富軾是不合理的。原文如下「其書本佛氏立教之源流而作，故間有年代之可考，而專是無端虛誕之說。……當時豈無秉筆記事之人？而皆湮沒無傳，獨此書爲僧釋所傳。故藏在岩穴之中，而得保於兵變之餘，後人猶幸遺存，東國文獻之泯絕至於如是。」因兵火而湮沒者，不勝枚舉。

　　金富軾的《三國史記》雖難免事大性，反傳統性以及資料湮滅的
責任，但在儒教史觀，中國史法的立場來看，金富軾的《三國史記》
正如本人自負「宜得三才之長，克成一家之史，貽之萬世，炳若日
星」⑩。只可論其功而難以論其過。坦率地說，在寫高麗儒學史的立
場來看，因他的《三國史記》建立的儒學史觀，接崔彥撝、崔承老、
崔冲之後，成爲高麗儒學土着化的柱礎人物。至少要說金富軾是將高
麗的儒學水準提升到國際水準，卽宋朝水準的人物，他的《三國史
記》使韓國人的歷史意識與修史方法具備了學問的系統。

五、詩文儒的浮華與武臣之亂

　　高麗儒學起初興辦學校，獎勵教育，於朝廷指向王道政治，於民
間則教化倫理秩序。換言之，奠定了儒教的階段後，成宗、文宗時，
興辦私學，廣泛探求了經、子、史、集，振興了文風，後來在睿宗、
仁宗時，整頓官學，業尙經學，致力講論，而提升到名實相符的儒學
之土着階段。然而，學問似乎也有興亡盛衰之起伏變化。進入毅宗年
間，掀起崇尙詩詞文章之風，終予陷入浮華。由於文士過於輕武而招
來武人將文士一網打盡的不幸。
　　正如《易》中所說：

　　　　積善之家，必有餘慶，積不善之家必有餘殃，臣弑其君，子弑
　　　　其父，非一朝一夕之故，其所由來者，漸矣，辯之不早辯也，
　　　　《易》曰履霜堅冰至，蓋言順也。⑩

---

⑩　　金富軾，《三國史記》，〈進表文〉中之一段。
⑩　　《周易・坤卦》文言。

　　高麗武臣之亂是以文弊自招的。結果使儒學進入黑暗期，在引進中國發展的新儒學方面遲了約百年時間。換言之，招來了學術比中國晚一百年的結果。

　　睿宗時已有文奢之風，但不幸的是還有過如崔瀹有勇氣的諫官，加上睿宗之爲人並不昏盲，反而優納直言。因此能够興官學，普及脅經講之風。儒學大爲振興五十年，後至毅宗來，又因文奢之侈達到極點，而陷入泥淖之中。我們可說一個諫官的直言，至少阻止了五十年的頹風。所謂「挽狂瀾於既倒」，不就如此嗎？一個儒者的話，挽回敗壞的世風，支撐了五十年之久，忠諫何等重要呢？

　　毅宗朝，也曾有過忠諫之臣，據《補閑集》記載：

> 毅王近聲色，好遊豫，文忠肅公克謙時爲正言，上疏切諫之，不從。[109]

據〈列傳〉：

> 鄭仲夫之亂，克謙直省中，聞變逃匿，有兵跡而獲之，克謙曰：我前正言文克謙也，上若從吾言豈至今日，願以利劍決之，兵異之，擒致諸將前，諸將曰：此人吾輩素聞名者，勿殺，囚於宮城。

又說：

> 毅宗南行於馬上，嘆曰：朕若早從克謙言，安有是辱。[110]

---

[109]　崔滋，《補閑集》，卷下，頁一六、一七。
[110]　《高麗史·列傳》，卷一二，文克謙。

廢主所停留的維鳩驛，新佈置的公館壁上，有一朴某畫工畫了一幅穿戴白衣破笠，騎着馬的儒生，放鬆馬僵，慢步轉過山角的圖畫。正當眾人不知畫中之意時，無衣子賦詩曰：

> 壁上何人壽此圖，諫臣去國事幾乎。山僧一見尚埃悵，何況當塗士大夫。

儒教的最終理想是透過政治才能實現的。若政治已近尾聲是何等空虛。僧侶見此圖也感痛心，何況是當塗之士大夫，如果見到該多麼傷心。這一句使人感到儒者的責任太大了。

此後又有過客兩人賦詩曰：

> 曲埃言前不早圖，焦頭後悔可追乎？何人畫此諫臣去，滿壁清風激懶夫。
> 白衣黃帶諫臣圖，是屈原乎微小乎，未正君非空去國，不須毫底費工夫。⑪

這是說儒者不應對反省和保守儒教道義有絲毫的疏忽。

經歷多端波折，不斷培養的儒治之風，卻因輕薄詞風和昏君的荒淫，除文克謙等幾人之外，陷於一網打盡的空虛，覺得前賢之功勞十分可惜。

將毅宗二十四年（1170）鄭仲夫亂後的約百年間，就是從武臣政權衰退到文臣政權之重建的忠烈王一年（1275）看做是高麗儒學的衰退期或黑暗期，在此不加談論，接着要談談性理學（朱子學）的輸入期。

---

⑪ 同⑩。

第六章 高麗時代的倫理思想

一、建國初期的政治倫理

1.宗教與倫理的並行

在一個朝代動搖，新王朝正要擡頭的末世，總是出現羣雄割據，角逐政權的局面。 因此， 世界陷於戰爭的混亂中。 置身其中而無法保全生命的百姓，爲消除恐怖和不安，自然依賴巫俗宗教或圖讖預言等，對於安撫民心的未知人物，決定自己的去向。

通曉民心的弱點與求知所在的當代巫俗宗教家或圖讖預言者，競相提示未來世界。使參與角逐的某人特定化，並予以神秘化，不但加強當事人物的信心，同時，誘導世人對他的嚮往，以便左右大勢。

高麗太祖王建 （877～943） 平天下之前的成長與成就過程，富有神秘的預言的色彩。其背後操持者就是道詵❶。 大凡成大功立大業的

---

❶　《高麗史・高麗世系》， 頁七、八， 「桐裏山祖師道詵入唐得一行地法而還，登白頭山至鵠嶺， 見世祖（王建之父，金城太守隆之追謚）新構第曰： 種稑之地，何種麻耶? 言訖而去， 夫人聞而以告， 世祖倒屣追之，及見如舊識，遂與登鵠嶺， 究山水之脈，上觀天文，下察時數曰: 此地……則符應天地之大數，百年必生聖子、宜名曰王建， 因作實封題其外云: 謹奉書百拜獻書於未來統合三韓之王大原君子足下。……世祖從其言築室以居，是月威肅（王建母之追謚）「有娠生太祖。」
《韓鮮史略》， 卷二， 「及年十七， 詵復來見建，告以出師置陣地利天時之法， 望秩山川感痛保佑之理。」
太祖王建甚至在十訓要中闡明三韓山川之陰佑和西京水德爲大業萬代之吉地，是根據道詵之地術的， 太祖正如此地酷信風水地理說。

人多半相信命運，並期待天地神明等某一偉大存在的保護。王建在那種神秘及圖讖思想的氣氛中陶冶自身，信仰也十分篤實。在他面對許多生死關頭之後，終於完成了大業。因此他相信三國山川之陰佑，西京之水德，以及諸佛的衛護。此可謂人之常情❷。

然而，得天下之前的巫俗宗教，圖讖風水的思想，不能繼續適用於國家經營。當然在建國不久，民心尚未安定的情況之下，宗教與信仰仍然是主要的治民手段。而且也由於理性的哲學思想或倫理道德規範還未成爲新生國高麗的國家哲學（或國是國教），因而以王家爲首，舉國崇奉佛教，以期民心的統一，並在國家規模的土木工程上，遵奉風水地理說，展開了一貫的國土開發。這可說是奠定效治大本的不可或缺的措施❸。

只以那種宗教、風水的信仰與思想是不能建立新國家體制，實施行政的。因太祖和高麗建國者對此感受迫切，在建國後，太祖吸收儒家的王道思想、倫理規範以及典章制度，進行了實際的國家創業。換句話說，在現實政治體制和行政措施上，積極採用儒家倫理。在收拾民心與開發國土上，仍然信奉巫俗宗教和圖讖風水。這表示高麗自建國初期，並重宗教與倫理的結果具有宗教與政治分離的二元性。

自高麗建國初期，儒教倫理在政治層面，起了莫大的作用，以下

---

❷ 《高麗史節要》，卷一，十訓要一、二、五條，「第恐後嗣，縱情肆欲，敗亂綱紀，大可憂也。爰述訓要，以傳諸後，庶幾朝披夕覽，永爲龜鑑。
其一曰：我國家大業，必資諸佛護衛之力，是故創立禪教寺院，差遣主持焚修，使之各治其業……，其二曰：諸寺院，皆是道詵推占山水順逆而開創者也。道詵云：吾所占定外，妄有創造則損薄池德，祚業不永……。其五曰：朕賴三韓山川陰佑，以成大業。西京水德調順，爲我國地脈之根本……。」

❸ 崔滋，《補閑集》卷上，「傳曰，當亂修文以得人心，王者雖當軍旅之時，必修六經，未聞依浮屠陰陽以得天下者。……斯言朕豈不知……待定亂居安正，可以移風俗美教化也。」建國之後，不斷崇尚陰陽浮屠，是爲了按撫初期的混亂和不安的民心。實屬不得已的措施。

探討儒教倫理中的某種內容，通過如何的程序被採用。

2.天命思想與易姓革命

太祖認為自己得天下是因為有山川之陰佑。但實際上，其登極與建國的政治程序，完全是以儒家大義名分為基礎的。《高麗史》中，首先將他的德業視為得位的第一基因，再把天授大命於有德者的天命思想和禪讓形式的易姓革命看做是他得國的背景❹。

太祖的建國與三國（高句麗、新羅、百濟）不同，不是首創邦國，而是在命脈上繼承高句麗，在歷史文化上合併了新羅的版圖。因此不能不說是強奪既有國體與王權的易姓革命。這時，實際上，弓裔的臣下王建算是違背了儒家的君臣倫理。隨之，《高麗史》在表明得國的背景與名分時，則根據中國殷周之例。

洪儒、裴玄慶、申崇謙、卜智謙等人推戴王建為王時，促求說：

> 弓裔不克終，縱虐太甚，（濫）刑以逞殺妻戮子，誅夷臣僚，
> 民墜塗炭，疾之如讎，桀紂之惡，無以加也，廢昏立明，天下
> 之大義，請公行殷周之事。（指殷湯與周武王的易姓革命）

這分明是舉出天命思想與易姓革命之史例，使王建的登極與建國正當化的❺。

但王建因它有違儒家政治名分上視為天經地義的君臣之義而拒絕，而且破壞倫常即可成為叛逆的藉口。有鑑於此，他發揮謙讓之德說：

---

❹　《高麗史‧列傳》，卷五，洪儒條，在使王建即位的推戴辭中，舉出原始儒家的天命思想和易姓革命思想，表明了大義名分。

❺　《高麗史‧列傳》，卷五，參考洪儒條。

吾以忠義自許，王雖暴亂，安敢有二心，以臣伐君，斯謂革
命，予實不德，敢效湯武之事乎，恐後世以爲口實。❻

這是相當成熟的儒家政治倫理的處事之道。首先標榜有德者必有
國的天命思想，而闡明易姓革命的正當性，並以君義臣忠的倫常表示
謙讓，同時警戒後人的態度，不能不說是預先掌握政權保護關鍵的明
智的手法。

3. 王權統治的基本——樹立王家

王朝的建立，不是因有國而有王，而是先立王後立國。在建國
時需優先建立的是王家的系統。因爲王權的繼承是通過王家家系授受
的。換言之，王家就是權力者的產室，王家系統堅實才可期待政治行
政的安定。因此，在一王國，王家的存在就是直接關係社稷安危的權
力之巨大核心。

太祖即位後，進行的王家樹立工作是按照儒教政治的傳統，從追
尊三代，鞏固王家淵源的事業開始展開的。其曾祖考爲元德大王，廟
號國祖，妣爲貞和王后，祖考爲景康大王，廟號懿祖，妣爲元昌王
后，考爲威武大王，廟號世祖，妣爲威肅王后。即是如此❼。隨着建
立創業初國家護衛之依託，民心收結之中心佛寺道觀的同時，建立了
祭王家祖宗的廟宇，齊備了王家的規模與威嚴❽。

由此可知，高麗雖以佛教爲國教，並信奉道教，但在經營現實政
治時，起初就已徹底遵循儒教治國。若是，首先採取了儒教倫理中立

---

❻　同上。
❼　《高麗史節要》，太祖二年條。
❽　宣和奉，《高麗圖經》，祠宇條，「……自王氏有國以來，依山築城於
　　國上南，以建子月率官屬具儀物祠天……其祖廟在國之東門外，唯王初
　　襲封，與三歲一大祭，則具專服冕圭親祠之。」

國與治國之所需，並由王家付諸實踐。換言之，高麗的儒家倫理之採納始於上層結構，而波及下層結構。

這對巫俗信仰與宗教環境支配所有的當時來說，實屬不得已[9]。因而，儒教倫理只被有限的現實政治領域，王家以及學者官僚等知識水準較高的上流特殊階層所接受。儒教倫理與其他的宗教信仰不同，要以學問素養爲基礎，通過知識涵養與道德修養才可能達成。太祖爲了使這局限於上層結構的儒教倫理，以充實自我昇華爲更高的境界，進而爲使之普及下層結構，十分關心儒教教育，而致力創辦學校。

4. 興學與學者的重用

常言道「武力可得天下而不可治天下」。高麗太祖如同宋太祖，是經過部將之推戴登上王位的武人，但出乎意料之外，他重視文治，獎勵儒術。

據史錄，太祖於十三年十二月赴西京（平壤），創辦學校，奉隨行秀才廷鶚爲書學博士，使之居留該地，從事教育。又另設學院，召募六部生徒教授[10]。據上述內容，可斷定高麗第一所學校不在開京，而在西京。雖無史實記載，但必定是在開京首次創辦學校。

那是因爲西京置學記錄中，有句話說「先是西京未有學」。考查其立論之背景，似乎嘆息「開京置學已久，學術文化水準相當高，而

---

[9]　崔滋，《補閑集》，卷上，太祖答崔凝曰：「我國山水靈奇，介在荒僻，土性好佛神，欲資福利。方今兵革未息，安危未決，且夕悽惶，不知所措，唯思佛神陰助，山水靈應，儻有效於姑息耳。豈以此爲理國得民之大經也。」
　　《高麗圖經》，祠宇條首又云：「高麗素畏信鬼神，拘忌陰陽……其俗淫，暮夜輒男女羣聚爲倡樂，好祠鬼神社稷靈星。」由此看來，合理的儒教倫理不能一時深入革新。
[10]　《高麗史節要》，卷一，太祖十三年條，「多十二月幸西京創置學校，先是西京未有學，王命秀才廷鶚留爲書學博士，別創學院，聚六部生徒教授。」

西京尙未設立學校⋯⋯」。而且，常理上，在首都設置文化中樞學校之前，不會先設立地方教育機關。

建國初期，開京已有許多自新羅投誠來歸的大學者。代表性人物就是崔彥撝(868〜944)。建國初，他協助太祖的文治，是一個使儒學根植於高麗的所謂讀書種子。其早年留學唐朝，在中國登科，渡過了二十四年的學究生活。因此由他主持的高麗學術文化，槪不會與中國的有差別。其學術文化的水準，也必相當高超。而且太祖奉他爲元鳳大學士，掌管文翰，並使他任太子師傅。這一點說明開京早已有儒學教育機關，尤其，王宮內崇文的風氣一定是很盛的⓫。

值得注意的一點就是，高麗國體的命脈雖說淵源於高句麗，但以現實政治制度爲首的學術、文化、藝術等直接因襲了新羅⓬。換言之，高麗建國初期的學術、教育、文翰主要操在慶州系儒者的手中。太祖赴西京興學、致力人材教育等，大概是基於欲振興高句麗古都之文運的長遠目標而採取的措施⓭。

5. 統治倫理的垂範──太祖十訓要

⓫　《崔沖研究論集》，頁一八〜二一，金忠烈論文中較詳細地說明了這一點。
⓬　李丙燾，《韓國史‧中世》總說：「正如國號所表示，高麗的領導人以祖述高句麗之後繼者自居，換言之，是高句麗的復興者。」同頁一一三；「高麗的官僚制度⋯⋯主要承襲新羅，泰封之制，另一方面似乎也參考唐制。」《高麗史節要》，卷二，成宗十二年條，「契丹遣蕭遜寧侵西鄙，攻蓬山郡，至安戎鎭，王幸西京，次安北府不得進。中景使內使侍郎徐熙請行，奉國書如丹營。遜寧欲令拜於庭，熙據禮往復不屈，乃升堂行禮，東西對坐。遜寧語熙曰：「汝國興新羅地，高麗之地我所有也，而汝侵觸之，又與我連壤而越海事宋，是以來討。熙曰：我國卽高麗之舊也，取號高麗。若論地界，上國之東京皆在我境，何得謂之侵觸乎⋯⋯。」由此可知高麗之國號，在國境問題上，必有重要的作用。
⓭　《高麗史節要》，卷一，太祖條李齊賢贊：「屢幸西都視巡北鄙，其意亦以東明舊壤爲吾家靑氈，必席卷而有之，豈止操雞搏鴨而已哉⋯⋯屢幸西京，以爲根本之地也。巡視北鄙，以連獷悍之俗也。草創更始，雖未遑於禮樂，而其規模遠略，深仁厚澤，固已培養五百年之國脈矣。」

任何朝代的創業者都是偉大的。由於他們立足基層，十分了解百姓的苦楚。再者因他們是克服逆流與生死關頭的人物，明白成功的艱難。在建國後，還要重新整頓或辦理創業事務，因而通曉國家經營的困難。所以他們一生勤儉，過着健全的生活，可說是人類的模範。

不過，後王就不同，他們生長在宮中，不知艱苦，隨心所欲的生活，所以更不會知道百姓的苦楚。他們奢侈、淫亂，以至高的權勢，欺壓人民，展開無用的土木工程，使百姓勞苦。致使國庫貧乏，不得守成，而招來喪失祖傳大業的失敗。

一個創業君主，以身作則，實行統治倫理，確立傳統之後，要使後王，遵奉先王之常規，延續國命，是極其重要而困難的事情。太祖實行了建國初期的許多政治倫理措施，在他臨死之前，用遺言向後王傳授了統治倫理大綱，即所謂「十訓要」❹。

十訓要中，三、四、七、九、十等五項是有關統治倫理的，茲列舉如下：

㈢傳國以嫡雖曰常禮，然丹朱不肖，堯禪於舜，實爲公心，若元子不肖，與其次子，次子又不肖與其兄弟之眾所推戴者，俾承大統。

㈣惟我東方，舊慕唐風，文物禮樂，悉遵其制，殊方異土，人性各異，不必苟同。契丹是禽獸之國，風俗不同，言語亦異，衣冠制度，愼勿效焉。

㈦人君得臣民之心爲甚難，欲得其心，要在從諫遠讒而已，從諫則聖，讒言如蜜，不信則讒自止。又使民以時，輕徭薄賦，知稼穡之艱難，則自得民心，國富民安。古人云芳餌之下必有

---

❹　《高麗史節要》，卷一，太祖二十六年條。

懸魚；重賞之下必有良將；張弓之外必有避鳥；垂仁之下必有良民。賞罰中則陰陽順矣。

㈨百辟羣僚之祿，視國大小以爲定制，不可增減。且古典云：以庸制祿，官不以私。若以無功人及親戚私昵，虛受天下祿，則不止下民怨謗，其人亦不得長享福祿，切宜戒之。又以強惡之國爲鄰，安不可忘危，兵卒宜加護恤，量除徭役。每年秋閱勇銃出眾者，隨宜加授。

㈩有國有家，儆戒無虞。博觀經史，鑑古戒今，周公大聖，〈無逸〉一篇，進戒成王，宜當圖揭，出入觀者。

太祖的上述五項統治倫理，都是中國周公以後，垂範下來的。可說是儒教治國的大綱。高麗草創時期的倫理組織及其規模，在王家系統，國家體制，教育措施以及統治倫理等方面，太祖在位時，就已布置完了。

二、文治整備與倫理教化

1. 確立官僚體制──人材教育和科舉制度

政府組織完了之後，就需有掌管各部署的官僚。他們必須是接受儒學教育，具備漢學知識的人材。而這種官僚人材須由國家培養，並爲了得到優秀的人材，要透過考拔方式，加以拔擢。

正如上述，高麗建國初期的政制與文物，因襲新羅與泰封，各級官僚或文翰也由前朝人材充當。但是漸漸因前朝人材年老，不能久留，所以學者、官僚的培養可稱之爲當務之急。爲滿足需求就需要創

置學校，培育人材，制定科舉，選任官僚。

這種文治的基礎和官僚體制的確立，談何容易？陰陽浮屠信仰仍然盛行，再加上太祖以後，惠宗 (944～945)、宣宗 (946～949) 的在位期太短，無法鞏固王權，而引起強奪位權的騷亂，同時，惠宗的輸文和宣宗的惑佛，也成爲整頓儒家政治的絆腳石❺。到了光宗 (950～975)年間，才制定實行學校與科舉制度，從此高麗的政治倫理，也步入了正軌。

光宗九年 (959) 五月，重用來自後周的雙冀，奉翰林學士職，使他仿照中國制度，制定科舉，並擔任貢舉之事。科舉科目，除製述、明經二科之外，有醫卜、地理、律書數等之雜科，通過科舉選拔了所有國家經營所需之各方面的主要人材。考試內容是詩賦、三禮、三傳、《易》、《書》、《詩》、《論語》等的漢學，尤其以儒教經典爲主❻。

科舉制的實施，除有充實鞏固官僚體制的預期收獲之外，因爲欲步入仕途，就要先成爲儒學者，所以崇儒興學也自然隨之增進，帶來儒教發展的效果。進而按科舉制的人材選拔，昇華爲一種重要的活動，使眾人羨慕，向上努力，成爲具有進取人生觀的一大契機，同時得到了移風易俗的教化之效果。

總之，科舉制的實施起了意外的作用，使建國初期爲上層社會所獨有的儒教倫理，波及士大夫之中間階層以及基層平民❼。

---

❺　本書第三章。

❻　《高麗史》，參考〈志〉卷二七，選舉一，科目一和《文獻備考》，卷一八四，選舉考一。《高麗史節要》，卷二，光宗九年條，「夏五月命翰林學士雙冀知貢舉，試以詩頌及時務策取進士，御威鳳樓放榜，賜甲科崔暹等二人，明經三人，卜業二人及第。用冀議初置科舉，自此文風始興。」
　　李齊賢贊曰：「光宗之用雙冀，可謂立賢無方乎！冀果賢也……其設科取士，有以見光宗之雅，有用文化俗之意，而冀亦將順以成其美。」

❼　參考本書第四章，頁八七。

2 儒教倫理的意識改革

在政治制度上，合理的儒教思想漸漸佔有重要的地位。然而以君王為首的社會一般意識仍然未能擺脫陰陽浮屠[18]。改革迷信意識的領導人物以新羅系儒者為主。改革是先從改造君王意識的方面着手進行的。試舉一例，以供參考。

光宗卽位元年正月，發生了大風拔木的變故，國王就向司天官問禳災術，司天官回答說「莫如修德」。光宗採納他的意見，努力鑽研《貞觀政要》[19]。不依賴陰陽浮屠祈福禳災，而致力合理的儒教修德，實屬思想上劃時期性的轉換。尤其一切措施的最高執權者國王率先採納而謀求了合理現實的因應方案。這點為將來推行打破百姓的迷信，追求合理的意識與思想，並使儒教倫理生活化的運動，不能不說是一個成功的起步。

末代慶州系儒者崔承老[20]，堅信合理的意識改革，首先應由政治行政本身及其最高執權者，以身作則付諸實踐，才能獲得成功，就為成宗製述了時務二十八條[21]，使之實行。這至少是為了在現實政治中，徹底排除陰陽浮屠，只立足於儒教倫理，經營國家，教化萬民，卽所謂政治哲學或統治意識的一大改革。

一言以蔽之，只有二十二條[22]流傳後世的崔承老之時務策，實在

---

[18] 光宗至中歲後，狂信佛、道正是一例。《高麗史・世家》，卷二，光宗條，「王卽位之初，禮待臣下，明於聽斷，恤貧弱，重儒雅，晝夜孜孜，庶幾治平。中歲以後，信讒好殺，酷信佛法，奢侈無節。」
[19] 《高麗史・世家》，卷二，光宗條，「元年春正月，大風拔木，王問禳災之術，司天奏曰，莫如修德。自是常讀《貞觀政要》。」
[20] 《高麗史節要》，卷二，成宗八年條，「五月守侍中崔承老卒。承老慶州人，性聰敏好學善屬文，年十二太祖召見，使讀《論語》，甚嘉之，……明年令隸元鳳省學生……自是委以文柄……。」
[21] 參考本書第四章，頁九三。
[22] 崔承老的時務二十八條（其中六項在庚戌兵難時已失，現傳者只有二十二條）在《高麗史節要》，卷二，成宗元年六月條以及《高麗史・列傳》，卷六，崔承老條中。

是不亞於麗末鄭道傳闢佛的一大文章，痛快的獻策。其實回顧高麗建國六十年來的歷史，其失政與弊害的根源在於佛事繁多，增建寺廟，僧侶橫暴以及君王的惑佛㉓。因此，在政治領域中，不排除陰陽浮屠，就不能建設富強、文雅的國家。這是很明顯的事實。然而對當時的儒教來說，由於基礎薄弱，不可能根除長久以來深植於民心的土俗信仰和陰陽浮屠。有鑑於此，崔承老提出了一項折衷方案，那就是分定三教所要擔當的功能。

他在二十條中說「……三教各有所業，而行之者不可混而一之也。行釋教者修身之本，行儒教者理國之本。修身是來生之資，理國乃今日之務。今日至近，來生至遠。舍近求遠，不亦謬乎？」㉔他以相當委婉而精銳的論理促求佛教脫離現實政治，致力於宗教的領域。

對此或者批判說修身也是儒教的主要功能，卻讓給佛教，將儒學的功能局限於現世政治中是錯誤的作法。不過，考慮當時的情況，首先在政治方面，排除佛教，主張儒教獨占是明智而有勇氣的作法。因為至少要在現實政治領域中，打好根基，才能對移風易俗，發揮一定的作用，進而使人們從宗教迷信的意識中獲得解放，以儒教的修身倫理取代依他的宗教功能。總之，崔承老時務二十二條中的政治意識改革思想，無疑是韓國民族意識史上劃時代的一大轉變。

3. 儒教統治倫理的實現

(1)君王率先實踐儒家統治倫理　身為至尊，勤儉節約，成後世模範的君王就是太祖。據崔承老麗初王朝評，他「貴道德，崇節儉，卑宮室，而期於粗庇風雨，惡衣服而取其但禦寒暑……恭儉禮讓之心，

㉓　崔承老在提及二十八條之前，客觀地評述了麗初五朝（太祖、惠、定、光、景宗）之政治得失。

㉔　第二十條。

發於天性。況生長民間，備嘗艱險。」㉕

　　然而，太祖以後，情況大不相同，除佛事的浪費之外，宮室與君王的衣食住極其奢侈浮華。據靖宗十二年之制記載：「先朝所御，倚床踏斗，皆以金銀裝釘，茵褥亦用金銀線織成闒錦，宜令有司代以銅鐵綾絹。」㉖這說明改革統治倫理意識後，君王的生活逐漸儉樸。

　　對於統治者的善政，李齊賢贊曰：「賢、德、靖、文、父作子述，兄終弟及，首尾幾八十年，可謂盛矣！而文宗躬勤節儉，進用賢才，愛民恤刑，崇學敬老。名器不假於匪人，威權不移於近昵。雖戚里之親，無功不賞。左右之愛，有罪必罰。宦官給使，不過十數輩。內侍必選有功能者充之，亦不過二十餘人，冗官省而事簡，費用節而國富。太倉之粟，陳陳相因。家給人足，時號太平。」㉗這就是君王親自實踐儒家統治倫理，所得到的美好結果。

　　⑵寬刑與勸農　儒家德治始於經濟裕足（農季不動員百姓），稅斂之輕薄，刑政之公正與寬赦。國威與王權以盡可能不給百姓負擔為理想的政治。儒治步入軌道之後，高麗政治細心安排寬刑與勸農，基於好生之德，常予以減刑或赦免。農季絕不使民，並使地方官員率先勸農，以致農作豐收。

　　文宗十五年條制曰：「刑政王化所先，峻則民殘，寬則民慢，刑得其中。」又說：「刑政者民命攸繫。古先哲王，惟刑是恤。朕遹追古訓，愼選刑官，猶懼不得其人，以致冤枉。自今必備三品以上然後

㉕　原文：「自成一統以來，勤政八年，……居安無逸，接下思恭。貴道德，崇節儉，卑宮室，而期於粗庇風雨，惡衣服而取其但禦寒暑，好賢樂善，捨己從人，恭儉禮讓之心，發於天性。況生長民間，備嘗艱險，眾人情僞，無不具知。萬事安危，亦能先見。所以賞刑不失其時，邪正不同其路。其知勸懲之方，得帝王之體者，又如此也……。」

㉖　《高麗史節要》，卷四，靖宗十二年條。

㉗　同上，卷五，文宗三十七年條。

訊鞫囚徒，以爲定制。」❷

　　尤其對於死刑囚徒，更加謹愼，盡可能賜恩減刑❷。對於危害倫常的兇犯，則罷該地負責官員的職銜❸。而且按《禮記・月令》，執行刑獄❸。如此賞賜刑政的公正與寬赦，減刑之恩典，是儒家德治的第一步。因而新王卽位時，優先採取的政令，就是赦免之恩典。

　　在古代國家，君王的最大任務是養民，通過豐足的農耕生產才可能養民。飮食與生命的關連十分密切，對民來說，食是最重要的問題，故曰「民以食爲天」。

　　因而顯宗下敎旨說：「洪範入政，以食爲先，此誠富國強兵之道也。比者人習浮靡，棄本逐末，不知稼穡，其諸道錦綺雜織用坊匠手，並令抽減，以就農業。」❸ 使農業人口增加。文宗也獎勵農業說：「書曰食哉惟時，一夫不耕，必有受其饑者，郡牧之職，農桑爲急，諸道外官之長，皆令帶勸農使。」❸

---

❷　同上，卷五，文宗十五年條和十六年條。

❷　同上，卷四，靖宗二年條，「制曰：昨覽刑部所奏，犯斬絞二罪，朕方在憂服，屢致變怪，欲施女生之德，以示恤民之心。其犯斬絞二罪者，除刑配無人島，雖犯二罪，情可矜者，配有人島。於是免死者百十六人。」

❸　同上，文宗元年條，「長淵縣民文漢，假言託神顚狂，殺其父母及親妹小兒等四人棄市。刑部奏縣令崔德元。尉崔崇望等，不能善政化民，致有不祥之變，且申報稽遲，宜罷其職。」
　同上，卷九，仁宗七年條，「六月中書門下奏曰：忠州人劉挺弑父，其牧守及州吏不能敎民，請皆下吏，降州爲郡。王問左右，對曰：禮云邾婁定公時，有弑其父者，殺其人，壞其室，誇其宮而止耳，不言其所居州邑則降州爲郡，非古法也。」但是，在朝鮮朝多有降等州的例子。

❸　至於凶犯不予恩典與赦免。同上，顯宗九年條，「敎曰：禮記季春之月，省囹圄，去桎梏，內外法司，宜遵月令……謹按月令，三月節，省囹圄，去桎梏，無肆掠，止獄訴。四月中氣，挺重囚，出輕繫。七月中氣，繕囹圄，具桎梏，斷薄刑，決小罪，又按獄官令，從立春至秋分，不得奏決死刑。若犯惡逆，不拘此令。」

❸　同上，卷三，顯宗三年條。

❸　同上，卷五，文宗二十年條。

(3)敬老與孝烈褒彰　儒教統治意識改革後，史錄中顯而易見的是對孝順義烈之褒彰與老人優待政策。常招請年近八、九十的老人與孝子順孫義夫烈婦於一席，君主親臨賞賜飲食禮品。甚至對病疾者與無依無靠的孤兒，也致力寬大撫恤❸。

據成宗九年條，王下教旨說：「凡理國之本，莫過於孝，遣使云道，頒文教條，訪求孝子順孫義夫節婦……解爲孝子於家門，必作忠臣於邦國……。」❸ 又採納蔡忠順之奏請，有年八十以上父母者免軍役，甚至文武官員中有年逾七十父母，而無兄弟侍奉者，不遣官於外地❸。

撫恤鰥寡、孤獨、廢疾者，可說是實現儒家政治的好證據。也是倫理教化，即移風易俗之教育場所。這種君王怎能暴虐、淫亂、奢侈浮華？因而這也是君主陶冶人格修養的機會。不能不說是統治者的善行，國家美意充溢的光景，可謂儒治的最善境界。

(4)整頓禮制　儒家倫理在形式上區別了人際關係的名分，按其名分規定了應守的規範，使人們嚴受行動秩序。所謂五倫就是其骨幹。這是想藉形式消除衝突與糾葛的措施。尤其在處理國權授受，冠婚喪祭等人倫大事時，需要一個標準禮節，因此，所謂先政治，即預防紛亂的禮制，與政制同樣是不可或缺的重要措施。

人們覺悟儒教統治意識後，這種禮制也逐漸得以整頓。光宗元年，制定文武兩班之墓制❸，德宗二年，制定了文武各品路次相遇相

---

❸　同上，卷四，靖宗十二年條，「親饗八十以上，有官人，及百姓男女孝子順孫義夫節婦鰥寡孤獨廢疾者於毬庭，賜物有差。」類似記錄不勝枚舉。

❸　同上，卷二，成宗九年條。

❸　同上，卷三，顯宗十一年條，「蔡忠順靖軍士有父母年八十以上者，免軍就養。諸文武員僚父母年七十以上，無他兄弟者，不許補外。其父母有疾，給告二百日護親。從之。」

❸　同上，卷二，光宗元年條，「春二月定文武兩班墓制。」

禮❸，景宗六年，則根據漢制規定了喪制與服制❸。而且宗廟之昭穆
問題亦嚴格加以講究❹。從此，表現出遵奉禮儀行事的文化的成熟。

這種禮制的整頓，在文化上文飾文明人的生活，但尤其重要的
是，那就是正確掌握一朝代政治秩序的捷徑，也是確保政權安定的無
形防壁。其意義是十分重大的。換句話說，高麗到這時才整頓了國家
體制，建立官民的身分秩序，制定生活規範，實際上步入了安定軌道。

4. 議論、制定有關家族倫理的律令

根據儒教五倫的人倫秩序的形成，早在三國時代就已普遍化，但
在家系繼承等國家行政方面的制度化，則是高麗靖宗年間的事情，實

---

❸　同上，卷四，德宗二年條，「定文武各品路次相遇禮。」

❸　同上，卷二，景宗六年條，「……寡人每覽禮經，至男子不死婦人之
手，未嘗不臨文歡仰，至於今日左右嬪御，已令屏去，儻或爲延欸至大
期更何所恨。服紀輕重，合依漢制，以日易月，十三日周祥，二十七日
大祥，園陵制度，務從儉約。」

❹　同上，卷四，靖宗二年條，「祔德宗於大廟初，王問昭穆之制於輔臣徐
訥、黃周亮等言；顯宗之祔廟也，以兄弟同昭穆之，文惠定光戴同班
爲昭，景成爲穆。穆宗爲昭而顯宗祔於穆廟則二昭二穆，與太祖之廟而
五。今祔德宗，數過五廟，請遷惠定光三宗，藏於太祖廟西壁，戴追王
之主，遷祭於其陵可也，劉徵弼言：太祖在曾廟行親未盡。故惠定光三
宗不必遷，唯遷戴宗於陵，而祔德宗於次室，可矣。周亮等言，徵弼論
親未盡之義，亦以一時四廟難於遷毀，其言如是。臣聞前典云，親過高
祖則毀其廟。由是觀之，自禰祖曾高而上，論親盡未盡，非以旁親論
也。惠定光在從祖行，不可比於親祖。晉鐘雅奏言：景皇帝不以伯祖而
祭於廟，宜除伯祖之父，朝廷從之，則從祖不入於廟，明矣。惠定光
戴，俱宜遷毀，其後王謂：一時而遷四神主，意所未安，欲更從徵弼所
奏。周亮復言，太祖爲一廟，惠定光戴爲昭，顯宗爲穆，五廟之數，於
是乎備。若以派系次第論之，顯宗於穆宗爲叔，若先即位，可與景成同
一行，然繼穆宗位，故顯宗祔於穆宗下第二穆位。今祔德宗則惠定光戴
四神主，可以遷毀。徵弼唯論四廟遷毀之難，不論昭穆之數。宗廟之
禮，國之大事，胡可臆斷。若以德宗爲昭，則三昭二穆，與太祖爲六
廟，非古制也。若論派系次第，以顯宗爲第一穆，次於景成位，而降穆
宗於其下，則公羊傳所謂僖閔逆祀也。徐訥曰：周亮之奏合於古制。然
魯國以諸侯，昭穆之外，有文世室武世室。惠定光三宗，亦不可遷毀。
從之。」

屬韓國民法史上一大里程碑。

靖宗二年春二月制：「凡人民依律文立嗣以嫡，嫡子有故，立嫡孫。無嫡孫，立同母弟。無母弟，立庶孫。無男孫者，亦許女孫。」④。文宗二十二年又制定「凡人無後者，無兄弟之子，則收他人之歲前棄兒，養以爲子，卽從其姓，繼戶付籍，已有成法。其有子孫及兄弟之子，而收養異姓者禁。」④

這是基於合理思考的法律制定，與現代的民法或一般常識也無多大出入。高麗如此以律令制定家系繼承問題，大概是因當時人不甚重視血緣中心的家系形成。

接着，對於男女婚姻問題，也頻繁議論。其實當時多近親相婚，這在儒教思想紮根以後，似乎被人們視爲有違人倫秩序的非文明的行爲。現在舉一個代表性的例子。

文宗三十五年六月條記載：「吏部尚書崔奭等奏： 前年進士魯隼，其父犯律娶大功親所生，請禁錮終身。王曰：選舉任用，不拘常例，可與諸進士，並授官秩，以通朝籍。宰相文正等議曰：家齊然後國治，隼父不能正婚，瀆亂人倫。然方今崇尚儒雅，用士是急，請降授階職。從之。」④

然而王室的婚姻，似乎例外，近親婚如同家法規定。按今日的常識，實難以理解。試舉一例，惠宗二年條記載：「大匡王規之女爲太祖十六妃，生一子，稱廣州院君。……規乃以長公主妻昭，公主從母姓。稱皇甫氏。後凡取同姓者，皆諱稱外家之姓。」④史臣對此做了如下的評述。

---

④　同上，卷四，靖宗十二年條。
④　同上，卷五，文宗二十二年條。
④　同上，卷五，文宗三十五年條。
④　同上，卷二，惠宗二年條。

娶妻不同姓，禮也。雖百世婚姻不通。惠宗以公主妻弟何也?
時俗然也。太祖不世出之主也，動法古昔，有志化俗，而狃於
習俗，不能變也。　自是厥後，視爲家法，恬不爲異。中葉以
降，雖禁堂從之親，而同姓則訖不能禁也。傳曰：男女同姓，
其生不繁。同姓尚爾，況至親乎? 今觀其取姑姊妹者，率多無
後，傳世五百年之久，而宗支終不過數十人，然後知先王制禮
之義深矣，可不戒哉。❹

　　總之，對這種問題大發議論就表示已開始按照儒教倫理，重視人
倫，有了移風易俗的主動性。正如此地，儒教倫理思想善盡了高麗
政體與官制統治者的統治意識，以及學校、選擧等政治制度方面的功
能，進而對人倫秩序的規範禮制，也起了作用。

三、儒學教育的擴充和土信的反撥

1.形成以地方教育爲基礎的官學

　　高麗建國初期的儒教教育，倫理思想以及禮制等的設備，不得以
政治行政部門做爲推動的主力。那是在建國過程中，基於本身的需要
而急速推行的，因此多具有官制官學的性質。換言之，因高麗的建國
者已識破需探取儒教倫理爲治國的要方和行政的工具，所以儒教自然

---

❹　同上。對於「堂從之親」的禁婚令，頒布於肅宗元年(1096)。《高麗史
　　節要》，卷六，肅宗元年條，「申禁功親婚嫁」。同卷一一，毅宗元
　　年，「禁堂姑，從姊妹。堂姪女，兄孫女相婚。其禁前相婚，所生子
　　孫，勿令禁錮。」

以此爲立足點，逐漸發展。

　而這種儒教倫理的政治性布置，到成宗年間才上了軌道。成宗首先組織建國以來未備的地方官署，設立十二州（983），派遣中央官吏掌管，逐漸削弱地方土豪勢力的同時，於各州奉經學博士，振興了地方教育⑯。成宗的地方官僚組織和教育振興，是加強中央集權制的主要政策，得力於這種政策，儒教得以擴大地方教育以及移風易俗等。按部就班地實現了儒教教學的根本目的。

　成宗賜鄭又玄等人及第（987）時，下了如下的教書：

　　自昔結繩旣往畫卦以來，此辰御極之君；南面經邦之主，莫不習五常而設教，資六籍以取規。故乃有虞開上下之庠；夏后置東西之序；殷修兩學，周立二膠。擇先生而討論，命國子以隸習，君臣父子咸知愛敬之風，禮樂詩書足創經綸之業。所以人倫規範，王道紀綱，灼爾可觀，煥然斯在。寡人道慚握鏡，德乏垂衣，纂承累聖之鴻基，奄有三韓之王業，心存慄慄，念切孜孜，欲使俗變澆醨，人知禮讓。杏壇槐市，增多皷篋之徒，米廩稷山蔚有橫經之子。況復保生之理，療病爲先。故乃神農御宇之年，備嘗藥草；秦世焚書之日，不滅醫經，將除百姓之艱危，要廣十全之方術。近者廣募諸州郡縣子弟，詣京習業。果以乘風而至，應詔而來，講肆之中，學徒頗眾。蓋以辭家路遠，爲客日多，且志惕於爲山，卻情深於懷土。憫其離索，睠降諭言，願留者任住京華，求退者許還桑梓，各有頒賜，以遂去留。然恐有性聰明，無師教授，未學一經之旨趣，虛過數紀

⑯　《高麗史・世家》，卷三，成宗六年條，「今選通經閱籍之儒，溫故知新之輩於十牧，各差經學博士一員。」起初似乎透過地方官廳組織施行了儒教教育。

之光陰，雖有前程，空爲棄物，得人無計，求士何因，今選通
經閱籍之儒，溫古知新輩，於十二牧，各差遣經學博士一員，
醫學博士一員，勤行善誘，好教諸生，則必審量功績之淺深，
超擢官榮而獎勵，應其諸州郡縣，長吏百姓，有兒可教學者，
合可訓戒。勉篤師資，儻其父母。未識國風，爲營家產。只見
今朝之利，不思他日之榮。謂學習何爲，讀書勿益，卻妨編
柳，唯要負薪，其子則沒齒無聞，其親則榮身莫得。彼寧越之
拋耕取貴，匡衡之鑿壁成功，或朱翁子衣錦以還鄉；馬長鄉乘
軺而返蜀。皆勤志業以立榮名，言念伊人，實多嘉獎。於戲，
懷材抱器，事君王則忠之始也；立身揚名，顯父母則孝之終
也。忠孝可稱，寵榮何恡。自後若有螢窗勵志，饋肆明經，孝
悌有聞，醫方足用，可其牧宰，知州縣官，具錄薦貢京師。❹

首先設立初級教育機關後，派崔罕、王琳等人到宋朝（986），學
習當地方的學制，992 年終於創立了國子監❹。由此看來，那以前的
人材選拔，似乎由地方教育機關或京學培養出來的人材充當的。

成宗創立國子監時，下了如下的教書，自慰儒教教育的本源即各
級學校體制的完備。

王者，化成天下，學校爲先，祖述堯舜之風，聿修周孔之道，
設邦國憲章之制，辨君臣上下之儀，非任賢儒，豈成朝範，揆

---

❹　《高麗史・世家》，卷三，成宗六年條。
❹　成宗吸取北宋新儒學後，積極展開崇儒政策。其間，創立國子監的籌備
　　過程如下：
　　◇景宗年間（976），金行成入學宋國子監，翌年（977）登科。
　　◇成宗二年（983），博士壬老成自宋帶來太廟堂圖記，社稷壇圖記，以
　　及文宣王廟圖和祭器圖，七十二賢贊記。
　　◇成宗五年（986），派遣崔罕，王琊赴宋國子監，六年後（992），高麗
　　首次創置國子監。

> 天拓地，保大定功，固將崇獎而行，不可斯須而廢，國朝創業
> 已久，守文以興，寡人謬以眇躬，忝居大寶，思闡九流之說，
> 廣開四術之門，發彼童蒙，置諸學校，黨中穉下，橫經之士成
> 羣，夏序虞庠，鼓篋之徒爲市，啟綺闈而較藝，闢會府以掄
> 材，就省試者猶多，占仙科者尚少。 ㊾

可謂高麗建國以來儒教教學的官學體制與設備，以告完成。

2. 私學興起之後的學問醇化與風靡

通過科舉制度選拔人材，由國學提供人材時，雖然可成爲經營國
家政治行政的一種工具，但是不足以發展眞正的學術文化，陶冶性情
以及整齊風化。尤其，這種制度性學問，久而久之會硬化而喪失原有
的生氣。

因而，若要使眞正的儒教紮根落實，不能把學校存在的目的放在
培養科生（未來的官僚）而要使他成爲以智與德造就人類的教育場
合。高麗的建國比北宋早四十年，但在設置科制與國學方面，則依循
宋制，北宋的科制與學制直接影響了高麗。

由於北宋的學者也擔心爲科制的國學一邊倒向官學而硬化爲規則
的，形式的知識，國家組織與經營所需的官學進入軌道後，就爲學問
的開放與創進，獎勵私學。

就原來中國的傳統而言，眞正承襲民族文化命脈的不是官學而是
私學。乍見之下，官學似乎是國家學術文化的中心。但它是爲一朝
代，一政權的需要和時代要求而存在的，缺乏普遍性和永恆性。所以
超越那種需求，只以學問本身爲目的私學多半具有傳統性。其突出的

㊾　《高麗史・世家》，卷三，成宗十一年條。

例子，就是孔子的私學興起。

　　中國學術史上，具有最精深之學問成果的宋代性理學，也發源於私學。開其端緒的人物是范仲淹（989～1052）。高麗的情況也一樣，官學的基礎日趨鞏固之後，有志者興辦了私學，代表性的開創者是崔冲（984～1068）❺⓿。對於崔冲的私學，難以得知其詳情。但他的列傳中，有如下的一段記載，使我們能夠知其梗概。

　　　自顯廟中興，干戈才息，未遑文教。冲收召後進，教誨不倦，
　　　諸生塡溢門巷，遂分九齋曰：樂聖、大中、誠明、敬業、造
　　　道、率性、進德、大和，待聘謂之侍中崔公徒。凡應舉者必先
　　　隸徒中學焉。每歲署月，借歸法寺僧房爲夏課，擇徒中及第學
　　　優未官者爲教導，授以九經之史。間或先進來過，乃刻燭賦
　　　詩，牓其次第，呼名而入，設小酌，童冠列左右，奉樽俎，進
　　　退有儀，長幼有序，竟日酬唱，觀者莫不嘉嘆……。❺⓵

　　再者，當時的學堂，包括崔冲徒，共有十二，其盛況可想而知❺⓶。考查上述記錄，有應考科舉的人必就讀學堂的規定，由此看來，

<hr>

❺⓿　《高麗史節要》，卷五，文宗二十二年條，「崔冲，海州大寧郡人，風
　　姿瑰偉，性操堅貞。少好學善屬文，穆宗廟擢甲科第一，歷仕四朝。資
　　兼文武，出入將相，年至七旬乞退，王重違其志，特允之，然軍國大事
　　悉就咨焉。累加推忠贊道佐理同德弘文懿儒保定康濟功臣號。」
❺⓵　同上。
❺⓶　以崔冲爲首的十二徒，日後未增設，受到國的管制。換言之，私學漸趨
　　官學化。各徒之間也不得隨意移籍。最初可以直接應舉，但到後來其地
　　位貶低。京外鄉校或京內學堂的諸生須通過考試升學十二徒，總括十二
　　徒的考試錄取後才能進入成均館，成均館生才有資格應禮部的科舉。因
　　此十二徒就相當於現今的高中課程。
　　參考《高麗史》，卷二七，選舉條和《文獻備考》，卷二〇二，學校考
　　一，仁宗十一年條補，以及同恭愍王元年四月條。

似乎先使人們具備儒教一般修養後，再應考專業科目。

換言之，依據過去的學制與科舉制度，只能選拔專職人員。因此想通過自由奔放的，內容廣泛的私學教育彌補缺陷。若是官吏自然可以是兼備知性的學者，具有高尚的人格和治者的哲學與經論。

不僅如此，更重要的是在學問和道學的層面上窮究儒學，加強專門學者的培養。不再由官僚在政治行政上教導人，而是由道德君子，透過較高層次的人格感化與普遍合理的學問教育，教化大眾，創進國家社會的文化。也就是說，帶來了學術教育的獨立[53]。

而且，在另一方面，私學擴大教育設施與對象後，分擔了國家財政上的困難。從此，超越了根據儒教政治制度實行的儒教治理的階段與界限，私學促進了使百姓的意識與風俗儒教化的即上述的自上而下的發展。

因此，私學的興起，不僅尋回了儒教的本然，而且帶來了使之擴大到世間的一大發展性轉變。

3. 儒臣的氣節與倫理強化

儒教的教學不再附庸於國學與科舉制度，具備本然面目之後，官吏逐漸崇尚儒臣的氣節，擺脫過去姑息的、縱向的君臣關係和功能性行政的枷鎖，基於儒教根本精神與君臣之義，即臣道，談論治道，尤其正大光明地諫救人君之錯誤及施政的誤謬，確保了自律的、有勇氣的治者地置。也就是說，出現了剛直而清廉的儒臣，成為一個自任箝制王權，保傳歷史文化的主體勢力（或階層）。

魏繼廷即是一例，據史臣金富軾記載如下：

---

[53]　但是私學的理想功能，卻因來自政府的管制和睿、仁宗時代(1106～46)重興的官學，受到箝制而逐漸衰退。參考[52]。

繼廷以文章名世，清白寒直，輔佐累祖。室宗燈夕置酒，繼廷
爲樞密院承宣，王酒酣，命繼廷舞，繼廷辭曰：有伶人何用臣
舞，王不強之。及爲御史丞，宣宗寵姬萬春，起第壯麗，繼廷
奏曰：萬春誑惑上意，勞役百姓，大起私第，請毀之。書上不
報。宣宗遣李資義使宋，繼廷爲副，資義多市珍貨，繼廷一無
所求。至登兩府，不改素節，舉世皆好佛，傳高者以營寺寫經
爲事，繼廷獨不然。❺❹

而國子司業林完，以長文之上疏，彈劾君王之虛誕、促求步儒
治正道。

臣嘗謂進言非難，而聽其言者爲難；聽言非難，而行其言者尤
難。故曰：忠臣之事君也，言切直則不用而身危；不切直則不
足以明道。……傳曰：應天以實不以文。所謂實者德也；所謂
文者，若今之道場醮之類，是也。人君修德以應天，不與福期
而福自至焉。若不修德而徒事虛文，則非徒無益，適足以黷天
而已。書曰：天無私親，惟德是輔。又曰：黍稷非馨。明德惟
馨。所謂德者，豈他求哉！在人君用心與夫行事而已……陛下
豈可徒事於齋醮，不側身修行以答天戒耶？……伏望陛下，以
至誠行善政，抑左右欺蔽之姦，絕陰陽怪誕之說，日愼一日，
以爲萬世無疆之休。臣觀妙清，惟事姦詐，欺君罔上，與宋期
林靈素無異也……大臣交相薦譽，以爲聖人，根深蒂固，牢不
可拔，自起大華之後，已今七、八年，而災變疊至，天必以此
警悟陛下耳。陛下豈可措一姦臣，而違天意乎！願斬之以答天

---

❺❹　《高麗史節要》，卷七，睿宗元年條。睿宗十五年，某一舉生因寫了一
　　首詩諷刺王之寵妓而被退出考場下獄：「時王頗好樂妓玲瓏遏雲……國
　　學生高考冲作感二女詩以諷之，中書舍人鄭克永言於王，王不悅。考冲
　　赴是舉，王命黜之遂下獄。寶文閣待製胡宗旦上書營救。」

　　戒，以慰民心。❺

　　儒臣具備本然的面目，培養道德勇氣之後，格正君主之非的爭諫聲，日益升高。基於儒教的觀點，君主之非主要是因惑佛而興建的土木工程（人力財力的浪費），惑信虛誕以應災變之愚昧，儒臣的爭諫間接攻擊了道、佛、陰陽。這在某一層面意味着高麗儒佛（道）之爭是在政制和教制布陣完了後，儒者藉其增強的氣勢，首先展開攻勢的一場爭執。

　　崔承老製述時務二十八條時，曾將「修身之本」的功能讓與佛教。儒教只刻意爭取「治國之理」。於百年後，儒教勢力縱向擴大了教育機關及其對象，培養出尖兵（尤其在崔冲等人之私學發達後），以合理的、實在的倫理思想以及倫理行爲規範教化（浸透）百姓。結果，逐漸地爭回先前讓與佛教的所謂「修身之本」。

　　由於這種儒教方面的措施，仁宗十一年(1134)，刊行大量的《孝經》、《論語》，分給閭巷童稚❻，對倫常嚴加勸懲，加強了君臣之禮等國家禮制，更張了其間解弛的儒家統治倫理。

　　試舉一例，肅宗六年，刑部奏主簿同正趙俊明，父歿四年，不養其母，不友其弟，使皆失所，請論如法。王曰：朕爲政先孝弟，乃有若人耶？可其奏❼。

　　睿宗十七年，中書令李資謙爲太后之父，王之外祖，故欲免其君臣之禮。這時，金富軾就以「天無二日，土無二王，王皇雖子，人主

❺　同上，卷一〇，仁宗十二年條。
❻　同上，卷一〇，仁宗十二年條：「以《孝經》、《論語》，分賜閭巷童稚。」
❼　同上，卷六，肅宗六年條，「刑部奏主簿同正趙俊明，父歿四年，不養其母，不友其弟，使皆失所，請論如法。王曰：朕爲政先孝弟，乃有若人耶？可其奏。」

也，太公雖父，人臣也，乃何令人主拜人臣。」之典故，予以反駁。
又舉中國歷朝之前例，議論紛紛。就議定在王庭按君臣之禮，宮外私
家則以家人禮相待，制定了所謂「公義私恩兩相順」之禮❺⁸。

　此外，至於國喪中的服色，宗朝祭禮之奏樂問題，則脫離儒教之
大體，計較形式細節❺⁹，事實上，有了從治國理民的實務政治，陷入
形式（同儒教視佛、道爲虛文的）的迹象。因而儒教禮制的副作用，
反而成爲招來佛道反擊的問題。

4. 儒教的事大性與土信的反抗

---

❺⁸　同上，卷八，睿宗十七年條，「詔曰：中書令李資謙，太后之父，於
　　朕爲外祖，其班次禮數，不可與百官同，宜令兩府兩制及諸侍從會議聞
　　奏。寶文閣學士鄭克永，御史雜端崔濡議曰：傳曰：天子有所不臣者
　　三，後之父母居其一，今資謙當上書表不稱臣，及君臣大宴會，不與百
　　官庭賀，經詣幕次拜，上答拜而後坐殿，眾議雷同。寶文閣待制金富軾
　　獨上議曰：……天無二日，土無二王，王皇雖子，人主也，太公雖父，
　　人臣也，乃何令人主拜人臣。高祖善家令言詔曰：人之至親，莫親於父
　　子，故父有天下，傳歸於子，子有天下，尊歸於父，此人道之極也。今
　　王侯卿大夫已尊朕爲皇帝，而太公未有號，今上尊太公曰太上皇。以此
　　論之，雖天子之父，若無尊號，不可令人主拜。故後漢獻帝皇后父不其
　　侯優完。鄭玄議曰：不其侯在京師，禮事出入宜從臣禮。若后息離宮，
　　及歸寧父母，則從子禮，故伏完朝賀公庭如眾臣。及皇后在宮，后拜如
　　子。又東晉穆帝母褚太后，見父之禮，眾人駁議不一。博士徐禪，依鄭
　　玄議言：王庭正君臣之禮，私觀全父子之親，是大順之道也。又魏帝父
　　燕王宇，上表稱臣，雖父子至親禮教尚如此，而外祖按儀禮五服制度，
　　母之父母服小功五月而已，與己父母尊親相遠，豈得與上亢禮，宜令上
　　表章稱臣，在王庭君王之禮則從眾，至於宮闈之內，則以家人禮相見。
　　如此則公義私恩兩相順矣。宰輔以兩聞，王遣近臣康侯顯問資謙。資謙
　　奏曰：臣雖無知識，今觀富軾之議，實天下之公論也，微斯人羣公，幾
　　陷老臣於不義，伏願從之勿疑。」
❺⁹　據史例《高麗史節要》，卷六，肅宗六年，「御史臺奏，遼告哀使傳命
　　後，以皂衫烏帽赴宴非禮也，請罪！」
　　同上，卷九，仁宗二年，「禮部侍郎金富軾，以爲宗廟作樂，象平生，
　　若墳墓丘壙之地，皆以素服從事，至於涕泣，豈可用樂。昇中又欲號資
　　謙生日爲仁壽節。富軾以爲，生日稱節自古所無，唐玄宗時，始稱皇帝
　　生日爲千秋節，未聞人臣有稱節者。」

　　儒教超出了「理國之本」的範圍，改變了一般百姓之風俗，尤其
深入百姓的意識中，使之合理化後，自然動搖了不合理的宗教信仰，
土俗信仰以及陰陽圖讖的根底。對他們來說。儒教是威脅生存的公
敵。尤其，自高麗建國的胎動期，以爭取並護佑王權自居，且受禮遇
的佛道，因儒臣妨害君王與統治者對它的信奉，又露骨地譴責它是迷
信、虛誕、姦詐、欺君罔上的存在，所以不能只坐視待斃。

　　換言之，對土俗信仰來說，儒教不過是一外來思想。勿論它如何
合理且切合實際，基於民族意識與感情，如同喧賓奪主，有不快之
感。暫且不提儒教「移風易俗」或「倫常教化」的好惡，在固有思想
的立場，這是破壞別國的歷史、文化、傳統的行爲。

　　再者，其間在擴大儒教的教育設施及教導方面，國家投入了相
當規模的財力。這一點對土俗信仰來說也是不滿因素。《高麗史‧列
傳》，徐熙條記載「成宗樂慕華風國人不喜。」[60] 肅宗七年條中，甚
至有如下的主張，「宰相邵臺輔等奏，國學養士，靡費不貲，實爲民
弊，且中朝之法，難以行於我國，請罷之。」[61] 過於偏重文治的結
果，也出現疏忽國防的憂慮之言[62]。

　　然而，尤其使土信（固有思想），對儒教文治，抱有不快與恥辱
感的主要原因是儒教政治的事大性。當然，根據當時的國際局勢，北

---

[60]　原文：「先生燃燈八關仙郎等事，不爲他方異法，以保國家，致太平
　　　乎！……時成宗樂慕華風人不喜。」

[61]　《高麗史節要》，卷六，肅宗七年，對此史臣所評如下：「庠序學校，
　　　所以昭揭人倫，而培養國脈也。故上古以來，自王宮國都，至於閭巷，
　　　莫不有學，雖夷狄之陋，未之或廢，稽諸典籍，未有以靡費罷學者。」
　　　而論罷學之不可，又提及當時儒學本身的弊害，「時稱肅宗好，其好文
　　　也，豈亦玩之於章句之末，而與羣臣，賦詩唱和而已耶。其於窮理正
　　　心，治國濟世之道，則蓋懵焉未遑也。」

[62]　《高麗史節要》，卷八，睿宗十一年，「制曰：文武之道，不可偏廢，
　　　近來蕃賊漸熾，謀臣武將，皆以繕修甲兵，訓練軍士爲急務……。」

方有強大的契丹、遼、金，中原有宋朝，對一個鄰接的弱小國高麗來說，爲了和他們維持和平的外交關係，實屬迫不得已。但是竟自稱中國之一藩屬國，得該國的册封，外交文書上使用父子之國，兄弟之邦的稱謂，完全喪失了獨立國家的自尊。換言之，高麗採取儒教治國的路線後不知不覺地，進入中國中心的天下秩序中，大大違背了高麗的立國精神。慕華雖可見諒，但至於事大，是土信所難以忍受的一點。這時，高麗朝野分爲慕華事大派（以儒臣爲中心）和國粹自強派（以土信與陰陽圖讖者中心），前者由金富軾領導，後者則由鄭知常（在朝）和妙淸領導。

舉一個事大的例文，睿宗十一年，金阿骨打致國書稱「兄大安女眞金國皇帝致書於弟高麗國王。」(63)兄弟之邦一詞，似乎是從這時開始使用的。他們還送來封高麗國王的册書，其內容是「儀同三司柱國高麗國王」，另外附有條件說到南郊受册命。對上述册命，高麗朝廷如何反應？由於篇幅所限，只舉一例。

王答曰：「敝邦自祖宗以來，樂慕華風。況我先考，以禮事大，以忠述職。雖在海外，心常在於王室。故天子灼見屢寵澤。今又親製祭文，特示異恩。於臣職啣，又去權字……小子何足以當之。……」(64)

在此，自認受中國天子之册命，至感榮幸，猶如君臣父子關係，王自稱臣，又稱小子。這對高麗的國粹主義者，標榜民族自尊的一方來說，是何等令人憤慨的事。

針對事大，以妙淸爲首的土信一方，則圖謀遷都西京，離開慶州系儒者佔據的開京，就是反抗的第一步。又不斷地爲立論的背景、大

---

(63) 原文：「金主阿骨打遣阿只等五人，寄書曰：兄大安女眞金國皇帝致書於弟高麗國王……。」《高麗史節要》，卷一〇，仁宗二十年，「金遣……田穀來册王爲儀同三司柱國高麗王……受册命必於南效。」

(64) 《高麗史節要》，卷九，仁宗元年。

肆宣傳圖讖思想。其梗概大致如下：

> 僧妙清，分司檢校少監白壽翰，自稱陰陽之術，以詭誕不經之
> 說，眩惑眾人。鄭知常亦西京人，深信其說，以謂，上京（開
> 京）基業已衰，宮闕燒盡無餘，西京有王氣，宜移御爲上京，
> 乃與近臣金安謀。⑥⑤
>
> 移林原驛作新宮，命內侍郎中金安督役。⑥⑥
>
> 二月幸西京入御新宮。或者上表，勸王稱帝建元。或請約齊國
> 夾攻金滅之。⑥⑦
>
> 遣內侍李仲季，築西京林原宮城，置八聖堂於宮中。⑥⑧

所謂八聖堂就是結合韓國八大名山與佛教菩薩名而命名的。也就是
道、佛合作的產物，鄭知常的文章也隨之貫串了道、佛虛誕的玄語。

---

⑥⑤ 同上，卷九，仁宗六年。

⑥⑥ 同上。

⑥⑦ 同上，七年。
三月，於新宮乾龍殿受羣臣賀禮時，妙清漚計虛誕，眩惑君王。「妙
清、白壽翰、鄭知常等言；方上坐殿，聞宮中有樂聲，此豈非御新闕之
瑞耶？遂草賀表，請宰樞署名。宰樞答曰：吾儕雖老，耳尚未聾，空中
之樂，所不曾聞，人可欺，天不可欺也，遂不從。」

⑥⑧ 同上，仁宗九年，「遣內侍李仲季，築西京林原宮城，置八聖堂於宮
中：一曰護國白頭嶽太白仙人實德文殊師利菩薩。二曰龍圍嶽六通尊者
實德釋迦佛。三曰月城嶽天仙實德大辨天神。四曰駒麗平壤仙人實德
燃燈佛。五曰駒麗木覓仙人實德毗婆尸佛。六曰松嶽震主居士實德金剛
索菩薩。七曰甑城嶽神人實德勒義天王。八曰頭嶽天女實德不動優婆夷
……。」
鄭知章所作致祭文如下：
「不疾而速，不行而至，是名得一之靈。卽無而有，卽實而虛，蓋謂本
來之佛。惟天命可以制萬物，惟土德可以王四方。肆於平壤之中，卜此
大化之勢。創開宮闕，祇若陰陽。妥八仙於其間，奉白頭而爲始。想耿
光之如在，欲妙用之現前。怳矣至眞，雖不可象，靜惟實德，卽是如
來，命繪事以莊嚴，叩玄關而祈嚮。」

又虛構樂聲滿天，神龍吐涎等詐語誘王。但未被君王採納(69)。

君王拒絕移御，他們就「奉御衣如西京，行法事。」(70)但他們的妄想不得實現，就引起妙淸之叛亂，拘禁西京官員，掌握大局後，定國號大爲，建元天開，稱軍天遣忠義，進軍開京(71)。

這亂也由以金富軾兄弟爲首，與妙淸、鄭知常在思想、政策上對抗的開京派所征伐(72)，信奉合理的、切合實際的儒教之儒臣，終於打倒了以迷信、虛誕爲事，標榜國粹與自強的術客。關於這個問題，按觀點的異同，可下不同的評語，但是不崇尙實質，只標榜國粹，必遭挫折的教訓，是須冷靜深思的。

四、文人受難與武人的跋扈

1. 官學興起與尊經講學——脫離實踐倫理

文宗年間（1047～82），發達私學，因遭官權之干涉，漸趨準官

(69)　參考(67)，同上仁宗十年，「妙淸、白壽翰等密作大餠空其中，穿一孔盛熟油，沈於大同江，油浮出水面，望若五色。壽翰等曰：神龍吐涎，作五色彩，此非常之嘉瑞也請百官表賀。王遣平章事文公仁、參知政事李俊錫等審視之。時有業油韡者告曰：熟油泛水則有異色，於是使善泅者索得乃知詐也。」妙淸之怪異詐術，全由開京派儒臣識破，王及一般人士，未被眩惑。

(70)　同上，「多十一月，中書侍郎平章事文公仁，內侍禮部員外御李仲季，奉御衣如西京。行法事，妙淸等衣；主上宜長御大華闕，不則遣近臣，備禮儀，設御座，置御衣，致敬如在則福慶與親御無異……。」儒臣見其異詐多端，遂奏請斬首示衆，卻不如意。參閱(55)。

(71)　《高麗史節要》卷一〇，仁宗十三年：「戊申妙淸、柳昰與分司侍郎趙匡等，以西京叛，輜制囚留守員僚，又遣僞承宣金位，執西北面兵馬使李仲等及諸城等將，凡上京人在西都者，無貴賤亦皆拘之，遣兵斷岊嶺道，又遣人卻發諸城兵。國號大爲，建元天開，署官屬。號其軍曰：天遣忠義……。」

(72)　有關妙淸之亂的記錄詳載於《高麗史節要》（亞細亞文化社影印本），卷一〇，仁宗十三年條，頁二五九～二六七。

化。此後經過宣宗 (1083～94)、肅宗 (1095～1105) 時代，到睿宗年間(1106～22)，官學也已整頓強化、興起尊經講學之風，漸漸陷入忽視武藝的文弱(73)。因而，儒教脫離重實踐的倫理道德層次，只以講學講說爲事。又特八學國學的資格，形成了新的文閥貴族(74)。

尤其，到仁宗時期(1123～46)，常在君王的主持下，進行儒臣學者的講說(75)。講說也必然帶來學說的異見。這異說使學者羣分爲以金富軾、鄭襲明爲中心的開京派與鄭知常、尹彦頤爲中心的西京派。這種學說上的異見，惡化造成政治路線上的背馳。其實，妙淸之亂中，這時在學說與政見上處於弱勢的西京派儒臣之不軌，必大有作用(76)。

這時，講說論學的對象以經書中《易》、《書》、《詩》、《禮》爲主。在其內容方面，基於義理的層次探討了《周易》與《中庸》。可知已興起了性理學的學風。上述相對立的學派之間，在學說上呈現最大異見的部門是《周易》。這時，講說的《周易》主要內容，不是有關〈繫辭〉、〈文言〉的，而多半是有關本經〈乾〉卦、〈泰〉卦、〈復〉卦、〈大畜〉卦等本經卦辭的。由此看來，大概是儒家義理易和道家象數易的對立，開京派在義理易的立場，而西京派在道家易的立場，互相問難。

那是因爲鄭知常已被妙淸所惑，主張遷都西京，他雖身爲儒臣，相信必有道家傾向。尤其，在金富軾的《周易》講論中，最強力的問

---

(73) 睿宗四年，國學設七齋，其中之一於講藝齋，專習武學，以文武兩學爲國家教化之根源。後於仁宗十一年（施行十六年後），罷武學齋，國學只以文爲崇尚之對象。

(74) 《文獻備考》，卷二〇二，學校考一、仁宗十一年條，「仁宗時，命式目都監，詳定學式。」
這時定制京師文學與鄉學的入學資格，除律、書、算、醫、天文、地理、陰陽等雜學外，只允許官員子弟入學，庶民不得入學。

(75) 有關資料詳載於本書第五章，頁一五六～一六三。

(76) 參考同上。

難者尹彥頤，也出乎意料之外的，迷惑於佛、道，做出十分荒唐的行爲，他的問難似乎也就是基於道家易的立場(77)。

由此看來，尹彥頤所著《易解》也必定是與義理易大異其趣的內容。

另外一個較具實證意味的原因，就是睿宗十三年，指定爲講說對象的老莊，卻在仁宗九年，卽十三年後，被視爲禁書。這大概是以金富軾爲首的開京派儒臣，或者可說是由崇尙儒學之義理學或道學層的學者，爲打擊鄭知常、尹彥頤等迷惑於佛道的西京派，而採取的一連串措施(78)。

儒臣之間的學問對立，使可稱觀念儒，唯儒主義者的金富軾，擴大了對勾結佛、道，將儒教視爲外來文化的鄭知常系的憎惡。而且也開始憎惡深植於固有傳統中的不合理且虛誕的土俗迷信，快馬加鞭地促進了我國學術文化的儒教化，那就是《三國史記》的撰述，這是對我國歷史的一大整理工作，使之成爲所有學術文化的根據(79)。

正如此地，在宣、肅、睿、仁四朝約六十年期間，興盛的高麗儒學，跨越了政治制度與教育風氣方面的成就，在歷史文化、學術思想層面，有了更進一步的發展，對高麗文明國家化工作，做出了極大的

(77) 《高麗史節要》，卷一一，毅宗二年條，「九月，政堂文學，彥頤卒。彥頤少登科，工文章，嘗作《易解》傳於世。晚年酷嗜佛法，請老退居坡平，自號金剛居士，嘗與僧貫乘爲空門友。貫乘作一蒲菴，止客一座，約先逝者坐此而化。一日彥頤跨中造，貫乘告別徑還，貫乘遣人送蒲菴。彥頤笑曰：師不負約，遂坐蒲菴而逝。彥頤身爲宰輔，不以國家風俗爲意，敢爲詭異之行，以惑愚民，識者譏之。」

(78) 同上，卷九，仁宗九年，「禁諸生治老莊之學」，接之有關於當時巫風的記錄。「日官奏，近來巫風大行，淫祀日盛，請令有司，遠黜羣巫。詔行。諸巫患之，斂銀瓶百餘，賂權貴。權貴奏曰：鬼神無形，其虛實恐不可知。王然之，弛其禁。」當時眞儒對左道的批判相當積極，然而未獲實效。

(79) 金富軾，《三國史記》，基於與一然之《三國遺事》的固有與外來之對立立場而寫成的。

貢獻。然而，由開京派儒臣平定妙淸之亂，至少在政治領域上，土信勢力沒落之後，相對的成爲儒臣獨權的朝廷，到了毅宗年間（1147～70），只談論抽象而觀念的儒家學說的文風，逐漸背棄了儒教統治倫理，只以輕浮的文章詞藻爲能事，置身安逸奢華。因此高麗在建國兩百年後，不幸出現了衰微的迹象。

對高麗的衰風，史臣記載如下：

> 爲國之要，在於節用而愛民。毅宗多作池臺，傷財勞民，常與嬖倖，耽樂是從，不恤國政。宰相臺諫，無一言者，終致巨濟之遜宜矣。(80)

在儒治上，最主要的功能就是首先使君王學習實踐統治倫理，再由熟知君臣之道之臣下，爭諫君王之誤謬，使之不致於觸犯政治錯誤。換言之，儒教的要諦在於實踐道德倫理。官學盛行，崇尙講經論學之風後，儒者易於自慢，急於享有一身之榮華與學問的知識（如詩賦生活），而忽視進德修業，隨合君王之愚昧虛妄的生活，以致墮落爲無骨氣的小人儒(81)。實際上，高麗儒學的興盛，可說是危害高麗建國以來所謂「無逸精神」的毒素。換言之，不崇尙實際，陷於觀念的章句詞藻的儒學，可說與他們疾惡的虛誕迷信之害毒，完全一樣。

2.政治的浮華和武臣叛亂

隨着儒教不崇尙實質，發展爲純粹學術，高麗中期的政治出現了

(80) 《高麗史節要》卷一一，毅宗二十一年條，「史臣曰：爲國之要，在於節用而愛民。毅宗多作池臺，傷財勞民，常與嬖倖，耽樂是從，不恤國政。宰相臺諫，無一言者，終致巨濟之遜宜矣。」

(81) 同上，「史臣曰：人主一身，繫乎社稷生靈。臺諫之職。在於繩愆糾謬。王雖乘危履險。自輕其身，宗植等旣不能諫，又從而宴樂沈湎，以失法從之，儀甚可卑也。」

許多令人憂慮的浮華現象。茲提出以下幾點，供讀者參考。

(1)只准許高官子弟入學國學後，過去選舉之意味已被沖淡，成爲官僚的門路也只限於某一特定階層，官僚就成了一個特殊階級。隨之形成了新的貴族勢力，陷於自慢與安逸。

(2)儒教崇尚實際時，以文武並重，國學亦設講藝齋，致力於武學，但儒教只以學文章爲事，則隱然中，興起重文輕武的風氣，公然做出鄙視武臣的行爲。

(3)常常變更科舉科目，終於提高了詩賦的比重，給諸生帶來崇尚詞章學的不良契機。

(4)此後，朝廷不見崇經重道的儒臣，只有以才藝詩文爲能事的文臣。詩賦被利用爲君王耽樂之手段後，君臣皆怠慢於政事，武人則擔負了護衛君臣（文人）日夜浮華生活的責任（或被賤視），而引起武人的憤怒。

下面的內容，可窺見毅宗年間浮華的面貌及其生活的一端。

> 清寧齋南麓，構丁字閣，扁曰：衆美亭，亭之南澗，築土石貯水，岸上作茅亭，鳧鷹蘆葦，宛如江湖之狀，泛舟其中，令小僮棹歌漁唱，以恣遊觀，初作亭，役卒私賷糧，一卒貧甚，不能自給，役徒共分飯一匙食之，一日，其妻具食米餉，且曰：宜召所親共之，卒曰：家貧何以備辦，將私於人而得之乎，豈竊人所有乎，妻曰：貌醜誰與私，性拙安能盜，但剪髮買來耳，因示其首，卒嗚咽不能食，聞者悲之。[82]

從這記錄中可知當時賤民生活何等悲慘，實與王公貴族的浮華生活呈明顯的對比。國初極其關懷百姓的高麗，如今只爲治者的享樂而

---

[82]　《高麗史節要》，卷一一，參考毅宗二十一年條。

勞民，卻將養民置之度外。

萬春亭在板積窰內，有殿曰：延興，南有澗，盤廻左右，植松竹花草，又有茅亭草樓凡七有額者四，曰：靈德亭、壽樂堂、鮮碧齋、玉竿亭、橋曰：錦花，門曰水德，其御船飾以錦繡，爲流連之樂，凡三年有成。(83)

如此建築了壯麗的遊樂設施，君王日夜不分地帶領羣臣，週遊風景優美的地區，飲酒賦詩。「扈從將士，疲困生嗔，大將鄭仲夫，出旋牽龍，行首散員李義方，李高從之，密語仲夫曰：今日文臣得意醉飽，武臣皆饑困，是可忍乎！」(84)尤其，鄭仲夫遭受金富軾之子敦中的然髯之辱，這種屈辱與憤怒終於使武臣兇謀，此所謂鄭仲夫之亂，其來龍去脈大致如下：

毅宗二十四年(1170)八月丙子，王自延福亭赴興王寺。這時王荒淫而不顧政事，加上承宣林宗植與起居注韓賴等近臣，又缺乏遠見，只憑君王之恩寵，輕視世務，尤其鄙視武士，而招來百姓之怒憤。當日，鄭仲夫對李義方、李高說：「現正是吾人舉事之時刻，但君王返回宮中，則需隱忍，以待後日。若移幸普賢院，切莫失良機。」

翌日，王果然到普賢院。在五門前，爲侍臣大設酒筵。王有八分

(83) 同上。

(84) 同上，毅宗十八年條，「……王吟賞風月，與諸學士，唱和不已。大將軍鄭仲夫，以下諸將，疲困憤惋，始有不軌之心……」同上，毅宗二十四年條，「……王遊幸無時，每至佳境，輒駐蹕，與近倖文臣，觴咏忘返，扈從將士，疲困生嗔，大將軍鄭仲夫，出旋牽龍，行首散員李義方、李高從之，密語仲夫曰：今日文臣得意醉飽，武臣皆飢困，是可忍乎！仲夫曾有燃髯之憾，遂搆兇謀。」對於君王的放蕩與武將的憤怒，文臣中有憂慮的人士，該人就是曾燃鄭仲夫之髯的金敦中。「……金敦中前白王曰：自朝至夜，扈從軍卒飢倦，王何樂之甚？且夜晦冥，有何觀覽，久留此耶？王不悅，命駕而行，已向曉矣。」

醉意時，環顧左右並說：「多壯麗的景緻，正適合比武」，說罷，就命武臣表演手搏戲。君王深知素日過於虧待武臣，想藉此機會慰撫並賜厚賞。韓賴唯恐賜恩寵於武臣，心懷猜忌。

將軍李紹膺與另一人比武時，紹膺敗逃，韓賴來到跟前，朝紹膺臉面，一掌擊倒於階下，王與眾大臣，見而拍掌大笑，宗植與李復基等辱罵紹膺。這時鄭仲夫、金光美、梁肅、陳俊等人彼此相視，十分難堪。仲夫怒氣沖天，罵道「紹膺雖武夫，但屬三品官階，豈可如此辱罵！」王立即握住仲夫，使之怒氣平息。李高則拔刀，向仲夫示意，仲夫立即加以制止。

夜幕低垂時分，王駕臨近普賢院，李高、李義方等先抵達院中，虛藉王命，召集巡檢軍。王剛入院門，羣臣欲退時，李高等於門前殺害宗植與復基。探知亂發的金敦中（金富軾之子）就假裝酒醉落馬而潛逃，韓賴則藉侍臣之名，潛藏於御床之下。王大驚，使宦官加以阻止，仲夫說道「禍根韓賴仍在君王身邊，將他拖出處斬。」內侍裴允才入室秉報，韓賴緊握王衣不肯露面。

李高遂拔刀威脅，迫使受罰，即死。指喻金錫才向義方說：「高竟敢御前動干戈。」義方怒視錫才且斥責，使之住口。於亂中，扈從文官及大小臣僚遇難而死，屍首堆積如山[85]。

接著，除文克謙之外，金敦中等人全被殺害，呼道曰：「凡戴文冠者，雖至胥吏，俾無遺種。卒伍蜂起，搜殺。」[86]這慘不忍睹的悲劇，是文臣的傲慢與荒淫招來的報應，怎能只歸咎於武人的失性？因

[85]　對於這項的記錄，詳細記載於《高麗史節要》卷一一，毅宗二十四年八月條。

[86]　同上，「……使人呼道曰：凡戴文冠者，雖至胥吏，俾無遺種。卒伍蜂起，搜殺……五十餘人。」

而史臣對此所給予的評價是冷漠而誠後的⑧。

　鄭仲夫之亂，雖不是意料之外的，但問題的重點不在武人叛亂本身，而在於武人掌握大權後，如何經營國家的結果。以鄭仲夫爲首的李義方、李高等人，原是無知且無理想與經綸的匹夫。因此他們的叛亂不是爲妥善經營邦國之政治理想，而是對文人的不公平對遇和鄙視抱有怨恨與忌妒而做出的報復行爲。是一種未經深謀遠慮的行爲。因而恣行了不分青紅皂白的一大屠殺。

　此一無謀亂動的後果，是不能合乎理想的，他們屠殺文人掌握大權後，開始彼此反目疾視，終於爲爭奪大權，造成了誣陷與謀害的不安政局⑧。失去了王的尊嚴和國家傳統之外，連武人本身的基本人格也被抛到九霄雲外，情況漸漸惡化，高麗建國以來艱辛構築的儒家倫理道德文明，急劇墮落，置政治於蠻橫的境地。

　叛亂後，廢君王，將君王放逐於巨濟島，又立其弟翼陽公皓爲王，即明宗 (1171～97)。由叛變而被擁立的君主，是無法掌握實權的，一切政事操之於叛亂主體鄭仲夫、李義方、李高等手中。結果彼此都以先發制人，獨攬大權。叛亂主謀中，李高的作亂尤爲強硬而暴

---

⑧　同上，「史臣兪升旦曰: 元首股肱，一體相須。故古先哲王，視文武如左右手，無有彼此輕重。所以君明於上而臣和於朝，叛亂之禍，無自而作矣! 毅宗之初政，規模有可觀者，誠得忠正之人而輔之，則必有善政可稱於後世矣。不幸柔佞佻躁之徒，布列左右，傾資財於齋醮，移宵旰於酒色。吟風詠月，以代都兪，而漸積武夫之怒，禍將至矣。毅宗命戲兵手，欲因厚賜，以慰觖望。王之心固有度矣，而韓賴等慮武夫之見寵，遽生忌愎之心，遂使烈炎，崑崗玉石無分，卒致乘興播遷，不獲令終，可勝痛哉!」

⑧　對文人的屠殺，李高、李義方等人甚於鄭仲夫。同上九月條，「諸武臣會重房，悉召文臣之遺者。李高欲盡殺之，仲夫止之。」而且武人當中也有仇恨不分青紅皂白大肆屠殺者。
　「大將軍韓順、將軍韓恭申、大興史直哉、軍仲規等，相與言: 李義方、李高等擅殺朝臣，害及忠民，非義也。義方等聞之，執而殺之。」

惡⑧。但事前洩露了機密，而由李義方予以剷除，叛亂的主體勢力，又落在李義方的掌握之中。

除此之外，掌握地方兵權的武將，也爲復立前王，興兵作亂，再度使局勢陷於極度的緊張狀態⑨。於是，造成了互不信賴，若有絲毫風吹草動，就妄加弑殺的混亂。另一方面，武臣的不安，使王呼籲自肅，甚至提示與文人通婚的善策，致力緩和禍亂⑨。

然而，叛亂勢力之間的妒忌與仇視，更深一層。那首先由李義方兄弟之間的衝突予以表面化。明宗四年正月，歸法寺的僧眾作亂，李義方動員府兵，將僧眾擊退，又禁止他們出入城內。其兄俊儀加以阻止，義方大怒說道「否則就不能成功。」並下令焚毀寺院，掠奪財物。從而俊儀就斥責義方的三大罪惡，如下，(1)放逐國王，奪取其家室與妻妾者爲其一，(2)威脅強姦太后之女爲其二，(3)獨攬國政爲其三。

義方欲拔刀置死其兄，文克謙出面阻制止。但鄭仲夫則以兄弟相鬪宮中的事爲問題，想處死俊儀，後來又由仲夫之妻加以阻止，才幸免一死。不過，互不信賴的鴻溝則更加寬，加深⑫。

----

⑧　同上，明宗元年，「李高有非望之志。陰結惡小及法雲寺僧修惠，開國寺僧玄素……將作亂……內寺將軍蔡元善逐往告之，李義方素惡高，逼己至是，亦知其謀，與元侯高等，至官門外，卽以鐵鎚擊殺之。」

⑨　同上，元年十月條，「宮闕災，諸寺僧及府衞軍，詣闕將救火。鄭仲夫、李俊義、李義方等恐有變，閉紫城門不納，殿宇悉火……。」
同上，三年，「東北面兵馬使諫議大夫金甫當，起兵於東界。……欲討鄭李，復立前王……至巨濟奉前王出居慶州。仲夫、義方聞之，使將軍李義旼領兵趣南路……執甫當送於京，李義方在迎恩館訊鞫殺之……。」

⑨　同上，「……應圭往見諸將曰：亘古以來，未聞無禮義而能保國家者也。……多殺無辜，必有殃禍。……時文士戮且盡，中外洶洶，莫保朝夕。卽將金富謂仲夫、義方曰：天意未可知，人心不可測，……吾輩有子女者，悉令通婚文吏，以安其心，可久之道也。眾從之，自是禍稍止。」

⑫　同上，明宗四年春正月條。

此後，李義方加強了自己的權勢，又爲長久支撐，將其女嫁給太子[93]。對這種叛亂主體的瘋狂奸計甚感不滿的西京武將，發出討伐鄭仲夫與李義方的檄文，大舉進攻上京，其聲勢也十分浩大。對此，李義方誅殺西京人將相尹仁美、金錫材、金德臣等貴賤眷屬，亦舉兵大破西京軍[94]。

但李義方不久也被殺害。義方將其女嫁爲東宮妃之後，威勢日益增大，混亂朝廷，招來眾人的憤怒。得悉民心離叛之尹鱗瞻、鄭筠，勾結從軍僧宗旵，於義方出行宣義門外時，乘機斬殺，捕殺一黨。李義方的蠻橫也從此告一段落[95]。

李高、李義方先死被殺後，最後執權者就是鄭仲夫。

原來主謀「庚癸之亂」（武人叛亂或鄭仲夫之亂）的人物是鄭仲夫，但亂後之實權則由年小的李高、李義方等少壯武將所強占，所以未能行實大權，反而懼怕遭李義方之謀害，杜門不出。識破隱憂的李氏兄弟同他結拜父子之義後[96]，才安心活動。他身爲叛亂主體，掌握了最後的大權，然而其行爲尤其無知且狠毒，遠遠超過了前者的暴虐，以極度的殘殺爲事。

鄭仲夫執權後，以武力奪取政權的強暴集團，更加頻繁面臨來自外部的挑戰和壓力。這首先從暴露非法爭取政權開始，趙位寵派遣徐彥到金國，報告其間之經過，說王位並非由前王禪讓，而是鄭仲夫，

---

[93] 同上，「三月太子納李義方女爲妃。」

[94] 同上，九月、十月條。

[95] 同上，十二月條，「李義方自納女東宮，益擅威福，濁亂朝廷，眾心憤怨。義方偶出宣義門外，鄭筠（鄭仲夫之子）密謀從軍僧宗旵等，託有求訴，隨義方後，伺隙斬之。分捕俊義兄弟及其黨高得元、柳允元等，皆殺之。」

[96] 同上，五年正月條，「仲夫見李蔡見殺，內懼欲辭位，杜門不出。義方兄弟携酒饌詣其家致疑。仲夫迎以實告之。義方等相與約誓結爲父子，言甚切至，仲夫安之。」

李義方與人弒害君主所得。甚至要求兵援攻打鄭氏同黨。但這次金國
卻捕押徐彥，引渡返國，使之免除危機❾。因而，年逾七十的鄭仲
夫，更感不安，招集家屬，形成了行使實權的所謂族閥政權❾，對文
臣更加懷疑❾，禁止文臣的外官職務的同時，使武臣兼職文官，制定
絕世之惡法❿。

　　鄭仲夫一家的橫暴❿結果招來軍部的不平❿，尤其因挫傷有志直
臣的士氣，日漸陷入政治空洞的狀態。在這種混亂的漩渦之中，叛亂
頻發呈一波未平，一波又起之勢。得不到民心支持而孤立化的鄭仲夫

❾　在這之前，他們謊報毅宗之廢弒與明宗的即位是因前王久病的禪位。
明宗五年條，「趙位寵遣徐彥等如金，上表曰：前王本非避讓，大將軍
鄭仲夫，即將李義方殺之。臣位寵請以慈悲嶺以西至鴨綠江四十餘城內
屬，請兵助援。金主執送彥等。」
❾　鄭仲夫的政權是由仲夫之子筠，壻宋有仁、王珪以及奴僕所組成的。
❾　《高麗史節要》，卷一二，明宗五年條，「十一月，有人誣告重房曰：
文臣與南賊潛謀作亂，是日流都校丞金允升等七人於島……。」
❿　同上，明宗八年條：「秋七日，以太學博士盧寶與為蔚州防禦副使。參
知政事宋有仁，以為外官文武交差已有成法，今蔚州判官亦文官，不宜
以寶與並除。」
　　又九年條，「……自國家設官分職以來，唯卿監外，武臣不兼文官。庚
寅年後，吾儕得處臺省，布列朝班……。」
❿　列舉鄭仲夫的橫暴如下：（《高麗史節要》卷一二，依據明宗七、八年
條）
　1.「罷判大府事廉信若，先是信若口業田在峯城縣，仲夫奪之。旣而還
之，至秋，信若遣奴收穫，仲夫家奴邀奪，因與相鬭。仲夫遣人捕信若
奴，付街衢獄殺之，遂告重房劾之。王不得已，乃罷信若。」
　2.「鄭仲夫家奴，犯禁中。丞宋詝，御史晋光仁，縛問之。仲夫怒，欲
殺詝等，其子筠諫止之。仲夫遂上奏欲罪之……。」
　3.「廣德里舊有太后別宮，比因火災不御。左承宣鄭筠請買為私第，太
后命卻其直而與之，至是大興工役。時王在壽昌宮，侍太后疾，其地距
宮不百步，又於歲行為太后忌方。王深惡之。欲止其役，憚筠不果。」
　「宋有仁（仲夫之女婿）嘗請壽德宮而居之，棟宇壯麗，殆非人臣所
居，富貴華侈，擬於王室。」
❿　《高麗史節要》，卷一二，明宗六年條，「諸領府軍人，揭匿名榜云：
侍中鄭仲夫及子承宣筠，女婿僕射宋有仁，擅權橫恣，南賊之起，其源
繇此，若發軍征討，必先去此輩然後可。筠聞之懼，乞解職，累日不
出。」

勢力，爲保守旣得，實行了高壓政治。隨着政治空洞化現象，力治者的荒淫，感染了子弟，製造了弱肉強食，強暴集團的非法天地⑩。

　　無道的極權政治無法持續長久。　鄭仲夫雖致力保守其生命與權力，　無所不爲，　但也被武人慶大升斬殺梟首⑩。　正如上述，　武人叛亂的魁首都遭遇了不幸的下場。武人之亂的主謀被一一處決之後，政權仍徘徊於文民統治的王道之外，持續着被強暴之武夫掠奪之惡性循環。慶大升原有意回復文人政治，但因武人的反對而未獲得實現⑩，反而感受到一股壓力，　所以他也實行了保全一己之強暴政治⑩。　然

⑩　同上，　明宗九年條，「少卿鄭國儉，捕水精峯賊囚於獄。水精峯路幽險，惡小五六人常聚其中，見婦人有姿色者，必劫亂之，至奪其衣物。國儉家在峯下，忽見一婦人，盛飾由峯路下，賊邀而劫執，從婢皆散。國儉不敢忍視，遣其壻李維城、崔謙率家僮捕之……訊之乃大將軍李富甥姪及權門子姪也……。」

⑩　同上，　明宗九年條，「九月，將軍慶大升誅鄭仲夫及壻宋有仁。大升素憤仲夫所爲，且其子筠，潛圖尙公主，王患之。大升銳意討之……大升謂所善勇士牽龍、許升曰：我欲去凶徒，汝肯從我，事可成矣。……大升率死士，踰入宮墻……所見輒殺……王驚愕……大升因請發禁軍，分捕仲夫及有仁父子，仲夫等聞變，逃匿民家，悉捕斬之，梟首於市，中外大悅……。」

⑩　同上，「王呼大升等問之曰：今以筠承宣之任，欲授將軍。大升曰：臣不識字，非所敢望。王曰：非公則將誰可者，吏部侍郞吳光陟如何？對曰：承宣出納王命，非儒者不可，光陟雖少解文字，然武臣，恐似鄭筠……。」

⑩　同上，「朝士詣闕而賀，大升曰：殺君者尙在焉，用賀爲。李義旼聞之大懼。後武官或宣言曰：鄭侍中首倡大義，摧抑文臣，雪吾曹累年之憤，功莫大焉，今大升一朝而尸四公，孰討之耶？大升懼，招致死士百數十人留養門下，號曰都房以備之……。」

　　「大升自去鄭宋以來，心不自保，常令數人，潛伺里巷，偶聞飛語，輒拘囚鞫問，累起大獄，用刑深峻。」

　　「京城盜賊多起，自稱慶大升都房。有司逮捕囚之，大升輒釋之。由是公行奪掠，略無畏忌。李義旼自聞大升圖己，常聚勇士於家以備之。又聞都房謀害所忌，義旼益懼，乃於里巷樹大門以警夜，號爲閭門。京城坊里，皆効而樹之。」

　　「將軍慶大升門客，殺良家子，有司捕欲治之，大升力救得免。」

　　「將軍慶大升，殺太子府指喩別將許升……大升自殺仲夫，常懷畏懼，多養壯士於家。爲長枕大被，令輪日直宿。或自共被以示誠疑……。」

而，　他未遭後人的謀害，　而成爲唯一享盡天壽的執權者❼。　接之而

興起的人物就是曾與慶氏敵對的武夫李義旼❽。誅殺李義旼者爲崔忠

❼　慶大升反省鄭仲夫首倡的武人亂之惡性循環，是一個企圖回復文民政治
　　的武人，但其衷情也因諸多武臣的反駁未獲實現。持續了更加貪虐的武
　　人亂政，實令人遺憾。慶氏死後的史錄如下：「大升清州人，中書侍郎
　　平章事珍之子。脊力絕人，早有大志，不事家產，年十五蔭補校尉，累
　　遷至將軍。珍性貪鄙，多奪人田。及卒，大升以其田案，悉納選軍。一
　　無所取，人服其淸，常憤武人不法，慨然有復古之志，文官倚以爲重。
　　又欲討殺毅宗者，以其事艱大，隱忍未發。及誅鄭宋，王內忌而外示優
　　寵。凡奏請無不曲從，故人多趨附。然非有學識與勇略者輒去之，武官
　　畏憚，不敢縱肆。一夕忽夢仲夫握劍叱咤，因得疾卒，年三十。」
❽　李義旼執權後，亂政越趨深化，對文官的疾視也更加重。其大略摘示如
　　下：
　　1.「時術人言：太白犯上將，武官必有厄，於是武官欲移災於文官。將
　　軍李時用等三十餘人，詣闕構訐等罪，請流。王雖知無罪，然柔弱無
　　斷，勉從其請。」
　　2.「兵部尙書朴純弼，大營私第於東宮之旁。太子告王曰：術人以爲，
　　朴尙書第，於東宮爲月建之方，不宜營造，臣力不能禁，請上禁之。王
　　曰：朴尙書必不聽我言，但汝修省以銷變耳！聞者莫不憤歎。」
　　「初上將軍石鄰，受驛吏賂銀，屬事於西海道按察康用儒不從，鄰憾
　　之，誣構用儒於王請免其職，王不聽。鄰怒瞋目舉屬聲曰：吾不復矣，
　　遂解帶投地而去……。」
　　3.「詔將軍車若松等四十三人兼屬內侍院及茶房。先是重房奏：自庚寅
　　以來，武官皆兼文官，而內侍茶房，獨不得兼，請許兼屬。故有是命，
　　武官兼屬自此始。」
　　「上將軍崔世輔，同修國史將軍崔連，金富並爲禮部侍郎。三人皆武官
　　也，武官之兼儒官始此，時有人訴重房曰：修國史文克謙，直書毅宗被
　　殺之事，弑君天下之大惡。宜令武官兼之，使不得直書。克謙聞之懼，
　　密奏王，王不敢違武臣意……乃下制同修國事，世輔不請，而直以史字
　　改之，由是毅宗實錄，脫略多不實……。」
　　對於武官兼任史官的事實，史官做以下評述，「史官，公萬世之是非，
　　所以垂勸戒於後世。故齊崔杼之弑莊公也，太史兄弟三人相踵就僇，而
　　書者不止。今弑逆之儔，將逃惡名，自兼國史，而欲滅其跡，不知滔天
　　罪惡，欲蓋而彌彰，不亦愚乎。」
　　當時武人之官階，並不依據科舉，毫無限制的隨意任補，濫使職權。不
　　盡是因無知，且因暴虐的性格，文人與百姓的被害更加甚。外交上也招
　　來許多譏笑，下列實例之一端。「兵部尙書李英晋卒。初名寵夫，販魚
　　爲生。充邏卒性殘忍貪禍。歲庚寅附二李，恣其吞噬。世之言殘虐者，
　　必曰寵夫。及慶大升用事，英晋畏縮。大升卒復肆兇悍，驟遷尙書，漁
　　奪無厭，以致家富。嘗求使北朝，沿路需索，郡縣奔走，賂遺萬計。金
　　人曰：汝向爲義州戍卒，州人皆呼爲獸心人，汝國無人，而俾汝拜高
　　官，卿使命歟！所至皆漫罵不禮。」

獻⑩。從此，較正常的武人政治持續了近百年的時光。慶大升誅殺鄭仲夫後，有了回歸文民政治的可能性，可是又因明宗的愚蠢措施，化爲泡影，而來臨了武人長久統治的黑暗時代。對此史臣所做評論是值得令人惋惜的⑩。

五、統治倫理的喪失與權力之蠻

1.武人弄權招來人性墮落

　　王政時代，政治秩序的核心在於王室。政治秩序就是當時的物質或精神生活的模範。經過相當期間後，才構成高麗的王室，對於朝野一般行使了健全的領導力。以太祖王建爲首的許多人物，傾注其睿智和努力，尤其以儒教統治的明智合理的政治哲學爲教本，舖平了治國理民之路。

　　然而，經歷千辛萬苦後所求得的寶貴政治哲學與政治秩序，卻因昏君毅宗的出現，逐漸解弛，又因羣臣的不忠，更加昏迷。終於不

⑩　《高麗史節要》卷一三，明宗二十六年，「夏四月崔忠獻誅李義旼。忠獻初以勇敢選補別抄都領，以勞遷至將軍。其弟忠粹，猜險勇悍，時爲東部錄事。……忠粹卽告忠獻曰：義旼四父子，實爲國賊，我欲斬之如何？……忠獻亦然之。至是王幸普濟寺，義旼稱疾不扈駕，潛往彌陀山別墅。忠獻、忠粹突入手刄擊之，不中。忠獻直前斬之，從者數十餘人，皆潰。使碩崇持首馳入京，梟於市……。」

⑩　同上，「史臣曰：自鄭仲夫、李義方、李義旼等，弑毅宗竊弄國柄。爲明宗計者，當誓心自強必欲討賊而後已。若曰力不足，則慶大升憤王室之微弱，疾強臣之跋扈。一朝舉義，誅仲夫父子如獵狐鬼，而義旼，奉首鼠竄，假息鄉閭。此正任用賢良，修明紀綱，復張王室之秋也。王不能然，溺於宴安，其所施爲，殊如平居無事之時。若義旼者，特一匹夫耳，遣一介使，數其弑君之罪，誅而族之可也。反加招置，驟登爵位，使之陵轢王室，殺害朝臣，賣官鬻獄，混亂朝政，其禍慘矣。崔忠獻，乘釁以起，而王反見放逐子孫不保。自是權臣相繼執命，王室之不亡若綴旒者幾百年，嗚呼痛哉！」

堪一擊地被武人破壞了。根本上瓦解了高麗的國體，王權與王族的威嚴，尤其是可稱維護秩序的壁壘即文臣之權威秩序也被毀，而變為無法天地。

立體的威權秩序被破壞，只有平面的力治橫行，使政治核心的尊嚴被忽視，依循官階擔當國政的官權也因此受損。一個人為佔有國政的一席之地，對內要廣增見識，並為造就有為人格，須長期進德修業。對外則須通過科舉後，由下級官階起，立功並累積資歷。然而這種秩序毀於一旦，隨之那頑惡的手只知濫用武力，那充滿陰謀詭計的頭腦，私下擴充了組織，違背公道，以強奪的權力圖報私仇，掠取良民之生命財產，享盡榮華富貴，造成了一個統治倫理不在的狀態。

一言以蔽之，鄭仲夫的武臣叛亂以後，高麗的政治社會秩序，挫傷了人類向上努力的意志，完全毀壞了一分耕耘，一分收穫的精神秩序。在這種無秩序可言的情況下，更加狡猾的智謀，自然勾結權力，不費吹灰之力地霸佔一席，支配羣眾，享有物質，爭取一身的富貴。因此，武人執權的明顯現象就是以陰兇的手法爭權奪勢，私下組織結社（重房，都房）保全一己之生命與政權。兼奪文人官職，忽視專業技能，使所有功能一律化或兵營化，由武人管理一切，招來行政空洞，而只以抑壓手段處理。視權力為享有榮華富貴的手段，而公開買賣官職，貪污風氣極盛⑱。不過，尤其可怕的現象是人性的墮落，意識潛流中，包含權力萬事通，權力並非靠努力向上可得，唯陰謀與不正才是爭權的捷徑的想法。這是何等令人寒心而恐怖的後果？

---

⑱　武臣政權的長久化，使買官賣職風氣尤盛，近似常例，一般認為權力本是腐敗的。以下之內容足以證明此一史實。
《高麗史節要》，卷一三，明宗十四年條，「王凡用人，唯與嬖臣宦豎議之，由是奔競成風，賄賂公行，賢否混淆。嬖臣宦豎有所請託，王問曰：得賂幾何？多則喜從其請，否則延時日以冀其多，故近習竊權，甚於前朝……。」

　　崔忠獻之所以能够殺害李義旼而執大權於手中，實得力於其弟忠粹之首倡。因而執權後，忠粹極其橫暴。他逼迫放逐現有的太子妣，將其女取而代之，欲藉此鞏固權勢。因這一點引起了兄弟之間的糾紛，結果，局勢惡化爲骨肉相殘的權力鬪爭[112]。崔忠獻的執權初期是如此的，我們怎能期待他不重蹈武人弄權的覆轍？

　　不孝父母，不友愛兄弟之悖倫兒，居於一國之中樞，號令萬民的話，誰肯接納並肯定他的存在，尤其怎能仰望左右一國政權的王座或權位，視爲天命賢能者所具有的至高非凡的地位。自然可以將它看做是可力奪而卑賤的東西。

　　因此，終於發生了伐木小兒作黨不軌的事件，實令人失笑。事情發生在崔忠獻執權未滿一年的神宗（1198～1204）元年，世稱「私僮萬積之變亂」。其動機與謀事經緯如下：

　　　私僮萬積、味助、伊延福、成福、小之、孝三等六人，樵於北

---

[112]　同上，卷一三，明宗二十八年條，「初太子，娶昌化伯祐之女爲妃。至是崔忠粹，欲以其女配太子，固請於王……王不得已出之，妃嗚咽不自勝，王后亦流涕，宮中皆抆淚不已。」
　　「忠獻聞之，擁酒至忠粹家，從容與飲。酒酣，忠獻曰：似聞君欲納女東宮有諸？對曰：有之。忠獻曉譬之曰：今我兄弟，雖勢傾一國，然系本寒微，若以汝女配東宮，得無譏乎……古人曰：前軍覆，後軍戒。向者李義方，以女配太子，卒死人手，今欲蹈其覆轍可乎？」
　　「忠粹曰：大丈夫行事，當自斷耳……督辦如舊。其母謂之曰：汝從兄言，予實喜幸，又何如此耶？忠粹怒曰：非婦人所知，以手推之，母仆地。忠獻聞之曰：罪莫大於不孝，辱母如此，況於我乎……。」
　　「忠獻泣謂其眾曰：忠粹欲以女配東宮者無他，欲以圖不軌也……夜三鼓忠獻率眾千餘，由高達坂至廣化門……。忠粹聞之懼。……忠粹之徒不克大潰。忠粹曰：今日之敗，天也。兄居臨津以北，則我居臨津以南……卽馳至保定門斬關而出，渡長端至坡平縣金剛寺，追者斬之，傳首於京。忠獻哭之，謂追者曰：我欲生擒，爾何遽殺，乃遣人收葬之。」
　　據上述記錄，崔忠獻雖自爲武人非法奪取政權，但他以前日武人之暴亂爲借鏡，致力於政治的正常化。然而當時混亂的政局，並未容納他的構想，使他重蹈武人之覆轍，施行了高壓政治。武人政治的界限正如此。

山，招集公私奴隷謀曰：國家自庚癸以來，朱紫多起於賤隷，將相寧有種乎，時來則亦可爲也，吾輩安能勞筋苦骨，困於箠楚之下，諸奴皆然之，乃剪黃紙數千，皆鈒丁字爲識，約以甲寅聚興國寺，同時鼓噪趣毬庭作亂，內外相應，先殺崔忠獻等，仍格殺其主，焚其賤籍，則公卿將相皆可得矣，及期皆集，以眾不滿數百，恐不濟事更約戊午，會於普濟寺，令曰：事不密則不成，慎勿泄，律學博士韓忠愈家奴順貞告變於忠愈忠愈，以告忠獻，遂捕萬積等百餘人，投之江，拜忠愈閤門祇候，賜順貞白銀八十兩，免爲良，餘黨不可悉誅，詔置不問。⑬

　　奴婢叛亂之後，地方也不斷發生了奴婢及賤民的作亂和盜竊行爲，晉州奴婢之亂，密城官奴之亂，全州雜族亂等，卽所謂「下克上」的賤民之亂，正是如此⑭。

　　崔忠獻頗感生命威脅之餘，兼任兵部尚書，吏部知事等職，總括文武銓注。出入禁闈時，則受軍隊的衛護⑮。而且爲嚴守居處，於軍卒中甄別力士，分爲六番，日夜防守，稱都房。他出入如同行走沙場，擁衛森嚴⑯。近百年的崔氏武斷政治就是這樣開始的。其高壓性是可想而知的。

2. 武人統治術的知能化與狡詐

---

⑬　《高麗史節要》，卷一四，神宗元年條。
⑭　同上，神宗三年條，「晉州公私奴隷，羣聚亂，屠燒州吏家五十餘。」「密城官奴五十餘人，盜官銀器投雲門賊。」「全州雜族人，羣聚謀亂，殺豪族人，豪族奔避城外……。」
⑮　同上，「崔忠獻，以兵部尚書，知吏部事，總文武銓注，出入禁闈，以兵自衞。」
⑯　同上，「忠獻自知縱恣，恐其變生不測，大小文武官吏閒良之士，至於軍卒強有力者，並皆招致分爲六番，更日直宿，其家號都房，及其出入，合番擁衞，如赴戰鬪焉。」

　　鄭仲夫叛亂後，近三十年期間是武人執權的初期，當時，由於政治行政的空洞化，尤其因統治倫理的喪失，不能說實現了正常的武人統治。又因武人相殺的惡性循環，李高、李義方、鄭仲夫等決無餘力在掌握政權後，具備統治體制，實行獨自的政治。

　　而且由於武人叛亂的近因是文人的傲慢與對武人的輕視，在叛亂初期，武人恣行了文人屠殺，對這一點，武人之間的見解與行動是一致的，但是在大量屠殺文人，壓制文人士氣，奪取政權後，文人不再是主要的敵人(亦無文人可與之對抗)，武人本身卻分裂爲新的政敵，演出了自相殘殺的局面。

　　叛亂主體之間的叛亂所帶來的惡劣後果，使他們未能延續長久。其中，鄭仲夫雖是長命者，但在九年後，也被斬殺梟首。古語說「權不十年」，似乎正說明了其間的波折，實在是發人深思的歷史教訓。

　　在武人執權的血腥暴政三十年後，由後起的武人勢力取代叛亂主體，接替了政權。卽所謂崔氏的武斷擅政。可說進入了武人執權的第二期，崔氏政權不像鄭仲夫等的無謀暴政，建立了一個統治系統，經營實質的治國政治。一言以蔽之，第二期的武人政權，透過其間慘痛的經驗，擺脫武人的單純、無知、強暴性、逐漸知能化了。換言之，武人也通曉政治生理，無論是否出自眞意，努力與王室、文人等融合⑰。

---

⑰　崔忠獻、忠粹兄弟殺害李義旼掌握大權後，在送給王的封事上，談到以下內容，第一、確認高麗爲王氏之國，順從太祖之正法，奉獻王室。第二、表現出充實國家經濟的意志。第三、建議王室不爲浮屠陰陽所迷惑。第四、堅決表示要拔擢重用有爲人材，獎勵淸廉、刷新官紀與民風。第五、強調了諫官的重要性。崔忠獻執權初期，曾優待王室，但從熙寧謀殺忠獻，內外紛起打倒忠獻之亂後，對王室的衷情漸漸冷淡，憤怒又化爲怨恨，做出王的立廢流殺等暴行。忠獻死後，其子瑀，將其父所儲蓄金銀財寶獻給君王，以表謝罪，莊惠王后死後，又獻給侈美之棺槨，使王讚嘆。下面是有關與文人改善關係的記錄。
同上，卷一四，熙宗元年條，「崔忠獻作茅亭於男山里第旁，蒔雙松及第崔顗爲賦雙松詩，兩制文士皆和。忠獻招集耆儒白光臣等使第之，及第鄭公賁詩爲魁。忠獻奏其詩，王召公賁屬內侍。李奎報作亭記以美之。」所謂耆儒，並非崇尙道學的儒者，而是玩弄詩文詞章的文客。崔氏武人政權所討好的對象是缺乏思想與志節的文人，不是堂堂的儒士。換言之，只利用了阿諛崔氏政權，以文章美化崔氏的文化。

崔忠獻曾回顧以往，決意不再重蹈前輩武人之不幸覆轍，成爲富有智能的軍人。因此他改變了從前執權者的敵我觀。叛亂執權初期的敵人是文人，但基於其間武人執政經過和當時的情況，墮落已久的文人，尤其無組織與思想的文人不再是挑戰的政敵，王室雖仍是政治極變的核心，但已在掌握之中，隨時可以撲滅，並不構成任何威脅。崔氏深知其中的脈絡，爲執權秩序的維持利用了王室的名分，並適當撫慰無力而無節操的文人，做爲宣揚政權權威的工具，施行了懷柔包容的政策。

而且基於以往的經驗，不斷向武人政權挑戰，構成實際威脅的政敵正是擁有兵馬的武將，崔忠獻斷定自己的政敵是武將或操有兵權的勢力。他認爲在政權的層面上，國家的兵力也就是最危險的政敵，因而致力養備至少可與國家兵力對抗的私兵。除了國家兵權的私家化之外，使自己的心服軍隊更加精銳化、大量化。也就是說，崔氏政權樹立後，高麗軍隊分爲公兵和私兵，私兵在組織和氣勢方面反而領先了公兵實力⑱。這就是崔忠獻在政治安保上狡猾的一面。

武人政權的智能化與狡猾，意外地帶來了武人暴政長期化的結果，崔忠獻在武人叛亂以後，爲政權紮下深根，又將政權傳給子孫，成爲唯一享有高麗國命七十年的武夫。

崔氏政權也曾重蹈鄭仲夫等惡毒無知武夫的前轍。由於崔氏在政權安保上較前者高明狡猾，才經得起許多挑戰，決不是因爲他們有威嚴，實施善政，博得朝野信望而維持長久。他們爲保全政權，對挑戰者加以更慘惡的殺害，貪虐與奢侈的規模和內容已超出想像的範

---

⑱　以下是其證據的一端，《高麗史節要》，卷一四，高宗三年條，「宰樞重房奏，勿論太祖苗裔及文科出身，悉令充軍，王從之。元帥鄭叔瞻、趙冲等點兵於順天館，驍勇者皆爲崔忠獻及子瑀門客所點，官軍皆老弱羸卒，元帥心懈，」

圍⑪。

　　如同以往武人政權，掌握政權的目的不在於使高麗富強，造福百姓的崇高而明顯的政治理想和目標，只是爲一己、一家或一集團的富貴榮華，利用政權而已。因此，鞏固權力安保之後，權力的行使就等於滿足個人慾望的行爲。武人政權的第二期，崔氏政權很狡猾地表現出武人執權的本色和惡毒。這決非言過其實。

　　在此須附帶說明的一點就是崔氏之所以能够支撐長達三代的七十餘年，除得力於狡猾的政治安保手段之外，是因爲當時不斷遭受北方契丹與蒙古的侵入，無暇顧及政權爭奪，再者因文人隨和武人政權，武人之間也喪失向政權挑戰的意志。雖然如此，仍有向崔氏政權挑戰的一股勢力，那就是具有宗教組織與意識的僧侶⑫。

　　或者可能認爲就是因武人執政，才得以從北方契丹與蒙古的侵略中，保全了高麗的國命，但這剛好相反。就是因爲武人執政，才使武

⑪　同上，熙宗六年條，「忠獻營第於濶洞里，毀人家百餘。務爲宏麗，延袤數理。擬於禁掖；北臨市，搆別堂。土木役劇，國內嗷嗷。訛言：密捕男女，衣以五色，埋宅四隅，以禳土木之氣。故凡有兒者，皆深匿之⋯⋯。」
　　同上，卷一六，高宗二十一年條，「瑀營私第，皆役都房及四領軍船，輸舊京材木，又取松栢，多植家園，人多溺死，其園林廣袤無慮數十里。」
　　同上，十八年條，「崔瑀妻鄭氏死，王命用順德王后例葬。三殿及諸王，宰樞承宣以下爭設祭日，至六七日奠。務爲侈美，市價爲之湧貴，及葬，百官會葬。至以金銀錦繡飾龕室，左右列燭籠紅燭，自殯堂連亘保定門，石室極奇巧。」
　　同上，十六條，「崔瑀占奪鄰舍百餘區，築毬場，東西相望數百步，平坦如碁局，每擊毬塵起，必使里人，汲水灌之。」
⑫　武人政權初期，僧侶的王政回復運動，曾屢見不鮮，進入崔氏執政之後，更加強烈。但他們的舉事屢次失敗，結果使王室更加困擾。不過比起儒弱的文人，阿諛政權的醜惡姿態，可稱爲唯一的正義集團。《高麗史節要》，卷一四，熙宗七年十二月條和同，高宗四年春正月條中，記載較重要的大事。

人無法專注於國防，埋首政權爭奪，以致於損失國力，造成外交政策的混亂，涉足列強角逐，招來更大的禍亂[121]。因此，抵制北方列強侵入的主力應該是以王家爲首的一羣書生和厭惡武人政治的部分純粹武士[122]。對這一點史臣做了如下的評述：

> 史臣曰：高宗之世，內有權臣相繼，擅執國命，外有女眞蒙古，遣兵歲侵，當時國勢岌岌殆哉，然王小心守法，包羞忍恥，故得全寶位，終見政歸王室，敵至則堅城固守，退則遣使通好，至遣太子執贄覲朝，故卒使社稷不殞，而傳祚有永云。[123]

---

[121] 忽略國防的例子。同上，高宗三年條，「北界邊報再至，丹兵已屠寧德城，進圍安義龜三州，又有兵自麟龍兩州界來攻鐵宣二州。三軍啟行，是崔忠獻，自謂富國強兵，每有邊報，輒罵文曰：何以此等小事煩驛騎驚國家乎，輒流其告者。故邊將解體曰：必待敵兵來，陷兩三城然後乃可飛報。至是京城無備，人情悩懼，皆怨忠獻。」若有抗敵立功的將帥，就妒忌並使之落於論功行賞之外，若有抱不平者，格殺無論，削弱了一般的士氣。
同上，卷一五，高宗六年條，「元帥趙冲還，崔忠獻忌功，停迎迓禮。時冲欲留西京第軍功。忠獻恐變生不測，飛書促還。及論功，忠獻主之，有功者無賞，人多怨之。忠獻私宴北征將帥於竹坂宮，歛銀百官，以供其費。」「校尉孫永等十人，醼飲於市，酒酣嘆曰：頃與契丹兵戰，有功反以無賂不得爵。有坐中人，以告忠獻，忠獻遣家兵捕之，並其黨百餘人，斬於保定門外。」

[122] 同上，高宗五年條，「九月趙冲等陞辭。王御大觀殿授鉞遣之，初冲恨敗軍。嘗作詩自勵。至是部伍整齊，號令嚴肅，諸將莫敢以書生易之。」趙冲是歷任將相的儒者，因而受到崔忠獻的忌妒。對於他的為人，同上，高宗七年條記載：「冲橫川人，侍中承仁之子，生一月而母亡。稍長極哀慕，家稱孝童。風姿魁梧，外莊重內寬和。博聞強記，諳錬典故。出入將相，朝夜倚重。東眞國帥完顏子淵，頗知人，謂我人曰：汝國帥奇偉非常人也，汝國有此帥，天之賜也。冲嘗被酒枕其膝而睡，東眞帥恐其驚寤，略不動，左右請易以枕，帥終不肯之。冲平時苡事未嘗露稜角，故世徒知其爲寬厚豁達長者。及持大兵臨大事然後，乃知磊落不常之器矣。爲相開獨樂園於東皐，每公餘必與賢士大夫逍遙，以琴酒自娛。卒年五十八，人皆惜之，謐文正。」

[123] 《高麗史節要》，卷一七，高宗四十六年，史臣曰一文。
同上，卷一六，高宗二十年條：「崔氏父子，繼世秉政，內携堅甲以專威福，而謀深者不必用，外委羸兵以責攻。戰而功高者，多見疑。當斯之時，欲以有爲，其亦難矣！」
在這種情況下，金就勵等人保守了高麗命脈，克服國難的主體並非武人政權，實在是爲國爲民的書生。《高麗史節要》有如下的記載：「侍仲金就勵卒。就勵鷄林彥陽郡人，節儉正直。嘗與趙冲禦丹兵，凡軍中之事，皆讓於冲。至臨陣制敵多出奇計，克成大功。及爲相，正色率下，人敢欺，眞忠人也。謐威烈。」

3. 武人政權的混迷與巫信的再起

政治秩序和社會民心喪失正道，處於亂世的時候，很容易出現似是而非的宗教，散布虛誕巫信，左右徬徨的民心。這種迷信宗教，尤其迷惑失去理性的政權或執政者，圖謀不良，而暴政者也以此懾服百姓，並使他們的不合理行為正當化。

儒教倫理根本就不容許這種「怪力亂神」，尤其將惑世誣民看做是最大的罪惡，加以嚴懲。高麗建國後，奠定儒教治國的根基時，根本不可容許的就是傳統的巫信。而風水圖讖說也是實現儒教政治的最大障礙。因而發生了妙清之亂等國粹對事大或巫信對合理的衝突，結果事大與儒教的合理主義獲勝後，一時壓住了怪力亂神，風水圖讖等虛誕和惑民誣民的行為。

然而巫信的萎縮和合理意識的伸展，卻因武人之亂，扭轉了局勢，尤其在崔氏的武斷擅政後，風水陰陽說再度擡頭，對國家的土木工程帶來了莫大的影響。巫信和部分墮落的佛教，迷惑了愚昧的百姓，醜態百出，染污了其間儒教教化的風俗。

崔忠獻執政第二年設立了「山川裨補都監」，它就是按照風水圖讖說論斷評價我國山川地理的最初國家機構⑭。過去也曾按風水說論地德或卜國命之長短，也因遷都問題，騷擾國事。崔忠獻以後，則援用於對內的或私下的土木工程，勞民損物情節十分嚴重。

譬如：

康宗元年 (1212) 秋七月，有人言於重房曰尚藥局在關西，常

---

⑭ 《高麗史節要》，卷一四，神宗元年條，「置山川裨補都監，崔忠獻會宰樞，重房及術士，議國內山川裨補延基事，遂置之。」

> 檮杵，恐損山西旺氣，乃擅毀尚藥局、尚衣局、禮賓省、凡四十餘楹，移構重房又開新路於千齡殿側，以通往來。(125)

這分明不是爲王室的永祚，而是爲長久持續武人擅政，爲崔氏私家權勢而做出的行爲。

> 金德明告崔忠獻曰：顯宗葬安宗以致庚戌年丹兵之禍，今葬厚陵於其側丹兵又來，恐風水使然，宜速改葬，忠獻然。王欲改葬，令卜曰：司天臺持疑不卽涓吉乃擅流。(126)

其中的日官就是主管天文氣象的科學家。他是不會肯定風水與兵亂的因果關係。可是無知的武夫崔忠獻，卻執迷不悟，做出妄亂行動。

而且「崔忠獻信用術人李知識之言，壞乾元寺以禳兵(127)，移成宗神御於開國寺，又營新闕於白岳。」(128)

---

(125) 同上，康宗二年秋七月條。

(126) 同上，卷一五，高宗四年三月條。
此外，又將大廟神主移向大常府，將太祖、世祖的梓官移入奉恩寺，這些都因金德明之邪術所致。下面是紀錄金氏的虛誕與日官之立場的文章。同上，高宗五年正月條，「知太史局事金德明進新曆，德明嘗爲僧。妄以陰陽之說，媚崔忠獻得官。所進新曆，率皆變更古法。日官及臺諫，心知其非，皆畏忠獻，莫有言者。」

(127) 對於信靠風水陰陽說，拆廟並大興土木工程之事，遭到有識之僧侶的抗拒而引起磨擦，結果多數僧侶慘遭屠殺。
同上，卷一五，高宗四年正月條，「興王、弘圓、景福、王輪、安養、修理等寺僧之從軍者，謀殺徒忠獻，佯若奔潰，曉至宜義門急呼曰：丹兵已至矣！門者不納。僧徒鼓譟斬關而入。有郎將金德明者，嘗以陰陽之說，阿附忠獻，數興徭役，侵耗諸寺。故僧徒怨之，先毀其家，將詣忠獻家，纔至市街，爲巡檢軍所逐，奔至新倉館與戰。忠獻遣家兵夾擊之，僧魅中流矢而仆……追斬三百餘僧……大索僧徒之逃者，皆殺之，會大雨流血成川，又斬僧三百餘人於南溪寺川邊。前後所殺幾八百餘，積屍如山，人不得過者數月。」忠獻之喪失理性的屠殺行爲實可與鄭仲夫亂時屠殺文籍儒生之事相比。可說我國史上僧侶遭武夫之迫害的極限慘禍。

(128) 同上，高宗四年十二月條。

　　所謂一國之治理者妄信術客之言，毀掉累百年的房屋，而重建
樓宇，實令人失笑，再者若想到他的勞民傷財之巨，不能不省
思武人擅政，對一個國家民族來說，是何等的不幸。當時日官
及臺諫（是學習儒學有合理思考的儒者），心知其非，皆畏忠
獻，莫有言者。這知性的懦弱也令人遺憾。㉘

　　情況至於此，談論風水圖讖的術客就高高地站在當時絕對權者，
即隨心所欲地主宰他人生死的權勢家之上，指揮一切。後來，蠡擁於
權力周圍沽名釣譽的無恥之輩，以賂物取術客之心，獲取利益，已在
官職的人也因術客足以左右自身命運，不得不敬畏㉚。

　　在某些方面可說術客掌有實際權力，因而也享有不亞予崔氏的榮
華富貴。不正當取得的榮華富貴必淫亂，術客常強姦婦女製造醜聞，
墮落人性與世風。

　　具代表性的史實見高宗二年條：

　　兵部尚書文仕玄德秀卒，德秀鐵面犀骨，有膽略，以意氣自
　　高，言笑夸大人或有譏之者，嘗調安南都護府，使政廉明，吏
　　民敬畏，尤惡淫祀巫覡，不得入境。有吏執女巫並其夫，德秀
　　訊問，顧謂同僚曰：此巫非女也。同僚笑曰：若非女安有夫
　　乎？德秀即令審視，果男子也。先是巫假活人之術，出入士
　　家，潛亂婦女，其被污者亦羞報不敢以告人。㉛

㉘　　參考㉖。
㉚　　其代表性的例子，見高宗十四年三月條，「森溪縣人崔山甫，曉陰術數
　　……至京以占術惑人。璵召與語稱賞，日益親信，事皆諮之。勢燄日
　　熾，能禍福人，人皆畏之。爭遺賄賂，遂致鉅富。以術僧道一爲弟子，
　　與相密謀。自言察聲觀色，能辨人貧富壽夭。因多引婦人之美者。輒淫
　　焉。醜聲播聞，而人畏威莫有言者……。」
㉛　　《高麗史節要》，卷一四，高宗二年條移譯。

正道廢，邪道左右世間時，佛教也興起惑世誣民的風氣。代表性的例子就是全州僧日嚴的故事。

> 全羅州道按查使吳敦信奏： 有僧日嚴者， 在全州能使眇者復視， 死者復生，王遣內侍琴克儀迎之，……士女競布髮於前，藉嚴足嚴令，唱阿彌陀佛，聲聞十里。凡其盥漱沐浴之水，苟得之，雖涓滴貴如千金，無不掬飲稱爲法水，能理百病，男女晝夜雜處，醜聲播聞，或祝髮爲徒者不可勝數。[132]

這不能不說是末世的跡象。

儒治的中心勢力文人被驅逐， 武夫暴政長期化後， 民心日漸動盪，世風也隨之墮落。忽視倫理道德的合理思考方式與行動，而眩惑於虛誕之談，以爲政者爲首，朝野上下全被術士所戲弄，怎能說是一個有文明與歷史的國家、民族？ 因此武人暴政不僅造成政治倫理的空洞化，而且踐踏了我國的文明與學術，帶來了近百年的文化之黑暗時代。

六、儒教倫理的回復與道義化

1.武人擅政期作用的儒教統治倫理

近百年的武人擅政，使高麗的學術文化破壞，造成了統治倫理空洞的現象。然而， 這並不表示儒教倫理意識完全被根除。高麗在兩百年來建立的儒教政治思想制度以及培養的儒教風化與學術，是根深蒂固的， 雖由武人暴政摧殘了枝葉， 然而正如「落葉滾落而大地仍在」的一句話， 喬木依然挺立， 向武人擅政進行了無言的抗拒和精神思想

---

　⑬　同上，卷一三，明宗十七年九月條。

的箝制。

換言之，兩百年來的儒教統治倫理和人間教化的成果，使人心自覺是非善惡與行爲的合理及根本道理，尤其使人們意識到理國大本在民，爲政者的人格垂範就是治民的捷徑。因此武人擅政越惡化，人心憎恨就越深一層，表面上雖懾服於他，但內心則痛恨無道。換言之，高麗的政治意識水平，已相當高，所以在壓抑統治之下，朝野有志之士在精神上仍保存着儒教統治倫理和人間教化的思想成分。

而那種內在的意識，常藉王的名義，公布於世，警惕了人心的墮落。這也間接的箝制了武人的暴政，起了使人反省的作用。筆者認爲這是作用於武人擅政期的儒教統治倫理的更張。雖然它只是一個未獲實效的口號，但它確認了儒教統治倫理的理想，這在當時具有相當大的意義。

下面是武人擅政時期，君王對於政治更張所下詔制的一斑。

> 民惟邦本，本固邦寧。比來守令，刻剝其民，無所畏忌，人不堪苦，流離日多，予甚悼焉。惟爾有司，痛徵貪吏，以戒後來，如有誅求於民，招受賄賂者，所受雖微皆從重論。[133]
> 百姓乃國家根本，朕欲其安土樂業，故遣朝臣分憂宣化。近聞守令因公事不急之務，侵漁勞擾，民不堪弊，流移逃散轉於溝壑，朕甚愍之。其令兩界兵馬，使五道按察使咨訪民間利病，黜陟守令賢否，審治冤滯，勸課農桑，撫恤軍士，摧抑豪強，除歲貢外貢獻之物一切罷之。[134]

---

[133] 同上，明宗十六年七月條。

[134] 同上，十八年三月條。對此，史官權敬中做了以下的評語：「同言而信，信在言前，同令而行，誠在令外。明宗曾有哀痛之詔，而吏莫能悛，民不底綏者，非令之不善也，乃行之之誠未至故也。」

自古有國家者,所重在民,唐太宗揀天下清直有名之士, 分補守令, 撫綏黎民, 事在簡策,朕甚慕焉。邇來近民之官, 先私後公, 損人益己, 剝民膏血,恬不爲愧,雖贓狀已露,猶且托付權勢以圖苟免, 故習俗因循狃於姦宄,欲臻至治其可得乎? 咨爾兩界兵馬, 使五道按察使, 體予至懷, 察守令賢否以明黜陟。❸古先哲王之化天下,崇節儉, 斥奢靡, 所以厚風俗也。今俗尚浮華, 凡公私設宴, 競尚誇勝, 用穀粟如泥沙, 視油蜜如瀋滓, 徒爲觀美, 糜費不貲。自今禁用油蜜, 景代以木實, 小不過三器, 中不過五器, 大不過九器, 饌亦不過三品, 若不得已而加之則脯鹽。❸

對於以上的詔制, 史臣權敬中做了如下的評論:

經曰: 其身正不令而行, 其身不正雖令不從。明宗躬桓靈而口文景詔, 雖哀痛其如五鼙七嬖, 招權鬻爵之弊, 何吏之不悛, 民之不寧宜矣。❸

不過, 筆者不以爲然, 正如上述, 以上的詔制已屢次列舉儒教政治思想的大本, 卽民爲邦本, 促求武人執政者的爲民或畏民政治, 尤其斥責當時執權者的奢侈生活與官吏的貪虐, 嚴正要求悔改, 因此雖君王的詔書毫無作用, 但也算是一種公開的時政批判。闡明政治正道

---

❸　同上, 二十年九月條。
❸　同上, 二十六年九月條。
❸　同上, 十六年七月條史評。此外, 權敬中對於武臣亂後的暴亂政治作了如下的評述「自庚癸政亂以來, 市井屠沽馹張之伍, 濫側外寄多矣! 彼光允輩, 平日競錐刀之末, 爭升合之贏。攻剽爲得計, 欺賣爲良謀。當此之時。烏知廉恥爲國維, 生民爲邦本哉! 一朝宰百里之地, 操予奪之權, 其爲貪惏漁利, 固其所也, 嗚呼! 放牛馬, 於禾黍之場, 縱鷹犬於雉兔之原, 欲禁其咬嚙搏噬, 其可乎?」

和治者本領後，可以使人民有一個衡量時政得失的標準，故也不能說
全無箝制暴政的作用。

2. 事大的不可避性與倫理外交

在韓國歷來朝代中，恐怕再沒有比高麗內憂外患更多，被害慘淡
的朝代。正如高麗以繼襲高句麗國命自居，高麗的外患也主要來自北
方野蠻民族的侵犯。中國的中原由文雅的大國，兩宋所佔有，我國的
北方則由女眞、契丹、遼、金、蒙古等好戰的強國所強佔。他阻礙高
麗與宋的外交，同時常常逼迫着我國。

現將高麗的四百七十多年分爲四季來說明，自太祖（918～943）
至成宗（982～997）年間，正值初春，這時克服了建國的苦難，勤勉
誠實地進行了初期的播種。尤其建立了儒教倫理的統治基礎，確保了
東方文明國的地位。成宗末到文宗（1047～82）年間，又如晚春，這
時致力儒教教育的普遍化與統治倫理的實踐，高麗建國以來，雖有北
方契丹的侵入，但輕易地抵住來侵，享有了和平。

接着自文宗末到肅宗（1096～1150），正值初夏季節，私學興起，
鞏固高麗儒治基礎後，使其影響波及下層，很成功地開明了人民的意
識。到了肅宗末，仁宗（1123～46）年間，時至盛夏，儒教也已官學
化，尤其尊經講學之風極盛，從倫理的實踐傾向于學術理論，達到了
高麗儒學的極致。

然而「物極必反」必定是自然的道理！毅宗（1147～70）到忠烈
王（1274～1308）時代，經過短暫的秋季後，北風寒雪的冬天就來臨
了，如同秋風來自北方，高麗的秋天也由於北方女眞與蒙古的侵入，
使和氣盎然的高麗山川，遭受寒霜的侵襲。在這之前，仁宗時代的儒
學講風的熱氣消散後，興起了似秋水文章輕冷的詞藻風，又因過於輕

武和統治倫理的不在，終於發生了以鄭仲夫爲中心的武人叛亂，文士幾乎全被屠殺，朝廷大權進入武夫的掌握之中，瞬時變爲冰凍的土地，正如秋霜枯落草木。

這晚秋的桑景，也遍及中原，1279年南宋滅亡，北邊的蒙古帝國如多將軍的掩襲凍破了東北亞大陸，高麗的多天異常寒冷。韓國民族遭受蒙古的侵害，其慘狀要比近世的倭政統治還深，還悲。人命的屠戮近三十萬，人身的貢納，物貨的掠奪，不計其數。在蒙軍壓境的狀況下，進行的征倭備戰之勞役，固然艱苦，尤其爲籌措糧餉，建造戰船，全國人民筋疲力盡，動員役倭，不歸之壯丁，也達十餘萬。情況至此，高麗幾乎虛有其名，國家實體已瀕臨絕望。

但是在這種慘狀之下，韓半島之所以能够維持民族的、歷史的、文化的傳統，實得力於我們曾極力唾棄的事大主義和基於隱忍恥辱，不失自尊的儒教禮讓而展開的倫理外交。這實在是歷史的一大反諷。誰喜歡事大？誰甘願承受奴隸般的踐踏和恥辱？但是爲一民族的傳宗接代，事大是不可避免的，在刀槍的威脅之下，爲了保守自尊與文化國民的自豪，須以儒教禮讓爲後盾展開倫理外交。我們要再度認清當時迫切的情況。

太祖王建，基於繼承高句麗的使命感，建國初期，尤其憂慮與北方蠻族的不和，因而，希望與中國中原締結文化外交❸。太祖的憂慮終於化爲現實。但是以一個弱小的高麗來說，抵禦北方的侵犯，實屬心有餘而力不足。在確立了國家的政治秩序，文武將相遵守治道與官紀時，曾抵制了來自北方的侵犯❸，但在鄭仲夫叛亂以後，武夫背棄

---

❸　太祖十訓要的其四曰：「惟我東方，舊慕唐風。文物禮樂，悉遵其制，殊方異土，人性各異，不必苟同。契丹是禽獸之國，風俗不同，言語亦異。衣冠制度，愼勿效焉。」

❸　睿宗時，文武雙全的尹瓘等人物，抵制了女眞的侵犯。

了國防的本然義務，只以奪取政權與貪虐爲能，內部民心離叛，外部則叛變頻發，耗盡國力，結果面臨北方的侵犯，卻束手無策，坐以待斃。

現在概述高麗被蒙古壓抑的慘狀。

高宗年間，契丹入侵時，蒙古曾出兵援助我國。後來制服契丹的蒙古，卻把爪牙伸到高麗⑭。這時，舉國上下，團結一致也難以應付困境，然而素日對武人政權抱有反叛心的西京引起叛變⑭，形勢大爲惡化，朝廷就遷移江都，進行了長期的抗戰⑭。但是蒙古踐踏內地的

---

⑭　蒙古來侵的口實如下：
　　「蒙古詔曰：自平契丹賊，殺箚剌之後，未嘗遣一介赴闕，罪一也。命使賣訓言省輒敢射回，罪二也。（這似乎指蒙古河西元帥，遣使寄書並送金線二匹，其書稱公上，蓋指崔瑀也。瑀不受曰：我非令公，以歸淮安公涏，涏亦不受，往復久文，瑀竟使學士李奎報製涏答書以送。）爾等謀害箸古與，乃稱萬奴民戶殺之，罪三也。命汝進軍，仍令汝弼入朝，爾敢抗拒，竄諸海島，罪四也。汝等民戶，不拘執見數，輒散妄奏，罪五也。」（《高麗史節要》，卷一六，高宗二十年四月條）

⑭　同上，五月條，「西京人畢賢甫洪福源等，殺宜諭吏，舉城叛。多十二月崔瑀遣家兵三千，與北界兵馬使討之。獲賢甫送京，腰斬於市。福源逃入蒙古，……福源常在蒙古，遂爲東京摠管，領高麗軍民，凡降附四十餘城，民皆屬焉。讒構本國，隨兵往來，時人以爲吠主。瑀官其父爲大將軍，其弟爲卽將，選張暐爲壻，賂遺不絕。」

⑭　在這之前，以懇切的外交文章感動了元朝，避免了一次蒙兵的侵犯。其文章內容如下：
　　「自惟僻陋之小邦，須必庇依於大國。勑我應期之聖，方以寬臨，其於守土之臣，敢不誠服？中以兩年之講好，約爲萬歲之通和。投拜以來，聊生有冀。蓋昔己卯辛卯兩年，講和以後，自謂依倚愈固，舉國欣喜。惟天地神明知之，豈謂事難，取必信或見疑，反煩君父之譴詞？屢降軍帥而懲詰，民無地着，農不時收。顧茲茂草之場，有何所出。惟是包茅之貢，無奈未供。進退俱難，惶惶罔極。因念與其因循一時而姑息，孰若冒昧萬死而哀號。茲殫瘠土之宜，粗達微臣之懇。伏望但勿加兵革之威，俾全遺俗……。」
　　同上，二十五年十二月條。
　　武夫見了上表文章，可能說它是卑賤的。不過由於上表，使蒙退卻，挽救了無辜生靈。武人政權抗蒙的結果只有百姓的死亡。

慘狀，實無法用言語形容。看史錄記載的一端，「是歲，蒙兵所虜男女，無慮二十萬六千八百餘人，殺戮者不可勝計，所經州郡，皆爲煨燼。自有蒙兵之亂，未有甚於此也。」⑭

結果，殺死武人政權最後的魁首崔誼⑭，回復王政後，向蒙古謝罪⑭，又將太子送往蒙古⑭，才避免了戰禍。

回復王政後，高麗停止以往武人政權採取的無謀抗戰，不得已以事大之禮，走上了外交救國的道路。但對蒙古的事大，並不像和中原文明國的關係那麼容易。重視中原隋唐宋的名分，以藩屬之禮事大，就可不受干涉地維持和平，但是蒙古繼續駐兵監視，採取了戰勝國統治戰敗國的姿態。

高麗在蒙古的實質統治下，最難應付的事情就是負責一切的蒙軍征倭準備，在痛苦之餘，高麗曾多次向蒙古苦訴實情，想減輕一點人力和物力的過重負擔。下面舉出苦訴的一端，

　小邦承奉省旨，造戰艦三百艘，其所須工匠人翼及材木等物，
　分委陪臣金方慶等幹辦事，但事臣力微，恐不能辦，又竊念自
　正月十五日始，役其工匠人翼三萬五百名，計人一日三時，糧
　比及三朔，合支三萬四千三百一十二碩五斗，又忻都軍四千五
　百人至舍州，行糧一千五百七十碩，洪茶丘軍五百人行糧八十
　五碩，濟州留守官軍並小邦卒一千四百人，七月糧二千九百四

---

⑭　同上，卷一七，高宗四十一年十二月條，「是歲，蒙兵所虜男女，無慮二十萬六千八百餘人，殺戮者不可勝計。所經州郡，皆爲煨燼。自有蒙兵之亂，未有蒙兵之亂，未有甚於此也。」
⑭　同上，四十五年三月條中，有詳細的記載。
⑭　同上，十二月條，「遣將朴希實等如蒙古，請達魯花赤曰：本國所以未盡事大之誠，徒以權臣擅政，不樂內屬故爾，今崔誼已死，卽欲出水就陸，以聽上國之命。而天兵壓境，比之鼠穴，爲猫所守，不敢出耳。」
⑭　同上，四十六年三月條，同卷一八，參考元宗元年條。

碩，及羅州落後粵魯闊端赤軍糧八千碩，馬料一千三百二十五碩，悉令小邦支給。⑭

洪茶丘，移書金方慶曰：船三百艘，梢工水手一萬五千人，宜先備之。小邦地偏人稀，加以喪亂，往者，征耽羅，兵卒萬師，悉赴造船之役，今征日本之師，將於何出？小邦北界諸城，及西海道，逃租之民，經投東寧府者，皆習操舟，請悉刷還，以補軍額。⑭

不僅如此，元遣使來，索婦女以妻蠻子，哭聲滿路⑭。他們強迫人民隨從蒙古風俗，因而外貌，都變成了蒙古人⑮。在這種情況下，雖有國家，也不能算是我國。雖有韓族血液在流，不過要隨從蒙人風俗，所以已喪失了自己的文化。

征倭軍不幸遇颶風，船隻破碎，兵卒溺死，將近四萬兵力中，未有歸還者多達一萬三千五百多人⑮。耗費巨大物資與人力的征戰，在一夕之間化為泡影。但是蒙古再度命高麗準備征倭。對高麗來說，這實在是難以忍受的。高麗也常用委婉的外交辭令克服了逆境，這時的一筆外交文章，發揮了勝過幾十萬軍的巨大偉力⑮。

---

⑭　同上，卷一九，元宗十四年二月條移譯。
⑭　同上，參考四月條。
⑭　同上，三月條，「元遣使來，索婦女以妻蠻子。於是置結婚都監，窮搜閭井，女一百四十人，分與蠻子，蠻子卽率以還，哭聲滿路。」
⑮　同上，元宗十五年十月條，「……臣等非惡開剃，唯俟眾例耳。蒙古俗剃頂至額，方其形留髮其中，謂之怯仇兒。王入朝時，已開剃而國人則未也。……元宗效元俗改服色，元宗曰；吾未忍遽變祖宗之法，我死之後，卿等自為之。」
　　同上，卷二，忠烈王四年二月條，「令境內服元衣冠。」
⑮　同上，參考卷一九，元宗十五年十月，十一月條。
⑮　其外交辭令之一如下，「小邦近因掃除逆賊，惟大軍之糧餉，旣連歲而戶收。加以征討倭邦，修造戰艦，丁壯悉赴工役，老弱僅得耕種，早旱晚水，禾不登場。軍國之用，歛於貧民，民之雕敝，莫甚於此時。而況兵傷水溺不返者多多，雖有遺瞧，不可以歲月期其蘇息也。若復舉事於日本，則其戰艦兵糧，實非小邦所能支也。伏望俯收款款之誠，曲諒哀哀之訴。」

換言之，蒙古施強暴壓抑時，高麗則以文雅相對，終於成功的軟化了野蠻的蒙古爪牙，這是事大之禮與外交倫理的功勞。如果這時高麗以武力對抗，情況又將如何？實如以卵擊石，無辜生靈殘遭屠殺之外，祖國山川也將難以保全。

接着考查高麗朝廷用盡外交努力，擺脫蒙古武力統治的強暴，恢復王室的威嚴，更新國家體統之一面。

當時高麗王室由蒙古公主掌握，支配所有，甚至虐待君王，而國家在達魯花赤的武力統制下，視高麗官吏為奴，凡事下待。蒙古制壓高麗之後，將太子扣留為人質，強迫與蒙古公主成婚，自忠烈王起，必以蒙古公主為正妃，施行了混血政策。換言之，敗戰國王娶了戰勝國的公主為妻，談不上夫妻之情，公主只憑娘家的威勢，行為放肆。

忠烈王妃是蒙古齊國大長公主。她自幼在元的巨大宮闕裏，無憂無慮地成長。因此毫無考慮小邦高麗和百姓的困境，展開了擴建宮闕的土木工程，又將興王寺的金塔搬進宮內⑬。她根本沒有把自己的丈夫、一國之主放在眼中。甚至在羣臣環視下，辱打君王⑭。她在名分

---

⑬ 同上，卷一九，忠烈王三年七月條，「觀候署言：按道詵密記，稀山為高樓，多山為平屋。我國多山，若作高屋，必招衰損。故太祖以來，非惟宮闕不高，至於民家，悉皆禁之。今聞造成都監，用上國規模。欲作層樓，恐將有不測之災……是曰王暴得疾，至夕彌劇。宰樞請停營繕……惟興王寺金塔在宮中，請還之。公主皆許之，王大喜，使承旨李尊庇還金塔於興王寺。初公主取興王寺金塔入宇內，將毀之，王禁之不得，但涕出而已。」

⑭ 同上，「王疾稍間，移御天孝寺，王先行，公主以陪從寡少，怒還。王不得已亦還，公主以杖迎擊之，王投帽其前，逐叩侯罵曰：此皆汝曹所為，予必罪汝，公主怒稍弛。至天孝寺，又以王不待而先入，且詬且擊……。」
「元木匠提領盧仁秀，使張舜龍告公主曰：宮室之修既罷，盍歸我乎？公主大怒，詰宰樞曰：我只罷役徒耳，奈何遣工匠乎？宰樞曰：罷役是日宮之言，臣等何知。公主益怒曰：豈蔑視我耶？必懲一宰樞以警其餘。宰樞難其對，李梊曰：嚮者，臣等以王疾篤，請罷役修省幸而見聽，工匠妄意役罷辭去耳，今召而復，作何晚之有？公主意解。既而日官去而請勿構三層閣，公主不聽，發諸道役夫，督之愈急。」

上是王妃，但實際上無異於左右高麗的總督。

除公主的暴虐之外，更使人難堪的是蒙古駐軍的弊端和內政干涉。蒙古支配高麗王權後，一羣姦邪的人物，欺凌王室，又想阿諛蒙古朝廷及其駐軍，行使權力。所以就一五一十地報告高麗朝廷的秘密和將相的動態。甚至假造事實，離間高蒙關係，使朝野人士十分難堪。

金方慶被人誣告卽是一例，據史錄：

> 大將軍韋得儒，中郎將盧進義等，誣告金方慶謀叛，以爲方慶與子忻、壻趙抃、及孔愉、羅裕、韓希愈、安社貞等四百餘人，謀去王公主，達魯花赤，入據江華，王命忻都天衢雜問之，乃知誣妄止論。⑮

後來聽到這風聲的洪茶丘，又嚴加推鞫方慶及其子忻，

> 茶丘與本國有宿憾，欲使方慶服罪，貽禍於國，以鐵索圈其首，若將加釘，又叱杖者，擊其頭裸立終日，天極寒，肌膚凍如潑墨，王謂茶丘曰：向與忻都已鞫訖，何必更問，茶丘不聽，會郎哥歹還，自合羅道，茶丘等復問方慶父子。王引郎哥及同問郎哥事曰：我將還朝帝，若問東方事，當以所聞見，對茶丘頗詘。參知政事朴松庇卒，松庇起軍伍，與金仁俊誅崔誼，累遷至大官，性寬洪不與人事功。二月王與忻都茶丘更鞫方慶，方慶曰：小國戴上國如天，愛之如親，豈有背天逆親，自取亡滅哉，吾寧枉死，不能誣服，茶丘必欲服之，加以慘毒，身無完肌，絕而復蘇者屢矣，茶丘密誘王左右曰：時日大寒，雨雪不止，王亦疲於問訊，若使方慶服辜，則罪止一人之

身，法當流配耳，於國何有，王信之且不忍視，語之曰：卿雖
自首，天子仁聖，將明其情偽，而不置於死，何至自苦如此，
方慶曰：不圖上之如是也，臣起自行伍，致位宰相，肝腦塗
地，不足以報國，豈愛身証服，以負社稷，顧謂茶丘曰：欲殺
便殺，我不以不義屈，於是以藏甲爲罪，流方慶於大青島，忻
於白翎島，餘皆釋之，方慶之流，國人皆遮道泣送。㊏

　　國家處境艱困時，自有姦邪匪僞，但也有忠義之士，發揮更強烈
的愛國愛族的忠貞，在水深火熱之中救國救民。金方慶㊐這時的官階
是中贊，總括國事，可稱高麗的重心人物。蒙古駐軍對重心人物如此
慘酷，那麼對下級官員和百姓的待遇是可想而知的。可說舉國上下都
是在蒙古的鐵蹄之下呻吟的奴隸。

　　後來忠烈王親自赴元，朝見天子，傾訴實情，懇求召回不規分子
後㊑，蒙軍的蠻橫也得以消除。這也可說是事大外交的效果。此後，
高麗就以元的駙馬國或甥姪國的名分，樹立了王室的權威，又以那種
名分免除了蒙古官員的壓力，隨之，根除國內奸凶作亂，維持了小康

㊏　同上，四年正月，二月條。
㊐　對於金方慶的爲人處事，同上，卷二二，忠烈王二十六年八月條，「方
　　慶安東人，性忠直信厚，嚴毅寡言。器宇寬弘，不拘小節。多識典故，
　　能斷事，檢身勤儉，不遺故舊。雖致仕閑居，憂國如家。國有大議，必
　　咨之。年八十九，頭髮不白。氣骨異常，能寒暑無疾，倏然而逝。時用
　　事者，惡方慶。遂沮禮葬，後諡忠烈。」
㊑　同上，卷二〇，忠烈王四年七月條，「……陛下降以公主，撫以聖恩。
　　小邦之民，方有聊生之望。然茶丘在，臣之爲國，不亦難哉。如茶丘
　　者，只管軍務，至於國事，皆欲推斷。其置達魯花赤南方，亦非臣所知
　　也。上國必欲置軍於小邦，寧遣韃靼漢兒，軍請召還茶丘。帝曰：此易
　　事耳，可亟召茶丘還。又問忻都何如。對曰：忻都韃靼人也，可則可
　　矣，然茶丘在，則與高麗軍，妄搆是非……。」如此直告蒙古的非行，
　　召回其負責人後，不再輕視君王，橫行霸道。
　　「王上中書省書曰：小邦姦妄之人，欲釋宿憾，飾辭妄告。或投匿名
　　書，謂之謀叛。管軍官達魯花赤，因而栲問，騷擾一國。今後如有似前
　　告訴者，請自窮詰，申覆都省，無令官軍驚動……。」在這種外交努力
　　後，國人中的奸凶，亦不敢誣告。

局面⑲。若了解當前的情況，就不得不承認高麗事大外交是不可避免的。在苦難中，能夠堅守不失民族的自尊和以小中華自居的文明國之自豪，可能是因爲其間以儒教倫理思想和學術精神，奠定國基，提高民知的緣故。

3. 性理學的引進和儒教倫理的道義化

雖可馬上爭奪天下，但無法在馬上治天下，因此得天下者必確立禮樂刑政等政治制度，爲治好天下自然要崇文，建立學術、文化以及歷史等的名分秩序，這是政治史上的一個基本常識。

元朝也無法逆流而行，他攻打中原時，爲建設帝國的長遠計畫，捕虜了許多學者。因此，征服行爲告一段落後，對外雖仍以武力支配異族，但對內則興學崇文，通過科舉，選拔人材，施行了儒治。這時，成爲元朝學術思想的基礎，尤其定爲選舉科目的就是朱子的《四書集註》。元朝將自南北上的朱子學定爲國學，並以它做爲教育選材學問的基礎⑯。

元朝的政治的、思想的改變也直接反映在高麗的對元外交政策上，打破了以往派遣武將的前例⑯，而以文臣爲使節赴元，除政治外交方面，謀求學術上的交流，隨之文人學者漸漸佔據政治中心，走向第

---

⑲ 對此，史臣評述如下：「當忠敬之世，內則權臣擅政，外則强敵來侵。一國之人，不死於虐政，則必殲於鋒鏑，禍變極矣。一朝上天悔禍，誅戮權臣。歸附上國，天子嘉之。釐降公主，而公主之至也，父老喜而相慶曰：不圖百年鋒鏑之餘，復見太平之期。王又再朝京師，敷奏東方之弊。帝旣兪允，召還官軍，東民以安……。」（同上，卷二三，忠烈王三十四年七月條）

⑯ 本書，頁二六四～二六五，記載了較詳細的內容。

⑯ 《高麗史節要》，卷二，忠烈王四年十二月，「遣國學大司成郭汝弼如元賀正。」這是文人遣使的最末一次。日後，主要指派大將軍，上將軍等武人使臣。

一線。隨着當時的國際情勢和氣流的變化，進入韓國的就是性理學，元朝學問以朱子學爲主，所以進入我國的性理學實際上就是朱子學。

迎接新的文運時代，引進朱子學，振興學校教育，教授朱子學的主要人物就是安珦(1243～1306)[162]，引進朱子學的年代是1290年。不過由於武人擅政的百年寒霜之侵襲，儒教業已枯落，無法在短期內重建學術或倫理的秩序。至少需半世紀的長久培養期間，才可以使枝葉茂盛，百花爭艷，近百年後才能開花結果。

若安珦是朱子學的植樹者，那這棵樹就是由白頤正(1260～1340)、崔瀣(1287～1340)、崔文度(1291～1345)、權溥(1262～1346)、禹倬(1263～1342)等人培養出來的。它在引進百年後，開始開花，李穡(1328～96)、鄭夢周(1337～92)、李崇仁(1347～92)等所謂麗末之隱的學問思想就是那花朵，這朵花亦不虛其名結出了善果，金子粹(1350?～1405?)、權近(1352～1409)、李集、黃喜（所謂四材）、吉再(1353～1419)等散發了節義、學問、政教的光芒[163]。由於武人叛亂頹喪百年的儒教，經過百年的恢復期，始散發出燦爛奪目的光芒。

儒教倫理如此復甦，散發光芒時，只可惜高麗已是建國四百多年的老國，其間經歷多次國難，使之衰弱，正是暮色已深的時刻，所以無法期待建國初期嶄新活潑的效果。因此被性理學此一新儒學思想滋潤成長的儒者羣，對高麗王朝所做的功能，多具有革舊從新的性格，

---

[162] 安珦於忠烈王十四受元本國儒學提舉之職。以下是對安珦的評語。同上，卷二三，忠烈王三十二年八月條，「安珦，興州人，爲人莊重安詳。在相府能謀善斷，同列但順承，惟謹不敢爭。常育人材，興復斯文爲己任。且有鑒識，初見金怡，白元恒曰：後必貴。又李齊賢、李異，少俱有名，召令賦詩觀之曰：齊賢必貴且壽，異則不年矣。後皆驗。晚年常掛晦菴先生像，以致景慕之意，遂號晦軒。其文章亦清勁可觀。及葬，七館十二徒，皆素服祭於路，謚文成。」

[163] 參考本書第六章，頁一八一～二五〇，有較詳細的說明。

造成諸多意外的性格。

再者自建國初期至中期所推進的儒教倫理思想， 則以君王爲中心，阻止了佛、道，土信等的外部障礙，一切都在新建，所以並不複雜多端，但這時是在以往老朽的精神、物質的基礎上，毀掉舊有重建新築，所以經歷了雙重的困難。再加上君王不率先改革，反而持保守的態度，尤其盲信佛教，傾倒彼方，所以儒教倫理的更新不是那麼容易的。

學習性理學，體得儒教的學問與精神，想按照儒教的統治倫理，重興高麗的新進士類，首先提出國家政治、經濟、國防等現實問題的全面改良⑯，在學問、社會、文化、風俗等國家民族本質的層面，主張唾棄元的制度與風俗， 吸收明的文物， 就是說已朝向儒教文化改進⑯。

但是國家政治社會的根本改革， 通常與政治的、 個人的利害有關，就出現了保守與革新兩派，這也反映在對外的外交關係上，而分成親元派和新明派。在儒者當中，李穡等較年老的人物與王室標榜保守的改革主義，主張親元，以鄭夢周爲首的新進則主張全面的急進的改革，急於重建儒家統治倫理的同時， 提出了排元親明的外交路線，在這一方面，鄭夢周和李成桂在當初的政治路線上，是志同道合的。

---

⑯　這主要由親元派李穡主張。參閱《高麗史・列傳》，二八，李穡條。
⑯　親明派鄭夢周致力於此。這時常舉行的經筵，也由親明新進主導，建議君王回復並實踐儒教統治倫理。茲舉一例如下：
「置經筵官……王欲覽《貞觀政要》，命夢周講其序。講讀官尹紹宗進曰：殿下中興，當以二帝三王爲法，唐太宗不足取也。請讀大學衍義，以闡帝王之理。王然之。」（《高麗史節要》，卷三四，恭讓二年條）同卷三五，恭讓三十五年條：「定服制武，一衣大明文制……。」尤其對麗末經筵的設置，《高麗史節要》，卷三一，辛禑六年條記載：「憲府上疏曰：我歷代先王，皆設書筵，講論理道，涵養氣質，薰陶德性。以爲理國之本。」

王與親元派本是保守的，想漸漸改良一切，他們並不是不願意承認並回復儒教的統治倫理和社會倫理，只是如果承認，那麼，以元的駙馬國、甥姪國之姻緣維持下來的王室命脈就有動搖的可能，所以堅持着親元政策。他們對於佛教沒有像新進士類那樣激烈的排斥。然而，保守終必退卻，在這歷史的進程中，親元派與一貫舊態的朝廷，以及墮落的佛教，尤其，佛事所造成的國庫浪費，勞役百姓妨礙農耕等事，在新進士類，卽親明派，革新排佛論者之前，成爲急需宰割的現象。

在政治、社會方面，新進士類的革新運動進行十分順利。但是對於高麗王朝的宗教的改革（排佛運動），卻因王權的干涉，付出了不少的代價。高麗建國以來，儒教也曾批判佛教，但那時是在「三教鼎立」，「各有所用」的原則下，只進行了實際政治社會層次上的排斥，並未論及存在的根本價值。因而沒有多大困難。不過，高麗末儒教的排佛是屬於根除宗教方面的，所以情況與過去不同。

高麗末性理學傳入之後的儒教與高麗初以原始儒學與漢唐儒爲根據的儒教，性質全然不同。原始儒學以孝弟忠信等倫理爲重點，漢唐儒崇尙禮樂刑政等典章制度和文章詞藻，但是宋代的性理學將原始儒家的心性道德問題，提升到形而上的領域，窮究其根本的，哲學的層面，成爲一個窮理盡性的學問。所以不得不與佛道等宗教的究意相衝突。

任何宗教，若在倫理的層次加以比較，多半可迎合融會。但是進入各宗教的究意地，則同小而異多，尤其標榜唯一者的宗教，勢不兩立共存。儒教與佛教雖不標榜絕對、唯一、創造主宰等至高存在，但是兩者有根本不同的一面。儒教只肯定現世，是想在現世中實現一切理想的現世的未來主義，而佛教雖肯定現世，但把出世間（無世界）想定爲更有價值的，它具有追求出世間的超脫覺世主義的傾向。

高麗初期，儒教只堅守「理國之源」的功能，而將修身之本讓與佛教，但麗末引進性理學之後，斷定佛教的「修身之本」是虛誕的，主張「修身之本」歸於儒教才有益於民眾，進而否定排斥了佛教的政治或倫理教化方面的功能。再者，實際的問題就是過去的高麗朝廷依賴佛道祈求王室是福和國祚的永昌，由於這種祈福行為，舉行了過多的佛事，面臨國難和災害時，就崇信佛道及土俗信仰。

然而，合理的儒教決不會承認它的功效。過去，儒者因本身無力而未表示意見。到了麗末，興起了性理學的儒學，它所培養的儒者在學問上和精神上，做了思想武裝，加強組織系統之後，激烈地批判佛、道之虛妄，阻止了朝廷對佛僧的優待和為佛寺支付的財力和人力的浪費。

成均館方面就在政治社會層次上，攻擊了佛教，揭露了崇信佛教的無效，佛事行為的浪費以及倫理道德上的罪惡。這時斥佛的代表性人物就是成均館大司成金子粹（號桑村）、成均博士金貂、成均生員朴礎等人⑯。主要在理論方面展開攻勢的人物是鄭道傳⑰。而且出現

⑯ 《高麗史節要》，卷三五，恭讓王三年條，「成均館大司成金子粹上書曰：……殿下即位之始，修廣演福寺塔，毀民家三四十戶。今又大起浮屠，煩興土木之役。厥今農務方劇，而交州一道，斫木輸材，人畜盡悴。曾不小恤，欲以徼未可必得之冥福，乃以貽現在生靈之實禍。為民父母其可若是乎？乞申降明勅以寢其役，以寬民力。或者以為，役遊手之髠徒無害也，髠徒果枵腹而趨役乎。靡費國用，莫甚於此。斂怨於民，亦莫甚於此。殿下即位以來，其於大廟諸陵，未有修葺繕理之舉，而急於起塔，是報本追遠之誠，反不逮於求福利生之念矣。豈非足為盛德之一欠乎。」
「成均博士金貂上書曰：……其曰賴我接引破地獄生樂土。然死無復生者，其見樂土與地獄者誰歟！其曰地鉗之，應置金利寶塔以鎮之。然三代以上，未有釋氏，不知何物以鎮之，而致雍熙之治歟！且其法曰禁而相生養之道，以求所謂清淨寂滅者，然其徒世寄食吾民，無所愧恥，可笑之甚也。……釋氏棄恒產而背君父……臣願回天聽，決宸衷。驅出家之輩，還歸本業。破五教兩宗，補充軍士，中外寺社，分屬所在官司，

再度闡明儒教統治倫理，　與麗初崔承老之十八條可前後相映 的 大 文
章，就是左代言李詹的「九規」⓰。

麗末性理學者的氣勢，不僅恢復了麗初中葉的儒教統治倫理和儒
教學術，而更加深化道學與氣節，在儒學傳入我國以來首次具備了哲
學、精神及實踐，在宗教、政治、社會、學術、文化、教育甚至外交
等全盤領域上，掌握了主動權，對於異質的障礙因素，施加猛烈的攻
擊，表現出衛道主義的姿態。

在麗末鮮初的動盪中，昇華並散發異彩的是堅持「不事二君」的
節義，反對易姓革命，與高麗共患難的儒者義理精神。不過不幸的是
儒教實踐義理精神的動機，不在於與佛道等外力的鬥爭，也不在於保
守新元派和革新親明派之間的對立，而是新進士類，卽革新親明派分
裂爲主張易姓革命的李芳遠、鄭道傳和堅持愛國忠君，不事二君之志
節的鄭夢周、金子粹、吉再等⓱，所謂杜門洞七十二賢，對立鬥爭的

（續）奴婢財用，亦皆屬焉。放巫覡於遠地，不與同京城。使人人設家
　廟，而絕淫祀，以塞無名之費，以委父母之神。嚴立禁令，剃髮者，殺
　無宥，瀆祀者，殺無宥。議者謂此二弊，根深蒂固，不可遽革，然殿下
　中興，一新法制，若萬世大弊，一朝能去，則功不在禹下，而堯舜之治
　可及也。」
　「成均生員朴礎等上疏曰；殿下以英明之資，惑於浮屠讖緯之說，往遷
　於南，以國君之尊，親幸檜巖，以倡無父無君之教，以成不忠不孝之
　俗，以毀我三綱五常之典。……若尊董韓程朱之學，以正人心明人倫，
　去民之蟊賊，以興堯舜三代之理，以光中興天無疆之業，則彼金瑛者，
　當釁諸都市，以示三韓萬世中興大聖人文不惑於邪說，可也。」
⓯　鄭道傳的斥佛文章已爲世人所知，在此不予贅述。
⓰　《高麗史節要》，卷三五，恭讓王三年十一月條中有李詹的九規。在此
　不能介紹長文，只舉出九規之項目；　①養德，　②慮事，　③改過，　④敦
　本，　⑤謙己，　⑥施仁，　⑦比類，　⑧明政，　⑨保業。
⓱　鄭夢周是反對李芳遠的易姓革命而被殺的殉國忠臣。金子粹於亡國後，
　仍以高麗遺臣自居，是抗拒李芳遠的召命而自盡的殉節忠臣。吉再則以
　不事二君之節，自命垂範名教的傳道者。他們都是在韓國儒教史上，對
　於「扶植綱常」有所貢獻的人物。

結果，由易姓革命派的勝利而出現的。

麗末，事實上已掌握我國政治、文化、學術、歷史、風化等一切主動權的儒教，因本身分裂爲注重現實的事功派和箝制事功，立足儒教之本然，追求理想至治義理派，而引起糾紛。若採取儒教內聖外王，義內方外，修己治人等一以貫之的方法，則無絲毫糾葛的可能，反而可以守中庸之道，但由於事功優先於義理或抑壓暴橫的結果，常招來不幸。

總之，麗末鮮初付諸實踐的儒教義理精神，成爲朝鮮儒學的一大特徵，常基於理想與正義箝制批判政治現實的不義或非理，化爲精神的傳統，在固守儒教之本然上，做出了巨大的貢獻。

第七章　麗末性理學的
　　　　　引進及其形成過程

一、緒　　論

性理學起源於中國北宋時代，到南宋集其大成。韓國（高麗）並沒有從宋朝直接引進，而是通過元代間接吸收之後，與明朝展開新的交流時，成爲一時代的顯學。後來進入李朝，朱子學定爲官學，成了推動朝鮮五百年歷史、文化、政教的理念基礎。

高麗朝五百年與中國的北宋、南宋、元、明初等四朝爲同一時代，故與中國朝代的起滅有密切的關係，尤其文物、制度、學術等，隨中國的變化而變化，由於處在這種被動的立場，首先概述中國歷史，再將兩者加以對照考查，必有助於更深一層的瞭解。

北宋的建國（960～1127）比高麗（918～1392）晚四十年左右。然而高麗的典章制度大部分仿照新興起的中國北宋的典制。對儒學的崇尙，也大受北宋的重儒政策的影響。固然在北宋之前，高麗太祖先提出十訓要，主張了重儒政策，但它的實現則依據北宋的措施。

引進、落實並發展別國文物制度及學術時，大致先仿照典章制度，再通過自我教育，進行教化，並在提高文物的水平之後，吸攝眞正的學術。也就是說，接受異國文物、學問時，尤其深奧的學術理論

的引進時期，總是較遲。

一個學術先進國，爲了形成發展新的學術，首先要使新時代的典章制度與文化，打好基礎。因此，北宋的新儒學也在宋朝建國百年之後，才得以形成。而且學術並不是可以同典章制度同時確立的，因爲形成過程所需時間較長，宋朝的新儒學也非興起爲卽時傳入高麗。

眾所周知，高麗所引進的性理學不是性理學的一般而是中國性理學的一學派，卽程朱學——朱子學。朱子學是在南宋（1127～1279）中葉興起的學說。這在高麗正是鄭仲夫之亂後，武人執政，高麗儒學進入黑暗時代的時期。又因遼金之強盛，高麗歸屬於遼，而停止與南宋交涉的時候。

換言之，中國的新儒學，尤其朱子學雖已興起，但是中國處於因遼、金、蒙古的強大，致使政局不安，無法主動將學術傳播到別國的情況，而且高麗方面也未具備積極引進學術的條件。

朱子學未能由南宋直接傳播到高麗，卻由元朝傳到高麗，這是因爲元只以性理學中的朱子學爲官學，也只有朱子學才被元人所崇尚。從元朝引進朱子學後，高麗和朝鮮都未能使性理學的一般發展爲學術，而招來只以朱子學爲官學的不幸。

基於上述的中國學術文化的變遷和高麗儒學的關係，本章主要考查與元建立關係的忠烈王(1275～1308)初到麗末鮮初(1410)的約一百二十年間的學術思想。而且本章只考查朱子學的引進與形成，因此，第一節首先概述中國方面，宋學——新儒學的形成過程，第二節以安珦(1243～1306)自元引進朱子學的1289年爲起點，到李穡(1328～96)成爲大司成的 1367 年（這年四書從五經中分離），將這七十五年間定爲朱子學的輸入期，第三節敍述李穡成爲大司成，正式培養朱子學者，終於興起典制與政教之風，進而帶動了風俗的改革。後來又

因鄭道傳（1342~98）之《佛氏雜辨》聞世，以朱子學批判了佛教；又到權近（1352~1409）時，性理學回歸於本身的學問領域，進入理論整理與系統化的階段。將這麗末鮮初的四十年，視爲朱子學的形成期或落實期。

二、宋學（新儒學）的形成過程

1.北宋的新學風

A、爲政者的學術啓導

一國興起，一個新時代開始的時候，一切事物也隨之革新。學術、文化也不例外。北宋是由武人掌握的政權。但是一國的政治不能只靠武人的力量和常識來經營，因爲他們知道這一點，所以太祖趙匡胤（960~975在位）於建國後，命武臣讀書（儒書），學習治道❶。統治者的決心與措施是絕對的。因而北宋的學術文化擺脫了唐的詞章學，而朝着重視經史與經世致用所需之禮制的方向發展。

宋太祖的此一政治措施，後由其弟太宗（976~997）繼承，展開了大規模的文化事業。雍熙年間(984~987)，命史館出版《太平御覽》千卷，《太平廣記》五百卷，《文苑英華》千卷，又以詔命，蒐集天下古籍，展開一大整理工作，於眞宗景德年間（1004），完成《册府元龜》千卷。《太平御覽》、《册府元龜》、《文苑英華》是宋代的三大書，是最初集中國歷代文獻之大成的歷史性文化事業，這些工作都在宋朝初期完成。這足以證明宋朝雖由武人建立，但十分重視學術。

---

❶　《宋史・記事本末》，卷七，〈建隆以來諸政〉章，（太祖）統一中國，獎勵儒學，嘗謂侍臣曰：「朕欲盡令武臣讀書知爲治之道。」

　　眞宗命羣臣子弟，只要考中五經之一，就可補職京官。仁宗實際上使人們興學崇儒，他在慶曆四年（1041），設太學於京師，又命天下州縣建立學校，就是學監敎育的開端。不僅如此，仁宗接納宋郊等人之奏請，通過選舉與科目等制度的改革，引導儒生的學問趣向，「先策論，則文詞者留心於治亂矣，簡程式，則閎博者得以馳騁矣，問大義，則執經者不專於記誦矣。」❷ 卽是如此。

　　然而，國家的種種措施未能使學術發展，因爲國家施政先得到學者的響應之後，再由學者製造出結果的。據說宋初國子監的學生只有一、二十人❸，由此看來身爲高麗人最初入學國子監的金行成（976年入學）與崔罕、王琳(986年入學) 等人，就是一、二十人中之一。成宗二年 (983)，博士壬老成帶來的文宣王廟圖，尚屬初期階段，想必其規模亦不甚宏偉。

　　高麗在成宗十一年(992)設立了國子監，又在顯宗二十一年(1031)首次施行國子監試，由此看來，高麗似乎很迅速地引進了宋的政制與學制。是否可說十分進取？但引進宋代三大書時卻耗費了相當長的時間。《文苑英華》在宣宗六年（1090）傳入，《太平御覽》則在肅宗五年（1101）傳來，可知兩者相隔百年。尤其《册府元龜》，因蘇軾反對，而未能引進。後來在他死後，才得手，所以爲時較晚❹。

　　B、私學的興起與新儒學的開端

　　全祖望說：

----

❷　同上，卷三八，〈學校科舉制〉章。
❸　馬端臨，《文獻通考》，參閱學校條。
❹　《蘇東坡全集》，卷一三，據〈論高麗買書利害劄子〉三首，當時端明殿學士兼翰林侍讀學士蘇軾，舉出五害，奏請不得將歷史書給予高麗，其主要原因是邊方民族只許有經書，不得給予敍述縱橫權謀的子、史書等，否則難以統制。蘇軾的主張奏效，因此宋之三大書《文苑英萃》、《太平御覽》、《册府元龜》未能在短時間內傳入，至於《册府元龜》則由留學生暗自抄寫而來。

宋眞仁二宗之際，儒林之草昧也，當時濂洛之徒方萌芽而未
出，而雎陽戚氏在宋，泰山孫氏在齊，安定胡氏在吳，相與講
明正學，取拔於塵俗之中。亦會值賢者在朝，安陽韓忠獻公、
高平范文正公、樂安欣陽文忠公，皆卓然有見於道之大概，左
提右挈，於是學校遍於四方，師儒之道以立。❺

戚同文（904~976）早在宋建國之前，已招集學徒，講授儒學。
後來宋初的孫明復（992~1057）、胡瑗（993~1059）等人效法先人，
建立了稍有規模的學堂，實施了正式的儒學教育。這成爲開辦私學的
因素。後來由官學所吸收，得以擴大❻。

王應麟的〈宋朝四書院記〉中記載如下：

祥符二年，詔應天府新建書院，以曾誠爲助教。國初有戚同文
者，通五經業，聚徒百餘人。誠卽同文舊居，建學舍百五十
間，聚書千五百餘卷。願以學舍入官，令同文孫舜賓主之，故
有是命，並賜院額。天聖三年，贈解額三人。六年晏殊請以王
洙充書院說書，從之。明道二年，置講授官一員。景祐二年，
以書院爲府學，給田十頃。

正如此地，個人興辦的私學，發展爲公共的書院，後來又改爲國
立。

這時立學宗旨在於考究儒教「正學」，並使沉溺功利和詞章的學
者覺悟❼。學科內容大分爲經義與治事二齋，經義齋把重點放在經術
的學習，研討學術理論，治事齋則實施各有所長或兼備一技之教育，

---

❺　參考〈慶曆五先生書院記〉。
❻　石介，〈泰山書院記〉。
❼　全祖望，〈城南書院記〉。

這主要是爲了安定民生，訓練武藝維護國防，疏導水利發展農耕，教育數字善於計算。換言之，學科之分類旨在求得實用學術與技藝❽。

北宋的學校、學旨、學科給高麗帶來了直接的影響。北宋的儒學振興初期正值高麗的穆、顯、德、靖四代（約1000～50），因此到文宗（1047～82）時代，出現的崔冲私學十二徒，在年代上爲時較晚，因爲北宋私學已超越了私學發展階段，吸收爲官學。

使宋私學發展爲官學的人物是范仲淹（989～1052）。他將當時私學鎮山胡瑗提拔爲國子監直講(1052)，又因一一咨詢有關國學之事，事實上，在興辦國學，設計學制學科上，起決定性作用的人物是胡瑗。

范仲淹和胡瑗是北宋初實現崇儒興學政策的主人翁，他們打下了宋代新儒學發展的基礎。但就全盤宋學而言，仍處於立學設教的階段，因而其學問成就的過程似乎要從北宋五子探索。

2.北宋五子和朱子學的形成

若稱北宋五子爲宋學的各論，朱子學就是集各論之大成的總論。北宋五子的各論本身並不是一時完成的，而是經過十一世紀中葉到十二世紀初葉的時間，漸漸展開的。由於北宋學的各論要按歷史的脈絡來掌握，所以學說本身是各論，同時也是繼承的續論。

由此看來朱子學的形成就是本身的集大成，也可說是宋學理論的一個整體的系統化。而且，是北宋學的發展告一段落的階段。這時是十二世紀末葉，新儒學——性理學的或朱子學的形成需時長達一百五十年。這與高麗年代相比，就是文宗初期（1047）到鄭仲夫亂發的毅宗末期（1170）。如果沒有發生鄭仲夫之亂，朱子學至少可在十三世紀初傳入韓國。

---

❽　此種學科分類自胡瑗在蘇州、湖州教授時開始。

在高麗儒學重視尊經講論，官學興起的睿、仁宗朝代，宋學已超出經學的範疇，研究哲學的課題。高麗的尊經講論風衰微，朝野風靡浮華之詞章時，宋學雖遭受遼金之壓力，但按部就班地形成了一代學術——朱子學。現在簡單介紹其歷史脈絡和過程。

A、北宋五子和新儒學的前奏

周濂溪（1017～73）和邵康節（1011～77）是宋學的拓荒者。兩人都受到道教的影響，至少他們的宇宙論，可說是從道教的餘緒中引出了周易理論，也就是說宋學的宇宙論開端應看做是從道教脫胎而來的。

周濂溪以無極爲頂點，湊合陰陽交感，五行順布，四時運行等理論，完成了宇宙生成論，而邵康節製作先後天卦位圖和八卦，六十四卦的次序圖，說明自然的演進過程。這些都是在當時道教的影響下完成的。但是，值得注意的是，道教的影響只限於引發周易哲學的作用。其後，張橫渠或二程的關心，則從縱向的宇宙發生或生成論轉變爲宇宙功能，消除了道教宇宙論的意味，象數學的《周易》再度在義理的層面成爲研究的對象。

不僅如此，邵、周二哲的宋學始端不在於有關宇宙論的《太極圖說》或《先天圖》，而可在《通書》和〈觀物〉尋其端倪。因爲《通書》和〈觀物〉，提出了後代宋儒集中研究的心性問題，並將重點放在與義理的天的關係，一貫研究了《周易》和《中庸》。

宋學的開端雖和道教的先天象數學息息相關，但它終於轉換爲心性的問題，純粹儒家的經典《周易》和《中庸》成爲它的理論根據，並且被視爲論究的新領域，這是宋學初期學術思想的一段落，也是邵、周二哲的共同點。

雖然有濃厚的物質的、象數的色彩，但結果固定爲道德心性學的

宋學初期第一階段邵、周二哲的學說,到了張橫渠和程顥(1032~85),程頤 (1033~1107) 時代, 各自的趣向有所改變, 出現了氣論與理論的分水嶺, 張橫渠雖在年齡上與周、邵同輩, 但是進入儒家正學爲時較晚, 所以他的學問則與二程同輩。他的學說雖在理論上已深化, 但是在宇宙論上與邵、周同樣的標榜了唯氣的實體論和物理的變化論。在人生論中, 則相反地徹底主張備天地, 府萬物之大心體用。尤其將「性」分爲「天地之性」和「氣質之性」, 使人可以靠修養變化氣質之後, 重視了禮。換言之, 張橫渠繼邵、周之後, 以《周易》和漢代氣論以及《孟子》、《中庸》爲天理與人性的兩大根幹, 重新標榜了人類行爲的修養程式——禮, 打開了宋學修養論的端緒。

程明道（顥）和程伊川（頤）兄弟, 在學說上成爲區分朱熹的理學與陸九淵之心學的分水嶺。 程明道將 《周易》 的生生之德貫注於《中庸》之誠, 並將動盪的宇宙視爲一生生之機, 將生機變化的繼起視爲善, 又將生成視爲性, 使天理, 人性合而爲一。從而將宇宙的實體視爲氣, 稱其妙爲神, 主張體、用不可分離。這種見解也適用於性論, 將性規定爲與氣不分, 在萬物生成變化之後出現的形而下的東西。

所以, 宇宙生成的當體是形氣, 因形氣具有生德者謂性, 性與形氣有相卽不離的關係。 有生之後, 始可論性, 因此沒有獨立的性。「論性不論氣不備, 論氣不論性不明, 二之則不是。」❾

此一性論自然是在反駁張橫渠的天地之性與氣質之性的二元論見解。 說: 「善固性也, 然惡亦不可謂之性也。」❿ 又說: 「人有氣禀, 理有善惡, 但非在性中本有善惡兩物相對而出來」⓫ 仍然堅持性

❾　《二程遺事》。
❿　同上, 二。
⓫　同上。

一元論。

這種「氣性相卽不離說」，「性中元無善惡說」直接適用於他的人生論，主張人與天地人與萬物的同體大悲，說這是誠仁之後始可體得的。若帶來心之普遍，情之普遍，可廓然大公而物來順應⑫。在此明道之仁有具備感應力的靈活心情的意思，這是以純粹感應之情融會邵康節之觀物「心」和周濂溪《通書》中一貫的「誠」，做為體得並應發我與天地，我與萬有一體無間的大本。

在這一點上，明道實際上繼承北宋初期展開新儒學的邵、周，建立氣論之宇宙觀的同時，深化了心論之人生觀，而成為開展象山系心學的頭緒。就北宋新儒學的潮流而言，惟程明道才是走正統路線，實現會通《周易》、《中庸》、《論語》、《孟子》的心性論與人格世界的最早人物。

但是其弟程伊川則打開了更新的局面。他首次以《大學》為中心，完成了性理學的理論，大體上，伊川之前的宋學者通過自我省察與體會以及直覺的思惟說明心性，相反的，到伊川時，較關心經驗、分析、理論的層面，出現了二元的趨向。

伊川在太學讀書時，得到胡瑗的愛護，同其兄跟隨濂溪學習，又與邵康節與張橫渠論學，換句話說他是博取北宋初期學界的學者，他的學問貫通了北宋儒學。進而開闢了新方向。當然明道也如此，但是明道將邵、周、張三哲的學說與境地，在所謂「仁」的較高層次和較深遠的本源中，加以吸收鎔治，相反的，伊川則基於理論及系統的層面，加以分析整理。就道學的人格境地而言，明道較高明。但就學問的理論世界而言，伊川較為篤實。

---

⑫　有關文獻詳記於程顥給張載的信中，程頤與朱熹欣然接受張載的本然之性與氣質之性的區分。程顥則反對分離本身。

　　伊川使用所謂「理」的新概念名詞，對於北宋學者一般在宇宙論中，擺脫不掉道教的現實與採取主氣論的立場，進行了根本上的改革。他指稱張橫渠的太虛爲實理的世界，斷定氣的本體不是太虛而是理。從此氣在實體的地位上被貶低。在其本體的地位上又出現了一個新的概念「理」。

　　《周易‧繫辭》中「一陰一陽之謂道」是將《易》視爲實體，陰陽現象世界的本質，又將其運行的功能視爲道。伊川則引用形而上，形而下之道器的分別，反而將功能之道，視爲實體或根本原因（所以然），將陰陽看做是變化的氣❸。也就是將理規定爲形而上之道，又將氣規定爲形而下之器。這對北宋四哲或以前的宇宙論來說的確是一大顛倒，異軍突起。

　　原來，一般認爲有本身功能的氣，冷卻爲被使役者，而理突起爲使役者，從「宋明理學」的名稱來看，新儒學卽理學的開端看做是從伊川起源的。據上下，先後，能所之關係，理上乘於氣，但排除氣，不可能有理的役事，因此伊川將理氣固定爲並存的理氣二元論。

　　但是理一氣殊，理因氣果的論法，在儒家道德目的論和倫理價值方面，招來了推崇理，貶抑氣的傾向。隨之其修養論就提出了爲「去私欲，合天理」的嚴格的窮理和有層次的盡性。

　　伊川的窮理盡性的修養論，以《大學》爲依歸。其實在北宋新儒學上，關心《大學》，又將它提升到主宗地位的人是伊川。尤其《大學》中「格物致知，致知在格物」一語，成爲他的認識論與修行論的核心內容。其中，重要的是窮究理在物，知在物中的理。窮究的方法

---

❸　《二程遺書》一五，「一陰一陽之謂道，此理固深，說則無可說。所以說陰陽者道，旣曰氣，則便是二。」就學說的淵源而言，伊川的理氣二元論是從對《周易‧繫辭》的「一陰一陽之謂道」與「形而上者謂之道，形而下者謂之器」的新解釋開始的。

就是格物。他嚴格區分能所，說理在於所知境，知使它在能知者我之內。說理處於我之外的泛理的物觀，因而須每日格物的經驗的方法，成為與心學正面衝突的問題。

而且伊川修正橫渠的天地之性、氣質之性等的性二元論，將橫渠所說之性中的天地之性區分為性，又將氣質之性區別為才。說「性發自天，才出自氣」。這自然導出了「性即理」的結論。換言之，理氣二元論的結構直接顯現為性情二元論，在價值論上，將性視為合乎理的，又將情視為欲的原因，其修養論的主工夫「主敬集義」多具有抑情的傾向，招來引發新儒學，尤其理學的決定性弱點或諸多病弊的行動世界之弱化。

二程兄弟雖都吸取了北宋初三子之學，但境地各異，所向不同。而一源分為二派的兩個思潮，由於明道早死，博大高明的氣論與心學的幼苗自然枯竭，唯有縝密篤實的伊川之理學流傳許久後，終於匯聚成朱子學的巨大湖泊。

B、南宋的新儒學——朱子學的形成

眾所周知，朱子是集北宋五子學問之大成的人物。就其學問淵源及形成而言，以周濂溪為根，以二程（尤其小程子）為根幹，並以邵、張為旁枝，因此，可說繼承了宋代道學的正脈。

不過，另一方面，在他見到李延平之前，從十四歲到二十四歲的約十年期間，則按照其父之遺言，與胡憲、劉勉之、劉子翬等人學習，因受到他們沉醉於佛教的影響，曾出入佛教。另外又廣泛吸收了諸子學，因而有博學不精，雜學的批評。

朱子尋求宋學正脈是在二十四歲見到李延平以後的事。按此追溯淵源，李延平（侗）在羅豫章（從彥）處學習，羅從彥在楊龜山（時）處學習，楊氏先學大程子（顥）的學問後，又跟從小程子。龜山的學

問起初與小程子發生衝突，後因了解小程子的「理一分殊說」，兩者
更加親密。若龜山繼續固守大程子的要旨，其學系也將發展爲氣學與
心學。而無法承襲小程子的理學，並使朱子建立學霸。

儒教原在教化的立場研討當爲。後至宋代，發展到論究存在的所
謂哲學的層次。開始了從心性尋找行爲根本，又在理氣尋求心性本源
的學問。從此體驗的轉變爲理論的，而理論又轉向較爲抽象的問題，
建立了本身的宇宙論或本體論。在此值得注意的一點是宋明理學的本
體論與宇宙論在其領域和性格上，將人的心性問題，尤其將道德的價
值問題預先固定。因此，其實只不過是在存在論的層面有深度地說明
了當爲。故未能更客觀地研究純粹本體論或宇宙論。

集北宋五子之大成的朱子學的形成，也在目的論的立場，研究心
性與理氣，所以未明確區分其用語的概念，而且在理解朱子學上，也
不能加以區分。在這一方面朱子所謂之理氣，與心性直接相關，心性
則與修行相連繫。修行、心性並非歸納於理氣，反而心性和理氣爲修
行而加以整頓。

以朱子學的性格爲前提，接下來要在理氣、心性、修行等三方
面，敍述朱子學說的概要❶。

（甲）理氣說　朱子首先假設合乎天地間者爲理、氣。區分理爲
形而上，氣爲形而下之後，又按性能區別理爲生物之本，氣爲生物之
具，接着說人與物必稟受理之後，始可具有性，稟受氣後，始可具備
形。從而奠定了理氣、心性說的基礎。

又將此與理氣的作用關係和人的道理聯繫起來說：

---

❶　此一段爲朱子學的骨幹，是按本身的體系依次說明的，對於朱子學，我
　　學界已十分熟悉，因而未一一注明原文。

氣則能凝聚造作，理則無情意，無計度，無造作。只此氣凝
聚處，理便在其中。且如天地間人物草木禽獸，其生也莫不有
種，定不會無種子，白地生出一個事物，這個都是氣。若理則
只是個淨潔空洞底世界，無形迹，他卻不會造作。氣則能醞釀
凝聚生物也。

說明了理氣的同存，並進一步強調說：

天下未有無理之氣，亦未有無氣之理。理非別爲一物，即存乎
是氣之中；無是氣則是理亦無掛搭處。

這與氣論大同小異。不過，問題在於理氣先後和理氣純雜。在此
理較氣佔優位，轉變爲理主氣從的關係。朱子說：

不消如此說。而今知得他合下，是先有理後有其邪？皆不可得
而推究。然以意度之；則疑此氣是這理行；及此氣之聚，則理
亦在焉。

不僅在所從來說明理先氣後，在事物的聚散中也主張理主氣從，將氣
視爲從理之被動者。

又說：

理則純粹至善，氣則雜糅不齊。氣稟有偏，而理之統體，未嘗
有異。論萬物之一元，則理同而氣異；觀萬物之異體，則氣猶
相近，而理絕不同也。

隱然間將萬物之偏異與行爲的不中、不善的原因轉嫁於氣。這在論心性情意時，也依樣反映出來，產生「性善，情有善惡說」。

（乙）心性說　朱子說理氣相合而具體成人。氣中之理卽所謂性。不過，不只是人有性，萬物都有性，因此說一物之性卽一物之理。他說「稱生之理爲性」，「性爲實理，仁義禮智齊全」，「性卽純粹善」，把性放在情與才的絕對優位。

接着對於心，朱子說「心卽氣之精爽」，「心之官能至靈」，「虛靈卽心之本體，本體爲善」。在說明心與理（性）的關係時說「心理爲一」，「心以性爲體」。因此說「性者心所具之理，心乃理所會聚者。」但是心不得不引起作用，其中必有善不善，這作用就是所謂的情。至於心與情的關係說「所動者卽情，主宰者卽心。」一言以蔽之「性謂心之理，情乃心之發用處。心爲管攝性、情者。」

朱子又針對心與意、志、才等的關係說：「心乃一身主宰，意乃心之所發，情乃心之所動，志爲心之所之，較情、意爲要。」又區別志與意說：「志爲公然主張所欲爲，意乃私下潛行所發，故志與伐相同，意與侵相似。」

至於情、才關係，他說：「情、才極相近，情之所以遇事而發，順其外部，是因才的作用。」換言之，

> 才是心之力，是有氣力去做底。心是管攝主宰者，此心之所以爲大也。心譬水也，性水之理也；性所以立乎水之靜；情所以行乎水之動；欲則水之流而至於濫也；才者水之氣力，所以能流者；然其流有急而緩，則是才之不同。

要言之，性是一定而常，但，情心才三者屬於氣，故未有定常。

性人人相同，情、才因人各異，故發生同異問題，欲必然生惡，在這種前提下，宋儒的修養論，集中於防杜情欲。

（丙）修養論　朱子修養論的展開是以伊川所說「涵養須用敬，進學在致知」的方法為骨幹的。「居敬以主其本，窮理以致其知」卽是如此。

敬是行為主宰者心定位於正中的工夫。心定位於中稱主一。心主一後內外蕭然，天理自明，可抑制人欲。所以說「敬之工夫，收斂身心，敬之功能可安人，安百姓，貫動靜，合禮樂。」

朱子的修養論，並非只依靠居敬工夫，如同荀子，也致力於致知。《大學》中，有關「格物致知」的解釋，卽是如此。若主一是居敬工夫，格物就是窮理的工夫。朱子曾說：

> 所謂致知在格物者，言欲致吾之知，在卽物而窮其理也。蓋人心之靈，莫不有知。而天下之物，莫不有理。惟於理有未窮，故其知有未盡也。是以大學始敎，必使學者，卽凡天下之物，莫不因其知之理而益窮之，以求至乎其極。至於用力之久，而一旦豁然貫通焉，則眾物之表裏精粗無不到，而吾心之全體大用，無不明矣。此謂格物，此謂知之至也。

換言之，格物窮理是為了保存心中之一切道理。如此一心具有眾理是為適應我們周圍的所有變化，這就是「具眾理，應萬事（變）」。

上述之居敬工夫是立本，後述之窮理工夫是廣大。將一身至天下事的過程，區分為內外本末。但兩者，總須合致，故也稱合內外之道。據朱子的方法論，致知應優先於涵養，窮理也應優先於集義，要使知無所不盡，使理無所不窮，如此在實踐時，不致於迷惘或難行。

總之，尊德性與道問學之兩面，不可偏廢其一，首先道問學，然後尊德性就是朱子修養論的特徵。

朱子致力於儒學的哲學理論化，就是將當為之問題，在存在的理論層面，加以提高並予以系統化。這是宋代理學特徵之一，後由朱子集大成。此外，朱子的《周易本義》，《詩經集傳》，以及《四書集註》成為科舉之標本後，朱子學成了獵取功名利祿的眾多學徒之必修科目。也在以官學普及推行學說方面，佔了有利的位置。

3. 朱子學的傳盛與北上

A、朱子學的傳盛

朱子死後十年(1279)，南宋滅亡。宋亡之前，朱子學在中國南方大為傳盛，反之，在北方卻未傳開。進入元朝後，才開始北上。後於高麗由安珦抄寫朱子書，而白頤正也親赴燕京攻讀十年之朱子學。這些都是朱子學傳到中國北方之後的事情⑮。

朱子學在朱子死後，由可稱朱子本幹的蔡元定 (1135~98) 及其子蔡沈 (1167~1230)，傳到福建北部，後由陳淳 (1153~1217)，傳到福建南部，又由魏了翁(1178~1237)，傳入四川方面。朱子學尤其在浙江大為盛行。朱子的女婿黃榦 (1152~1221) 在金華，葉味道在四明，輔廣在紹興，陳埴在浙江東南部，傳播了朱子學⑯。

但是與朱子相對立的陸象山系學派亦不斷擴張勢力。江西有傅夢泉，鄧約禮，傅子雲，浙東有楊簡（慈湖），袁燮，舒璘等，中國的

---

⑮　宋朝雖由武人執政，反而重視文，創造了中國學術史上比任何時代更為燦爛的文化。相反的元朝則比中國歷史上任何朝代更輕文，尤其輕視儒者，大大阻礙了學術發展。然而因朱子學是官學，為科舉的學問，雖無奔放之活力，但借助學者本身的努力得以北傳。

⑯　有關朱子門庭，《宋元學案》，卷六二~七○，有詳細的記載。在此參閱范壽康著《朱子及其哲學》，頁二五一~二五三。

學界仍處於朱陸兩勢的拮抗之下[17]。

宋亡元立之後，南方仍持續着這種局面，金履祥或吳澄等人，在象山學遭受朝廷排斥的情況下，仍主張朱陸並行，擴大了影響力，使陸象山的學問盛行民間[18]。

眾所周知，金履祥與吳澄是黃榦系的朱子學傳受者[19]。但是他們在元朝興起後，留在南方提倡與朱子學相對立的象山學，這是值得注意的事情。本來，象山學的北上並非全無可能，只是吳澄爲避免與許衡的對立而南下，可說是知難而退了。

吳澄到燕京成爲國子司業時，對國子監生說：

> 朱子於道問學之功居多，而陸子以尊德性爲主，問學不本於德性則其蔽必偏於言語訓釋之末。故學必以德性爲本，庶幾得之。[20]

他主張朱陸並行。但是知道這和信奉朱子學的許衡不符合之後，吳澄辭職南下，後來雖多次受元朝之請，但未應邀。

因此元代的中國北方，沒能傳播象山學。而且又因元將朱子學定爲官學，所以北方儒學以朱子學爲主，又因高麗在燕京引進宋學，自然免不了只吸收朱子學的學問偏單性。

B、朱子學的北上

---

[17]　關於陸子門庭，《宋元學案》，卷七四、七五、七六中有詳細的說明。此處參考蔡仁厚著《宋明理學·南宋篇》，頁三〇三～三〇八。

[18]　黎傑編，《元史》，參考元代諸儒條。

[19]　朱子之壻黃榦的弟子有何基與饒魯兩大系，金履祥是何基的再傳弟子，吳澄是饒魯的再傳弟子。在朱子門庭中出現了擁護象山學的學者是十分有趣的事。

[20]　《宋元學案》，卷九二。

朱子學是如何北上的？ 本來金占有中國北方時， 與南方斷絕往來，未能形成學問，尤其宋的程朱學近似荒蕪地帶。後來蒙軍攻打河北德安，捕走許多學者到燕京後，儒學才得以紮根，尤其程朱學成爲學問的主流。

現在大概考查儒學，尤其程朱學傳播的原因和過程。首先可以舉出姚樞和趙復的播種，其次可提及元初二大巨儒許衡（1209～81）與劉因的耕耘❷。

姚樞， 河南人， 後居住洛陽。 他經過元太宗的親信楊惟中的舉薦，奉職元朝，又說服被捕的趙復來燕京，通過趙氏沈醉於程朱學。姚樞尤與元世祖親近，是使世祖步儒治之道的當事人。同楊惟中建立了燕京的太極書院，請趙復傳授程朱學。因此使程朱學紮根於元京的人是姚樞。

趙復，湖北德安人。對程朱學大有研究。當時元兵攻陷宋人時，以屠殺爲原則。其中只取儒，道，釋，醫，卜，占等身有一技之長者。趙復也列爲被捕對象，又得姚樞之助赴燕京，教授周、張、程、朱之學。日後成爲元代大儒的許衡、劉因也經趙復之引見，習得程朱學，因此趙復得以栽種程朱學的幼苗。

然而使程朱學盛行元朝的人物應是許衡。許衡透過姚樞吸攝了程朱學，又蒙元世祖的優待歷任了集賢太學士兼國子祭酒，可說元代的學問與教育是由他主管的，因此在傳播程朱學方面發揮了莫大的影響力。尤其元初幾十年來的大學者幾乎全是他的門人。

許衡積極協助元朝，左右了元朝的發政，相反的劉因則一貫其不

---

❷ 有關於此，參閱《元史》，卷八一，〈選舉志〉第三一選舉一，科目與學校，《元史》，卷一八九，〈列傳〉第七六，儒學一、二以及《新元史》， 卷二三四， 〈列傳〉第一三一， 儒林一、 二、 三中有詳細的記錄，但在此予以省略。

仕主義，將儒學的精神卽儒者的情操廣爲流傳。本來善於詩文與訓疏
但接觸程朱學之後，只走儒學正道。劉因與許衡之間，有如下的逸話。

許衡應元朝之召，路過眞定時，劉因說：「公一聘而起，無乃速
乎？」許衡回答說：「不如此則道不行。」

後來元祖請劉因做集賢學士時，劉氏沒有應聘，有人問他：「公
不應，是否過於固執？」他回答說：「不如此則道不尊。」⓶

因爲有許衡與現實主義者，程朱學才能够盛行元京，又因爲有劉
因的高風亮節，儒學的精神價值未被貶抑。無論何時因有如此的兩
面，才得以彰顯。至於貶值的貨物，要想普及世間也必爲人所不齒而
予以偏廢。提高標價後無人問津，也不過是無用之寶。兩面並存時，
才可能保障價格與銷路。換言之，因有劉因的高風，許衡的實用才有
價值，又因有許衡的實用，劉因的高風，才可發揮作用。

4.高麗只接受朱子學的緣由

看宋朝性理學的形成過程，先有「氣論」後有「理論」，接之而
來的「心論」則與「理論」抗衡。原來宋代性理學的內容有氣、理、心
等，是較複雜多端的。高麗在引進宋代性理學時爲何只吸取朱子學？

若高麗引進性理學時，如同宋朝，吸取了周、邵、張、程、朱、
陸之多種學說，就不會使李朝性理學成爲朱子學一色，也不致於只將
程朱學視爲性理學而招來氣論與心論遭到排斥的專橫。

其實，只引進朱子學的緣由在於中國和高麗的環境變化。中國方
面宋亡元立，高麗也持續了近百年的武人政權，這可說是歷史 的 作

⓶ 《宋元學案》，卷九一，〈靜修學案〉附〈陶宗儀輟耕錄〉，曰：「初
許衡之應召也，道過眞定，因謂曰公一聘而起，無乃速乎。衡曰不如此
則道不行。乃先生（劉因）不受集賢之命，或問之，乃曰不如此則道
不尊。」

用，總之在這種不正常的環境中引進了性理學。

在此舉出幾項歷史的假設。首先因高麗仁宗已知楊龜山的存在❷，所以高麗學界不會完全不知宋的性理學。如果這時積極吸收楊時等的學說，高麗學風不致於從講經編史流向翰章詞藻，而可直接發展理論儒學。

再者，當時朱子學尚未形成，而楊時的學問更接近程明道，因此高麗學界也大有可能吸收「氣論」與「心論」。

楊時（1053～1135）是南劍長樂人。辭退官職，拜程明道爲師，明道器重而說「吾道南矣」。明道死後，又拜伊川爲師，爲其「理一分殊」說所感服。接受了橫渠的氣論。但因〈西銘〉接近兼愛說而對此有所懷疑。他的宇宙論是氣一元論，在人生論上主張了人萬物之靈說。吸取橫渠的氣論和伊川的敬工夫，將養氣、節欲、致知、力行做爲入聖之功。所以在引進朱子學之前，若先引進了楊時的學說，北宋五子的學說，必可遍及高麗學界。

第二個假設是在麗末引進性理學時，若不只靠燕京（中國的北方），而與中國的南方取得了聯繫的話，也可能同朱子學引進了象山心學。正如上述，因爲中國南方由元掌握中原以後，象山學仍然盛行，而北方只以朱子學爲獨尊。

安珦與白頤正的年代正是中國北方朱子學的大家許衡之與世長辭而劉因還生存的時期，南方有主張朱陸並行的吳澄。高麗因與元的外交關係，派遣官員駐留燕京，因爲他們所接觸的學問只能是朱子學，所以只引進了朱子學。

---

❷　《宋元學案》，卷二五，〈龜山學案〉行狀中：「令國華，使高麗，高麗國王問龜山先生今在何處。國華遠以聞，召爲秘書郎……」證明高麗學界已認識楊時，也多少瞭解北宋五子性理學說之概模。

如果那時的官員和學者中，有人與中國南方接觸，就不會只將朱子學看做是性理學的全部而犯陷入偏單的錯誤。尤其，留燕十年的白頤正，爲何未能看到中國南方的學風，實在令人遺憾。當然這並不是說朱子學不好，而是因爲未能廣泛接受性理學的緣故。

三、麗末性理學的引進和形成過程

在韓國歷史上，和中國的關係中，最感屈辱的時代是元支配我國的時代。眾所週知，元是由蒙古野人建立的國家，它以最惡劣的手段踐踏了中國的中原。隨之，高麗也不得不遭受了空前的壓力。

相信只以屠殺就可支配天下的蒙古權力者，也受到來自中國南方的儒學的教化，逐漸消失了野蠻性，到元世祖忽必烈時代，領導人本身也努力學習文雅的風度。

只看與高麗的關係，起初，蒙古政權強求以寡婦和處女做爲貢物，尤其要求不當的財物和準備戰事，高麗經驗了空前的異族壓抑政治[24]。在這種情況下，高元之間的交流，無法進行文化、學術上的接觸。比方說，高麗曾按照與中國的交流方式，派遣文人爲使臣，但是得不到正常的溝通，所以就以武人爲使臣[25]。

到了元世祖元年間(1277~94)，再度派文人入元。這時燕京已設有太極書院，正是朱子學漸漸普及的時代。1290年，韓國透過安珦引進了朱子學。這實得力於元朝的變化，他們擺脫了以往的野蠻性，在

---

[24]　徐克之，《中韓關係史》第九章，參閱〈蒙古帝國與高麗〉。
[25]　《高麗史節要》卷二〇，據忠烈王條，四年十一月遣國學大司成郭汝弼赴元爲賀正使後，主要由大將軍、上將軍等武人爲賀正或聖節使。

表面上也已開始表明了對學術的關心。但是在新環境成熟之後，高元之間也不是沒有文人的來往，高麗之所以透過安珦認識性理學是因爲除元的學術環境變化之外，安珦的人格似乎也引起了很大的作用。

1.朱子學的輸入──安珦的興學與朱子學介紹──

安珦初名裕，興州人（1243～1306），其父孚，原從事醫術，官階達密直副使。古今醫業都以事實主義、合理主義、實際主義爲基礎。因此在這種環境下成長的安珦，似乎早年就已重視事實的合理的思惟。

所以他疾視當代風靡一時的怪力亂神、相信命運和疾病由妖神主宰並藉以巫術退治的愚民以及騙取愚民財物的巫人❷。由於他疾視迷信相對的渴求了儒學的合理而明析的理論。這使他在接觸朱子學後，有了歸依處和嚮往力。

安珦看到荒廢的文廟，在悲涼的感覺中，做了如下的絕句：

> 香燈處處皆祈佛，
> 蕭鼓家家競賽神。
> 獨有數間夫子廟，
> 滿庭秋草寂無人。

其中含有重新發展儒教、教化人民、驅逐佛道的意志。

---

❷ 《高麗史‧列傳》，卷一八，安珦條，「忠烈元年，出爲尙州判官：時有女巫三人，奉妖神惑眾，自陜州歷行郡縣所至，作人聲呼空中，隱隱若喝，道聞者奔走設祭，莫敢後，雖守令亦然。至尙珦杖而械之，巫托神言，恍以禍福，尙人皆懼，珦不爲動。後數日，巫乞哀乃放，其妖遂絕。」

安珦的決心終於有了實現的可能， 他自外地歸來， 歷任國子司業，又任本國儒學提舉❷，和集賢殿大學士。忠宣王赴元京時，藉隨行終於得到了與朱子學接觸的機會。這是忠烈王十五年（1289）的事情。

這時元朝似乎也懂得一些儒教的儀禮 。 忠宣王和安珦到達元京後， 有一天元世祖急於會見忠宣王。王以爲必受譴責而憂心忡忡， 相說：「隨行陪臣中官階較高的人請進 。」 珦就進去見皇帝， 皇帝問他：「貴國王爲何疏遠公主？」珦回答說： 「內殿的事不是臣所能知道的 。 臣實無法回答 。」世祖知道自己的提問不合情理就說：「此人懂得大體， 怎能把他看做是邊方（未開）人呢？」以後， 就厚待他❷。

第二年又發生了類似的情形， 政堂文學鄭可臣與禮賓尹閱溝， 隨從世子赴元， 有一天， 元世祖忽必烈， 臥便殿引見世子， 問道：「你看什麼書？」世子回答： 「現在已拜儒學者鄭可臣與閱溝爲師， 如今閒暇時攻讀《孝經》、《論語》、《孟子》等書。」皇帝大喜， 要引見鄭可臣。世子就帶可臣進去， 皇帝突然起身戴冠說：「你雖是世子， 是我的甥姪， 他雖是陪臣， 但是是一儒者， 怎能不衣冠而相見❷。」

知道禮遇儒者， 證明元朝已重視儒治。 在這種環境下， 安珦能够較自由地會見當地的學者，並觀覽書肆。安珦在燕京逗留四個月左右， 忠烈王十六年（1290）回國， 所以朱子學的傳入年代不是忠烈王

---

❷ 忠烈王十五年九月元朝在高麗設國學提舉。初任者爲安珦，這是在他扈從王、公主、世子赴元京之前兩個月的事情。

❷ 《高麗史・列傳》，卷一八，參閱安珦條。

❷ 《高麗史節要》，卷二一，參閱忠烈王十六年十一月條。

十五年（1289）而應該是十六年③。

　　據說安珦抄來新刊《朱子全書》。要是新刊想必不難得手，抄寫一事，實令人不解。再者安珦留元期間不長久，也必無暇對朱子學做深入的研究，筆者認爲他或許只抄來大要。這時安珦年已四十七。

　　歸國後，安珦成爲贊成，首先致力興學事業，並與兩府議論之後，徵收贍學費。

> 宰相之職莫先敎育人材，今養賢庫殫竭無以養士，請令六品以
> 上各出銀一斤，七品以下出布，有差歸之庫，存本取息，爲贍
> 學錢。兩府從之以聞，王出內庫錢穀助之。③

　　又派博士金文鼎到中原，繪製孔子及七十二賢畫像，並購買祭器、樂器、六經、子史等。他還舉薦密直副使李愹，典法判書李瑱，任經史敎授都監使。此後，宮內官員中有志學問者和七管十二徒之學生湧來授業，人員數以百計③。

　　安珦到國子監，向學生做了大意如下的講演：

> 聖人之道，不過日用倫理，爲子當孝，爲臣當忠；禮以齊家，
> 信以交朋；修己必敬，立事必誠而已。彼佛者，棄親出家，蔑
> 倫悖義，則一夷狄之類。近因兵戈之餘，學校頹壞，士不知
> 學。其學者喜讀佛書，崇信其杳冥空寂之旨。吾嘗於中國，得
> 見朱晦庵著述。發明聖人之道，攘斥禪佛之學，功足以配仲

---

③　一般認爲安珦輸入朱子學的年代是1289年，但應視爲1290年。
③　同㉘。
③　這是安珦自元京歸來十四年後的事情，十年後（1314）又派博士柳衍銜街去中國江南，購買經籍一萬八千卷。

尼。欲學仲尼之道，莫如先學晦庵。諸生行讀新書，當勉學無忽。㉝

綜上所述，安珦不只研究朱子學，對興學教育，傳授經史也大有關心。只是將朱子學視爲學習聖人之道的主要方法。不過，在當時將朱子學當做孔子學的眞髓，教化學生一事。實屬使朱子學根柢於高麗學界的決定性措施。他以晦軒爲號，居室掛有朱子像等等，足以證明安珦是東方最初的朱子學者㉞。

2.朱子學的研究與普及

《櫟翁稗說》中稱：

> 後白彝齋從德陵㉟，留都下十年多，求程朱性理之書以歸。我外舅政丞菊齋權公得《四書集註》鏤板以廣其傳，學者又知有道學矣。㊱

《高麗史・列傳》禹倬條末尾說：

> 倬通經史，尤深於易，學卜筮無不中程傳初來東方無能知者倬乃閉門月餘參究乃解教授生徒理學始行。㊲

根據上述記載，實際上從元朝學習程朱性理學的人是白頤正，刊

㉝　《晦軒集・諭國子諸生文》。
㉞　《高麗史・列傳》，卷一八安珦條末尾：「忠肅六年，議以從祀文廟，有謂珦雖建議置贍學錢，豈可以此從祀，其門生辛蕆力請竟從祀」，當時對安珦的評價似乎不太高。其實，朱子學盛行後才成爲被後世注目的學者。當時，對於他的從祀問題有異議者，並非主要的問題。
㉟　德陵是忠宣王的陵號。
㊱　《櫟翁稗說》，前集二，大東文化研究院本，頁三五六。
㊲　《高麗史・列傳》，卷二二，禹倬條。

行普及朱子《四書集註》的人是權溥,學得深奧易學理論,使學者以思辨
探究性理學的人是禹倬。此三人繼安珦之後,使性理學流傳於高麗。

A、白頤正的朱子學研究

白頤正（1260～1340）號彝齋,其父曾是任大司成的文節,藍浦
人,《東國通鑑》忠肅王元年春正月條中記載:

> 白頤正僉議許理時,程朱之學始行中國,未及東方,頤正在元
> 得而學之東還。

只說他是安珦以後,實際學習程朱學,並使之流傳于高麗的人。
沒有更詳細的記載可憑。只在益齋年譜二十八歲條中有他曾向白頤正
學習程朱學的記載。

忠肅王元年條的記錄,似乎說明當年白氏從元朝回國。若考慮他
在元京居留十年的事實,應該是在忠烈王三十一年(1305)入元的[38]。
（那年十一月王入元的紀錄中不見白頤正的名字。）這時,白頤正年
四十五,學問已進入成熟的階段。元朝方面許衡（1209～81）死去已
久,正是他的弟子繼承程朱學的時代。

就是說元初的創始學者業已退伍,是守成之二世上臺的時期,也
是忽視哲學的思辨,而流入文藝的趨勢十分顯著的時期,因此白頤正
學得的程朱學不曾如同後人想像的那樣使高麗學界驚嘆不已。有關白
頤正的程朱學記錄之所以寥寥無幾,原因在於此。但就朱子學東傳的
問題而言,若安珦是最初積極介紹朱子學的人物,白頤正則是實際學
得朱子學展現於高麗學界的最早的研究家。

---

[38] 《高麗史節要》,卷二三,忠烈王三十一年十一月戊午條,「王如元,
韓希愈等二十九人從行」,但不見白頤正的名字。

B、崔瀣與崔文度的性理學研究

除白頤正之外，從元朝學得性理學的人物有崔瀣（1287～1340）與崔文度(1291～1345)。崔瀣是文昌侯崔致遠的後孫。其父伯倫登文科狀元，元奉他為高麗王京儒學教授。生長在傳統儒學家門的他早年登第文科，成成均學官，赴元京及第科舉，受當地學者的讚揚，回國又任成均大成，致力於儒學教育。瀣才奇志高，文辭超逸不為異端習俗所染，其學行合乎古人，正辨至論異同，卽使對老師宿儒、當代宗師，也加以詰難辨析，一貫堅持自己的主張。他由於恃才傲物的性格，受世俗之忌憚之後，開始了隱者生活。他以性理學為正道，致力排斥異端邪說⑲。

崔文度號春軒，全州人，贊成事誠之三子。早年赴元官衛，學得性理學，其學行尤為超卓⑳。權陽村之《東賢史略》有對於他的評語。

（崔文度）博覽濂溪、二程、晦庵之著作，尤其學得格物致知，修己治人之道。

他實踐性理學的主敬集義工夫和踐履工夫，成為彰顯性理學者典型的學者。

C、權溥的《朱子四書集註本》刊行

權溥初名永，安東人(1262～1346)。贊成事儋之子。也是朝鮮初性理學大家權近的祖父，麗末大文豪李齊賢之岳父。（某些記錄說他是安珦的門人）。早年及第文科，1302～1309年曾兩度赴元，廣增學

---

⑲　《高麗史・列傳》，卷二二，崔瀣條，所著〈拙稿千百〉刊載於大東文化研究院本。

⑳　《稼亭集》，卷二，「春軒記」末尾：「主人完山崔氏文定公之後，而文簡公子也，博學強記，尤深於性理之書，東方文士之質其疑者皆歸焉」。根據此評，可謂麗末性理學之主要學者。

術見聞，尤其性理學的基礎由六經轉爲四書。他重視朱子學成爲官學，《四書集註》列爲科舉試目的事實，刊行普及四書。

元朝的科舉制度，太宗時，經耶律楚材的建議，實行了以儒術選士的制度，後來因諸多原因而廢止。世祖時再度議論，但未被採納。至仁宗二年（1313）才得以始行。當時的制度區分蒙古人、漢人、南人，高麗人屬於漢人。科目從《論語》、《孟子》、《大學》、《中庸》中出題並同《朱子章句集註》，五經中《詩經》取朱子註，《尙書》取蔡氏註，《周易》取程朱之註，春秋之傳取胡氏傳，《禮記》用古註疏❹。而且對元施行科舉，忠宣王的建議奏效，高麗人多應舉而及第，似乎也是那種緣故❷。尤其忠宣王逗留元京時，蓋萬卷堂，與元的學者閻復、姚燧❸等人交遊，隨行的高麗人也都是好文飽學之士，或者可說是高麗學術文化的搖籃，帶來了很大的影響。

而且，這種科舉制度在高麗是在三十年後的忠惠王五年(1344)，始有所改定。實際上，朱子學成爲官學，《朱子章句集註》成爲主要科目，《朱子四書集註本》的刊行就是基於時代的需要而付諸實踐的❹。

---

❹ 黎傑編著，《元史》第三章，〈考選制度〉二，參閱科舉條。

❷ 徐亮之，《中韓關係史》九，〈蒙古帝國與高麗〉章，頁六五，「王璋（忠宣王名），乃一個中國學術的迷戀者，他寧願不做國王，只願留中國；萬卷堂落成之年，他召置高麗的名理學家李齊賢於左右，和元朝的學者、閻復、姚燧、虞集、趙孟頫等交遊來往，他曾建議元朝恢復科舉。」

❸ 姚燧是元學術之開創者姚樞之姪。他自幼隨叔父學習，成長後接許衡學問之後。《元史・本傳》，「燧之學，有得於許衡，由窮理致知，反躬實踐，爲世名儒，爲文閎肆該洽，豪而不宕，剛而不厲，春容盛大，有西漢風，宋末弊習，爲之一變」。黎著《元史》，頁一九一，「高麗瀋陽王，不惜以厚幣金玉名畫五十篋，以求其文。」忠宣王與李齊賢受到元京學者姚燧之影響。高麗的程朱學就是通過它傳來的。」

❹ 《高麗史節要》，卷二五，忠惠王後五年秋八月條，「改定科舉法，初場試六經義四書疑，中場古賦，終場策問。」

《朱子四書集註本》的刊行也成爲高麗儒學一律趨向朱子學的轉機。《朱子四書集註本》刊行普及以前，中國南方王安石系的學問與朱子學結合流布於高麗民間，民間學界的廣泛自由的學問受科舉制度與科目的影響漸漸萎縮，不得不受朱子學的支配[45]。總之，權溥的《朱子四書集註本》的刊行普及是引導高麗儒學進入朱子學潮流的主要契機。

D、禹倬的伊川易研究

禹倬（1263～1342）號易東，丹陽人，進士天珪之子。禹倬是合理的思辨的學者，他率先主張打破迷信，重視規範，尤其他的思辨力在學得程朱易，並將它傳授於高麗學界上，大有貢獻。尤其他以直諫聞名，對於王淫行也果敢指責，是一個有勇氣的儒者[46]。

大凡儒教提示行爲規範，是促求人們修行的，由於它是以當爲問題爲中心的學問，在哲學理論方面或思辨力比道家、佛家弱。但是這種儒教的弱點透過性理學得以克服。性理學在存在的領域上研究根本理由，即努力求證當爲性。因此在理解性理學上，若不具備理論思辨的能力，難以掌握要點。禹倬的程朱易研究和教授，在這一方面，使高麗儒學和儒學者具備學術與學問的基礎素質，擔當了先知者的角色。

---

[45]　《櫟翁稗說》，前集二，（大東文化研究院本），頁三五六。說明白頤正的性理學求來與權溥的四書集註刊行後，說：「嘗見神孝寺堂頭正文，年八十善說語孟詩書，自言學於儒者安社俊。昔一士人。入宋開荆公退處金陵，往從之，受毛詩七傳而至，社俊故詩則專用王氏（王安石）義，語孟及書，所說皆與朱子章句蔡氏傳合，當是時二書未至東方，（二書指王氏，蔡氏書）不知社俊何從得其義。」由此可知，高麗民間學略，就是在山間寺院隨從僧人學習的學者之間已經流布當時來自宋朝學說。

[46]　《高麗史·列傳》，卷二二，參閱禹倬條。

3.經學與性理學的並進──李齊賢的務實和李穀的教化

李齊賢是白頤正的學生，李穀是李齊賢的學生。若將白頤正看做
是安珦的學生，麗末性理學的初期系譜如右，安珦→白頤正→李齊賢
→李穀**⑰**。朱子學到了李齊賢、李穀一代，打破了偏單性，又與儒學
經學會通。

兩者都長時間在元朝與當地學者交遊，不但在性理學，在文章學
也表現卓越，毫無保留地顯示了高麗人的學問、藝術以及氣概。他們
回國後，利用在元京培養的眼光和度量，學問與氣概，使儒教的王道
政治和人間修養落實紮根**⑱**。

A、李齊賢的經學、文章學和性理學的會通

李齊賢（1287~1367）號益齋、櫟翁、實齋，慶州人，檢校政丞
瑱之子。權溥之女婿。身爲白頤正門人，十五歲（1301）登成均試狀
元，後來又及第文科，是一個極有才氣，天稟俊秀的學者。因此其文
名早已馳名朝野。忠宣王在元京築萬卷堂，與當地學者文豪交遊時，
選他爲與元人較量的良才**⑲**。

李齊賢入元時年僅二十八。他入元前已對程朱學有很深的造詣，

---

⑰　《典故大方》之道學淵源有再度尚考的必要。

⑱　李齊賢，李穀遊元京時的文風也受程朱學的影響，堅守「文以載道」的
　　傳統，崇尚質實無文的文章，這種文風亦反映在科舉試文中要求「不衿
　　浮華，惟務直述。」因此李齊賢與李穀的文章多承襲姚燧的風格。由此
　　看來，成俔所說益齋詩老健而不華麗之評論是正確的。這決非貶底李齊
　　賢之文章，反而表揚之。對此，金滄江反問若益齋詩不華麗，到底誰的
　　詩屬於華麗的呢？在《東人詩話》中所說藹然忠憤如杜甫一句，似乎十
　　分確切。

⑲　《高麗史·列傳》，卷二三，李齊賢條，「忠宣以大尉留燕邸，構萬卷
　　堂，書史自娛，因曰京師文學之士，皆天下之善，吾府中未有其人，是
　　吾羞也，召齊賢至都。時姚燧、閻復、元明善、趙孟頫等，咸遊王門，
　　齊賢相從學益進，燧等稱嘆不置。」可知李齊賢赴元京的目的，就是爲
　　顯示高麗的學者。

對於經子史集的知識也十分淵博。所以不可把他看做是單純的程朱學者⑩。在朱子學官學化的過程中，產生了偏袒化現象。他為這種學術環境帶來了新的風氣。可說他是極其正大高明之學⑪的大學者。

李齊賢時程朱學已普遍化，所以也有持批判立場的學者⑫。在這種情況之下，他結合了四書與經書，將學問引進修己治人與經世致用的層次。他的學識和文章加以勇氣，在與元朝的政治外交上貢獻了一臂之力⑬。正如其齋號所暗示⑭，他堅信學問以務實、篤行為根本，它必有益於人倫事物。

現在略述其人之學問與思想，首先他主張國家百年大計的根本在

---

⑩　同上，李齊賢條後段：「不樂性理之學，無定力，空談孔孟，心術不端，作事未甚合理，為識者所短。」李齊賢年輕時，為科舉工夫學習了性理學，到晚年不專於此，而較重視孔孟。但是這評價似乎說朱子學偏袒者，眼光較低者所有，換個立場說，益齋的學問比性理學者更正大，更實質。

⑪　李穡著，〈益齋先生亂稿序〉，「年未冠，文已有名當世，大為忠宣王器重。從居輦轂下，朝之大儒縉紳先生，若牧庵姚公，閻公子靜，趙公子昂，元公復初，張公養浩，咸遊王門，先生皆得與之交際，視易聽新，摩厲變化，固已極其正大高明之學⋯⋯ 學文之士去其陋，而稍爾雅，皆先生之化也。」益齋可說是當代國際大學者，是將高麗學術文化提升為國際水準的典型學者。

⑫　《益齋亂稿》，卷九，〈下策問〉，問論語曰條，可推斷當時程朱學流布的情況。相對的也有許多對程朱學說的批判。譬如閱讀反對朱子昭穆說即是如此。《高麗史・列傳》卷二〇，閱讀條末尾：「忠烈嘗命讀增修鄭可臣所撰，《千秋金鏡錄》⋯⋯又撰《本國編年綱目》⋯⋯其昭穆之論與編年節要不同。讀稍有文藻而多俗習，心術不正，諸事內人。且不知性理之學，其論有背於聖人，至少末了昭穆之議為非，所見之偏類此。」就是如此。隨之益齋撰述「宗廟昭穆位次議」（《櫟翁稗說》拾遺）。

⑬　《益齋亂稿》，卷六，書，「在大都上中書都堂書」是使強壓高麗的元朝為政者羞愧、悔改，進而使之以《中庸》「九經之法」對待小邦的一大外交文書。

⑭　其人號益齋意指在元京通過與當地學者的交遊增進學問與見識，決志一生精進學問。實齋意務實篤行所學，櫟翁如《櫟翁稗說》所表明有「不材遠害」之意。

於興學育英，就是闡明先王之道的要方。

德陵（忠宣王）問他：

> 我國古稱文物侔於中華，今其學者，皆從釋子以習章句是宜。
> 雕琢篆刻之徒實繁，而經明行修之士絕少也，此其何故耶。

他回答說：

> 文物侔於中華，蓋非過論也。不幸毅王季年，武人變起，所忽
> 薰蕕同臭，玉石俱焚，其脫身虎口者，遂逃窮山，蛻冠帶而蒙
> 伽梨以終餘年。 有願學之志者， 從釋子習章句， 其源蓋始於
> 此，今殿下誠能廣學校庠序，尊六藝明王教，以闡先生之道，
> 孰有背眞儒而從釋子；捨實學而習章句者哉，將見雕琢篆刻之
> 徒，盡為經明行修之士矣。㉟

李齊賢相信實用有益的儒學是天下之正道，因此自然排斥異端，
尤其將佛道求福視為不正的行為，促使人們以敬以直內的修養工夫替
代以不正的方法求福的行為，他在〈史贊〉定王條中說：

> 所謂君子求福不回敬以直內者。㊱

對於為學次序，也作了簡單的說明，據他的〈上都堂書〉，

> 以敬以愼， 敬愼之實， 莫如修德， 修德之要， 莫如嚮學，擇
> 賢儒講《孝經》、《語》、《孟》、《大學》、《中庸》，以習格
> 物、致知、誠意、正心之道，四書旣熟， 六經以次講明目習與

㉟　《櫟翁稗說》，前集一，（大東文化研究院本），頁三四九、三五〇。
㊱　《益齋亂稿》，卷九，下，〈史贊〉，定王條。

性成德造。[57]

儒學是日用事物之道，因此其學問與德性對個人生活和國家政治有所作用時，始可大成。對此李齊賢一一例舉六經的道理和制度，大力整頓了王道與國家的制度風俗[58]。

李齊賢是崇尚實質的學者，因此不提觀念的理論，只舉出歷史上的實例，對應現實，警戒未來[59]。他所寫的〈史贊〉就是針對當時爲政者教育的，是實行王道的借鑑。他在景王條中舉出孟子之說「夫仁政，必自經界始，經界不正，井地不鈞，穀祿不平。」[60]說明了國家經濟的重要性。而且在成王條，對崔承老的二十八條，給予很高的評價，又將實踐二十八條的成王之業績，規定爲歷代王之儒治，實行王道的模範。以此種種足以窺見他的學問、思想以及經綸。

據他說：

承老見成王有志可與有爲乃進此書皆實錄也成王立宗廟定社稷
瞻學以養士覆試以求賢勵守令恤其民賚孝節美其俗每下手扎詞
旨懇惻而以移風易俗爲務去浮夸務篤實以好古之心求新民之理
行之無倦而戒其欲速躬行心得而推己及人齊變至魯魯變至道[61]
可冀也。[62]

---

[57] 《櫟翁稗說》拾遺，〈上都堂書〉。是有關教育元子的內容，也視爲一般學說。

[58] 《益齋亂稿》，卷八，表，九卷上史中，多有引據《周易》、《尚書》、《禮記》、《論》、《孟》、《庸》、《學》等文章，間或亦有老莊文句，可知其博學質樸。

[59] 同上，卷九，下〈史贊〉在究明高麗歷代的政治得失與禍亂的原因，爲現實政治而寫。《櫟翁稗說》，前集一則採取與忠宣王的問答形式展開政治制度與政治批評，以便教化現實之爲政者。

[60] 《孟子‧滕文公》上。引用〈史贊〉景王條。

[61] 《論語‧雍也》，「齊一變至於魯、魯一變至於道。」

[62] 《益齋亂稿》，卷九下，〈史贊〉成王條。李齊賢在歷代王之〈史贊〉中最重視成王條。因爲〈史贊〉的一半屬成王贊。

考查李齊賢的學問與思想以及經綸，（正如上述）他決非一邊倒向性理學的學者，而是會通儒教大體，儒學正道，儒道本源的通儒。只是相信會通實行這種儒教、儒學、儒道時，性理學是好的嚮導。他在〈策問〉中說：

> 天下同文，家有程朱之書，人知性理之學，敎之王道，亦庶幾矣。[63]

由此可知，他沒有將性理學視爲儒教的全部，論蒙古文字的創始者巴思八的立廟問題時說「孔子有王之師」[64]，雖然李齊賢認眞學習程朱學，但並不認爲它網羅性理學的全般。雖然對性理學給予高度的評價，但是也不認爲它網羅了經學。有人在《櫟翁稗說》中舉出，

> 吾家有朱晦菴註，讀之所謂渙然冰釋。[65]

一句，而說他愛好朱子學，益齋豈止喜愛朱子學？況且，上述內容是指朱子的楚辭註的。與性理學無關。因此益齋的朱子研究不只限於性理學。

至於李齊賢對麗末性理學的功勞，在於他使當時偏袒化、一律化的程朱學導向大體的、本源的儒教中，以圖其眞正的作用。換言之，以程朱學與原始儒學（經學）並用，使儒教更新穎有益，有實。若益齋的學問會通性，思想開放性以及經綸的實用性，對後世有所影響，

---

[63] 同[52]。
[64] 《櫟翁稗說》，前集一，（大東文化研究院本），頁三五〇、三五一。
[65] 同上，後集，頁三六六。

朝鮮朝的性理學就不致於一邊倒向朱子，使之壟斷學術創造的生機。但出乎意料之外的，人們對益齋的理解，只偏重於他的文章，而埋沒了學問、思想、經綸。豈不令人遺憾。

B、李穀的學問與教化思想

李穀號稼亭，韓山人(1298～1351)，自成之子，牧隱穡之父，李齊賢的門人。以胥吏之身分，二十二歲（忠肅王七年）及第文科，三十五歲赴元，以次上及第制科，在元翰林院做官。他上奏元惠宗的「代言官請罷取童女書」⑥，是使野蠻的元人自覺羞愧的人倫道德之大文章。

他如同其師李齊賢，廣泛吸收經、子、史、集，學問高深，文筆流麗，使中國人驚歎不已。關心實際政教而多談論經濟與法制，尤其將政教之根本放在心性上，頗重視心性修養。因此他對佛教的態度，不採取極端的排斥，而在心性淨化層面，顯示出肯定對方的包容性⑥。

首先摘要其學問思想，政教治理在於移風易俗，移風易俗在於教學，教學在於師，師乃傳播聖賢之道者。學習的人須自我變化氣質，追尋心性之本源，然後可啟發因應日用事物或天下萬物的功能。

他在〈應學試策〉中說：

> 夫子曰：齊一變至於魯，魯一變至於道，變其俗救其弊，豈無術乎。

接着又說：

---

⑥ 記載於《稼亭集》，（大東文化研究院本），卷八，頁五五、五六。元曾以朝貢的形式要求高麗的寡婦和處女，做出非人的行為，對此引經據典地苦訴天倫之情，同時表示不得已則抗拒的意思，感動了元惠宗與學者，使之廢除貢女制度。

經曰：政依風新。故導民以敎化，治民以政制，則爲適時知變
之善政矣。

他尤其關心改變人的氣質與國風的「變」又針對這「變」的難易
與巧拙說：

國之俗有美惡而變之之道有難易故言之其意則必曰俗之在敎化
泥金之在陶冶器之良窳由乎匠之巧拙俗之美惡係乎敎之臧否。❻❽

他很重視移風易俗與其敎化。

稼亭如同其號所暗示，對物貨生產也表示了極大的關心。在他的
文集篇首〈原水旱〉及〈鄉試策〉❻❾中道破顧全農耕是第一線政治工
作者的責任，百姓生活富裕時，才能遵守禮義廉恥。

然而他又警戒說物質只求滿足需要，而不得藉此伸展王權或擴大
領土，否則會招來大禍。

雖致一時富國強兵之利，實開萬世殃民蠹國之源❼⓿。

因此在政治上美化風俗的同時須重視物質生產和生產 物 質 的 管
理。就是說明了良俗與理財並重的道理。

稼亭接着又說明政治的王霸來自一心的正邪，

心者一身之主，萬化之本，而人君之心，出治於原，天下治亂

---

❻❼　《稼亭集》，卷八，序（同上），頁五八，〈送水情長老序〉。唐朝韓
　　愈致力排斥佛教，但據另一首詩文，指出他和淸志潔行，外榮辱，一死
　　生的高僧交遊。他也羨慕長老的高風，至情流露其間。
❻❽　《稼亭文集》，卷一三，（同上）頁八一、八二。
❻❾　同上，文集卷一，〈雜著〉，參照頁九。
❼⓿　同上，卷一三，程文，頁八二、八三，〈鄉試策〉。

之機也，故人君正心以正朝廷，正朝廷以正百官，而遠近莫敢
不一於正德於心。

古之君主知是，而欲平天下者，先治其國，欲治其國者，先修
其身，欲修其身者，先正其心，而未嘗不事正心。

又做了如下的結論：

> 《書經》曰人心惟危，道心惟微，蓋充其道心者爲皇帝王也，
> 循其人心者爲霸也。**❼**

至於正心問題，他在〈新作心遠樓記〉中，與佛教做比較說：

> 心之爲物，本無遠近彼此之殊，儒者以正，以之修身，以至於
> 齊家理國，而平天下；佛者以觀，以之修行，以至於見性成
> 佛，而利自它，要之，誠不以以心觀心，以心正心，顧其存養
> 如何耳。故先儒有非觀心論曰心一而已以何心而觀此心。**❼**

　　若儒者的正心是爲尋求行爲世界的當爲，佛者的觀心則是爲觀照
實相世界。正如此地其趣向各有不同，怎能一視同仁？雖以心爲一
心，但要肯定微動而分化正邪，正邪的分化產生人，道，王，霸，
善，惡的差距。這種稼亭的心觀，結果不能不進入修養論。他在〈師
說贈田正夫別〉中，特指爲人師表者說：

> 以道而言，有聖人、賢人、愚人之師焉；以位而言，有天子、

---

❼　同上，頁八六～八八，〈廷試策〉。
❼　同上，卷三，頁二四、二五。

諸侯、卿、士、庶人之師焉。其事則德義也、術藝也、句讀也
……其道雖不一，而所以磨礲其事業，變化其氣質者，未嘗不
係其師。⓭

　　他重視修養中外部的矯正或誘導機能。但是與事業不同，修養的
窮極終究與本身之所爲有爲，因此稼亭的修養工夫，結果回歸主敬說。
　　他在〈題勤說後〉中說：

勤則爲君子，惰則爲小人，……然勤有義利之分，鷄鳴孜孜，
舜拓俱有焉，故必以敬爲主。⓮

　　由此看來稼亭的學問，透過性理學的理論體系和實踐方法，集約
於經學中所學的儒教駁雜知識。可知他對應許多層面（政教、理財、
正心、修養等）的問題而立論。他也如同李齊賢只以朱子學爲工具，
決不偏袒於此而受其束縛。反而以此引導儒學（經學）走向正心修
己，經世治用的方面。也就是說，他是重視儒學的通儒。
　　以六經爲本，參究史書，並以諸子潤色的學問之通性，後由益
齋的門人，稼亭的兒子李穡繼承，掀起了高麗以來之儒學與文風的巨
浪。但是到了麗末，遭遇激變，因親進士類的性理學而元氣大傷。
值此新舊交替之際，扮演了繼往開來之關節性角色的人物就是牧隱李
穡⓯。他不但一身鎔冶了麗朝五百年的文風和淵源於中國的學問，吐
露了滿腹的文章，而且將濂洛關閩的性理學傳授於後學。致力打開了

⓭　同上，卷七，頁四九、五〇。記載結論部分如下「惟大人格君心之非，
　一正君而國定矣，大人者蓋師嚴道尊之謂也。」格正如此受重視。
⓮　同上，卷七，題跋，頁五二。
⓯　《牧隱集》附錄，徐居正所述牧隱詩精選序：「蓋先生之文，本之以六
　經，參之以史漢，潤色之以諸子」，在這之前說「吾東方古稱詩書之

新時代的學風。若說麗末鮮初學術思想的交替，卽性理學的展開是從牧隱李穡開始的，也非言過其實。

四、麗末新儒學的展開過程

—— 以三隱（牧隱、圃隱、陶隱）爲中心 ——

1.李穡繼往開來的地位與學說

李穡（1328～96）號牧隱，是麗末二大文豪李齊賢的門人，也是李穀的兒子。他天禀聰慧，異乎凡人，博聞強記，十四歲及成均試狀元。早年就已立身揚名。穡入元朝國子監生員，在中國接受了淵源於該地的學問（性理學），其學問通達中外，當時具有國際水準❼❻。他的學問也同李齊賢與李穀不偏袒於性理學，廣泛吸收經史子集，不但在道德文章，在經綸方面也是自成一家的通儒。

A、經綸——改良主義

（續）國，以文章鳴世者代不乏人，乙支文德鳴於高句麗，薛聰崔致遠鳴於新羅，高麗氏開國，文治大興，金文烈富軾，鄭諫議知常，唱之於前，陳補闕譁，李大諫仁老，李學士奎報，金員外克己，林上金椿，齊名一時。詩道之中興也，益齋李文忠公復起而振之，稼亭李文孝公繼之，先生稼亭之子，益老之門弟，其文章有家法淵源之正……元學士歐陽文忠公嘗一見先生，深加器重，有海外傳鉢之句……。」這見解說明李穡不僅繼承我國文脈，甚至承襲了中國文脈的傳鉢。這似乎與事實無違，《高麗史・列傳》，卷二八，李穡條末尾：「勉進學後，以興起斯文爲己任，學者皆仰慕，掌國文翰數十年。」這表示由他傳授了性理學，並興起了斯文，綜上所述可說他是扮演「繼往開來」的關節性角色的人物。

❼❻ 李穡二十六年時(1354)，應元廷試。當時讀卷官杜秉彝與翰林承旨歐陽玄，見牧隱的對策大爲讚許，此後甚至歐陽玄還誇言本身的學統傳於李穡。

在介紹他的學說之前，先查看他對政教的經綸之一端。他首先重
視國家經濟，根據孟子的「仁政必自經界始」，將井田均地視爲治人
的先務。指出高麗四百年來的豪強強幷土地的末弊。主張改良⑰。

他也重視國防，建議將兵分爲水陸兩面加以訓練，尤其主張文武
並重。

> 文武不可偏廢，文經武緯，天地之道也。……雖當戰鬥之時，
> 不廢講論之道，況當昇平之時，可忘戰守之備乎……立官設
> 職，崇文重武，未嘗舉此而遺彼焉。⑱

接着他建議興學教育，警戒宗教的強橫。

> 孔子之道，大以遠，……蓋國學乃風化之源，人材是政教之
> 本，不有以培之，其本未必固，不有以濬之，其源未必清，古
> 之學者，將以作聖，今之學者，將以干祿……彫章琢句，用心
> 大過，而誠正之功安在。⑲

他主張興學的同時，指出士流的弊病。主張整頓學校教育和科舉
選材的制度。而且痛歎佛教寺院的泛濫和佛徒的遊食，大力堅持撤消
新創寺院的主張。雖未根本排斥佛教，但效法孔子「敬鬼神而遠之」
的態度，主張合理的宗教改良。

---

⑰ 以下的文章是李穡赴元研究性理學時，遇父親喪歸國後，上疏恭愍王的
文章(1352)。《高麗史・列傳》二八，李穡條前段：「臣聞經界之正，
田地之均，治人之先務也……。」如此主張田制改革。

⑱ 同上。

⑲ 同上。

基於上述李穡思想與經綸的一端，須再度考慮以下的評語：

> ……然志節不固，無大建白，學問不純，崇信佛法，爲世所
> 譏。⑧⑩

然而他的思想和經綸，在麗末未獲實效。但他對興學教育的熱情
和對性理學的講述，對於日後朝鮮朝的國學，卽儒學，尤其性理學的
發展大有貢獻。

他身爲判開城府事，兼任成均大司成。擴大的成均館的規模，學
生名額也大有增加。選聘善於經術的儒者金九容、鄭夢周、朴尙衷、
朴宜中、李崇仁等爲教授。在他設定學規，每日坐明倫堂分經授業，
課後使之討論問題而忘卻疲勞後，學者逐漸增多，彼此觀感。使程朱
性理大爲盛行⑧①。又按儒教禮法建議施行父母的三年喪⑧②。

B、文學觀──尙質主義

現在主要以記載於《牧隱文稿》一至十卷中的記、說、序等經
學，尤其以有關性理學的文章爲根據，探討李穡的學說。

李穡是繼承益齋與稼亭之淵源的大文豪。但是他堅守「文以載
道」⑧③的精神，崇尙明經與質樸。他在〈贈金敬叔秘書詩序〉中說：

> 東方敎化之源，蓋發於箕子之受封，而敎條簡易，無繁文末節

---

⑧⑩　同上，末尾之評語。
⑧①　同上，「穡兼成均大司成，增置生員，擇經術之士，金九容，鄭夢周，
　　樸尙衷，朴宜中，李崇仁，皆以他官兼教官，先是館生不過數十，穡更
　　定學式，每日坐明倫堂，分經授業，講畢相與論難忘倦，於是學者坌
　　集，相與觀感，程朱性理之學始興……。」
⑧②　《高麗史節要》，卷二五，參閱恭愍六年十月條。有關三年喪的論說，
　　《牧隱文稿》，卷七，〈贈金判事詩後序〉中較有詳細的記載。

之侈。後世因之，至於今，樸略之風猶在也。三國姑置，我太祖立國以來，光廟設科取士，文學之盛，見稱中國。然其成書，未之多見，此敬叔之所以發憤而爲之。……近世，獨快軒文正公，爲著傑然，其門人雞林崔拙翁又其次也。蒐輯之富稱快軒，簡擇之精稱拙翁，然未能盛行於世。……此皆文章甫，傳不傳非所患也。周官六翼，在位者之座右銘也，如其不傳，至治之澤不降矣，其關於世道豈不重哉。❽

又在〈韓氏四子名字說〉中說道：

語云：文勝質則史，質勝文則野，質者文之本也，文勝久矣，愷悌之美，忠信之篤，泯而不彰，雖有美質淪胥，而莫能自拔於流俗，文之弊極矣……故救之之術，雖若偏焉，莫如重質。❽

通過文以載道的精神，解除文弊，尚質的意圖，自然使他把經學和性理學看做是學問的正道。隨之他的文章也必含有六經與四書的義理，可說極少彫章琢句的痕跡。

C、性理學的道學觀

在中國學術思想史上，韓愈的〈原道〉聞世後，正式提起了「道統」的問題。先秦時代曾使用「顯學」一詞，漢代則以「獨尊」一詞，建立了家學師傳的門戶，具有排外的性質。到了唐代，佛教，尤其禪宗重視祖傳和南北禪的系統化後，當時的儒者也在制定儒教道統

---

❽ 文以載道就是將文藝視爲道的傳達工具。周敦頤的《通書‧文辭篇》有代表性的一段文字，「文所以載道也，輪轅飾而人弗從，徒飾也，況虛車乎，文辭藝也。道德實也。」

❽ 《牧隱文稿》（大東文化研究院本，以下同），卷九，序，頁八六六、八六七。

❽ 同上，卷十，頁八七一。

系譜的意圖之下，建立了所謂堯舜禹湯文武周孔……的道統。

這種儒家的道統觀斷定儒家爲中國學術文化的主流或正統，並將道、佛異端視之。時至宋代，傳到唐代的道統加以延長，性理學派中也有了講究道統的門戶之爭，當時尤其着重程朱學，變成了所謂的「道學」。

性理學的道統觀使人們認爲唯儒教才是天地正道，是有益於人間的實學。佛、道就是邪道異端，人間的虛妄之物。因此若不廢棄正道無法盛行於人間。隨之而來的就是這種武斷。程朱學傳入高麗後，六、七十年間，經學和文章在較自由的環境中滋長，（並非全無批判）佛教也未受到來自儒教的正面沖擊，那是因爲性理學雖有官學的性質，但尚未以強力的道統觀武裝自身。

後來李穡時代，漸漸有了性理學的道統觀。李穡在《選粹集·序》中，發揚了儒教精神，對黜斥佛道的性理性學給予高度的評價。

> 孔子祖述堯舜，憲章文武，刪詩書，定禮樂，出政治，正性情，以一風俗，以立萬世太平之本。所謂生民以來未有盛於夫子者，詎不信然。中灰於秦，僅出孔壁，詩書道缺，泯泯棼棼。至於唐韓愈氏，獨知尊孔氏文章。遂蹷然於原道一篇，足以見其得其失矣。宋之世宗韓氏學古文者，歐公數人而已。至於講明鄒魯之學，黜二代，詔萬世，周程之功也。宋社旣屋，其說北流，魯齋許先生用其學，相世祖，中統至元之治，胥此焉出。❻

正如此地闡明原始儒學，驅逐異端，對引導正道政治的性理學功

---

❻ 同上，卷九，頁八六五，「至於講明鄒魯之學，黜二氏詔萬世，周程之功也，宋社旣屋，其說北流，魯齋許先生，用其學，相世祖，中統至元之治，胥此焉出。」

勞，大爲讚揚。在〈淸香亭記〉中又說：

> 當宋文明之世……推明聖經大極之旨，以紹孔孟之統……。 **⑰**

　　他隱然間用了道統一詞，再看〈贈金敬叔秘書詩序〉末尾之詩中
「太山北斗韓吏部，力排異端仍補苴」，「程朱道學配天地，直揭日
月行徐徐」等句，可知他將性理學規定爲道學。至於與天地配偶，喩
爲日月，不僅表示麗末性理學漸漸成爲道學，居身傳統經學與文章學
之上之外，而且還顯示它強力排斥佛、道之後，成爲一個新的理念與
價值。下面是他的性理學理論的一端。

　　D、天、人、物一體觀

　　李穡常引用董仲舒的「道之大原出於天」**⑱**，這證明李穡堅信人
倫事物之道依據天道。他基於此一思想，展開了將天、人、物的關係
視爲一體的理論。他說：

> 天地之判也。輕淸者在上，而人物之生，禀是氣以全者爲聖爲
> 賢，其於治道也馨香，而感於神明。浩然之氣，其天地之初
> 乎，天地以之位，其萬物之原乎，萬物以之育，惟其合是氣以
> 爲體，是以發是氣以爲用，是氣也無畔岸，無罅漏，厚薄淸濁
> 夷夏之別，名之曰浩然。天地也，萬物也，同一體也，人之一
> 身而天地萬物備，修其身先持其志，持其志氣斯可養，馴至於
> 不息不已之地，則所謂眇然之身，上下與天地同流，已不與草木

---

⑰　同上，卷五，頁八二九。

⑱　這段見於《前漢書》，卷五十六，〈董仲舒傳〉，「道之大原出於天，
天不變道亦不變。」

禽獸同腐於須臾之頃。而垂光於千百載之下，其所以不與草木
禽獸同腐於須臾之頃，而垂光於千百載之下者，卽浩然之氣。⑧⑨

　　這就是李穡的天、人、物一體觀的概略。他以董仲舒等的漢代氣
論爲基礎，思想了天地人物的生成。說明了按清濁的人物差異，按養
氣全篇的君子與小人的差別。但最後他所到達的一點就是氣論者的歸
結，卽物我一體，物我同胞觀⑨⓪，尤其走向孟子的浩然之氣，與天地
同流的境地。

　　李穡的氣論中，實體的概念和本質的概念並存，所以有較強的生
機存在的意味。因而他重視浩然之氣。在〈浩然說贈鄭甫州別〉一文
中說：

　　　　浩然之氣，其天地之初乎。天地以之位，其萬物之道乎。萬物
　　　　以之育，惟其合是氣以爲軀，是以發是氣以爲用。是氣也，無
　　　　畔岸，無罅漏，無厚薄，清濁夷夏之別，名之曰浩然。⑨①

　　他又在生機的層面和精神的層面，將氣視爲重要的。雖可說他是
採取唯氣論之立場的學者，但他並不偏袒、狹隘，還提示出若干理
論。特別是對於心論的比重很大，似乎不可視之爲一般的氣論者。

　　E、理、氣、心一統觀

　　李穡留學中國時，研究了有淵源的學問。換言之，他所學的性理

---

⑧⑨　《牧隱文稿》，卷九，頁八二九，〈清香亭記〉，卷六，頁八三七，
　　〈平心堂記〉，卷十，頁八七六，〈浩然說贈鄭甫州別〉等。
⑨⓪　同上，卷十，頁八七八，孟儀說：「夫天地萬物之父母也，聖若賢，愚
　　若不肖，皆同胞也……。」這證明同孟子，大受張橫渠的影響。
⑨①　同上，卷十。

學是正統的。所以他對性理學的一大特徵所以然的探索，似乎未等閑
視之。他在〈負喧堂記〉中說:

> 夫至道無形，因物可見，而物與我又非二也，雪則寒，日則
> 暄；氣舒寒氣縮，非獨吾身也，天地之道也。而其至理存乎其
> 間，心焉而已矣。心之微雖曰方寸，至道之所在也。❷

他把理、氣、心看做是一貫的，結果到達心中蘊藏理與氣的一統
觀。

當然上述的「理」，不是具有實體概念的理，而是與天地之道，
卽運行法則或存在原理屬於同一個範疇的。下文中也不無從實體的層
面考察「理」的例子。〈葵軒記〉中說:

> （以背誦所聞為前提）夫理無形也，寓於物，物之象也，理之
> 著也……。❸

在〈直說三篇〉中就直說「天則理也。」
但是李穡的「理」，似乎主要指天理、物理、事理、倫理的理。
〈萱庭記〉中說:

> 天地氣也，人與物受是氣以生。……外若紛揉而內實秩然，粲
> 然倫理……士君子少也讀書而格物則天下之事理致其明。壯也
> 事君而理物，則天下之事理，歸於平等。蕩蕩也何累於吾氣，
> 愉愉也何傷於吾心。怡然理順，渙然冰釋，夫豈有一毫之齟齬

---

❷　同上，卷六，頁八三七，「夫至道無形，因物可見，而物與我，又非二
　　物也。」
❸　同上，卷三，頁八一三。

於其間哉。❹

由此看來，李穡的理並非着重實體的理，而是有包含在氣中，不使氣的流行失常的意味，卽所謂所屬於氣的理。因此李穡說「天地本一氣也」❺，隱然表示氣乃實體。談論氣的流行和氣的浩然後，而大開了氣論者所直覺的大心哲學的境地❻。一般而言，理論者是分析的、規格的、二元論的。氣論者則是直觀的、融合的、一元論的。李穡積極教授性理學，但對佛道弊端的攻擊沒有採取積極的態度，那是因爲性理學未傾向於主理論，也是因爲他爲人圓融光大。

F、易、庸、學一途觀

在思想和精神方面，李穡以《論語》、《孟子》爲根本，但在學說方面，論述性理學時，也多論究《周易》、《太極圖說》、《中庸》。有時也提及《大學》，但不多。

（甲）有關易的學說——義理之易　李穡自幼愛好易，是一個眾所共認的易學大家。〈朴子虛貞齋記〉中說：「旣冠之年，會先君同年宇文子貞先生以學官願從先生受易先生曰易非少年所可學吾且訓汝句讀旣踰時進〈易義〉一篇，先生欣然曰：義理其殆庶幾矣。」❼可說李穡的易學是專門的。只可惜其〈易義〉一篇失傳，只能品嚐文章記述中的論《易》片段。

他的易學似乎多受伊川易❽的影響，一直重視天地永遠的生成，

---

❹　同上，卷二，頁八〇八。
❺　同上，卷三，頁八一四，〈菊澗記〉。
❻　同上，卷十，頁八七〇，〈直說三篇〉中段：「心之用大矣，經緯天地而有餘力，無絲毫之或漏於其外也，是天地亦不能包其量矣……。」這說明李穡的大心哲學之一端。
❼　同上，卷四，頁八二一、八二二。「易，家學也……學易而未卒」。
❽　《牧隱詩稿》，卷一五，〈憶鄭散騎〉，三首詩句中有「老來易學慕伊川，羲更仍將繼邵傳」。而且又在〈六友堂記〉（《牧隱文稿》，卷三，頁八一七）說「康節之學深於數者也……」，由此看來邵子易也曾有過深入的研究。

喜好陽剛的氣運，隱然間置乾於坤之上，置陰於陽之下，欣賞着生機
勃勃的大天氣象。而且他有時談到易的陰陽變化時，與周濂溪的《太
極圖說》相提並論。

他說：

乾坤其易之門邪，故乾坤毀則无以見易。

如此引《周易·繫辭》的話，設定宇宙的結構，視易爲行於其中
的，說其運行毫無偏差地持續永久。這就是他重視「天下之動，貞夫
一」的意圖。乾坤中尤其把乾看做樞紐，讚爲「貞大」，說六十四卦
就是靠貞大的乾坤循環變化的。其持續性謂「善」。

他獨尊天地永恒運行之門——乾坤，及其推動的核——乾。視德
性爲「剛健中正純粹精」——健，並規定乾領先於坤，視爲主動的。
他說：

吾觀鳥獸草木，各一太極也。動物之得乎陽者爲雄，植物之得
乎陽者爲英。蓋雄然後雌有以承之，英然後實有以繼之，保合
太和，歸於眞，固生生之理不窮矣，此則吾說也。

具有無窮的生生之理及其要核剛健之德的乾，即陽的性質，他在
道德的層次上用它來比喻君子之德。特別表明〈乾卦·大象〉中的一句
話「天行健，君子以自強不息」，說陽是君子，陰是小人，又說「易
六十四卦，莫不崇陽而抑陰」視爲聖人之道，流傳於世的大訓。

又表示〈復卦·象〉中所說的「復其見天地之心」，說明天地之
人就是人之心。仁之心就是仁。因此他說《論語》或《易》都在促使

求仁的努力❾❾。堅信董仲舒所說「道之大原出於天」的李穡將易中一貫暗示的永遠的運行，以陰陽和合生生無窮的（流於感情的）萬有世界以及推動天地的陽剛之氣設定爲人間世和人的價值目標，是理所當然的事情，而且義理之易的大義也符合於此，所以李穡的易學雖是單片的，但已得其大體。

　　（乙）有關中庸的學說　人與物都是天地所生。生有其所由生。因此天與人物有能生與所生之分，雖分化而成，但其中常有上下之授受關係，與所謂「命」。由天命稟賦予人物者就是性。

　　凡在生氣之處有性命，故說天命之謂性，率性之謂道，修道之
　　謂敎。❿

但是他探索了化生萬物以前的天，即寂然不動的境地，在此將無極而太極放在《易》的寂然不動之寂，《詩經》的無聲無臭的無，《禮記》中感於物而動以前的靜的位置。他說：

　　詩曰：上天之載，無聲無臭，其無極之所在乎。故周子作太極
　　圖亦曰：無極而太極。蓋所以太極之一無極耳，在天則渾然而
　　已，發風動雷之前也；在人則宰然而已，應事接物之前也，發
　　風動雷而渾然者無小變則應事接物而宰然者，當如何哉。譬之
　　鏡，姸媸在乎物，而鏡則無曷嘗以照物之故，爲物所汙哉。是

────────────
❾❾　以上列舉的文獻是編譯《牧隱文稿》，卷二，頁八一一、八一二，〈陽
　　軒記〉，卷三，頁八一六，〈養眞齋記〉，卷四，頁八二一，〈陶隱齋
　　記〉，同頁八二一〈朴子虛貞齋記〉，卷十，頁八七二、八七六，〈子
　　復說〉。同頁八七八，〈孟陽說〉，同頁九七八，〈純仲說〉，同頁八
　　七九，〈仲英說〉等中之有關易之文節的。
❿　同上，卷五，頁八三〇，〈樗亭記〉與卷六，頁八三七，〈負暄堂記〉。

知人之生，飢眞矣。惟大人者不失之。故能爲大人耳。❿

思考了所謂眞實無妄的境地。在這個境地中，主張同受天命的人性和物性是同一的——人物性同一，他說：

蒼蒼者天也，而不知民彜物則之出。於此而全體是天也，於是乃曰天則。理也，然後人始知人事之無非天矣。夫性也，在人物指人物而名之曰人也、物也。是跡也，求其所以然而辯之，則在人者性也，在物者亦性也。同一性也，則同一天也。⓬

但是同一性在後天各自變異，出現人物的差異和人與人的差別，隨之墮落，正如《易》中所說「復其見天地之心」，需要本性卽尋回明德的努力。而且儒家說不可違背行爲世界。因此尋回本然之性之後，要把本性發爲用，以便適應行爲世界的所有變化。在此，回歸本性之道就是盡性工夫，尋找本性的場合是中，適變而應者和。

現着眼於此考察《中庸》說如下：

大極寂之本也，一動一靜而萬物化醇焉；人心寂之次也，一感一應而萬善流行焉。是以《大學》綱領在於靜定非寂之謂乎，《中庸》樞紐在於戒懼非寂之謂乎。戒懼敬也，靜定亦敬者，主一無適而已矣。主一有所守也，無適無所移也。⓭

這是一般性理學所說的主敬工夫。在《中庸》較爲具體的指稱爲

---

❿　同上，卷三，頁八一六，〈養眞齋記〉。
⓬　同上，卷一，頁八七〇，〈直說三篇〉，前段語。
⓭　同上，卷六，頁八四二，〈寂庵記〉。

戒懼，愼獨。在道的觀點上稱爲誠之，卽盡性。

　　主敬工夫帶來主一無適。戒愼工夫也找出致中和的位置。就是中庸所指天地位焉。這時就可化育萬物。天地之道如此，人間之道亦復如此。所以若不先立中庸，不能達成中和，其一貫的努力只有誠[104]。李穡說：

> 孝於家，忠於國，將何以爲之本乎？予曰：大哉問乎，中焉而已矣。善事父母，其名曰孝。移之於君，其名曰忠。名雖殊而理則一。理之一卽所謂中也。何也？夫人之生也，具健順五常之德，所謂性也曷嘗有忠與孝哉？寂然不動，鑑空衡平性之體也，其名曰中。感而遂通，雲行水流性之用也，其名曰和。中之體立，則天地位；和之用行，則萬物育。聖人忝賛之。妙德性，尊人倫，敍天秩，絜然明白，曰忠，曰孝，曰中，曰和，夫豈異致哉。[105]

　　在人倫大本孝悌忠信的層面解釋中和後，李穡做了如下的結論：

> 事君事親，行己應物，中和而已。欲致中和，自戒愼始。戒懼焉何，存天理也；愼獨焉何，遏人欲也。存天理，遏人欲，皆至其極，聖學斯畢矣。[106]

　　高麗儒者早在崔冲時代，就已重視《中庸》。現在這種傳統，透過李穡的努力，在程朱學的影響之下，固定爲聖學實踐的要方。理論

---

[104]　同上，卷一〇，頁八七三，可明說「將欲踐之，必自三達德，必自一，一者何，誠而已矣！誠之道，在天地則洋洋乎鬼神之德也。在聖人則優優大哉峻極於天者也。天之體本於大極散於萬物。脈絡整齊，其明大矣。」

[105]　卷一〇，頁八七七，〈伯中說贈李狀元別〉。

[106]　同上。

也漸漸成熟。總而言之，似乎要說李穡的學問回歸於《中庸》。

2.鄭夢周的性理學和節義精神

鄭夢周（1337～92）號圃隱，延日人，云瓘的兒子。《高麗史・列傳》中又說他是知奏事襲明之後孫。文中有其母胎夢的記述，而無有關其文的記載。想必自幼家勢十分孤單。這似乎也是他小時不得不獨學的原因。

他入寺廟獨學四書，二十三歲時（1360）三再登文科狀元，高揚文名。由此可知，他天稟聰明，讀書精深，思辨絕倫。三十歲時（1367），成為禮曹正郎兼成均博士，在國學教授性理學，三十五歲（1372）任書狀官之職，赴明後成親明士類的領導人。

這時的國際情勢處於元衰明興的交替期。高麗也出現末世現象，帶來國內政策和外交政策上的變化，是一個百家爭鳴的時代。鄭夢周三十九歲做大司成領導了新進士類，彈劾親元派李仁任反遭彥陽流配之禍。

反抗排明親元勢力的鄭氏，於四十七歲（1384）那年以聖節使赴明，打開與明朝的外交門戶，扭轉了高麗政局的方向。

他的親明路線在政治、學術、文化方面，引起了很大的變化。在政治方面，則擺脫了與中國地方勢力的主從關係，在學術上，則舉起獨尊程朱學的旗幟，在文化上，脫離佛教中心的風俗，標榜了以儒教為主的朱子學，朱子家禮大明律等，引起生活習慣的一大改革[107]。

他是在學行兩面，領導新進士類，使高麗內部煥然一新的代表性人物。但是他也是堅信奉行儒教行為綱領即忠孝，不否認高麗國體本身的，具保守一面的骨儒。因此和圖謀極端改革——易姓革命的李成

---

[107]　《高麗史・列傳》，卷三〇，參閱鄭夢周條。

桂一派對抗而遭殺害。 始終支撐高麗社稷的兩大支柱， 在文是鄭夢周，在武是崔瑩(1316～88)。他被斬首示眾，沒收家產，所以有關鄭氏學問的文獻也被燬失傳，只留下詩文三百餘首和燬餘之片文。在學問與節義方面，爲世人推崇爲宗師，但在探求其學說時，資料過於貧乏，實爲一大憾事。

現在要透過間接資料和詩文中可窺見其學術思想的直接資料，推測所謂「東方理學之祖」的學說與思想。其內容大致如下：

A、自得之學——精深博大

首先考查當時與他親近的人物的傳言。李穡說：

　夢周論理，橫說豎說，無非當理，推爲東方理學之祖。⑩

說明其人獨步的學術地位，又說：

　烏川鄭達可續道緖於濂洛之源，引諸生於詩書之囿。⑩

是他使性理學的道統傳於高麗，又廣召士類進入該領域而傳道，一般人所說的東方理學之祖，並非後世人的設立，而是當代所共認的事實。

但是在他的性理學學說被公認爲獨步的過程中，由於是他獨學自得的理論，而多收眾人的疑難。鄭道傳的〈圃隱奏使稿序〉中記載：

　一日驪江閔子復謂道傳曰：吾見鄭先生達可曰詞章末藝耳，有
　　所謂身心之學，其說具大學、中庸二書。今與李順卿携二書，

---

⑩　同上。
⑩　《牧隱文稿》，卷五，頁八三二，〈圃隱齋記〉。

往於三角山僧舍講究之，子知之乎。余既聞之，求二書以讀，
雖未有得，頗自喜。屬國家設賓興科。先生來自三角山，連冠
三場，名聲籍籍。⑩

由此可知，鄭夢周初期學問的傾向。他未致力於詞章之學，而
傾全力於心性之學四書（尤其《大學》、《中庸》），說那是他獨居
山寺，窮究自得之學。他曾以自身所學壓倒諸生，三再狀元，事實證
明自得之學決不脫離正說。

接着又說：

> 牧隱先生以宰相領成均，倡性理之說，斥浮華之習，舉先生講
> 論經學。先生於大學之提綱，中庸之會極，得明道傳道之旨於
> 論孟之精微，得操存涵養之要，體驗充廣之方。至於易知先
> 天後天，相爲體用，於書知精一執中，爲帝王傳授心法。詩則
> 本於民彝物則之訓；春秋則辨其道誼功利之分。吾東方五百年
> 臻斯理者，幾何人哉？諸生各執其業，人人異說隨問，講析分
> 毫不差。牧隱先生喜而稱之曰：達可豪爽卓越，橫說豎說無非
> 適當。⑪

這說明鄭夢周學問之大體範圍及深度。可知鄭夢周除對四書之
外，對《易》、《詩》、《春秋》也有很深的造詣。

鄭夢周之如上的正式且具規格的學問，在任職朝廷，治理國家，
尤其是往來中日廣增見聞之後，終於光大。鄭道傳說：

---

⑩　《圃隱文集》，卷三，（大東文化研究院本以下同），頁三五三、三五四。
⑪　同上。

道傳聞牧隱先生之稱譽，間往聽之，不意孤陋所得，往往默契
焉……先生之學，日以長進，詩亦隨之。當其少時，志氣方
銳，直視無前，故其言肆以達，更踐飫久，收歛有加……其言
和易平淡，無怨悱過甚之辭……明白正大，無局迫沮挫之氣。
皇明有天下，四海同文，先生三奉使至京師，蓋其所見益廣，
所造益深，而所發益以高遠。⑫

　　這說明鄭夢周的學問不但內含精深，而且在俯視天下，料理萬事
的外在內容也極其博大。果然他「夢周處大事，決大疑，不動聲色，
左酬右答，咸適其宜。」⑬ 若不是具備博大精深之學問素養的學者，
怎麼可能如此？
　　B、獨尊理學——名講義與名註釋
　　據李穡與鄭道傳的評述，當時成均館的許多教授當中，鄭夢周的
講義是最引人注目的，因他理論明晢，與之舌戰的人物，無不心服口
服者。可知其人精通學理。對於談論所當爲的經傳與王書，他必曾深
究其所以然。並進行了有條理的解釋。或許在韓國儒學者當中，他是
最先以自身的學說加註的人。換言之，他做了深入而精確的學問。這
一點也可從他的〈吟詩〉中，窺見其一端。

終期高詠又微吟，苦似披沙欲鍊金，其怪作詩成太瘦，只緣佳
句每難尋。⑭

　　這豈只是做詩的態度？在尋求學問眞意的方面，也必如此。

---

⑫　同上。
⑬　《高麗史·列傳》，卷三，參閱鄭夢周條。
⑭　《圃隱文集》，卷一，詩，頁二四〇。

佛教有句話說「依法不依人」⑮。眞理並非只靠別人可得，也可自通而得，這句話正說明了這一點。這是說要靠眞理本身，不要爲他人的學說所左右。鄭夢周之學是自得的，也就是「依法不依人」的道理。

據曹好益的〈圃隱先生集重刊跋〉，

> 朱子《四書集註》行於東方，無有知其義者，獨先生剖析精微爲之訓解，及雲峯胡氏《四書通》至所論，皆合時人，始服先生之深於道學矣。⑯

原來，胡炳文的《四書通》是爲了糾正饒魯的《四書標注》不符朱子說之處，並表明尚未發明且未盡的內容而寫的。因而可說是朱子學的正說。若鄭夢周的說法與此相符，他不就是正確掌握傳授朱子學了嗎？李穡所推仰的「東方理學之祖」，就表示唯鄭夢周才是精通朱子學的韓國最早的權威。

如今，鄭夢周的《四書訓解》失傳已久，無法得知眞確。然而若胡氏之說是可靠的，我們可透過胡說，略知其人。

胡說之要義如下：

> 執中二字，堯言之，時中二字，夫子言之。道不合乎中，異端之道。（《孟子》註）
>
> 中之一字，聖聖相傳之道，莫加於此也。（《中庸》）
>
> 聖人一動一靜，莫非適乎時中。（《論語》註）⑰

---

⑮　佛教術語，法四依之一，同「依義不依語」。
⑯　《圃隱文集》，重刊跋，頁二九八。
⑰　胡炳文，《四書通》要旨。

正如此地，用「中」一字，說穿了儒教的眞意。如上述李穡的學問，歸結《中庸》，而高麗儒學者也早已沉醉於《中庸》，所以鄭夢周的學問可能也是根植於《中庸》的。而且將《中庸》視爲未發工夫，並將《大學》視爲已發工夫，也正是鄭夢周的一大特點（《大學》皆是已發工夫見《大學圖說》）⑱。

C、詩文反映的學問思想

盧守愼在〈圃隱先生集序〉中說：

> 有詩三百二篇行於世，臣今味之，豪逸雅健雄深和厚多本性情
> 該物理，往往有若自發於心，得而無假於外求者。⑲

古川一鄉士也曾說：

> 惜乎喪亂之餘，所著詩文遺失殆盡，使來學不得尋其緒論，其
> 幸存一卷集中所錄讀易觀魚冬至浩然等篇，皆性理之作也。自
> 古聖賢之傳道，亦不在多。數篇之中亦足以見先生之學也。⑳

試吟〈味上記〉評論數篇如下：

湖中觀魚　其一、其二
潛在深淵或躍如，子思何取著於書，但將眼孔分明見，物物眞
成潑潑魚。

---

⑱　《圃隱文集》續錄，卷一，〈大學義〉。
⑲　《圃隱文集》，序，頁二一六。
⑳　同上，卷四，附錄，頁二九三、二九四。筆者又附加〈冬夜讀春秋篇〉。

魚應非我我非魚，物理參差本不齊。一卷莊生濠上論，至今千
載使人迷。⓬

前句按 《中庸》的「鳶飛戾天， 魚躍於淵， 言其上下察也」。
實際上，在天地萬物的活潑中，體驗而透露的，實超越語言的妙得之
句。 後句是談有關莊子在濠上， 與惠施爭論認識問題的。 在此鄭夢
周多採取經驗主義的認識論。這也可說是受到了朱子學派認識論的影
響。

浩然卷子
皇天降生民，厥氣大且剛。夫人自不察，乃寓於尋常。養之固
有道，浩然誰敢當。恭承孟氏訓，勿助與勿忘。千古同此心，
鳶魚妙洋洋。斯言知者少，爲子著此章。⓬

這是針對孟子的「浩然之氣」和「萬物皆備於我，反身而誠樂莫
大焉」而談論的文章。浩然之氣本是人所稟受的。天地生物的面貌也
全是浩然之氣的表現。但是人們不知這個道理封閉於一己的窮狹，而
失去大而剛的氣。我們修養就在於尋回至大至剛的氣，充塞於天地，
就是要聽從孟子的「心不忘，勿助長」的教訓。

冬至吟　其一、其二
乾道未嘗息，坤爻純是陰。一陽初動處，可以見天心。
造化無偏氣，聖人猶抑陰。一陽初動處，所以驗吾心。⓬

⓬　同上，卷一，詩，頁二三六。
⓬　同上，卷二，頁二五〇。
⓬　同上，卷二，頁二五六。

前句說明在天道循環中是永遠的，萬物運行生生不息。後句說明聖人之所以提高陽、抑壓陰，是爲了使人避邪歸正，即說明天道與人道的差別。

> 讀易寄子安大臨兩先生有感世道故云，其一、其二
> 紛紛邪說誤生靈，首唱何人爲喚醒。聞道君家梅欲動，相從更讀洗心經。
> 固識此心虛且靈，洗來更覺已全醒。細看艮卦六畫耳，勝讀華嚴一部經。⑫

這斷定佛是異端邪說，若要掃除，就要讀《周易》，知道自己心中的虛靈。所謂梅花欲動意味多去春來，藉此比喻佛教時代已過，儒教時代將來，尤其艮卦六爻所暗示的就是要比龐大的《華嚴經》教義強。那是因爲艮卦義內包《周易》的深義。在此，可知鄭夢周的周易觀，就是說我們在理論上或人格上戰勝佛教時，《周易》的研究和實行是絕對必要的。

讀易　其一、其二

石鼎湯所沸，風爐火發紅。坎離天地用，即此意無窮。

---

⑫　同上，在此所謂洗心經指《周易》。《周易・繫辭》中有「六爻之義易以貢，聖人以此洗心」《二程語錄》中也有「看一部《華嚴經》，不如看一〈艮卦〉。」爲何對〈艮卦〉給予如此高的評價。看《周易・艮卦》的文字「象曰　艮止也。時止則止，時行則行，動靜不失其時，其道先明。止止其所也。象曰　艮其趾未失正也。艮其輔以中正也。」因爲在說明動靜以時，行不失其正。
宋《四子抄釋・二程子抄釋》，卷七，世界書局本，頁一七八，「周茂叔謂一部《法華經》，只消一箇〈艮卦〉可了」釋，〈艮卦〉尤廣而切，法華本旨亦異。

以我方村包乾坤，優遊三十六宮春，眼前認取書前易，回首包
義跡已陳。⑫

　　前句以風爐沸湯之情景說明了源於水性下降，火性上升的天地間
的物理。後句則基於自己的能知之心運御天地萬物的實際體驗，說明
了《周易》卦爻之象、言，只不過是一種工具，不拘限於語言文字，
直接接觸它所指的當體，才可說是達到學的窮極。這就是將學問的究
竟置於體得的至論。

　　　冬夜讀春秋

　　　仲尼筆削義精微，雪夜青燈細玩時，早抱吾身進中國，傍人不
　　　識謂居夷。⑫

　　這是爲孔子明辨歷史是非的春秋筆法所感動而自覺儒者大任時寫
的。猶如見鄭夢周的凜凜大義精神。

　　通過上述之幾篇詩文，可說鄭氏的學問已超越語言文字，進入體
得的境地。因此他的學問精粹，其表現多具象徵性，以此推斷，他的
許多理論還可能沒有文字化。

D、性理學的政治理念化與排佛

　　高麗的國教雖是佛教，但現實政治則根據儒學。不過它也不過是
在崔承老主張的「三教各有所業」⑫的範圍內進行的。而人們的宗教
信仰或生活風俗在於佛教或蒙古風俗的支配之下，故甚感儒教功能的

----

⑫　同上。
⑫　同上，這首詩註中說明其宗旨，不甚確實。因此私下解釋，只有待考之
　　需而已。
⑫　《高麗史節要》，卷二，成宗元年條，〈崔承老上書〉文中的一段。

界限。

後來性理學傳入後，佛弊的議論漸趨頻繁，在理論的層面，開始加以攻駁，甚至展開了要根除宗教、風俗層面的反抗運動。它的震源是以性理學者為中心的成均館。其司令則當代的新進士類所推崇的鄭夢周。

他斷定性理學是所有意義與價值的標準，否則即異端，並採取了排除異端的堅決態度。在儒教入世間的立場，批判了佛教出世間的一面，想以「道不合乎中，異端之道」的「中」義理為標準，將它驅逐政治社會之外。

他任大司成時，在經筵席上，如此進言：

> 儒者之道，皆日用平常之事，飲食男女人所同也，至理存焉。堯舜之道亦不外此。動靜語默之得，其正即是堯舜之道，初非甚高難行。彼佛氏之教則不然。辭親戚絕男女，獨坐巖穴，草衣木食，觀空寂滅為宗，是豈平常之道？[128]

他分明區別了儒、佛之相異，進而宣布儒教為治平人間，不能不排斥佛教，斥佛就是儒者的責任。在請赦金貂毀佛罪疏中，所說「臣知毀斥佛事乃儒者常」。即是如此，更進一步的句子如下，

> 三綱五常而佛氏皆背之，非貂毀先生成典，乃殿下自毀之也。[129]

王因這毀佛疏不得不赦免被捕的儒者。

---

[128]　《圃隱文集》，續錄卷一，〈經筵啟辭〉。
[129]　《高麗史·世家》，恭讓王三年條，鄭夢周上疏中的一段。

這是斥佛論者的一大勝利，此後，斥佛就更加公開。終於性理學在政治理念上，在信仰風俗以及制度上，取代了過去佛教所占有的地位，這是夢周之劃時代的功勞。

E、千秋師表——節義精神

人在世上可永久存留者有三，就是功、德、學。此稱「三不朽」鄭夢周在這塊土地上播種了性理學，是一不朽。正政制美風俗，是二不朽。行孝盡忠、萬古儀表，是三不朽。然而學、功雖當時大放異彩，但未能延續。他的德還與日月同流，照耀人心，爲行爲的指南。

佛教傳入一百五十年後，由於殉教者異次頓的出現而成爲國教，深植於國人心中。但儒教傳入一千五百年才有了殉道者，他就是鄭夢周。鄭夢周的忠義大節使儒教化爲國教，並在爲人與行爲之大本方面，起了決定性的作用。

當然在鄭夢周以前，儒教倫理的兩大標榜——孝、忠不是沒有起過很大的作用。但只在倫理方面有所表現。未能升華爲強烈的精神或氣節。其實，儒教所追求的價值是比生命還寶貴的，鄭夢周首先表現出它的眞諦。

儒教普遍基礎是倫理，但在遵守綱常時，需要義理——春秋大義。必須具備克服任何誘惑與妨害的精神勇氣，不撓不屈的抵抗力。因此不得不崇尚節義。雖然儒教不是宗教，是現實世間主義，但爲了創造以道德治平的理想世界，也需要不亞於宗教的使命感與殉道觀。自任其務卽所謂「儒者精神」。鄭夢周死守忠節之事，就是儒者精神的標本，永會振作儒夫，使頑人羞愧。爲人類的理想生活，尤其爲儒生之處世之道，提示了極高的標準。他的影響帶來了勝過六經、四書等千言萬語的，強似火山的力量。豈不是一大壯舉？

他說：

論人曰：受人國豈敢二心，吾巳有所處、夫以一身當五百末
運，蹈白刃而不之避，凜然與嚴霜烈日爭光。正所謂託六尺之
孤，寄百里之命，臨大節而不可奪之，君子人也。苟非所養之
熟有素，焉得所守之確如是。

所謂

可以託六尺之孤，可以寄百里之命。臨大節而不可奪也，君子
人與，君子人也。⑬

正是如此，素日若其所養不見成熟，怎能固守志節呢？⑬

　　鄭夢周早年以書狀官職，自中歸國時，在海上遇難，曾徘徊生死
之間十三日⑬。此後，他拋開了對生的固執和對死的恐懼，反倒養成
至大至剛的浩然之氣，心有殺身成義的大節。

　　鄭夢周也就是視死如歸，殺身成義的人物。正如禪語中「大死大
活」，他的死卻給朝鮮朝五百年的儒教帶來了大活的結果。他對儒者
精神上的影響該是空前絕後的。

　　金安國曾說「吾東道學此源淵」，李滉說「淵源節義兩堪宗」⑬，
實在是因有鄭夢周此一扶植綱常的巨大火焰，高麗社稷五百年的末代
得以燦爛光輝，它的照耀使朝鮮儒學五百年不致於誤入迷途。

3. 李崇仁的學統與學說──高麗儒學的末代巨峯

---

⑬　《論語‧泰伯篇》。

⑬　盧宇愼，〈圃隱先生集序〉。

⑬　《圃隱文集》，卷四，年譜，洪武五年壬子 (1372) 條，「以書狀官從
　　知密直司事洪師範赴京……還至海中許山，遭颶風，師範溺死，先生萬
　　死乃生，割艭而食者十三日……。」《高麗史‧列傳》，卷三。鄭夢周
　　條也有同樣的記錄。

⑬　同上，卷三，讚述。

李崇仁爲三隱之一。後世也由吉再（冶隱）取代而稱之隱。但當時他同李穡、鄭夢周，被稱爲三隱之一。見牧隱《圃隱齋記》末尾「將與牧者陶者，成爲伯仲」，可知當時的三隱中有陶隱。

李崇仁（1347～92）號陶隱，星山君李元具之子，也是李穡之門人。在選拔留中應舉之文士時，登狀元。但因其未年滿二十五，而沒去成。據記載，他的學問早熟，在改革學制後，同鄭夢周、金九容、朴尙衷等人成爲學官時，是年紀最小的教授。由此可知，其文名早達❸。

以新進士類的重鎮，走親明排元的政治路線，學問繼李穡之後，善於經學與文章學❸。對當代學術潮流——性理學也深有造詣。對莊子等道家方面，亦頗有心得，但在排佛方面，採取了較爲溫和的態度❸。他尤其善於詩文，在當時北元南明的微妙情勢下，幾乎全由他製述外交文書。其文字感動了明太祖，使之不敢輕視東國人物與文章。

不幸他因誣陷宗親，毀傷大倫，喪中吉服，毀傷風俗，損傷使臣體節等罪狀，遭諫官具成佑等人之彈劾，而流配京山，後由權近伸救，幸得赦免。但是由於諫官不斷的請罰，名氣大損❸。

或許因上述情節，在崇尙忠、孝、節的朝鮮朝，極少爲人提及。

---

❸ 《高麗史・列傳》，卷二八，參閱李宗仁條。李宗仁也在〈贈朴生詩序〉中說:「少年登科一不幸，余不幸之尤者也，年十六濫與計偕（？）自是名載仕版，犇馳未遑，顧其內，枵然若散木，庶梅矣。而猶復爾耳，卒爲小人之歸也，悲夫!」《陶隱文集》，卷四，頁四一三。

❸ 《圃隱文集》，卷二，〈右陶隱〉詩中有「獨擅文章繼牧翁」。

❸ 《陶隱文集》，卷三，詩，頁三九三，有題爲寄三峯隱者之詩:「一自菩提心學傳，多少高士愛逃禪，菁莪豐芑久寂寞，空讀昌黎〈原道〉篇。」在隱然間諷刺儒者的逃禪。同卷四，記，頁四○五，〈衿州安養寺塔重新記〉:「余以佛氏未暇入焉者也，何敢有所言哉，雖然，余爲大史氏，凡有興作必告，職也……。」表示對佛事的文章並非發自內心，在職責上不得已而寫的。

❸ 《高麗史・列傳》，卷二八，李崇仁條篇幅較多，談論此一問題。

在列舉三隱時，也由冶隱取而代之。因當時諫官十分重視官吏的倫常
與道義問題，而致力彈劾，或對倫常與道義的歧見展開爭論等事，在
當時理念與價值觀混沌的年代，不能不是一個劃時期的事件。

　　總之，李崇仁雖具有超羣的才華、深奧的學問和優秀的文章，但
渡過了不幸的一生。實令人遺憾。後來又因與鄭夢周同黨而被殺。然
而論及麗末忠節時，也無人提到他。可見在評價人物時「行」是何等
的重要。

　　A、陶隱的學統與當時的地位

　　正如上述，李崇仁為李穡之門人，是繼益齋、稼亭、牧隱之後的
有系統的大學者。尤其以文章家，可稱當代最傑出的文學儒。鄭道傳
在其詩集序中說：

> 吾東方雖在海外，世慕華風文學之儒前復祠望，在勾高麗曰支
> 文德，在新羅曰崔致遠，入本國曰金侍中，富軾李學士奎報其
> 尤者也。近世大儒有若雞林。益齋李公始以古文之學，倡馬韓
> 山。稼亭李公京山燋隱李公從而和之。今牧隱李先生承家庭之
> 訓，北學中原得師友川源之正，窮性命道德之說，旣東還延引
> 諸生，其見而興起者，烏川鄭公達可，京山李公子安，陽河公
> 大臨，潘陽朴公誠夫，永嘉金公敬之，密陽朴公子虛，永嘉權
> 公可遠，茂松尹公紹宗。雖以予之不肖，亦獲厠於數君之列，
> 子安氏精深明快，度越諸子。⑬

　　李崇仁的學統，屬於文學儒，因之可說繼益齋、稼亭、牧隱之後
的人物。但是在性理學方面來看，文學儒的學統，似乎稍有差異。
〈權近序〉中說：

⑬　《陶隱文集》序，〈鄭道傳序〉中段。

> 星山陶隱李先生，生於高麗之季。天資英邁，學問精博。本之
> 以濂洛性理之說，經史子集，百氏之書，靡不貫穿。所造旣深，
> 所見益高，卓然立乎正大之域。至於浮屠老莊之言，亦莫不研
> 究其是否。敷爲文辭，高古雅潔、卓偉精緻。以至古律駢儷，
> 皆臻其妙，森然有法度。韓山牧隱李公，每加歎賞，曰：此子文
> 章求之中國，世不多得。自有海東文士以來，鮮有其尤者也。⑬⑨

　　對偏祖於性理學的後世人來說，李崇仁的學問可能是博雜而不精
粹的。尤其，才質過人，博學會通的學者，不自拘於一曲。益齋、稼
亭、牧隱正如此。所以在高麗傳統儒學的觀點來看，李崇仁是一身會
通經學、文學、理學的高麗末代文學儒⑭⓪。

　　B、主氣論與復心說

　　由於他繼承李穡的學問，在學說上，也採取與李穡同樣的立場。
在宇宙論上取主氣說。現考察其學說之梗概如下。

　　（甲）主氣的生機本體論

> 夫大化流行，二五之精，絪縕輕輣，人乃生焉。所以生者，卽
> 天地之氣也。故其爲氣也，至大至剛。夫惟至大也，放諸天地
> 而準；至剛也，觸諸金石而貫。其體，本自浩然，第在於甚養
> 之爾。養之得其道，則吾之氣，天地而已矣。彼餒焉而不亥
> 者，養之失其道也。於此有道焉，惟集義乎，集義者，事皆合
> 義之謂也。義吾固有也，不可須臾離也。⑭①

　　這與一般氣論者的主張相同。將氣視爲天氣的當體。又將天地之

---

⑬⑨　同上，〈權近序〉中段。
⑭⓪　以後以性理學者爲主，因此益齋、稼亭、牧隱之文學儒退隱。
⑭①　《陶隱文集》，卷四，序，頁四〇八，〈送李浩然桐合浦幕序〉中段。

運行視爲氣生機的作用，因人與物都稟受氣，若善反卽可具備天地之
氣。這與牧隱的學說大致相同。

他在一首題爲〈題所居觀物齋〉的詩中說：

> 禽中有鳳獸中麟，鳳是嘉祥麟是仁，莫道從來爲異類，分明異
> 竟勝如人。
> 有生元自共吾天，列得相形始判然，取譬一言眞妙訣，聖人端
> 爲後人傳。⑭

由此可知，他也深吟着物我一體，物我同胞，甚至物我平等說。

（乙）對《易・復卦》的創見　上述之主氣的生機本體論，正如
本人所闡明，是根據先生之說的。然而他爲鄭曼碩所寫的〈復齋記〉
中的復卦觀，展開了新的解釋，實引人注目。他說：

> 余嘗讀易之復卦，因以參考先儒之說，以爲復有三，緣陰陽有
> 天地之復焉，緣動靜有聖人之復焉，緣善惡有眾人之復焉。復
> 之爲卦，陽之消極於上，而方息於下者也。孟冬之月，純陰用
> 事，俯仰兩間，品彙歸藏。而一陽復萌，生物之心，盎然呈
> 露，乃天命流行，造化發育，機緘之動，實始於此，所謂復
> 其見天地之心乎，維聖人亦然，其未感物也，此心之鑑空衡平
> 於寂然中者，雖曰神亦莫得而窺也。及夫酬酢之際，如舜之好
> 生，禹之拯溺，文王之視民如傷，是乃聖人，所以心天地之
> 心，而人因其動而見者也。若夫眾人之生，氣稟旣駁矣，物欲
> 又蔽矣，喪其心而不自知者皆是。然其本然之善固在，如陽之

---

⑭　同上，卷三，頁三九五。

未嘗盡而必復也。⑭

這也和孟子的「反身而誠」和張橫渠的「善反之」具有相同的意思。但在〈復卦〉的道理上所論究之內容，可說正確掌握了伊川和朱子的心意⑭。

C、禮敬說學為學之序

禮為人間行為的準則，因此，不知其禮必失去行為的秩序與條理。個人、社會、國家都如此。雖然禮是一切秩序與條理的典型，但很可能有為強者所壟斷或朝利我的方向轉變的不幸，因此強者應以身作則守禮，在運用時，也不得不以敬為依據。

李崇仁重視上述的禮，同時勸人以敬盡禮於君王。他為《禮記陳澔集說》作箋時，如下地展開禮敬說：

經文有曰：道德仁義，非禮不成。教訓正俗，非禮不備。分爭辨訟，非禮不決。君臣上下，父子兄弟，非禮不定。班朝理軍，蒞官行法，非禮嚴威不行。禱祠祭祀，供給鬼神，非禮不誠不莊。大哉言乎，聖人所以為萬世教，可謂盡矣。然則是經，豈可一日離於心目哉。雖然臣又觀毋不敬之字，為一經之冠。此乃堯之敬明，舜之溫泰，禹之祇德，湯之聖敬。曰躋文王之小心翼翼，聖人相傳之心法也。自古以來，社稷之安危，生靈之休戚，君子小人之進退消長，命人心之去就離合，實係乎君心敬與不敬，暫焉之頃矣，伏望云云，潛心聖經，機務之決，一於敬。⑭

---

⑭　同上，卷四，頁四〇五，〈復齋記〉。

⑭　李崇仁在〈復齋記〉末尾：「晦庵先生有詩曰，幾微諒難忽，善端本綿綿，閉關息商旅，絕彼道牽。至哉言乎」，如此表明了自身學說的來源。

⑭　《陶隱文集》，卷五。

李崇仁又促求學生爲學需遵守先後本末之次序，尤其強調必修小學工夫，不許有越等的情形，他在給學生的文章中說：

> 惟古者，有小學焉，有大學焉。人生自八歲而十有五，其所以灑掃應對，以至於格致誠正，修齊治平之地，截然不可紊，故人之爲學也，有本學之成也易，後世學制，未明陵躐等，終無所得焉而巳矣。⑭

人們論及性理學時，只窮究深奧的道理，而多忽略小學。據李崇仁上記文旨判斷，當時正值性理學傳入近百年的時候，似乎有輕視小學的風氣。自省這種弊害，又以警戒後生，可謂儒教教育史上深具意義的文章。

總而言之，牧隱扮演了繼往開來的關節角色。繼承他的學統的陶隱，雖已繼往，但開來不甚明顯。圃隱則是以自得之學興起的人物，繼往的淵源不太分明，但他成爲根植「淵源與節義」的宗師。可說開來之功頗大⑭。

中國學者高士敏所著〈陶隱文集跋〉中說：

> 華夏之遺風，若牧隱李氏，圃隱鄭氏，陶隱李氏，其巨擘而牧隱尤爲先達。⑭

---

⑭　《陶隱文集》，卷四，頁四一二、四一三，〈贈朴生詩序〉。
⑭　《圃隱文集》，續錄卷三，李湜作〈臨皐書院詩〉，「圃翁風烈振吾縣，作廟渠渠壯學宮，寄語藏修諸士子，淵源節義兩堪宗」。這是朝鮮朝性理學者共同的想法。
⑭　〈陶隱文集跋〉，（大東文化研究院本），頁四二三。

這足以證明中國以牧隱、圃隱、陶隱爲三隱。在年齡上，牧隱比圃隱大九歲，比陶隱大二十一歲。因此在文章學問的成就上，應是兩者的先流。這不容置疑的。

尤其牧隱與陶隱結有深厚的師弟之誼，足使人妒忌[149]。在淵源上，牧隱學統傳於陶隱是千眞萬確的。問題在於牧隱與圃隱的關係。當然圃隱爲牧隱的後生，受到牧隱的提拔。而且在學問文章方面也不是沒受到影響，但是牧隱本身評論圃隱、陶隱時，稱圃隱爲「東方理學之祖」，又稱陶隱爲「自有海東文士以來鮮有其比者」。稱一人是理學之最，又稱另一人是文學之最，以此看來，牧隱時似乎已規定其學統的性格。就是說在牧隱之繼往開來的關節上，完全區分了文學之儒和理學之儒。簡言之，陶隱是繼承淵源的正統，圃隱則如「枝外生枝」是獨創另一學統的人物。在此牧隱稱圃隱爲「東方理學之祖」，其中的「祖」包含着很深的意思，就是說認定了他獨立的地位。

---

[149] 《高麗史節要》，卷三四，恭讓王元年九月條，「時尹紹宗，嫉崇仁才高，又忌李穡譽崇仁，而不譽己，讒毀多方」，而且李穡兼大司成，拔擢學官時，李崇仁不過十八、九歲。其人雖才藝超羣，但若不是心愛的子弟，就不可能選用。

第八章 鮮初性理學之發軔

一、新進士類的崇儒斥佛

高麗以佛教爲國教。太祖王建以來，一直是祈求國運昌盛的對象，也以此安撫民心。甚至連國防也寄托於此。雖說已接近末運，但這種傳統沒有輕而易舉的消失。與此相抗衡的新進士類的斥佛，並非容易，反倒付出了嚴重的代價。

新進士類的斥佛標幟有三，第一，佛徒出家有違人倫常道；第二，信奉佛法不得靈驗；第三，佛僧的增多與佛事頻繁，只帶來國家人力財力的浪費。

針對斥佛，新進士類在理論上暴露其虛誕之外，在政治行政上也制裁佛事。尤其爲了使政教的根本，萬民儀表，卽君王的改宗，否認了所謂國師的存在。現在要從新進士類的斥佛運動中，提出值得記取的若干事項，考察當時的情勢。

1.儒學更張

辛禑五年正月，諫官進言主張：

> 玄陵(恭愍王)，崇信經學，養士取人。近年以來，詩賦取士，專尙詞章，經學漸廢。今後，一遵玄陵己酉年科舉之法。❶

---

❶ 《高麗史節要》，卷三一，辛禑五年條。

這項進言被君王採納。同六年五月憲府上疏:

> 歷代先王,皆設書筵,講論理道,涵養氣質,薰陶德性,以爲
> 理國之本。殿下卽位之初,日開書筵,舉國欣懼。近來,全廢
> 講讀,中外臣民,莫不缺望。願殿下,復開書筵,日與老成大
> 臣,講論理國安民之道。❷

這也被嘉納,恭讓王二年正月條記載:

> 置經筵官,以沈德符、李成桂領經筵事,鄭夢周、鄭道傳知經
> 筵事。王欲覽貞觀政要,命夢周講其序。講讀官尹紹宗進曰:
> 殿下, 中興以二帝三王爲法, 唐太宗不足取也。 請讀大學衍
> 義,以闡帝王之理。王然之。❸

這是更張儒學,以性理學教導君王,並使之改宗的活動。如此種
種, 大體上獲得預期的成果。

2.反對迎入國師

恭讓王二年二月條記載:

> 王欲迎曹溪僧粲英爲師,大司憲成石璘、左常侍尹紹宗等,伏
> 閤諫之, 又聯章上疏曰:三代帝王,以論道經邦爕理陰陽者爲
> 師, 故湯師伊尹,伐夏救民,以開六百祀之商。武王師太公,
> 鷹揚誅紂,以開八百祀之周。姚秦以胡僧鳩摩羅什爲師,不旋
> 踵而已。釋氏以臣子而背君父,逃入山林,寂滅爲樂。若師其
> 法,必覓三韓之民,必絕九廟之祀。願殿下,勿以無君父者爲

---

❷ 同上,六年條。
❸ 同上,卷三四,恭讓王二年正月條。

師，尊堯舜孔孟之道，以開三韓大平之業。**④**

以上的進言勉強採納，英粲來到崇仁門外而未得入門。

3.金子粹、金貂、朴礎等之斥佛疏與爭論

儒學的重鎮是成均館，斥佛的前衛也就是成均館儒生。因而斥佛的戰鼓先從成均館響起，當時大司成金子粹上疏說：

> 殿下即位之始，修廣演福寺塔，破民家三四十戶。今又大起浮屠，煩興土木之役。厥今農務方劇，而交州一道斫木輸材，人畜盡悴，曾不小恤。欲以徼未可必得之演福，乃以貽現在生靈之實禍。爲民父母其可若是乎。乞申降明勅以寢其役，以寬民力，或者以爲役遊手之髠徒，無害也。髠徒果枵腹而趨役乎，靡費國用莫甚於此。欽怨於民，亦莫甚於此。**⑤**

這是對政治、經濟、民生問題，間接主張斥佛的較溫和的論調。然而斥佛疏越發激烈，成均博士金貂在其上疏中說：

> 驅出家之輩，還歸本業。破五敎兩宗，補充軍士。中外寺社，分屬所在官司。**⑥**

就是提出了根除佛教的主張，國王看了十分不快。

斥佛氣勢，由於成均生員朴礎等人之上疏與在進行中產生的內部問題，終於使君王大怒，急變爲論罪刑罰的問題。朴礎上疏內容如下：

④　同上，二月條。
⑤　同上，卷三五，恭讓王三年五月條。
⑥　同上，上疏時，徐復禮不署名，金貂鳴鼓而黜之，由此看來，當時儒生有強穩之別，分積極、消極二派，似乎意見不一致。

殿下以英明之資，惑於浮屠讖諱之說，往遷於南。以國君之
尊，親幸檜巖，以倡無父無君之教，以成不忠不孝之俗，以毀
我三綱五常之典，臣等爲殿下中興之美惜也。且誕降之辰，宜
率百官上壽大妃，以示殿下中興孝理之盛德於三韓臣庶也。此
之不爲，反遵胡教，區區於飯僧供佛，以沮臣庶中興至理之望
可乎。❼

　　這是正面指控君王爲悖倫亡國之禍首的言辭，君王怎能忍受？就
大怒欲置他於死地，但未能定其罪名，下問臣下。這時左代言李詹
說：先王之成典爲信佛，是違背成典之罪。而兵曹佐郎鄭擢則說：成
王之成典是三綱五倫，是佛教違背了成典，故斥佛並不構成罪過。這
時壓倒這些相背的主張，鄭夢周提出「信者人君之大寶」，「斥詆佛
氏，儒者之常事」等具有權威的言辭，伸救朴礎，且說明了斥佛疏之
正當性。王也抑壓了殺意，以笞杖處罰。

　　總之，這一連串之斥佛疏與斥佛的氣勢，日趨興盛，如同高麗之
暮色，佛教漸漸喪失了享有五百年之久的國教的權威和肅穆感。而且
在這終場，點出終結符號的是鄭道傳的〈佛氏雜辨〉。在這交替更新
的歧路上，總有如此互相背道而馳的學術與思想的作用。

二、鄭道傳的儒教立國與斥佛理論

　　　　——以〈心氣理〉、〈心問天答〉、〈佛氏雜辨〉爲中心——

　　鄭道傳（1342～98）號三峯，奉化人，刑部尚書云敬之子，是李
穡的門人，權近之師。恭愍王十一年及第文科，歷任成均博士，掌管

---

❼　同上，六月條。

詮選。他以新進士類的健將，極力主張親明排元政策而遭放逐。因其文名極高，於流放之地，教導後進，並致力研究傳授性理學。

李穡主持成均館時，與儒士鄭夢周、李崇仁、朴尚衷、尹紹宗等人交遊。其中尤其與圃隱相親。鄭夢周以聖節史赴明南京時，曾為一書狀官，與他同行。後來升為成均祭酒，大司成。1388年盛化島回軍時，新進勢力執權，這時與李成桂携手，而疏遠其師李穡及先流鄭夢周。日後曾主張極刑處置李穡，又遭鄭夢周的彈劾而投獄醴泉。他深深捲進險惡的政權批鬪之旋渦之中。

鄭夢周被殺後，獲得釋放，率先推戴李成桂為王，而成開國第一功臣，全盤設計了朝鮮建國的所有體制與理念。他是改革、革命、變革的中心人物，建國初期，實際政權操之於他。因此，於1398年8月，被李芳遠（太宗）所謀害❽。

若將朝鮮朝的建國比喩成一齣話劇，著作劇本者是鄭道傳，導演者為李芳遠，主演者為李成桂。換言之，鄭道傳是朝鮮朝的助產者、經始者。由此看來他的確是儒教東傳以來，首次實現儒教立國、儒教治國，設計未來的主要人物。

只遺憾，他由於背叛高麗之變節污名，而受後世之冷落。對其精博之學識、致遠的經綸、剛毅的意志以及果斷實行，未給予很高的評價。其實，在朝鮮五百年當中，很難發現像他那樣一身具備文、武、政、經、法之知識，並實際實現者，實可稱之為李朝第一大經世家。

下面是權近評其學問、事業、文章的言辭：

> 若夫性理之學，經濟之功，闢異端以明吾道之正，仗大義以佐興運之隆，文垂不朽，化洽無窮，眞社稷之重臣，而後學之所

---

❽　參考《高麗史‧列傳》，卷三二，鄭道傳條與《陽村集》，卷一六，〈鄭三峯道傳文集序〉。

宗也。⑨

這雖由其門人所寫而有阿師之味，但若考慮後世過分的貶抑，倒覺得是正當的評價。

他的學問著述領域廣大，分量也不少。近來，學界陸續出刊重新評價其學問的研究論文，而不感直接資料與間接資料的缺乏。也就是說已廣為流傳。因此只簡述其性理學的要點。

1.〈心氣理〉篇之要點——三教以儒會通觀

現存的《三峯集》編次中，卷九有〈佛氏雜辨〉，卷十有〈心氣理〉與〈心問天答〉等兩篇。但是據權近之後序，在上記三篇的著述年代上，〈心氣理〉與〈心問天答〉二篇要比〈佛氏雜辨〉為早。鄭道傳在朝鮮建國一年前，放逐到奉化。在建國之後，歸還承擔新朝廷的安排及國家體制的整頓，太祖三年（1394）五月，撰進《朝鮮經國典》，翌年六月，又撰進《經濟文鑑》。而〈佛氏雜辨〉是在他死前（1398年8月）幾月，傳給門人權近的。卷末備說中有書成之後與幾個學者論辨的記錄。由此看來，是撰寫《經濟文鑑》之後，即刻着手撰述的論文。可能就是在太祖五年（1396）頃寫成的。〈權近序〉中說〈心理氣〉篇的撰寫時期要比它早些，因此可推斷那是他在放逐於奉化的恭讓王三年（1391），與〈心問天答〉一起寫作的⑩。

---

⑨　《陽村集》，卷二三，三峯先生〈眞贊四題〉中之末尾一段。四題原文如下：「溫厚之色，嚴重之容，瞻之如仰高山，即之如坐春風。觀其晬面而盎背者，可以知和順之積中也。」（此言其容貌）「光焰萬丈，氣吐長虹，方其窮而其志不挫，及其達而其德益崇。定其智次浩然而自得者，必有因其集義以充之者也。」（此言其氣象）「好善之篤，處事之通，寬弘若河海之廣，信果若蓍龜之公，則其局量規模之大，又非迂僻固滯者之所可得而同也。」（此言其材器）「若夫性理之學，經濟之功，闢異端以明吾道之正，伏大義以佐興運之隆，文垂不朽，化洽無窮，眞社稷之重臣，而後學之所宗也。」（此言其學問，事業，文章）
⑩　參考《三峯集》卷九，〈佛氏雜辨〉中卷末備說與〈權近序〉。

因此在本文中，不按照現傳的《三峯集》編次，而根據實際著述年次，首次考察〈心氣理〉，〈心問天答〉，然後再考察〈佛氏雜辨〉。

〈心氣理〉篇是採取儒、佛、道三教互相爭論的形式的。爲了在結論中明確表示儒教比佛、道更合理而有益於民生世務，預先具備目的意識，並朝附合之方向誘導出的文章。在爭論的進行中，首先將心假設爲佛教的代表性概念，氣爲道教的概念，理爲儒教的概念。先寫〈心難氣〉與〈氣難心〉二篇，描述佛教和道教互相攻駁的情況，使之呈現兩者的弱點，然後再寫〈理諭心氣〉篇，糾正佛、道二教之非，表明儒教才是補救之正道。其爭論展開如下：

A、〈心難氣〉

這說明佛教的修心法優於道教的養生術。因心離體與物絕緣，無法與體產生作用，主張心的獨立自存和隨緣不變之內容。

對佛教的心說明如下，一切所有相中，唯有心最靈，不依托任何一方，獨立自存。而且在心與一切所有相的關係上，因心其體寂然猶如空虛的明鏡，隨外緣而不變，應變而無窮。

接着將道教的氣規定爲四大（地水火風）之假合成形。眼耳所追求的聲色之欲和其欲望所造成的善惡，成爲心之賊，即害心、擾心的最大因素。修心之前的妄心處於氣之支配下，但是修心之後的心成無念忘情而絕相離體，因此只寂照默惺，這時氣勿論如何想動心或遮蔽心之明覺，也難以如願以償。

B、〈氣難心〉

對於上述之佛教的片面攻擊，道教也不甘示弱。首先斷定氣爲萬物之窮極實體，不依托氣，也無流形於世間者。並反問若無氣，心將如何獨自靈明。這否認心的獨立自存。將心之靈覺視爲氣的一現象，

大力主張心不可離體。

心說騷擾它的是氣， 其實騷擾氣的不就是心嗎？ 如此反問的同時， 規定所有禍根在於心的知覺、思慮、計較及憂慕等， 由於心如此作用， 氣不得寧日。而且針對佛教標榜之修心， 說道教之養氣才是使心進入寂照默惺的狀態的根本， 主張通過養氣工夫， 回歸沖淡純全的道體， 按自然之妙用大順， 則心之知慮也不能破壞自我純一。

C、〈理諭心氣〉

心與氣各將自我規定為獨立自存的， 而不容納對方，因此爭論呈永不交會的平行線狀， 無法獲得一致的意見。對於這種心、氣反目背馳的狀態， 儒教則藉「理」此一上位概念， 加以統攝， 將心與氣的關係， 安排調整為體用相即的關係， 而消除心與氣相憂慮的禍害問題， 使之和解並保障心的虛靈與氣的浩放。要言之， 佛教與道教欲逃避現實行動世界的原因在於其中的衝突與糾葛。儒教則藉「理」， 加以調節， 使所有行為中節， 即可自然消除那種問題， 使心與氣回歸日用事物之中❶。

鄭道傳的此一論調， 雖將儒教放在道、佛之上， 但無壓抑道、佛之意圖。這反而包容道、佛， 暗示也可使兩者不背道而馳， 並建立保合太和之關係。令人意外的是在這篇論文中可以發現與他強力的斥佛形成對比的另一面。

2. ＜心問天答＞篇之要點──人定勝天觀

這篇的內容使我們在各種角度上推測作者的意圖， 其一， 這是作者在流配地所寫的， 可說這是假託自己為心， 君王為天， 為訴苦而寫的文章。其二， 是面對當時高麗人所信之人間吉凶禍福， 壽夭榮辱的

---

❶ 　參考〈心〉、〈氣〉、〈理〉三篇。

掌管者玉皇上帝的存在，通過問答方式，使玉帝本身吐露其功能之界限，並使人類自覺自己的可能性，進而爲弱化過去人們信以爲萬能而全心依托的玉帝的存在而寫的文章。

當然，上述兩推測中，應說後者是對的，但是也不能完全忽視前的推測。因爲鄭道傳處於困窮，回顧自己的命運時，可能懷疑一般人所謂的應報或禍福說。因此也可能發現了不合理的迷信仍然存在的道理。

然而，鄭道傳可能很容易地擺脫掉那種虛妄的道理。那是靠天地人三才各有所能說，卽人回復藉知能與行義可戡天役物的信心，在所處之情況下，不致於沉沒而克服自己，並透過堅決的覺悟改造自己的意志世界。

在鄭道傳的田制改革與斥佛，甚至在滅國建國的進取行爲之背面，有否認旣存秩序狀況，視人爲創造秩序之存在的發展性歷史意識。就是說他有孔孟的仁義，同時也有荀子的人定勝天的信念。

其實，儒教的教化上通用於日常事物之中，對於其他的許多人間不遇與意外的災難，無法給予明確的解疑與安慰。因此，有時愚昧的人因過分相信命運而忽視教化，觸犯罪惡，做此自暴自棄的行爲。所以若要克服這一點，就必須提示出天地功能的界限與玉帝存在的無意義性。並要使他覺悟人類越努力，越可縮小虛妄之迷信的領域。

這比任何理論都重要，實在要讓人們看到人定勝天的事實。高麗時代，由道、佛以及傳統巫術支配了人們的意識。現在建立可能的國家，展開了新理念與新風俗的時代，隨之，意識改革是一優先解決的問題。

基於上述的意義，這一篇所具有的思想比重，決不亞於另外二篇。若〈心氣理〉篇是壓抑道、佛，將儒教放在優位的文章，這一篇則是壓倒信奉玉帝的道教，改造信徒命運依靠巫俗的意識，加強人定

勝天之合理的，並以人爲中心的信心的文章。

3. ＜佛氏雜辨＞──集麗末斥佛論之大成

一般談論鄭道傳的學術思想時，將〈佛氏雜辨〉視爲最重要的。因而〈心氣理〉與〈心問天答〉反倒被埋沒。對這篇論文的研究十分活躍。筆者並非輕視〈佛氏雜辨〉，然而不認爲它是鄭道傳學說的核心。因爲只把它看做是斥佛的檄文，將是大有影響力的文章。但就學說與思想而言，不是那麼有分量的文章。

首先對其內容來看，正如子題目所說明的，這是任何麗末斥佛論者都已加以指責的❷。在19個項目中，除上面九項之外，都是人言亦言，至於較爲新穎的九項，也都是已經在中國受人論駁的。而且佛教本身也是經過那種自我否定的過程，發展爲大乘佛教，尤其發展爲中國佛教的，因此，這在佛教的立場來看，不過是重掘糟粕之墓穴而已。

另外有一個不想將〈佛氏雜辨〉看做鮮初斥佛重核的原因，這雖是 1395～6 年頃撰述的，但廣泛流傳世間的年代則是六十多年後世祖二年（1456）之後的事情❸（世祖時代，佛教再度擡頭時，它的出現或許也曾起了某種作用）。

另一個疑惑是，鄭道傳就像預知自己的死亡，脫稿後，將〈佛氏雜辨〉交給當時的修文殿學士權近，並囑咐不斷的斥佛，而權近按照他的意思，爲〈雜辨〉加註，並舉出三峯的斥佛，極力稱頌他爲繼承孟子思想的人物。那文件爲何埋沒六十年之後，才受到人們的重視。權近於太宗年間被拔擢重用而大有作爲，後來於1409年去世。似乎正因三峯與太宗處於政敵關係而未能欣然公布於世。

---

❷ 摘要金續命、黃瑾、趙仁沃、鄭夢周、成石璘、尹紹宗、金子粹、金貂、朴礎等人斥佛疏中，所共同指出的事項。

❸ 參考《三峯集》，卷九，〈佛氏雜辨〉，尹起畎之跋。

但因這是進入朝鮮朝之後，以性理學的理論，有系統的批判佛教理論的第一篇文章，而且有學術史上的重大意義。而且由於可以此窺見鄭道傳的性理學研究與對佛教的認識，在研究其人其事上，的確是不可缺少的資料。下面考察雜辨中可說較爲理論性的，前半部六項之爭論及其意圖。

A、輪廻與因果之辨

因爲佛教之輪廻說具有變壞義，所以以解脫爲樂。而且這輪廻本身不只是機械性的，而是以根據善惡的前因後果爲必然條件之業報說的姿態出現。是一個促求勸善懲惡的道德功能和所謂無上正覺的宗教證果的反證，因此在佛教漸趨哲學化的（大乘佛教）的過程中，早被人所揚棄的。

然而，在佛教信仰上，若不標榜，就無法深入民眾，所以仍然使之灌輸於信徒的心中，尤其，有關死後世界的問題，一直影響着人們頓弱的心靈。固然如此種種對善化人類也大有作用，不過，從儒教倫理的合理主義層面看來，不能再以那種虛誕的威脅來善化民眾，相信要以道德的自覺力量善化行爲才能經營人本然的生活。這就是揭露佛教的虛誕，並以儒教合理的理論說穿了它的實體。

換言之，爲了使人們從迷信宗教的束縛中逃脫，並引導人們進入更清明的現實生活的領域，才寫了這篇文章。

鄭道傳在道破佛教生死輪廻與因果報業時，所動員的理論屬於性理學中的氣論，其實也不無道家理論、漢代氣論、陰陽五行說等儒教以外的理論。實際上，北宋初期的氣論本身，就是吸受那種傳統之氣說而完成的。所以，在此我們不能說他只以性理學來攻駁了佛說。

B、心性與作用爲性之辨

在儒家與佛家的用語中，有一個同樣的名詞而概念上大不相同者，

那就是心性。這在二家可稱之為根本概念名詞之一。考究其異同就等於說明儒、佛的根本差異，所以是宋儒已爭論過的問題。

鄭道傳之論辨也曾直接引用朱子說稱，方寸之間有虛靈不昧，具眾理而應萬事者，其虛靈不昧者心，具眾理者性，應萬事者情。因此心具眾理，物來而應無不各得其當，故而事物若從我命。換言之，心中具「理」（性），就是儒家心性說之要諦，佛家則與不同。

> 「彼佛氏，以心為性，求其說而不得，乃曰：迷之則心，悟之則性……空寂靈知，隨緣不變，無所謂理者具於其中，故於事物之來，滯者欲絕而棄之，達者欲隨而順之……隨緣放曠，任性逍遙，聽其物之自為而已，無復制其是非而有以處之也。」就是說，佛氏無應之無不各得其當之理，故佛氏虛，儒則實。佛氏又以作用為性，龐居士曰：「運水搬柴，無非妙用是也。……」朱子亦曰：「若以作用為性，則人胡亂執刀殺人，敢道性歟？且理，形而上者也，氣，形而下者也。蓋性者，人所得於天以生者也，作用者，人所得於天以生之氣也。……」形既生矣，神發知矣，人既有是形氣，則是理具於形氣之中，在心為仁義禮智之性，惻隱羞惡辭讓是非之情，在頭容為直，在目容為端，在口容為止之類，凡所以為當然之則而不可易者，是理也。……佛氏自以為高妙無上，而反以形而下者為說，可笑也已。

暫且不提此一說法是否正確，這是宋儒在攻駁佛教時所常用的。是自負儒教心性說之高明的理論。

C、心迹與道器之辨

儒家常說：

> 「心者，主乎一身之中，而迹者，心之發於應事接物之上者
> 也，故曰有是心，必有是跡，不可判而爲二也。……彼之學，
> 取其心，不取其跡。乃曰：文殊大聖，遊諸酒肆，跡雖非而心
> 則是也。」則對其行爲，心不負責人。

因此佛家自稱道通而行爲放肆時常說非我。如果這種思想沾染了
世人，情況會如何？世間的秩序必混亂不堪。實際上，這是禪之末流
所觸犯之弱點。對儒家來說曾是一個堅決排斥的問題。

至於道、器，儒家在相卽關係上，具有一貫性，但由於佛家是出
世間的，所以抛棄器，只偏重於道。鄭道傳說：

> 此吾儒之學，所以自心而身而人而物，各盡其性而無不通也。
> 蓋道雖不雜於器，亦不離於器者也。彼佛氏，於道雖無所得，
> 以其用心積力之久，髣髴若有見處，然如管窺天，一向直上
> 去，不能四通八達。其所見必陷於一偏；見其道，不雜於器
> 者，則以道與器，歧而二之，乃曰：凡所有相，皆是虛妄，若
> 見諸相非相，卽見如來。必欲擺脫羣有，落於空寂……而不自
> 知惜哉！ [14]

高麗五百年來，享有國教地位的佛教，到了高麗末，大爲墮落，
不致力於救濟眾生，只給眾生帶來負擔，實際危害社會。這種斥佛論

---

[14] 　以上分三段談論的內容是筆者根據〈佛氏雜辨〉前六項中的主要章句和
　　個人之見解而寫成的。

不免有爲批判而批判的偏頗性，然而在當時的現實情況下，不但可警惕佛教，而且在從政治、社會、民心中疏離新興儒教的阻礙佛教方面，也必大有作用。

4. 性理學本身論究的開端

上述諸篇主要是崇儒斥佛的論著，致力於儒學的對外表現。除了這些之外，對於對內談討儒教，尤其性理學的工作，也極有關心。雖然這工作日後由其門人權近集大成，但其線索在鄭道傳時代就已具備。

只可惜那一方面的著述，早已失傳，如今不得而知。唯權近的《三峯集》序中說：

> 先生著述，有學者指南圖若干篇，義理之精，瞭然在目，能盡前賢所未發。⑮

又說：

> 難題若干卷，本於身心性命之德，明於父子君臣之倫，大而天地日月，微而鳥獸草木，理無不列，言無不精。⑯

對於性理學本身的理論探究是由權近集大成的。性理學傳入百年以來，其間爲了與佛教相爭，急於構築自身的形勢。如今已根除了儒教立國與治國的外在障礙因素，所以進入了學術發展期，可說朝鮮性理學，這時才有了眞正的發軔。

---

⑮ 鄭道傳的學者指南圖似乎就是李朝儒學者們所常繪製的圖表之嚆矢。
⑯ 說學者指南圖是若干篇，而在此說若干卷，想必其份量不少。

三、權近的朝鮮儒學佈設

——以《入學圖說》爲中心——

　　權近（1352～1409）號陽村，是所謂麗末四村（同李遁村、全桑村、黃厖村等人）之一。安東人檢校政丞僖之子，也是性理學傳來初期之大學者權溥之曾孫，鄭道傳之門人❶。

　　十七歲中成均試，十八歲及第文科，步入仕途，歷任春秋館、藝文館等之清官，又任成均館大司成，可說一直走在學問的路途上。麗末之政策分爲親元和親明時，他以新進士類，尤其以一個性理學者，跟隨鄭夢周、鄭道傳，堅持了親明排元的路線。

　　在麗末混亂的政局中，屬於改革派的他，曾多年往返於許多流配地之間。到朝鮮建國後才得放免，成爲藝文、春秋館之學士、大司成，仍然專注於學問。建國初，曾去過明朝。在政治上雖與鄭道傳也有些距離，但在學問上，則意氣相投，拜其人爲師。

　　太宗執權後，身爲佐命功臣，在鞏固朝鮮朝王權之安定方面，作出了極大的貢獻。不過，他的較爲偉大的一面是對性理學發展的貢獻。進入太宗政權的核心之後，仍然守住藝文館大提學、大司成等掌管學問的職務。

　　他的一生正值麗末鮮初的交替時代，雖在政治上，奉職於兩朝，但他沒有親自主張打倒麗朝，也未參與鮮初的權力鬥爭。他在政治上

---

❶　　或者視權近爲李穡的門人，而懷疑與鄭道傳的師生關係。但他的一首詩，足使消除懷疑，「師友三峯數十年，早欽譽望出羣賢。功夫縝密常持守，義理精微已貫穿。氣若吐虹衝北斗，手能扶日上中天。廟堂不變書生志，經術還兼節制權……。」此外，據他詳註鄭道傳《三峯集》序、〈佛氏雜辨〉、〈心氣理〉、〈心問天答〉之事實，可知並非單純的師友關係，而是在學統上，處於授受關係的師生。

路線相異，而在學問上盡了師弟之誼，他也推崇堅持不事二君之忠節的吉再⑱。由此看來，是尊重師生之義的模範，而且正如元初許衡與劉因的關係，在兼顧朝鮮性理學的精神與理論，傳道與尊道之兩面上，似乎加以刻意的安排。

權近奠定了朝鮮儒學的基礎，也是打開學問探究新紀元的先進學者。簡而言之，他的儒學範圍打下了五經、四書並重，廣泛研究儒學的圓通博大的根基。他的學問趣向重視分析與綜合，以圖精深而雄渾的設計。尤其，他不拘先賢既成學說，而以自得爲貴，建立了創造性發展性的學風。只可惜，這種朝鮮初期的基礎、方向與風氣，逐漸消失，並成爲教條化的，甚至更加冷淡了。

權近的著作十分龐大。其中，只是有關純粹學問的，就有《入學圖說》、《五經淺見錄》，以及《四書五經口訣》。《入學圖說》的晉州版單行本廣泛普及比較容易看到⑲，但是《五經淺見錄》則埋沒多時，近來才被人發現。不過仍然在收藏家的手中，沒有向學界公

---

⑱　《陽村集》，卷一〇，次韻題吉再先生詩卷有「高依重義自輕生，身上簪纓匪所榮。守道克全臣子節，鳳溪千載永流聲」等五首詩，同卷二〇，題吉再先生詩卷後序記載:「嗚呼，高麗五百年，培養教化，以勵士風之效，萃先生之一身而收之，有朝鮮億萬年，扶植綱常，以明臣節之本，自先生一身而基之，其有功而名教甚大」，對他的志節給予很高的評價。另一方面，吉再於權近死後，心喪三年，足以使人了解兩人之間的推許何等深切。

⑲　《入學圖說》之版本有多種。
　1.晉州本: 初刊本: 1397年晉陽府使金爾音主管。再刊本: 1425年，附卞季良之跋文，合前、後集刊行。
　2.浪州本: 1545年，於全北扶安，附權近的自序和蔡無逸的跋，以晉州初刊本爲藍本刊行前集，日後又補刊後集。
　3.榮川本: 1547年，由黃孝恭等人主管，以晉州本爲藍本刊印。
　4.日本慶安刻本: 1648年，以榮川本爲藍本，並參考浪州本等刊行的。接黃孝恭之跋，有里村遇巷子之跋。
　5.論山本: 1929年，由權泰夾等人主管，以榮川本爲藍本刊印。

開[⑳]。因而在此只考察《入學圖說》的內容。相信《入學圖說》一冊，也足以得知權近的學問範圍與趣向及其業績。《五經淺見錄》只能留待後日再做詳考。

1.《入學圖說》——解題與評價

A、《入學圖說》的宗旨

作者在序文中說明，這是洪武庚午（1390）秋，就是權近放逐於金馬郡（益山）時（38歲），向學生講授《中庸》、《大學》，並為了有助於理解，以周濂溪的《太極圖說》為藍本，參考〈朱子章句〉之說，又取先儒之格言而繪製的。也附記了師生之間的問答。

B、收錄之圖說

其中共收四十篇圖說，有以「天人心性合一之圖」為首，究明四書體系與要義的六篇。以「五經體用合一之圖」為首，究明《易》學與〈太極論〉以及〈陰陽五行〉、〈氣候節序〉等天文地理的二十三篇。究明《書經》之〈洪範九疇〉與〈無逸篇〉的三篇。以「諸侯昭穆五廟都宮之圖」為首，有關禮法的四篇。有關音樂的二篇。「周南篇次圖」等有關風化的兩篇。其內容十分豐富，網羅了儒教一般的經典和核心問題。其中，《周易》、《大學》與《中庸》的比重是絕對的。由此可知，以性理學為學問的基本（學問趣向）。

2.《入學圖說》中的主要學說

A、「天人心性合一之圖」——藉宇宙論形成的價值論

據《入學圖說》，四書中，有關論孟只簡短介紹其大意，而主要

[⑳]　筆者曾在高麗大學圖書館見過《禮記淺見錄》，又在出版文化會館展示室見過《周易淺見錄》，但未允許閱覽。現在只能藉河崙的〈禮記淺見錄序〉和權近的〈請辭免本職終考禮經節次箋〉，斟酌其書本之大概。

探討庸學。其中， 關於《中庸》， 繪出多篇圖說， 將有關天人、 心理、 理氣、 誠敬等的概念按排於人體圖表中， 使人們在全體的連貫中， 掌握其上下左右，本末來去之關係。（圖表I）。

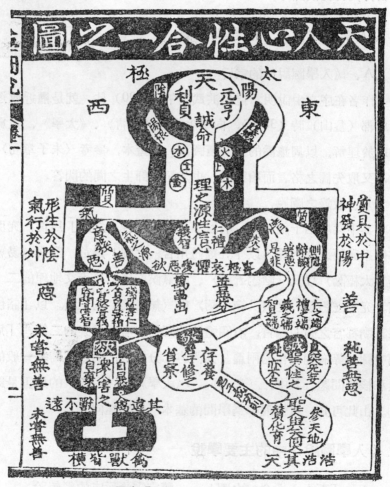

圖表 I 天人心性合一之圖

圖表的特徵與共同點如下。

縱向可分之階段， 卽萬物的根源天，禀受天命而主宰一身的心，以及左右行爲世界之當否的人間修養主體敬（也可視爲聖人、君子、

眾人的區別）。橫向則在天人接受的貫注線外，左右由陰陽、善惡、誠欲等相反的層面頂立呈兩腳狀。然後正如題目所暗示的，呈現出天人心性之縱向的合一。但是提示出與行為世界的二元對立可能性，顯示日後理氣二元與性情二源論之爭論的可能性。

而且圖說採取先定義圖上的主要名詞，再說明功能的方式，因此對照圖表與圖說才可能正確掌握其傳義。茲按圖說考查主要名詞之定義與功能如下。

這圖表的主題是朱子說的「天以陰陽五行，化生萬物，並以氣成形體後，賦與理」。按照此一說法，權近說明如下：

> 人物之生，其理則同。而氣有通塞偏正之異，得其正且通者為人；得其偏且塞者為物。即此圖而觀，則誠字一圈，得最精最通，而為聖人。敬字一圈，得正且通者而為眾人。欲字一圈，得偏且塞者，萬物化生之象，亦具於其中矣。夫天地之化，生生不窮，往者息而來者繼。人獸草木，千形萬狀，各正性命者，皆自一太極中流出。故萬物各具一理，萬理同出一源。一草一木，各一太極。而天下無性外之物，故《中庸》言：能盡其性，則能盡人之性；能盡物之性，而可以贊天地之化育。嗚呼至哉！ ❷

並用《周易》以及漢代以來的氣論與北宋以來的太極論，尤其將程朱之太極視為理的說法，說明萬物的生成與其生成時，按氣的清濁人物變異的道理。因萬物一分萬殊，所以溯及分化點，構成一源的論理就是《中庸》所謂之盡性贊化同參的工夫。

簡言之，並行研究過去已分離的氣論與理論，主張在其流出的萬有中同在，而自然地形成了「理氣二元同在一物論」。在流出以前，

---

❷　權近，《入學圖說》，「天人心性合一之圖」圖說。

理氣可分爲二，但流出以後，理氣不得分離存在。這是理一分殊說的新解釋，就是說在萬物的化生過程中，可以「自一太極中流出」，然而在談論人類修養時，要確認「萬理同出一源」。《中庸》篇首的「天命之謂性」，即是性一源論的前提。由於它已確定，才可能有盡己、人、物之性的一連串復歸。由於同時掌握了一源的下向貫注與萬派的溯源等兩面，性理學的宇宙論可同時發展爲同一類型的價値論，權近透過多篇圖說說明了這種根本問題。其意圖也似乎有了某種程度的成就。

B、「天人心性分釋之圖」——修養論與存在的當爲

若上述的「天人心性合一之圖」，從儒教的宇宙論，導出了性理學的價値論，那這「天人心性分釋之圖」則分析了性理學價値論的核心，即理氣、心性、情欲等的定義和功能，並建立了將那些引入誠、敬等內面修養的理論體系。

權近首先對天人心性四字破字解釋之後，以問答形式，闡明了大義。

天（圖表Ⅱ）　天是一字與大字的結合，從理的觀點來說，一是無對，在行的觀點來說是無息。從體的觀點來說，大是無外，在化的觀點來說是無窮。因之，將無對（唯一絕對性）、無息（源遠流長性）、無外（全整包括性）、無窮（生成不已性）等概念，統攝爲一的，就是天。基於流行的層面，考察的是一與大。一是萬殊之本，大是萬化之源，在萬殊之本與萬化之源，朝向萬殊萬化推動而無一息之間斷，眞實無妄，不相害不相悖，使之物成的生機中心就是誠。天本身就是誠。因而天地之化育本身就是誠的流露。但是人則與不同。因此人欲到達與天參地的究竟，要誠。說人是造就誠的存在，而將天道視爲誠，人道稱之爲誠之。因無誠則無物，所以人要創造人文世界（成物），首先要誠。完成誠的自己存養的主體是敬。這根本上是望着高

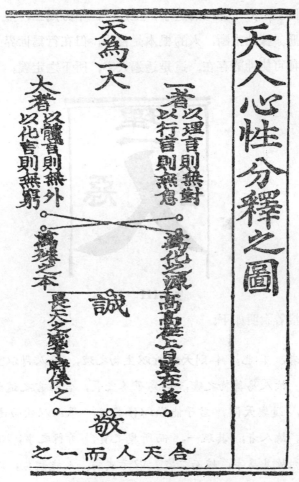

圖表II　天人心性分釋之圖

高在上的天或烈日之赫赫，動其情感而自我覺悟的內在道德情操。而敬是在克服自我時，刺激自己之事物中，最畏威的天，無聲無臭而蕭穆威壓之天所給予的外在道德命令。所以敬是半依托的，半自己的。敬是明己守己而成誠的主體。這是以敬爲主體的性理學修養論之原型[22]。

───────────

[22]　同上，以「天人心性分釋之圖」的圖說爲骨幹，附加了筆者的理論。只爲有助於理解，並非由於對本義持不同的見解。

人（圖表Ⅲ）　據人的造字，上爲一，下分爲二，上一爲理一，下二爲善惡。據此推斷，人的根本是善的，但在行爲世界中是原來具有善惡兩種可能性的存在。這是透過人字，所下之定義。

圖表Ⅲ　人

權近接着說明如下：

> 人者，仁也。仁則天地所以生物之理，而人得以生而爲心者也。故人爲萬物之靈，仁爲衆善之長，合而言之道也。聖人至誠，道與天同。君子能敬以修其道，衆人以欲而迷，惟惡之從。故人者，其理一，而所稟之質，所行之事，有善惡之不同。故其爲字，岐而二之。以示戒焉。人能體仁，以全心德，使其生理常存而不失，然後可無愧於爲人之名。㉓

這一段文章將人規定爲萬物之靈，又說人所具有的仁是萬善之最。但並未否認人可能墮落的一面，而大力主張警戒，只有具備道德心性時，才賦與人的條件。因此，考究了隨著其條件如何分爲君子或小人的儒家造就人之差別觀念。

㉓　同上，人字解，也附加了筆者的說法。

心（圖表Ⅳ）　心字中間之一點，象徵性理之源。由於它至正至圓而無偏依，可稱心之體。下方凹陷處則象徵其內部之虛，只因爲是虛的，才可具備眾理。頭之尖端，由上而下，象徵氣之源妙合而成心之所以。其尾之尖銳，自下而上，象徵心屬五行中之火而火性上升。光明發動始可應萬事也。右方之一點，象徵性發成情，此可謂心之用，左方一點，象徵心發成意，這也是心之用。其體一而用二。源於性命而發者稱道心，使之所屬於情，其端初無不善者，但其幼苗微小而難見，故曰道心唯微，必須以主敬加以擴充。再者，生於形氣的稱人心，而屬於意，其幾有善亦有惡，因其勢危幾乎墮落，故曰人心惟危。這也要以主敬抵制人欲，擴充天理之正。如此，使道心常爲主體，並使人心從其命之後，才可以使危者安，微者著，於動靜言行毫無差錯[24]。

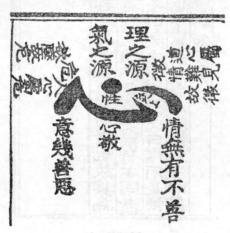

圖表Ⅳ　心

這程朱學對心的解釋，雖破字難免牽強附會，但那不過是一引伸，其論理整然可謂諸文中最簡明的。

---

[24]　同上，心字解。

性（圖表Ⅴ）　性是人受命於天而生之理，是人們心中具有的。所以這個字是以心字與生字結合而成的。人與萬物理同而其氣質禀受相異。告子稱生者爲性，釋氏稱作用爲性，兩者都重氣而棄理。《中庸》稱天所命者爲性，孟子說盡心者知性，知性則知天❷。

圖表Ⅴ　性

將性視爲理，說它生具於心，就是程朱學所說的性觀之特徵。權近表示上述諸說都根據程朱格言，決非源於一己之臆說。

❷　同上，性字解。

權近綜上所述構成一個體系。 為使之全面而更簡明， 採問答形式，展開了二千七百餘字的較長理論。其內容幾乎網羅性理學所談論的理氣、心性、情意、人心道心、四端七情、誠敬等所有概念。茲摘要如下：

(1)無極是指太極中之理， 而不是別在於太極之上者。

(2)誠是元亨利貞四德所流行循環之理之實。故亦不在四德之外之別物。

(3)四德都是一元之流行，因而元卽包括四德，仁乃統攝五常。

(4)陰陽不在於金木水火土五行之外。

(5)形體生於陰陽，精神發於陽。

(6)理不能作為。因而，能以靈活而作用之所以則氣。所謂舜命禹之「人心惟危，道心惟微」，是分理與氣而言者。

(7)心之虛靈知覺，一而已矣。但， 其虛靈之所以為心之體者， 則不過於五常（仁義禮智信）之性， 而無不統攝萬事萬物之理。又其知覺之為用之所以，則有四端七情， 能管轄萬事萬物之變化之故也。因此， 但知虛靜，不知五常之性為體， 則其心為漠然無為之物， 而沒於老氏：虛無與佛氏：空寂， 而不能樹立大本。又但知有知覺之有，不知四端七情纔發之時， 應於審察幾（端）之有善惡， 則心被物之使役， 欲之動勝於情， 而不能致達道（中和）。

(8)七情之作用， 亦有當然之則， 故發而皆為中節， 則亦可謂性之發。但， 其所發往往有或不中或不中節者， 故不可謂性之發， 隨之不能與四端並列。

(9)心卽四者之端，心與四者決不是為二。但， 已內發者為心， 已外顯者為端。

(10)人心， 亦得其正， 其道心流行。聖人之心為純粹的天理， 而無

一毫人欲之私㉖。

　　C、「《大學》指掌之圖」與《中庸》分節辨義的創見

　　權近繪製《大學》之圖(圖表Ⅵ)，森然羅列《大學》之三綱領，八條目，尤其對工夫與功效，表明了新的見解。在《大學》中，爭論最頻繁的是所謂「格物致知」的性理學的認識論。對此權近之見解如下；

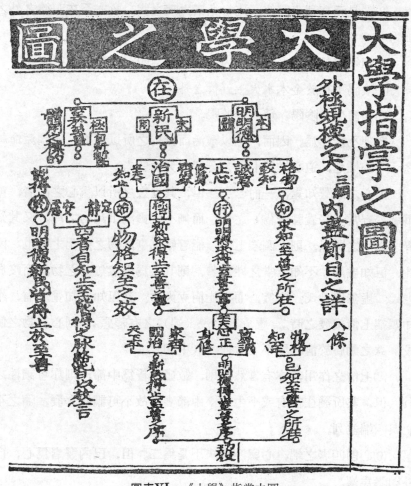

圖表Ⅵ　《大學》指掌之圖

㉖　同上，拔萃於問答。

> 所謂格物爲窮理之事，而非扞格外物者……曰致知在格物，則
> 物非外物，格非扞格，而與致知非爲兩事者。

不是外物指的是內在德性與外在事物之匯聚。詳言之，所謂致知就是能知者即所地境而體會。

有從知止而後有定到近道矣的兩節看做是格物致知之傳的說法，對此，權近也提出異見說：

> 知止者，物格知至以後之致；而格物致知者，大學最初用力之地也。

又說知行並進是：

> 知行二者，如車兩輪，學者所當交致其力而並進者也。❷⑦

「《中庸》首章分釋之圖」（圖表Ⅶ）也森然排列了理論體系。較特殊的一點是於圖表之正中放了一個敬字。其實《大學》沒有用性字，《中庸》沒有用敬字，那中庸圖正中的敬字有何用意？ 對這一點，權近未另加以說明，在敬字之下只寫道「常存敬畏」。看來似乎是將戒懼恐懼謹獨，用敬一字來概括的。可能是將程朱學所標榜的存養省察工夫的主體，即所謂主敬集義，適用於《中庸》之戒懼愼獨而寫的。而且右上角寫着「性之理人物同」，這成爲人物性同異論的開端❷⑧。

在《中庸》分節辨義上，權近對朱子（一節）與饒雲峯（六節）之分節，具有不同的見解。把總論大旨細分三節而成五節。從第一章

---

❷⑦　同上，《大學》指掌之圖，圖與說的主要大義。
❷⑧　同上，《中庸》首章分釋之圖，筆者譯解圖與說的要義。

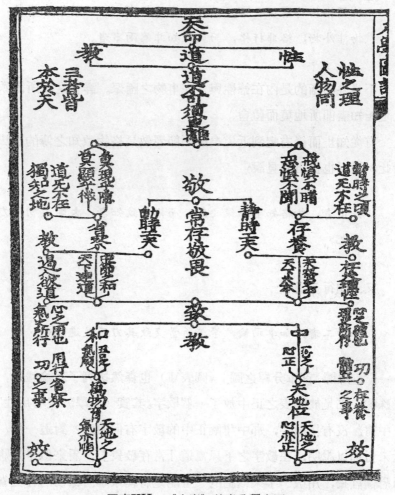

圖表VII 《中庸》首章分釋之圖

到第十章說明了中庸之道（1節），從第十一章到第二十章說明了根據中庸之道的君子之道（2節），從二十一章到二十六章分述了天道與人道（3節），從二十七章到三十二章說明了盡天道與人道的聖人之道（4節），最末三十三章則接續前章說明了反求基本（5節）。然後再合1、2節爲第一節，合3、4節爲第二節，以及以5節爲第

三節㉙。他如此大分爲三節。他沒有直接引用中國學者的分節，而透過更詳細的研究，重新分節，這是値得注意的事項。

D、「諸侯昭穆五廟都宮之圖」中的祭祀意義

關於昭穆，他說朱子曾在《或問》中，已做了詳盡的說明，然而因學者不曾查明，而繪了這圖表。他通過氣論與魂魄說說明了儒教祭祖之所以。

生長是氣的聚合，死滅則爲氣的分散，大凡人間萬物大同小異。因此，死滅表示陰陽分離，魂上魄下。氣之分散，毫無遺留。可是我的生氣是源於祖父身軀，相傳於我的，祖父雖死，但所傳給我的氣並未消失。

正如此地，我體內的氣就是祖父的氣，所以我至誠奉祀即可感受祖父之氣，並透過心靈與祖神交流（思念祖父），這不就是歆饗嗎？換言之，有氣則有神，誠心奉祀必有神來臨，常言道，無誠心就無其神。㉚

「飮水思源，報本返始」爲祭祀意識之所由。思想自身之來源，並致謝意是人間情感行爲中，最神聖的。對於這一點，儒教也有宗教的一面，是千眞萬確的。

E、「五經體用合一之圖」（圖表Ⅷ）與「五經各分體用之圖」（圖表Ⅸ）之意義。

性理學主要是以四書爲根本而展開的。然而權近沒有忽視五經的價値，反倒談論各經之功能而綜合起來，說明了經書的全體大用。

㉙　同上，《中庸》分節辨義摘要。
㉚　同上，「諸侯昭穆五廟都宮之圖」，添解問答。

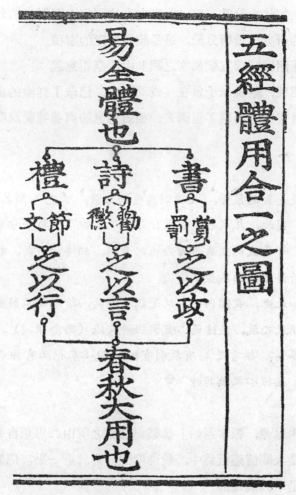

圖表VIII 五經體用合一之圖

他說:

《易》,五經之全體也,《春秋》,五經之大用也,《書》,
以道政事,《詩》,以言性情,《禮》,以謹節文。雖各專其一
事,而《易》、《春秋》之體用亦各無所不備焉。嗚呼!大哉

聖人五經之全體而五經聖人之大用也。《易》者道在天地而聖
人體之，《春秋》者道在聖人而天地不能違者也。㉛

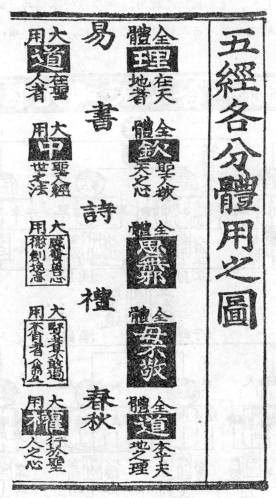

圖表IX　五經各分體用之圖

又在「五經各分體用之圖」中，說明了各經的要核，

㉛　同上，「五經體用合一之圖」，圖說。

愚按：《易》五經之全體也；《春秋》五經之大用也；《書》
以道政事；《詩》以言性情；《禮》以謹節。文雖各專其一事，
而《易》、《春秋》之體用，亦各無所不備焉。鳴呼大哉，聖
人五經之全體，而五經聖人之大用也。《易》者，道在天地而

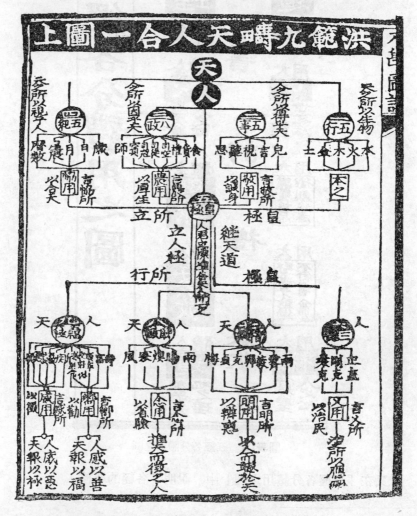

圖表X　〈洪範九疇〉天人合一圖（上）

聖人體之；《春秋》者，道在聖人而天地不能違者也。㉜

　　權近看破儒教的根本功能在於聖人之治，尤其，特舉出《書經》中的〈無逸篇〉與〈洪範篇〉（圖表Ｘ，ＸＩ），加以圖說。

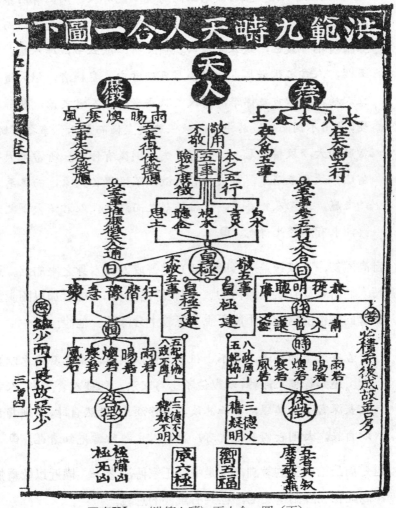

圖表ＸＩ　〈洪範九疇〉天人合一圖（下）

㉜　同上，「五經各分體用之圖」，解說。

他說:

> 洪範九疇，天人之道備矣。五行者，天之所以生物之始，在天
> 道莫大焉，故居一而爲首。既有五行，萬物生焉，則人者萬物
> 之靈，而五事人道之本，故居二而爲次。既有人，則必有所事，
> 而八政者事之最急，故居三。欲修人事，又當驗於天道，而歷
> 象授時不可緩也，故五紀居四。順五行，敬五事，厚八政，協
> 五紀，人君之道備焉。故皇極居五而當中。皇極者，繼天道而
> 立人極，爲四方之標準，萬民之取法者也。人君之治，酬酢萬
> 變，其用不同而皆皈於中正。故三德次皇極而居六。事之可疑，
> 當聽於天，故稽疑居七。治有得失，則徵有休咎。所當推天而
> 省已，故庶徵居八。得失休咎之徵，不惟現於天象，而善惡吉
> 凶之應，終必及於吾身。故福極居九而終焉。人君治天下之大
> 典，未有加於此者也。㉝

自高麗初，〈無逸篇〉（圖表XII）是警戒人君本身之座右銘。這
是當時人們所重視且廣爲流傳的。到朝鮮建國初，權近加以圖說之
事，在導向儒治的當時，不能不說其意義十分深遠。他說:

> 自古有天下國家者，莫不由祖宗勤儉以興盛，由子孫逸怠以覆
> 亡。先知稼穡之艱難，以勤儉不怠爲家法。稼穡人食之本，人君
> 生長深宮不知其艱，不恤其民，驕侈淫逸，傲然自肆，小則損壽
> 以自喪，大則亡國而絕祀者，萬世人主之所當先知者也。㉞

這是周公給成王的教訓，也是中國王家傳法之一。權近以敬爲無
標準，因此在朝鮮儒學史上，也具有重要的意義。

㉝　同上，「洪範九疇天人合一圖」，上下圖解說。
㉞　同上，「無逸之圖」，解說。

　　此外，有關易學的圖說也很多，但認爲在學術思想上，並沒有多大的意義，所以予以省略。只是根據〈十二月卦之圖〉說中：「三峯鄭公，嘗作此圖以示學者」[35]的記錄推測，當時的易學研究，繼鄭道傳之要方。「誠敬」在朝鮮儒學中，不但是修養論之核心，而且是爲

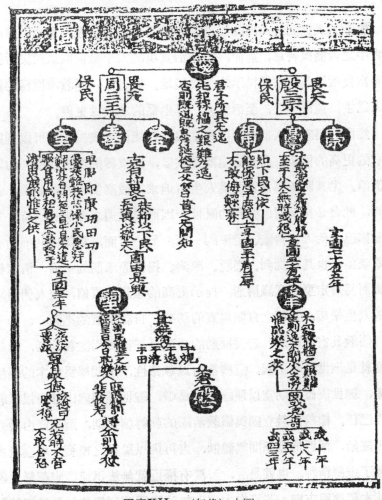

圖表XII　〈無逸〉之圖

[35]　同上，〈十二月卦之圖〉說記載：「三峯鄭公，嘗作此圖以示學者……。」

人的傳之後，必然呈現了活躍的氣象。

四、吉再的綱常扶植與士風

　　儒教是入世間的。因此以道德修養澄清許多宗教列爲逃避理由的現實中之苦惱與糾葛，進而，以至治實現的太平盛世與以勤儉所得之榮華富貴抵消其他宗教提示的至樂境地。換言之，儒教所標榜的就是以人爲主，道德爲要，至治爲方，厚生爲的之淑世主義。

　　然而，儒家的入世間的現實主義，可能使人喪失人類可以創造並享有的更高的價值，而易於墮落爲狹隘，以束縛的現實爲中心的低俗之價值。尤其將榮華富貴視爲人生所追求之最高價值的風氣與仁義脫節時，社會必招來弱肉強食的亂世。因而儒教追求理想的同時，具有推動修己、治人、齊家、治平的一面。另一方面，爲防止其推動者，脫離軌道，也具有批判、崇貶、激濁、揚清等牽制的一面。清涼執迷現實而易於定型的意識構造，提示更高的理想與價值，使人們追求眞正的人生樂趣，並使之自制現實的誘惑，自請現實的不滿。

　　儒教具有兩面性，若說推動的一面是經世致用主義的話，牽制的一面就是淑世風教主義。這些都由以尊德性，道問學爲根本的儒生所分擔，經世儒置身廟堂以理國治民爲職，淑世儒則處山林而以風教傳道爲己任。標榜儒教立國與儒教治國的朝鮮朝初期，這兩面由權近和吉再經始，權近佈設學問與體制，吉再則以風教之模範，培養後生，播種了道學精神。也就是說，若沒有權近就無法迅速設定朝鮮性理學的基本架構與方向，若沒有吉再也無法堅固朝鮮儒學的骨幹與精神。基於上述觀點，可說吉再的儒者精神與其培養後生的傳道事業是研究

朝鮮朝儒學時，不可忽視的基本問題。

　　吉再(1353～1419)號冶隱，海平人元進之子，李穡、鄭夢周、權近的門人。自幼窮困，八、九歲時，以伐木牧牛為生，十一歲，進入冷山桃李寺，晝耕夜讀，苦學十年。十八歲那年，才隨從朴賁學習論、孟，二十二歲考中生員試後，開始向李穡、鄭夢周、權近等當代大學者，學習性理學❸⑥。原來與權近只差一歲，但權近在正統書香門第生長，十五歲就已合格成均試，是較早達的人。而以苦學立身的吉再，二十二歲才成生員，其出世年代相差八年。因而他拜權近為師，甚至為他心喪三年❸⑦。權近則以畏友待之，晚年，敬仰其持操而稱先生❸⑧。

　　三十一歲時，及第文科，步入仕途，三十五歲任成均館學正，三十六歲任成均博士，致力教導學生。三十七歲成門下注書，但翌年為奉養老母落鄉。朝鮮建國後，隱居金烏山修學，教育後生。定宗二年（1400），其年四十八，召命奉太常博士，然而他堅守不事二君之臣節，呈上辭職疏，懇求允許樹立風教，而不肯出任。其人以「亡國賤俘」自處，以扶植綱常為己任。後傳授學行於士林派之中樞金淑滋。

　　六十七歲與世長辭，舉國朝野皆追悼，敬仰之。其清高志節，可稱朝鮮之伯夷、叔齊❸⑨。五代孫吉誨之金烏書院享祀文，形容尤為詳盡，茲介紹如下：

---

❸⑥　《冶隱言行拾遺》卷上，參考行狀，有一首十六歲時寫的詩「臨溪茅屋獨閒居，月白風清興有餘，外客不來山鳥語，移床竹塢臥看書」。以述志為題目，流傳的這首詩。似乎預言冶隱的志趣與晚年的情況。

❸⑦　同上，參照年譜。

❸⑧　《陽村集》，卷二〇，〈題吉再先生詩卷後序〉，「嗚呼。……有高麗五百年，……培養教化，以勵士風之效，萃先生之一身而收之，有朝鮮億萬年，扶植綱常，以明臣節之本。自先生一身而基之。」

❸⑨　吉再羨慕伯夷、叔齊，一心效法。1388年，李成桂回東威化島時，就預知高麗的亡國。就寫了一首詩，「身雖從眾奇特，志則夷齊餓首陽」。回到金烏山又寫了一首，「手折黃花祭伯夷」。

氣質粹美，學問精純，決於取義，勇於成仁，志堅金石，心質
鬼神，周家夷節，孔門曾孝，扶我民彝，揭我名教，猗歟先
生，萬世師表。❹

接着以《冶隱先生集》中的遺文，〈山家序〉、〈後山家序〉，
〈辭太常博士箋〉、〈又辭箋〉、〈上宰相啟〉等五篇爲中心，考察
吉再的命運觀、處世觀、進退觀、隱遁觀。

1.高世的命運觀——以＜後山家序＞爲中心

吉再出生於貧寒家庭，十分窮苦，又因苦學自修，出世年代也較
別人爲遲。然而他沒有抱怨自己的遭遇和環境，立志鑽研學問。幼年
雖抱有素朴的理想，但學成之後，立志輔佐人君使之成爲堯舜，並使
百姓享有唐虞三代之美風良俗。不過，在他達成目標之前，國家已
亡。這時，他歸咎於天運，變更意圖，處身清高。

他的高世的命運觀，表現於〈後山家序〉，其主旨如下：

天之生民，莫不厚焉。或爲君子而貴，或爲小人而賤。何也？
貴而爲貴，賤而爲賤，理之常也。或貴而賤，或賤而貴，命之
然也。自古公卿之子，生長富貴，車馬足以代馳涉之艱難，使
令足以息四體之勤勞。春而有勳珍之膳，衣而有寒暖之宜。旣
生而君知之，旣長而君命之，祿秩之厚，不期而至；官爵之
貴，自然而加。其知之也如此，此其易其貴之也如此。其足
此，無他，祖宗積累之勳，豫蓄之思故也。庶人之子，生長草
菜，露體塗足。衣不足以掩其身，食不足以眷其體，迫寒饑死
瘦精極神動心忍。其功之著而後有司知之，有司知之而後朝廷

---

❹ 《冶隱言行拾遺》，卷中。

聞之，朝廷聞之而後君用之。其知之也如此其難，其達之也如
此其遲。此無他，切始基於一身，無積累之漸，豫眷之思故
也。況愚也生長農畝，賤而莫賤，微而莫微。年八九山牧羊年
抗長矣。朝耕夜讀，螢窗十年，寒衣蔬食自若也。趼畝治耟露
體塗足，亦自若也。促以竭力耕田，馳心經學，下以養親，上
以事君。眷親則底豫其親事，不則堯舜其君。納民於唐虞，躋
世於三代，此余平日所志。今也不幸逢天之憾，十年之功掃地
如也。嗚呼！天實爲之，何哉？於是彷徨憾慨，幡然改圖，莫
若隱然自晦，掛冠蘿月，吟嘯清風，俯仰二儀之間，逍遙一世
之上，不受當時之貴，永保性命之正如是。**㊶**

　　許多讀書人年輕時顯出積極入世間的態度，年老後若不得意，卽
尋隱遁之路。吉再也曾決意殉國**㊷**，但是想到要如同伯夷、叔齊，隱
身世外。在世外之清高，豈有貪慕世間富貴之理的一句話中，可知順
世的命運觀已升華爲高世的樂天主義。

2.悲天的處世觀——以＜山家序＞爲中心

　　隱遁世外表示遠離世俗，回歸自然。描寫大自然中的人生樂趣的
文章就是〈山家序〉。然而吉再未能完全脫離世間而憂國憂民。下面是
〈山家序〉的要點，描繪出吉再樂天知命，處身清高而悲切的生涯。

　　夫幼而學之，壯而行之，古之道也。是以古今之人，莫不有學
焉。若夫高蹈遠引，潔身亂倫，豈君子之所欲哉！然世既有

㊶　同上，卷上，末尾一句說：「於是彷徨憾慨，翻然改圖，莫若隱然自晦，
掛冠蘿月，吟嘯青風，俯仰二儀之間，逍遙一世之上。不受當時之變，
永保性命之正。如是則可以凌霄漢，出宇宙之外，豈羨千駟萬鍾之富貴
乎。」可知其順世的命運觀升華爲高世的命運觀。

㊷　同上，卷上，〈上宰相啟〉中有「自從國破，無意我生」。

人，則有如顏子，陋巷自樂者焉。時有不合，則有如太公，隱處海濱者焉。然則其釣其耕，詎敢讚哉？余以至正之中，卜宅於玆，於今十餘年矣，俗客不至，塵事未聽，伴我者山僧也，識我者江鳥也。忘名利之榮勞，任太守之存亡；慵則晝眠，樂則吟哦，但見日月之往來，川流之不息。有朋訪我，則掃塵榻以待之；庸流扣門，則有下床而接之。可以見君子和而不流之氣象也。觀夫眾留森列，羣峯嵯峨，怪石奇岩，幽鳥異獸，松風羅月，鶴唳猿啼，山寒欲秋，月淡將夕。於斯時也，寒心爽志，想其神禹奠高山之功也。江風不起，波濤不興，蕩蕩洋洋，浩浩蕩蕩，白鷗錦鱗，悠然而逝，商帆相望，漁歌互答。於斯時也，棹頭浪吟，想其神禹，治洪水之功也。泉水淵淵，可以療渴；河水浼浼，可以濯纓。若夫有酒醑酒，無酒酤我。獨酌獨飲，自唱自舞，山鳥是我歌朋也；簷燕是我舞雙也。登高望遠，則想吾夫子登泰山之氣象；臨流賦詩，則學吾夫子在川上之咏歎。飄風不起，容膝易安；明月臨庭，獨步徐行。簷雨浪浪，或高枕而成夢；山雪飄飄，或烹茶以自酌。若乃春日暄妍，禽鳥和鳴；草樹菲菲，採蘩析析。楊柳絮飄，桃李花開，携其一二同志，浴乎沂風於舞雩。或以蒼鷹猛犬，騎白馬而發金鏃；或以綠蟻嘉肴，策藜杖而趣花竹。夏日薰蒸，暑炎偪人，則駕雲帆歸江湖；薄暮微涼，踈雨散絲，則荷耒鋤歸田園。至於秋霖初霽，酷熱已解，百稻皆熟，鱸魚初肥，偏坐漁舟，直下絲綸，從流而下，溯流而上，蘆火索索，菰風細細，烟雨明滅，雲水汪洋，浩蕩萬里，其誰能馴。又其風雪打窗，冬氣懔烈，或擁爐而開酒甕；或開卷而事天君❹，卓乎無邊而

---

❹　《荀子‧天論》，「心居中虛，以治五官，夫是之謂天君」。

從容自樂者，豈非隱者之所樂哉！然所樂豈在是歟，簡中之樂
吁其微矣哉。有客來告於余曰：今余則到此，氣象萬千，子於
此而濶於事情者也。今又一循乎外，而出入起居，惟意所適。
出則釣於江耕於歷，以承順父母；入則講其書樂其道，以尚友
千古，然則眞無憂者也。余應之曰：何以無憂乎？居廟堂之上
則憂其民，處江湖之遠則憂其君。我則憂其民憂其君，尋自反
之曰：樂天知命，我何憂乎？客忘言而退。㊹

在此述說了隱遁生活的不得已和生活中自得之樂趣。正如陶淵明
的〈歸去來辭〉，給以「樂天知命復奚疑」之解脫感。但是末了自然
透露了素日無法釋懷的憂國憂民之衷情，然後又收斂於內心。根據這
種表露可知，吉再的隱遁生活雖表面上逍遙自在，但心中仍存有儒生
悲切的入世意志。因此他不是具有眞正的樂天之處世觀，而是不得已
才獨善其身的。也就是說，他具有無法背棄「志士不忘在溝壑」㊺之
孟子教訓的悲天之處世觀。

3.意識名教的進退觀──以＜辭太常博士箋＞爲中心

高麗滅亡後，許多人改變了作風。一國滅亡，一國興起的時候，
使儒生苦惱的就是居就問題。出賣持操，服事二君的人也有本身的名
分。但對一個堅信儒教三綱，臣婦不二心，不事二的儒者來說，實踐
所學志操則是重要的一項。因爲那不只關係現今，其影響將可遺留給
下一代。

如果只以現實的名分，恣視臣、婦之節，儒教標榜的倫常，自然

㊹ 《冶隱言行拾遺》，卷上，〈山家序〉，文章末尾：「余應之曰，何以
無憂乎。居廟堂之上則憂其民，處江湖之遠則憂其君，我則憂其君憂其
民者。」其中流露吉再悲天憫人之眞情。
㊺ 《孟子・萬章》下，「志士不忘在溝壑，勇士不忘喪元氣」。

會破壞。因此掌握現有一切的執權者也要推崇一時反對自己而不隨和的人。 如此才可以有利於國， 成爲教化百姓的模範。 朝鮮開國後不久， 表揚鄭夢周爲萬古忠臣，吉再爲高世清節的理由也在於此。

麗末鮮初，盡了臣節的代表性人物有三隱（後稱三隱）❹之一冶隱吉再和四村之一桑村金子粹。這兩個人都受到太宗的召命。被奉爲刑曹判書的金桑村，曾兩度拒絕，第三次被召時，就自盡了❹。奉爲太常博士的吉冶隱則婉辭回歸故里，孤守臣節，永垂風範於後世。若說金桑村是死節之臣，吉冶隱是守節之臣。

正值變革之際，儒生的進退與儒教倫常的存亡有直接的關係，所以儒者的處身是比自己的死活更爲重要的問題。尤其在親近的人都在變節的時候，堅守自己是何等的困難？ 一死萬事休焉的人物， 根本沒有可變的餘地。但是生活在已改變的環境中而要始終不變是困難的事情。故死節固然壯烈，守節也十分艱難。

吉再在夢中所做之詩句，確切地表現出變革期中的守節之苦。夢見一僧人，他說：

古今僚友身新變。

這是向吉再提出的今後去向的疑問，同時也是譏諷習以談論綱常

❹ 在此稱後三隱， 是因爲在前面已稱李穡、 鄭夢周、 李崇仁等三人爲三隱。後三隱的由來如下，吉再設祭壇於東鶴寺，爲鄭夢周行招魂祭，日後又祭李穡。吉再死後， 於東鶴寺境內， 建一祠堂稱三隱閣， 祭祀三人。從此稱李穡、鄭夢周、吉再爲三隱。
❹ 《騎牛集》，卷二，九貞忠錄「金子粹，字純仲，號桑村，官大司成。見時政日亂，退居安東。母歿廬墓三年，事聞旋閭。太宗徵刑判，公歎曰：吾平日以忠孝自勵， 今若失身， 何面目見君父於地下乎。 行至秋嶺，作絕命詞曰平生忠孝意，今日有誰知，一死吾休恨，九原應有知，因遂自盡。」

之儒者的話語。然而吉再如此回答:

> 天地江山是故人,

接着又說:

> 太極真君應許我,
> 仁心不老自青春。

這表示說天地如此長久, 若道義尙在, 一片丹心, 永無止息。可知其守節之決心如此確乎。

吉再給定宗❹的辭職書, 大意如下:

> 竊觀古人之跡, 皆患遭遇之難。不事王侯, 豈所以沽節, 罔爲臣僕, 非徒以亂倫, 實關出處之宜, 庶有名敎之報。伏念臣性資昏蔽, 門地孤寒, 捷科於前朝, 而歷職於門下, 旣乃爲臣, 而委質固當戮力, 而盡忠丁。僞宗覆亡之時, 旣不能捐軀盡邑, 及眞主奮興之後, 又不能辭粟, 首陽名義, 以之俱淪, 淸節自玆兼撓, 所宜加一戮於微命, 將以愧二心之人。臣豈意亡國之賤俘, 獲霑盛朝之優渥。旣惠之以首領, 又耀之以衣冠。天語丁寧, 特頒駉召之寵官, 資淸顯遞陞太常之班, 是宜盡瘁乎餘生, 庶幾少酬乎鴻造。顧思進退之行止, 實係名敎之重輕。臣雖厚顏而冒榮, 人必睨目而指笑。伏望離明曲照, 乾照

---

❹　與太宗(1367～1422)相差十四歲, 因吉再晚學, 所以一齊在太學讀書, 生活在一個地方。後來太宗成爲東宮, 召他爲太常博士, 也是由於這種人緣。有以比喻爲東漢光武帝和嚴光的關係。

無私，憐臣不移之忠，諒臣難奪之志❹，復還古里，俾保殘
齡，則上遂獎節之名，下得事君之義，謹當棲遲幽邃，沐浴恩
波。地久天長，倍祝無疆之壽，夙興夜寐，益殫不二之心。❺

定宗不顧吉再之辭意如何懇切，再三召喚，但他一貫初志，堅臥
不起，又呈上如下辭疏，使之不再召他。

聖人之用才，當貴其賢否之安，忠臣之事主，必度其進退之
宜。故上無濫用之譏，而下免苟進之誚，一失此道，兩乖其
方。謹當不事二姓，非敢激節義之名，自適一丘，庶少酬逍遙
之志。❺

平常談到不事二君，認爲這只關係臣節，現在從吉再的文章中，
可知它雖以倫常問題爲核心，同時與可謂儒教生命精神的名教有直接
的關係，而且有和朝廷紀綱有關的較複合的意義。由此可說，吉再扶
植了如同朝鮮朝國憲的綱常（忠、孝、烈），鞏固了朝廷的紀綱，尤
其是一位美化士風的奠基人物。

朴瑞生所撰吉再行狀之一段，正說明了這一點。

---

❹ 《禮記·儒行》，「儒有可親而不可劫也，可近而不可迫也，可殺而不
　可辱也……身可危也而志不可奪也。」卽是此意。

❺ 《冶隱言行拾遺》，卷上，〈辭太常博士箋〉，「竊觀古人之跡，皆患
　遭遇之難，不事王侯，豈所以沽節罔（不）爲臣僕，非徒以亂倫，實關
　出處之宜，庶有名教之報，進退之行止，實係名教之輕重，臣雖厚顏而
　冒榮，人必賜目而指笑，伏望離明曲照，乾道無私，憐臣不移之忠，諒
　臣難奪之志，復還古里，俾保殘齡。」

❺ 同上，〈又辭箋〉。

在高麗五百年，培養教化，以勵士風之效，萃先生之一身而收
之，有朝鮮億萬年，扶植綱常，以明臣節之本，自先生一身而
基之。❷

4.淑世自任的隱遁觀──以＜上宰相啓＞爲中心

談到「隱遁」容易想到背棄世間，與世毫無牽掛的生活，但是道
學高，有志操之儒生的隱遁，就是對現實的強烈的反抗，使世人覺悟
的無言之呼籲，保傳國家元氣的最後堡壘，因此，其影響力要比料理
現實社會或國政的官吏，深遠而廣大。

吉再與宰相之間往返之書信，是由治理現實的實力者與隱居山
林，鑽研學問的隱遁者所寫，實具有巨大意義，吉再給宰相寫信是因
爲宰相先給吉再寫了信，因而是一種覆信。書信之內容卽是如此。不
過，宰相爲何人，如今不得而知，也無法知其內容。分明是引吉再出
仕的書信。

宰相好意地勸誘吉再出仕，但出乎意料之外地，吉再反應是冷淡
的、詰責的、教訓的。他譏笑榮華富貴，顯示山林樂趣是更有價值
的。並豪言自己雖是一隱遁者，但給世道人心的影響要比宰相的深
遠。末了「我守我的志節，你守你的公道」，這句話分明指出顯官與
隱士對世間所負之職責，並包含着互不相干的堅決意志。這封書信之
內容，大概成爲士風的直接震源，使儒生以自尊不屈的態度面對王威
與官權，輕視榮華富貴，自任淑世行道。

茲記述其書信內容之梗概如下：

---

❷　這是把權近的文章編入行狀中的。

五百年王侯，作拔茅彙征者，若風從虎而雲從龍；一千載河海
清，藏踪秘跡者，如鳥喜山而魚喜水。或出或處之殊趣，有進
有退之異途。夫豈惡嘉會而好隱淪尚，何厭膏粱而甘蔬食？讀
聖賢書，所學何事？子死孝而臣死忠，履古今禮，爲抱非他，
常蹈仁而變蹈節，儻事甲而移乙，實襟馬而裾牛。夜變星稀，
而獨長庚之昭昭，山空葉落，而惟老栢之凛凛。光四表格上
下，箕水之洗耳猶存。綏萬邦奠乾坤，首陽之採蕨尚在。何慭
時而好遯，豈釣名而馳譽。只守一丹之忱，以激萬乘之怒。商
淪喪罔爲僕。歷歷五十八之誓謨，身之死矢靡他，班班三百一
之風雅。威武焉能屈，富貴何足移。而所天之云亡，肯微軀之
顧惜。如再，喪家之狗，亡國之奴，網天地而無逃，安能北走
胡而南走越。休林莽而罔顯，固將東入海而西入河。何意高麗
之微臣，遽奉卑辭之清詔。欲變一介而卽命，深心二心之苟
容。……舉逸民揚側陋，雖王公招徠之方，置散人遺支離，亦
相臣精掄之策，大邦濟世民物再新。麗室遺臣，只欠一死。豈
期項伯之姻婭，詎圖李密之陳情。夢昔日之故鄉，拜嚴顏於彷
彿。遺後代之孤躅，激鄙夫之依阿。雖亡國之賤俘，補開創之
風敎。在犬馬而戀主，刃人臣而忘君。……幸小補於臣節，縱
大戮而何憐。……相公明目回心，降寬求於殘喘，培養一時之
元氣，特振萬代之忠心，豈徒遺臣之幸乎，抑亦國體之得矣。
……五百年士氣掃如，千萬世人笑可恥，……前朝之微臣，難
爲後日之高標，此仁人君子之情怨，亦鄙夫庸生之敢知。……
萬夫之一克正三綱之原。增長有義之骸，誘致見危之命；爲人
臣止於忠也。我守我節而不虧，有謀猷則入告焉；公知公道而
莫負，雖不爲疾風之勁草，庶以爲歲寒之後凋。頭戴一天，心

懷全節。㊿

5.學問、孝行與文章──以行狀爲中心

　　定宗因吉再不應召命，於經筵，接受權近的意見，按照漢代嚴光之古事，使之返回故里，日後得力於慶尙道觀察使南在與郡守李楊之協助，蓋草屋，建學堂。嶺南士林派領首金宗直（1431～91）之父金叔滋（1389～1456），就是在這裏培養出來的弟子。

　　雖然沒有談論吉再學說的文章，但是李穡給他的詩中有「從遊泮水號通經」（問學於成均館時，你以通經享有極美之聲譽）一首，可知他經學出眾，其門人所寫之行狀中說：

　　　講論經書，必邊程朱，以忠孝爲本。……講明道學，以斥異端。

可知他曾追求鑽研程朱學。

　　由於他爲學重視精神方面，力求實踐，宗教色彩十分濃厚，行狀中又說：

　　　常語人曰：人之晝有錯於言行，夜不存心耳。至夜，撥置萬

──────────

㊿　同上，〈上宰相啟〉。這時的宰相必定是仕麗朝的變節者。原文主要內容如下：「或出或處之殊趣，有進有退之異途，讀聖賢書，所學何事，子死孝而臣死忠。常蹈仁而變蹈節，儻事甲而移乙，實襟馬而裾牛，何意高麗之遺臣，遽奉卑辭之淸詔，欲變一介而郞命，深恥二心之苟容。麗室遺臣，只欠一死，遺後代之孤蹋，激鄙夫之依阿，雖亡國之賤俘，補開創之風教，在犬馬而戀主，矧人臣而忘君。幸小補於臣節，縱大戮而何憐。培養一時之元氣，特振萬代之忠心，豈徒遺臣之幸乎，抑亦國體之得矣。五百年士氣掃如，千萬世人笑可恥。前朝之微臣，難爲後日之高標，此仁人君子之情，恕亦鄙夫庸生之敢知，頭戴一天，心懷全節。」

慮，靜坐不言，中夜而寢，或擁食。待曉鷄初鳴，盥漱、具冠衣，晨謁祠堂，遂及先聖，又與弟子相揖記講。❼

他的孝誠尤爲深厚，幼年曾與父母生別，因而體得將思母之情移向事物的移情同感之境地。他含淚放生烏龜的故事是很有名的。父親因妾室而不顧妻子，母親心中抱怨，但他想：「母親是爲了安慰我才說這種話的，但抱怨父親並不等於愛子。」而思念遠方的父親。後來又說父親在世而不探訪是不孝，就去侍奉父親，他恭敬庶母如同生母。結果狠毒的庶母也被他所感化，待他像親生兒子一樣。晚年也親手侍奉母親，夫人要替他服侍時，他說：「母親年老，日後要侍奉也不可能。」他如此共享天倫之樂。

他娶了富戶女兒爲妻，起初夫人驕慢、奢侈，但他淡泊篤實的生活感化了妻子，成爲順從丈夫的賢妻。據上述種種記載，吉再必定是將學問升華爲宗教境界，並以流露其間的眞情生活的人。

他的文章都是發自內心深處的，不懼直言而遭威脅，不嫌文章修辭之不足，只將眞情之流露如實發洩於字裏行間。然而，吉再之文章極其絢爛，有回歸自然之感，高超芳潔，並盡用醍醐味之醇而清雅淡泊，不過句句似千鐘之聲，似一萬燭光之烈日，其警惕之力量，足使鬼神動泣。他的文章流傳雖少，但質量精純而銳利，可謂萬古完人之千煉眞文。

〔附〕士林派吉再的「儒者精神」

1.鮮初儒敎的糾葛──廟堂儒和士林儒

---

❼ 同上，行狀中的主要章節。

　　韓國儒教自 1290 年引進性理學以後，才具備道學精神的經世思想，擺脫了以往在佛、道之下充當行政工具的被動性，主動改革政制，移風易俗逐漸成爲推動歷史文化的主力，在百年之後，終於以儒教立國，儒教治國爲國是建立了一個新的國家──朝鮮朝。

　　但在推翻高麗建立朝鮮的過程中，儒教內部出現了激烈的對立與糾葛，易姓革命的事功派與保衛高麗的義理派之間的對立，君臣之反目與弒逆，兄弟之相殘，對無辜王氏的慘殺等即是如此，這是否定儒教綱常忠孝仁義的行爲，儒教立國本身就出現許多自相矛盾的局面。

　　對此甚感氣憤的有志之士，唾棄現實而退隱，就有了「杜門洞七十二賢」。儒教立國反被儒者所不齒，實在是一種諷刺。因此朝廷就驅逐不良，奉威望至高的儒者爲官，但他們又以不事二君的忠節，自盡或退隱。只有輕視節義的現實主義者，進入朝廷，儒者就分爲廟堂儒和士林儒。朝鮮在建立初期已包有士禍的因素。

　　歷來改朝換代時，以不義制義，以變則制原則者取勝。然而掌握政權後，爲防止歷史的重演，反而標榜以往自身曾踐踏過的義與原則。朝鮮朝太宗年間，奠定國基之後，使用同樣的手法推崇鄭夢周爲萬古忠臣，又將拒絕奉職的吉再表揚爲風教的垂範者，使人們效法。

2. 自任風教之垂範的士林派

　　吉再號冶隱，海平人，元進之子，鄭夢周與權近的門人。自幼苦學，步入仕途時年已三十四。正值末世，知不能得意而隱居金烏山，教育後生。

　　成均館同學太宗在東宮時，曾召奉太常博士，但以不事二君的臣節予以拒絕。享年六十六，人稱他爲朝鮮的伯夷叔齊。

　　然而吉再並不是仇視世間，絕食而亡的人物。他自幼經歷許多逆

境艱困，懂得認命，反而將隱居視爲在世俗中無法享有的高世清福。
然而他抱有儒者居山野而不忘世道之使命感，自任傳道淑世，一生誠
實經營積極的生活。

　　我從小生長在農村，身世卑賤，苦學求道，以期在家孝父母，
　出外忠君王，創造太平盛世，但不幸爲亡國賤俘、理想瓦解，
　怨天尤人何用，我願退隱草野過一個無愧於天地的生活，怎能
　慕望千駟萬鍾的福貴呢？
　　我築屋金烏山脚已十年，俗客不來，世事不聞，配我者山僧，
　知我者江鳥。忘掉名利榮辱，只依太守存亡，困則眠，樂則
　吟，所見歲月流逝，不息川流，有朋友來掃榻歡迎，俗流敲門
　欣然迎之。實君子和而不流的氣象。
　　雨絲不斷之日，高枕臥夢，白雪飄飛時自酌飲茶。晴明春日帶
　童子二人，沂水沐浴，舞雩迎風，清凉夏夜，耕於田際，秋來
　豐收五穀百果。魚肥垂釣，隨波逐流，蘆葦迎風，煙雨濛濛。寒
　風刺骨時，爐火燙酒，開卷欣賞青竹，逍遙自在實爲隱者之樂。
　　路上旅人說：
　「有客來告於余曰：今余到此，氣象萬千，子於此而澗於事情
　者也。今又一循乎外，而出入起居，惟意所適。出則釣於江耕
　於歷，以承順父母；入則講其書樂其道，以尚友千古。然則眞
　無憂者也。余應之曰：何以無憂乎？居廟堂之上則憂其民，處
　江湖之遠則憂其君。我則憂其民憂其君，尋自反之曰；樂天知
　命，我何憂乎？客忘言而退。」

　　透過上記吉再的文章可窺見其高世的順命觀和悲天的入世觀。在

逍遙自在的隱居中，仍儒者的入世意志，使他感到頗大的苦惱和內心的衝突。

3. 介潔氣象，曲學阿世更加醜陋

高麗滅亡，吉再也曾想過殉節一事，而且也由於許多變節的誘惑，也曾有意利祿。但是在這歧路上吉再選擇了守節的路子，這是爲淑正儒教，針對迷惑於權勢的儒生，和缺乏道德和原則的世界，表揚確立儒教大義，儒者精神，人世綱紀而採取的行爲。

他斥責勸誘做官的宰相說：

> 我雖亡國之賤俘，安能北走胡而南走越，將東入海而西入河。
> 何意欲變一介而致二心之恥？在犬馬而戀主，刻人臣而忘君。
> 讀聖賢書，所學何事？子死孝而臣死忠，我守我節，遺後代之
> 孤躅，激鄙夫之依阿。

這種態度多麼光明正大，所以吉再克服了亡國遺臣的心態，以道義的勝者，傲睨亂世庸流。

> 嗚呼，有高麗五百年，培養敎化以勵士風之效，萃先生之一身
> 而收之。有朝鮮億萬年，扶植綱常以明臣節之本，自先生一身
> 而基之。其有功於名敎甚大。

這是認識歷史的正確方向，說明在提高人類意義上，儒者之處世何等重要的警惕。

4. 朝鮮士林派的脈絡

這種吉再的儒學精神直接傳給江湖山人金淑滋（1389～1456），金淑滋又傳予其子金宗直（1431～92）， 終於建立了嶺南士林派的學流。由於他們的學統承襲吉再的名教節義，然不會承認首陽大君的篡位。此一不容引起弟子濯纓金馹孫（1464～98）的史草事件，招來最初的士禍——戊午史禍。由於不斷的史禍金宗直的門人寒暄堂金宏弼（1459～1504），一蠹鄭汝昌（1450～1504）等人都死於非命。但是這直節不撓的精神傳到趙光祖（1482～1519）， 重振了長久遇害的士林派，標榜至治，但這也被勳舊派打倒，引起己卯士禍。成為一連士禍之責物的士林派，歸隱山林，以南冥曹植（1501～72）為首的的成大谷、趙龍門、成聽松等即是。但是，他們的儒者的典型絕沒有背棄世間，發出直截的言論，批判朝廷，鼓動士心，振作國家元氣。壬辰倭亂時，甘然挺身而出的儒者倡義就是根源於精神儒學脈絡的。培養出倡義討賊儒者的南冥曹植所作〈吉冶隱先生傳〉（只留有前文，後文缺章）的意圖在於自認其孤高卓絕的儒者精神來自吉再。由此看來，吉再的儒者精神在許多波折之後，依然流傳至嶺南江右學派的宗匠南冥曹植。

五、結論——高麗儒學的特徵

回顧高麗五百年的儒學，首先感覺到儒學畢竟是外來學術思想。因為佛教和道教，自高麗建國初期，就信奉為國教或國家信仰，它又和一般百姓生活意識或生活形態的依據——傳統巫俗相結合，成為我國民族生活感情或信仰的依支，這一切都比儒教為早。

儒教不曾是宗教，那是以合理的思想為基礎，並以倫理為主的一

種道德生活，具有教育的功能。標榜以道德倫理秩序爲基礎的較爲合理的政治制度，是具體的、現實的。

正如孔子所說「敬鬼神而遠之」，儒教在中國也早已排斥原始迷信宗教。呼籲以人類本身的力量創造人文世界。也就是說它是反宗教的，反迷信的道德主義。因此它可以倫理爲基礎，發展到政治制度和政治運營的範疇。

儒教合理的思想方式決不會和我國傳統的巫俗信仰、佛教的宗教信仰，以及道教的風水圖讖說携手。佛教，除其信仰的層面之外，也有合理的思考，但是宗教信仰的層面先和我國固有的巫俗信仰相結合。至於道家思想，其自然主義的思想沒有受到重視，而虛妄的道教迷信卻被執權者容納。因而，它們沒有開明我人未開的巫俗或民眾意識，反而使它更加深或加以擴大。

正如此地，佛教和道教與我國巫俗結合，先根植於我國生活民俗與意識結構之中。可是由於儒教本身沒有宗教的或迷信的因素，繼續主張合理的倫理道德，只在與一般民眾脫離的政治制度的層面，發揮作用。結果，自然無法和我國固有的巫俗信仰或佛、道相浹和。

這種儒教外來的異質感，在高麗光宗時，成爲實現改革意志的依持。比方說，引用爲科擧制度，中央政治組織乃至運營制度的原理時，引起了政治力量之間的糾葛，而受到以巫信、道教、佛教爲背景的階層或土豪的排斥。換言之，被土俗信仰或佛、道指爲異質的外來思想而受到排擠。

然而，在各種勢力的排擠中，儒教持續發展以合理思想爲基礎的人間倫理和政治制度，逐漸培養儒教中心的勢力。那就是加強高麗王權，開明地方土豪，確立所謂的儒家官僚體制。儒家官僚體制的確立，在韓國政治史上具有一個劃時代的意義。新羅骨品制沒落後，高麗初的豪族制度得以發展，後來又發展爲貴族制度，在貴族制度沒落

後，又發展爲李朝的士大夫政治，在這一連串發展的過程中，儒教官僚制度做出了很大的貢獻。

高麗土豪與儒教派新興貴族階級的對立，以妙淸之亂爲一轉機，新興貴族階級獲得勝利。土豪階級的思想、信仰、理念的背景是土俗信仰，風水地理說。相反的，新興貴族階級是儒家的合理主義、倫理思想。由此可知，儒教和土俗思想之間的關係，並不友好。

儒教在妙淸之後，不隨和土俗信仰而立足於韓國，得以確保勢力。在開明韓國民族未開意識方面，貢獻極大。儒教在倫理、政治制度方面確立了鞏固地位之後，藉程朱學的傳入，打破了既有的勢力平衡，反而採取了攻勢。這成爲儒教在韓國政治、文化、教育、風俗方面，掌握主動權的契機。

傳統的儒教是倫理的，典章制度的，缺乏精神層面的因素，但性理學傳入後，儒教也具備了不亞於宗教的強烈的信仰態度。並發揚歷史意識、道義精神。尤其有了道統觀念，衛道、排他與抵抗的春秋大義名分，人人都很重視。

性理學傳入後，加強了理論和精神武裝的儒教，首先在政治層面上，標榜了儒教的至治主義，在思想一面，則標榜崇儒斥佛。在風俗方面，打破迷信，改革體制，實現了全盤儒教化，這是高麗儒教成功的特徵。儒教也就成爲推動韓國民族文化的教化理念，根植於國人意識結構與生活中。

然而，儒教雖以合理的外來思想對抗韓國民族不合理的意識，並使之合理化，但是也在標榜科學合理主義的西歐思想之冲擊下（對此筆者稱儒教爲倫理的合理主義），受到強烈的批判而處於受勢。不知這是歷史的演變，還是文化之間命運注定的衝突。現在儒教又成爲韓國固有文化的一個代表思想，和西歐文明相抗衡，這是屬實的。

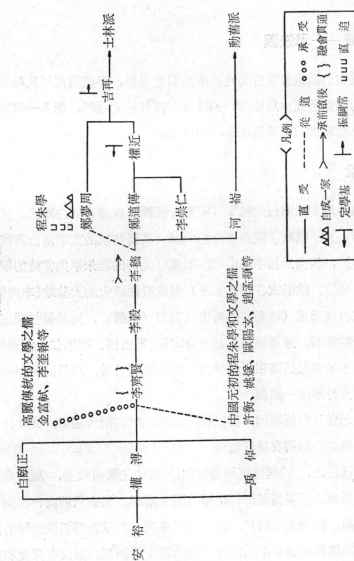

1.系譜——學統

〔附〕 麗末鮮初性理學的系譜——學統

1. 系譜——學統圖

現在已談過麗末鮮初性理學的引進過程，形成過程以及朝鮮朝性理學的開創過程。爲總結一個段落，將其接受過程，劃入一個簡單的系譜，然後以山脈做爲比喩，加以形容。

2. 圖說

自平地突然崛起的孤峯（安裕）漸漸形成連峯（白頤正、權溥、禹倬等人）。吸收了縱向伸延的山脈（高麗傳統的文學儒金富軾、李奎報等），橫向承接中國山脈的淵源（元初的程朱學與當時的學風，許衡、姚燧、歐陽玄、趙孟頫等）形成廣濶雄大的大盆地(李齊賢)。

它再度起峯（李穀）終於出現高峯（李穡），這是繼往開來，承前啟後的關嶺。通過關嶺又是一連山峯(鄭道傳、李崇仁、河崙等)。於旁側平地突起的高峯（鄭夢周）與此連貫合勢，這是高麗和朝鮮的境界，另外形成一關嶺。

現已進入朝鮮境內，接以往的走勢，崛起兩大靈峯，從此伸延的高山峻嶺並行排列在韓鮮境內。

總而言之， 韓國性理學的祖山， 正如先儒所設定， 應該是鄭夢周。權近與吉再同爲朝鮮朝儒學的兩大基礎。過去只朝向吉再劃出單調的脈絡，但需大開門戶，認定權近系列。若是朝鮮朝性理學的兩大主軸，卽道義精神和學問理論才能明顯求其淵源。形成有深度和廣度的儒學正脈。

參 考 書 目

《高麗史》，延世大學，東方學研究所影印。

《高麗史節要》，亞細亞文化社影印。

《崔冲研究論叢》，慶熙大學，傳統文化研究所出刊。

《高麗時代詩話批評研究》，亞細亞文化社，張鴻在著。

《牧隱先生年譜》，韓山李氏大宗會印行。

《韓國史新論》，李基白著，一潮閣發行。

《海東高僧傳》編入大藏經。

《韓國思想史資料選集》〈高麗篇〉，漢城大學國史學系編，亞細亞文化社印行。

《新羅文化學術發表會論文集》（1-11），新羅文化宣揚會印。

《韓國倫理思想史》，韓國精神文化研究院。

《韓國哲學史》，韓國哲學會編，東明社刊。

《韓國儒學史》，李丙燾著，亞細亞文化社刊。

《高麗名賢集》，成均館大學，大東文化研究院刊。

《冶隱集》，韓國精神文化研究院印行。

《陽村集》，亞細亞文化社印行。

《韓國哲學研究》，韓國哲學會編，東明社刊。

《高麗古都徵》，亞細亞文化社印行。

《三國史節要》，亞細亞文化社印行。

《圃隱鄭先生文集》，迎日鄭氏大宗會印行。

《陽村入學圖說》，古籍本。

《陽村五經淺見錄》古籍本。

高麗時代年表

（採自震檀學會刊〈韓國史年表〉）

公　元	重	要　　　事　　　項	中　國　年　號
	【新羅】		〔唐〕
八八九	眞聖女王　三年	國內各地盜賊蜂起	昭宗、龍紀　元年
八九二	同　六年	甄萱、自立於武珍州	同　景福　元年
八九四	同　八年	弓裔、自號將軍	同　乾寧　元年
八九五	同　九年	弓裔、攻取漢山州管內十餘郡、並設置內外官職	同　二年
八九八	孝恭王　二年	弓裔、定都松岳	同　光化　元年
九〇〇	同　四年	甄萱、定都完山、國號後百濟	同　三年
九〇一	同　五年	弓裔、稱王	同　天復　元年
九〇四	同　八年	弓裔、國號摩震建元、武泰	哀帝、天祐　元年
九〇五	同　九年	弓裔、移都鐵圓（楓川原）	同　二年
九一一	同　一五年	弓裔、改國號泰封、改元水德萬歲	〔後梁〕 太祖、乾化　二年
九一四	神德王　三年	泰封、改元政開	同　四年
九一八	景明王　二年	泰封諸將、推戴侍中王建爲王、國號高麗、改元天授	末帝　貞明　四年
九一九	同　三年	高麗、移都松岳	同　五年
九二六	景哀王　三年	渤海、契丹所滅亡	〔後唐〕 明宗、天成　元年
九二七	同　四年	後百濟王甄萱、急襲新羅王京偪王自盡、敬順王卽位	同　二年
九三〇	敬順王　四年	高麗、在古昌（慶北安東）大破後百濟軍	同　長興　元年
九三五	同　九年	後百濟神劍、幽囚父甄萱自立爲王、甄萱來投高麗。新羅敬順王、至麗京歸屬	廢帝、清泰　二年
九三六	【高麗】 太祖　一九年	滅後百濟，統一國內。親製頒布政誡一卷・誡百僚書八篇	〔後晉〕 高祖、天福　元年
九四〇	同　二三年	改諸州府郡縣名。始定役分田	同　五年

九四三	同	二六年	王、親述訓要十條	同		八年
九四七	定宗	二年	精選光軍三十萬以備契丹	〔後漢〕高祖、天福十二年		
九四九	同	四年	定州縣歲貢額	隱帝、乾佑		二年
九五〇	光宗	元年	建元光德	同		三年
九五八	同	九年	納用歸化人雙冀之獻議施行科舉	〔後周〕世宗、顯德		五年
九六〇	同	一一年	建元峻豐	〔宋〕太祖、建隆		元年
九七六	景宗	元年	職散官各品始定田柴科	太宗、太平興國		
九八三	成宗	二年	始置全國十二牧，中央設置三省・六部・七寺	同		元年八年
九八七	同	六年	諸村大監・弟監改稱村長・村正	同	雍熙	四年
九八九	同	八年	始置東西北面兵馬使	同	端拱	二年
九九〇	同	九年	設置左右軍營	同	淳化	元年
九九二	同	一一年	創置國子監	同		三年
九九三	同	一二年	契丹蕭遜寧來侵（第一次契丹侵入）、徐熙至契丹營成立和約	同		四年
九九五	同	一四年	改定官制、全國設置十道	同	至道	元年
九九六	同	一五年	鑄造鐵錢。定諸州事審官數	同		二年
九九八	穆宗	元年	改定文武兩班及軍人田柴科	眞宗、咸平		元年
一〇〇二	同	五年	設置六衛	同		五年
一〇〇九	同	一二年	康兆廢王、迎立大良君詢（顯宗）	同	大中祥符	二年
一〇一〇	顯宗	元年	契丹主來侵、康兆擒殺、翌正月焚蕩開京而回軍（契丹第二次侵入）	同		三年
一〇一八	同	九年	地方設置四都護・八牧（契丹第三次侵入）。姜邯贊在興化鎮、擊破丹兵，翌年二月在龜州大破丹兵	同	天禧	二年

一〇二二	顯宗	一三年	契丹和親	同	乾興	元年
一〇二四	同	一五年	開京實施五部坊里制	仁宗、天聖		二年
一〇二九	同	二〇年	開京　羅城　完成	同		七年
一〇三三	德宗	二年	北境築造長城（靖宗一〇年完成）	同	明道	二年
一〇三四	同	三年	改定田柴科。七代實錄（太祖——穆宗）完成	同	景祐	元年
一〇三九	靖宗	五年	制定賤者隨母法	同	寶元	二年
一〇四七	文宗	元年	定口分田制。東女眞三十姓部落內附	同	慶歷	七年
一〇五〇	同	四年	定制踏驗損實法	同	皇祐	二年
一〇五四	同	八年	定田品三等	同	至和	元年
一〇五六	同	一〇年	創建興王寺（同王二十一年完成）。長源亭營建	同	嘉祐	元年
一〇六九	同	二三年	定量田等級步數。定田稅	神宗、熙寧		二年
一〇七一	同	二五年	與宋再開國交	同		四年
一〇七六	同	三〇年	更定兩班田柴科、並改官制制定諸官班次及祿科	同		九年
一〇八五	宣宗	二年	王弟義天（大覺國師）爲求法渡宋	同	元豐	八年
一〇八六	同	三年	義天、自宋回國獻上佛書一千卷、興王寺設置都監、刊行續藏經	哲宗、元祐		元年
一〇九七	肅宗	二年	設置鑄錢官	同	紹聖	四年
一一〇一	同	六年	始用銀瓶（闊口）	徽宗、建中靖國		元年
一一〇二	同	七年	在西京設置文武兩班及五部	同	崇寧	元年
一一〇四	同	九年	在定州城外與女眞交戰。設置別武班以備討伐女眞	同		三年
一一〇七	睿宗	二年	尹瓘等、征伐東女眞、設置九城	同	大觀	元年
一一〇九	同	四年	女眞哀乞，還付九城	同		三年
一一一一	同	六年	定田主田戶、田收分給率	同	政和	元年

一一六	同	一一年	金國使節來朝。除去遼年號	同	六年
一一二六	仁宗	四年	李資謙亂	欽宗、靖廉〔南宋〕	元年
一一二九	同	七年	受妙清的建議在西京林原驛地創建大花宮	高宗、建炎	三年
一一三四	同	一二年	妙清等、奏請稱帝建元	同 紹興	四年
一一三五	同	一三年	妙清等、在西京起叛改國號爲大爲年號改定天開（翌年平定）	同	五年
一一四五	同	二三年	金富軾、完成三國史記五十卷	同	一五年
一一五七	毅宗	一一年	派溟州道監倉使調查羽陵（鬱陵）島	同	二七年
一一七〇	同	二四年	鄭仲夫・李義方等、叛亂虐殺文臣廢王	孝宗、乾道	六年
一一七四	明宗	四年	西京留守趙位寵起兵、嵒嶺以北四十餘城響應	同 淳熙	元年
一一七六	同	六年	公州民亡伊等、自稱兵馬使叛亂(此後各地民亂蜂起)。西京陷落、趙位寵被殺	同	三年
一一七九	同	九年	將軍慶大升、殺鄭仲夫執權（明宗十三年歿）	同	六年
一一九六	同	二六年	將軍崔忠獻、族滅李義旼執權翌年廢王	寧宗、慶元	二年
一二一六	高宗	三年	契穆遺種(大遼收國)、被蒙古打敗渡鴨綠江侵入西北面	同 嘉定	九年
一二一九	同	六年	趙沖・金就礪等、與蒙古、東眞兵合力降伏江東城之契丹賊。崔忠獻歿、子瑀掌握大權	同	一二年
一二二五	同	一二年	蒙右使著古與、歸途在鴨綠江外被殺、與蒙古絕交	理宗、寶慶	元年
一二三一	同	一八年	蒙古元帥撒禮塔來侵（第一次侵入）、講和成立翌年正月班師	同 紹定	四年
一二三二	同	一九年	遷都江華。撒禮塔、再來侵在處仁城（龍仁）被殺射（第二次侵入）	同	五年

一二三四	同	二一年	使用鑄字印行古今祥定禮文五十卷	同	端平	元年
一二三五	同	二二年	蒙兵連年入寇	同		二年
一二三六	同	二三年	在江都再彫大藏經板（同王三八年完成）	同		三年
一二三八	同	二五年	慶州皇龍寺九層塔、被蒙古兵燒失。派使臣到蒙古要求撤兵	同	嘉熙	二年
一二四一	同	二八年	王族以永寧公綧爲質子送至蒙古	年	淳祐	元年
一二四九	同	三六年	蒙古再出陸・招諭親朝。崔怡（瑀）歿、沆繼位	同		九年
一二五三	同	四〇年	蒙將也古大擧侵入、翌年替代車羅大來侵。被擄男女二十萬餘人	同	寶祐	元年
一二五七	同	四四年	崔沆歿、崔誼繼嗣。給田都監設置	同		五年
一二五八	同	四五年	崔氏政權沒落。和州以北、投附蒙古、雙城摠管府設置和州	同		六年
一二五九	同	四六年	與蒙古講和，太子倎送至蒙古	同	開慶	元年
一二六九	元宗	一〇年	崔坦等、在西京起叛，投附蒙古。設置田民辨正都監	慶宗、咸淳		五年
一二七〇	同	一一年	還都開京。三別抄亂、在江華起亂移入珍島。蒙古、在西京設置東寧府	同		六年
一二七三	同	一四年	耽羅平定、三別抄亂終熄。元、在耽羅設置達魯花赤摠管府	同		九年
一二七四	同	一五年	助元征伐日本	同		一〇年
一二七六	忠烈王	二年	按察使改稱按廉使	端宗、景炎		元年
一二七八	同	四年	改給祿科田。公私奴婢禁放良	帝昺、祥興		元年
一二八一	同	七年	助元再次征討日本因暴風回軍	〔元〕世祖、至元		一八年

年	王	年	事	中國	年
一二八九	同	一五年	三國遺事撰者普覺國尊一然示寂	同	二六年
一二九〇	同	一六年	元、廢止東寧府還給西北諸城。哈丹賊、來侵東界、翌年討平	同	二七年
一二九八	同	二四年	世子（忠宣王）受禪、改定官制。太上皇復位、復舊官制	成宗、大德	二年
一三〇四	同	三〇年	安珦建議國學置贍學錢	同	八年
一三一四	忠肅王	元年	上王（忠宣王）、在燕京蓋萬卷堂	仁宗、延祐	元年
一三一七	同	四年	閔漬撰進本朝編年綱目（四十二卷）	同	四年
一三一八	同	五年	廢止州縣事審官。廢止除弊事目所（捄理辦違都監）設置	同	五年
一三二〇	同	七年	元、放上王於吐蕃	同	七年
一三四三	忠惠王	四年	設置田民推刷都監。元、放王於揭陽、翌年正月岳陽昇遐	順帝、至正	三年
一三四七	忠穆王	三年	設置整治都監	同	七年
一三五〇	忠定王	二年	倭、固城・侵寇巨濟等地	同	一〇年
一三五〇	恭愍王	五年	停止元年號改官制。攻陷雙城收復咸州以北諸城	同	一六年
一三六一	同	一〇年	紅巾賊大舉侵入、陷落京城（翌年平定）	同	二一年
一三六三	同	一二年	文益漸、自元執入木綿實	同	二三年
一三六五	同	一四年	以僧遍照（辛旽）作師傅諮問國政	同〔明〕	二五年
一三七五	禑王	元年	倭寇連年大熾	太祖、洪武	八年
一三七七	同	三年	崔茂宣建議設置火熥都監	同	一〇年
一三八八	同	一四年	明因鐵嶺衞設置問題起征遼軍。李成桂、自威化島回軍廢王除去崔瑩	同	二一年
一三九〇	恭讓王	二年	焚燒公私田籍（田制改革）	同	二三年
一三九二	同	四年	七月李成桂、推戴王位、高麗滅亡	同	二五年

人名索引